OSTSEEKÜSTE

VON LÜBECK BIS KIEL

DIETER KATZ

Kleiner (Rad-)Wanderführer

Alles im Kasten

Kartenverzeichnis

Zeichenerklärung für die Karten und Pläne

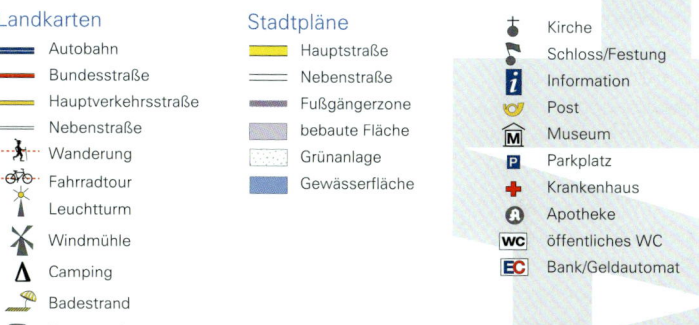

Landkarten
- Autobahn
- Bundesstraße
- Hauptverkehrsstraße
- Nebenstraße
- Wanderung
- Fahrradtour
- Leuchtturm
- Windmühle
- Camping
- Badestrand
- Hünengrab

Stadtpläne
- Hauptstraße
- Nebenstraße
- Fußgängerzone
- bebaute Fläche
- Grünanlage
- Gewässerfläche

- Kirche
- Schloss/Festung
- Information
- Post
- Museum
- Parkplatz
- Krankenhaus
- Apotheke
- öffentliches WC
- Bank/Geldautomat

Was haben Sie entdeckt?

Haben Sie ein gemütliches Hotel, ein uriges Lokal, einen empfehlenswerten Strand oder aber einen schönen Wander- oder Radweg gefuden?
Wenn Sie Ergänzungen, Verbesserungen oder neue Tipps zum Buch haben, lassen Sie es uns bitte wissen!

Schreiben Sie an: Dr. Dieter Katz, Stichwort „Ostseeküste" | c/o Michael Müller Verlag GmbH | Gerberei 19, D – 91054 Erlangen |dieter.katz@michael-mueller-verlag.de

 Mit dem grünen Blatt haben unsere Autoren Betriebe hervorgehoben, die sich bemühen, regionalen und nachhaltig erzeugten Produkten den Vorzug zu geben.

① Lübeck → S. 44

Die „Königin der Hanse" kann ihre Tradition und den Reichtum vergangener Zeiten kaum verbergen und verbreitet jede Menge Flair durch die Backsteingotik prunkvoller Kaufmannshäuser und prächtiger Kirchen. Nicht von ungefähr ist Lübeck UNESCO-Weltkulturerbe. Das Tor zur schleswig-holsteinischen Ostseeküste lohnt somit immer eine Stippvisite, zumal die historischen Straßenzüge mit den vielen jahrhundertealten Gebäuden nicht nur ein lebendiges Museum, sondern auch ein betriebsames Einkaufsparadies sind.

③ Fehmarn → S. 122

„Wie eine Krone" ragt die drittgrößte Insel Deutschlands aus dem Meer. Tatsächlich bietet die Sonneninsel Fehmarn fast eine Wiederholung des gesamten Ostseeküstenverlaufs: Am Burger Südstrand sind die Strände sehr fein und weichsandig. An der Ostküste hingegen herrscht eine urwüchsige Steilküstenlandschaft vor, im Norden zeigt sich eine wunderbare Dünenlandschaft mit Naturstränden, an der ebenso wie an der steinigen Westküste meist eine steife Brise weht. Das reizvolle Inland wird geprägt durch beneidenswert unaufgeregte Dörfer und durch die Inselmetropole Burg mit ihrem historischen Charme.

② Lübecker Bucht → S. 68

Diese Bucht der weichen Strände gilt als Deutschlands Riviera, an der sich bekannte Ostseebäder wie Perlen an einer Schnur aneinander reihen, mal familiär wie Grömitz oder Kellenhusen, mal ein wenig mondäner wie Travemünde oder Timmendorfer Strand. Allen gemeinsam sind die kilometerlangen, herrlich feinsandigen Strände, die bisweilen von kleineren Steilküsten unterbrochen sind. Der nördliche Teil der Bucht, etwa ab Dahme, ist vorwiegend in der Hand der vielen Campingfreunde.

④ Hohwachter Bucht und Probstei → S. 150

An diesem nach Norden ausgerichteten Küstenabschnitt geht es noch vergleichsweise ruhig zu. Etwas schroffere Meeresufer prägen die Hohwachter Bucht; weiche Strände hinter einem endlos langen Deich kennzeichnen die Probstei. Sehenswert ist v. a. auch das sanft-hügelige Hinterland mit seinen vielen schlossartigen Herrenhäusern, das sich hervorragend für schöne Fahrradtouren eignet.

⑤ Holsteinische Schweiz → S. 208

Die Holsteinische Schweiz ist seit 1986 ein Naturpark und präsentiert sich als herrliche hügelige und waldreiche Landschaft, die von grünen Weiden und Feldern und v. a. von zahlreichen Seen durchzogen ist, auf denen zahlreiche Ausflugschiffe verkehren. Dazwischen liegen die beschaulichen und geschichtsträchtigen Städte Eutin und Plön, die immer einen Ausflug wert sind, ebenso wie der Bungsberg bei Schönwalde, der höchste Berg Schleswig-Holsteins.

⑥ Kiel → S. 242

In Kiel liegt das Fernweh vor Anker: Kreuzfahrtschiffe und Mammutfähren machen zum Greifen nah inmitten der geschäftigen Einkaufsmetropole fest. Schleswig-Holsteins Landeshauptstadt an der Förde kann aber neben ihrem maritimen Flair v. a. auch durch ein großes kulturelles Angebot mit herausragenden Museen punkten. Bemerkenswert sind zudem das Umland am Westufer der Förde vom Nord-Ostsee-Kanal bis Strande sowie südlich von Kiel das beeindruckende Schleswig-Holsteinische Freilichtmuseum in Molfsee.

Ostseeküste: Die Vorschau

Landschaft

Zwischen Lübeck und Kiel erstrecken sich, einschließlich der Insel Fehmarn, rund 280 Kilometer abwechslungsreiche Ostseeküste. Mal präsentiert sie sich als Steilküste, mal dominieren lange, weite Strände, die herrliche Möglichkeiten zum Schwimmen und Sonnenbaden bieten. Dazwischen liegen viele gut besuchte Ostseebäder mit langer Tradition und klangvollen Namen, aber auch kleine, ruhige Ortschaften, in denen es sehr beschaulich zugeht und alles andere als Hektik aufkommt. Kein Wunder also, dass viele Urlauber Jahr für Jahr zurückkehren und es kaum erwarten können, ein unbeschwertes Strand- und Badeleben zu genießen und sich in die kalten Ostseefluten zu stürzen.

Ostholstein ist aber bei Weitem nicht nur Küste und Strandvergnügen. Sie sollten unbedingt auch einmal das sanft-hügelige, von zahlreichen Seen durchzogene Hinterland erkunden, dessen Markenzeichen die adeligen Güter sind, zu denen häufig alterhrwürdige Alleen führen.

Die geschwungene Landschaft im Osten Schleswig-Holsteins – gerade auch im Binnenland – ist ein Gesamtkunstwerk und unterscheidet sich deutlich von der flachen Nordseeküste dieses Bundeslandes. Nicht nur im Frühsommer, wenn wochenlang das intensive Gelb der Rapsfelder erstrahlt, lädt dieser Landstrich geradezu zum Radfahren oder Wandern ein. Und obendrein bietet die reizvolle Hügellandschaft reichlich Abwechslung; auch für Auto- oder Motorradtouristen. Wie wäre es z. B. mit einem Besuch der **Bräutigamseiche bei Eutin** (→ Kasten S. 219), des **Jimi-Hendrix-Gedenksteins** auf Fehmarn (→ Kasten S. 141) oder des wildromantischen **Graswarders** bei Heiligenhafen (→ S. 156)?

Architektur, Kunst, Sightseeing

Und wenn mal kein Strandwetter ist und sich dunkle Wolken zusammenbrauen – was kann man unternehmen? Nein, in Ihrer Ferienwohnung herumsitzen und auf besseres Wetter warten müssen Sie nicht; Ausflugsziele gibt es mehr als genug.

Wie gesagt, keine andere Gegend in Deutschland ist so reich an – oft schlossähnlichen – Herrenhäusern. Nicht wegzudenken sind aber auch die vielen noch reetgedeckten Bauernkaten und Scheunen, die den teilweise recht abgelegenen Dörfern mit ihren alten Feldsteinkirchen eine besondere Note verleihen.

Und wenn es Sie eher in kleine, romantische Städte zieht – kein Problem. Dass Lübeck als Weltkulturerbe mit seinen Meisterwerken der Backsteinarchitektur immer einen Besuch wert ist, das wissen Sie schon. Aber dass auch das maritime Neustadt, die herrliche Residenzstadt Plön und Eutin, das „Weimar des Nordens", und selbst das kleine Lütjenburg wahre Schmuckstücke sind, das sei Ihnen hiermit ans Herz gelegt. Und in einer Fußgängerzone schön einkaufen, das können Sie in diesen Städtchen ebenfalls.

Längst haben auch die Kulturschaffenden das besondere Ambiente holsteinischer Architektur für sich entdeckt. Im Sommer erklingt im Rahmen des **Schleswig-Holstein Musik-Festivals** vorwiegend klassische Musik aus Gutsscheunen, Herrenhäusern oder Kirchen, und bei den **Eutiner Festspielen** werden seit über 60 Jahren v. a. Opern auf einer einzigartigen Naturbühne direkt am Großen Eutiner See aufgeführt.

Erholsam und nett kann es aber auch sein, wenn Sie einfach mal Ihren fahrbaren Untersatz wechseln und mit dem Schiff die Ortschaften ansteuern, die Sie besuchen möchten. Sowohl an

der Küste und der Kieler Förde als auch auf den Seen der Holsteinischen Schweiz können Sie mit Ausflugsschiffen herumschippern.

Outdoor

Keine Frage, die Küste ist vorwiegend das Terrain der Wassersportler und Radler. Wassersport – allemal schön anzuschauen – wird allerdings nur von einer Minderheit der Urlaubsgäste betrieben; kein Wunder, ist der Transport der eigenen Sportgeräte oder die Miete von Booten, Kanus, Surf- oder Kitebrettern oder gar Taucherausrüstungen doch vergleichsweise aufwendig und kostspielig. Doch der Aufwand lohnt: Die schleswig-holsteinische Ostseeküste gilt als eines der schönsten Wassersportreviere der Republik.

Einfacher und sicherlich ebenso schön ist es jedoch, sich auf einen Drahtesel zu schwingen, den die Urlaubsgäste meist auf ihren Autos mit in das Ferienquartier befördern, obwohl es allerorts Verleihstationen gibt. Radeln und Ostseeurlaub – das gehört irgendwie zusammen und ist durchaus praktisch, weil das Rad nicht nur wunderschöne Touren erlaubt, sondern schlicht für den Weg zum Strand oder auch für das morgendliche Brötchenholen beim Bäcker fast unentbehrlich ist.

Und wenn Sie dennoch andere Sportarten bevorzugen: kein Problem. Die Ostseeküste ist nicht nur ein Eldorado für Beachvolleyballer, Inlineskater, Reiter oder Angler. Selbst Golfer haben die Region längst für sich entdeckt, und in schneereichen Wintern können Sie am Bungsberg sogar Ski fahren.

Das schönste Outdoor-Erlebnis hat man aber vielleicht auf Schusters Rappen: z. B. bei einer langen Strandwanderung oder beim Besuch eines der Naturschutzgebiete wie des Wasservogelreservats Wallnau/Fehmarn.

„Ostseeküste und Kinder – das passt immer"

Kinder

Sand und Kinder – das passt eigentlich immer und sorgt für einen unbeschwerten Familienurlaub. Was die Ostseeküste mit ihren flachen, feinsandigen Sandstränden zu einem idealen Feriendomizil für Familien macht, ist zudem die Tatsache, dass hier Ebbe und Flut kaum zu spüren sind und es nicht einmal eine nennenswerte Brandung gibt. Zur Ferienzeit zieht es daher Familien mit Kindern zu Tausenden an die Küste – teilweise gleicht der Uferstreifen dann einer riesigen Sandkiste.

Nicht zuletzt im Interesse stressgeplagter Eltern verfügen alle Ostseebäder über spezielle Kindereinrichtungen bzw. organisieren eine Kinderbetreuung und/oder zahlreiche Veranstaltungen für die Kleinen. Immer wieder ein Erlebnis – und zudem ein preiswertes – ist das Drachensteigenlassen, was durch den beständigen Wind jederzeit möglich ist.

Highlights kommerzieller Art gibt es natürlich auch zur Genüge, schließlich möchten die lieben Kleinen ja etwas erleben, und dafür öffnen die Eltern schon mal gerne ihren Geldbeutel. Empfehlenswert sind sicher der **Hansa-Park** in Sierksdorf als riesiger Freizeit- und Familienpark und die **Karl-May-Spiele** in Bad Segeberg. Interessante **Aquarien** gibt es in Timmendorfer Strand (SEA LIFE), auf Fehmarn (Meereszentrum) und in Kiel (Aquarium des Instituts für Meereswissenschaften). Wirklich einen Besuch wert sind der Museumshof in Lensahn und das Schleswig-Holsteinische Freilichtmuseum in Kiel-Molfsee, aber auch der Vogelpark in Niendorf. U-Boote sind zu besichtigen in Laboe und auf Fehmarn. Spannung garantiert ist zudem in den Hochseilgärten in Travemünde, Scharbeutz, Grömitz auf Fehmarn und bei Bad Malente.

Gelebte Tradition: Gildenumzug in Oldenburg

Hintergründe & Infos

Marina Fehmarnsund: Blick von der Brücke

Geografie und Landschaft

Im Gegensatz zur flachen Nordseeküste prägen sanft geschwungene Täler und Hügel aus Grund- und Endmoränenmaterial die Ostseeküstenlandschaft Schleswig-Holsteins.

Erdgeschichtlich ist das Land ziemlich jung und erhielt erst in der letzten Eiszeit vor etwa 120.000 Jahren seine heutige Form. Unaufhaltsam rollten die Gletscher – aus Skandinavien kommend – wie Bulldozer über Schleswig-Holstein hinweg und schleppten Geröll, Kalk, Lehm und riesige Findlinge mit sich. Durch den unvorstellbaren Druck dieses wandernden Eisgebirges wurden Geröllkuppen aufgeschoben und Täler geformt, sodass sich die für die Region typische hügelige Grund- und Endmoränenlandschaft herausbildete. Die Gletscherablagerungen stellen außerdem die Grundlage dar für den fruchtbaren Ackerboden der heutigen Landschaft, die sich im Laufe der Zeit durch Rodung der Wälder und Trockenlegung der Sümpfe zur Kulturlandschaft wandelte.

Die für Ostholstein heute so typische Wallhecken- oder Knicklandschaft ist allerdings erst ca. 200 Jahre alt und entstand im Rahmen der ersten Bodenreform. Jeder Bauer erhielt einst eigenen Grund und Boden, den er nach dem Willen des dänischen Königs Christian VII. mit „lebenden Zäunen" einzukoppeln hatte. Denn Holz für Zäune war knapp, und so wurden Wälle angelegt und dicht mit Sträuchern bepflanzt. Dies war die dauerhafteste und damit billigste Art, das Vieh ausbruchsicher auf den Weiden zu halten. Der ungewöhnliche Name „Knick" rührt daher, dass beim Anlegen der Wälle junge Zweige nach unten gebunden, also geknickt wurden, um auf diese Weise die einzelnen Sträucher dichter miteinander zu verschlingen.

Mit der Zeit wurden die Knicks an der waldarmen Ostseeküste auch zu wichtigen Brennholzlieferanten, denn alle zehn bis 15 Jahre muss ein Knick „auf den Stock gesetzt werden". Dabei wird fast der gesamte Holzbewuchs bis auf kurze Stümpfe gekürzt, ansonsten würde die Wallhecke in den unteren Abschnitten kahl und ihrer natürlichen Schutzfunktion beraubt werden. Alle 30 bis 50 m wird jedoch ein „Überhälter", also ein den Knick überragender älterer Baum stehen gelassen. Heute wachsen auf manchen Feldern nur noch diese einzelnen Bäume ohne dazugehörige Wallhecke, denn leider haben durch die Flurbereinigung und andere fragwürdige Maßnahmen nur wenige der kostbaren Wallhecken die Zeit überdauert. Dabei bieten diese Knicks nicht nur Schutz für Pflanzen und Tiere, sondern beugen zudem der Erosion vor, weshalb sie mittlerweile geschützt sind und nicht ohne behördliche Genehmigung entfernt werden dürfen.

Für den hiesigen Küstenverlauf sind neben den zahlreichen flachen Stränden und Abschnitten kleinerer Steilküsten auch die sogenannten *Nehrungs- oder Strandhaken* typisch. Meeresströmungen verfrachten besonders während der Herbst- und Winterstürme das von den Brandungswellen abgetragene Sand- und Geröllmaterial die Küste entlang und lassen so diese Landzungen entstehen, an denen das Material wieder abgelagert wird. Das „Wachstum" der Nehrungen ist unterschiedlich, kann aber an einigen Stellen bis zu 18 m im Jahr betragen. Oft gehen vom eigentlichen Nehrungshaken in Strömungsrichtung kleinere Nehrungen ab und formen so eine Vielzahl kleinster Buchten. Diese schließen sich im Laufe der Zeit und bilden kleine Strandseen. Früher hat man diese Seen oft eingedeicht, künstlich trockengelegt und landwirtschaftlich genutzt. Heute hingegen bleiben die Nehrungshaken weitgehend von technischen Eingriffen verschont – man schätzt sie als Brutreviere für bedrohte Vogelarten und hat sie daher im Regelfall unter Naturschutz gestellt. Solche geschützten Nehrungshaken sind beispielsweise das **Naturschutzgebiet Graswarder** in Heiligenhafen, der **Krummsteert** und der **Grüne Brink** auf Fehmarn. Und auch in Pelzerhaken und an der Kieler Außenförde bei Wentdorf hat sich ein solcher Strandhaken gebildet.

Graswarder Heiligenhafen: Ferienhäuser der Extraklasse

Übrigens ist nicht nur das Land, sondern auch die Ostsee erdgeschichtlich relativ jung. In ihrer heutigen Form ist sie erst vor ein paar Tausend Jahren durch das Abschmelzen der riesigen eiszeitlichen Eismassen entstanden. Durch den Zugang zur Nordsee nahm sie sauerstoffreiches Salzwasser auf. Da dieser Durchlass, der Skagerrak, mit der Zeit immer schmaler wurde (und heute noch wird), hat das Ostseewasser zunehmend wieder an Salz- und Sauerstoffgehalt eingebüßt; der Salzgehalt liegt heute zwischen 1,8 % an der Küste Schleswig-Holsteins und nur 0,3 % an der Küste Finnlands. Zum Vergleich: Die Nordsee kommt im Durchschnitt auf einen Wert von 3,5 %.

Daten zur Ostsee: Fläche: 412.560 km^2 (zum Vergleich: Deutschland hat eine Gesamtfläche von 356.957 km^2); Volumen: 21.631 km^3 (dies ist rund die Hälfte des Volumens der Nordsee); Nord-Süd-Erstreckung: ca. 1300 km; durchschnittliche Breite: ca. 300 km; mittlere Tiefe: 52 m; maximale Tiefe: 460 m.

Bernstein – das Gold der Ostsee

Wo heute die Ostsee rauscht, wuchsen einst – vor etwa 40 Millionen Jahren – subtropische Wälder. Das von den Bäumen herabtropfende Harz gelangte durch die Flüsse ins Meer, wo es unter Luftabschluss innerhalb mariner Sedimente schließlich versteinerte und im Laufe der Zeit zu Bernstein wurde. Etwa 300 verschiedene Bernsteinarten sind bekannt, die Farbpalette reicht von hellen Elfenbein- bis zu dunkel schimmernden Brauntönen. Der Stein selbst kann milchig, trüb oder klar sein, mitunter sind kleine Insekten eingeschlossen, die am Harz kleben geblieben sind. Schon in frühester Zeit wurde Bernstein am Strand gesammelt und zu Schmuck verarbeitet. Im antiken Griechenland und in Rom galt er als so kostbar, dass er dort häufig mit Gold aufgewogen wurde.

„Das Gold der Ostseeküste"

Unverwechselbares Kennzeichen der Steine ist ihre Brennbarkeit (auch ihr Name ist von dieser Eigenschaft abgeleitet: niederdeutsch *börnen* = brennen). Hinzu kommt: Bernstein ist ganz leicht und schwimmt in konzentriertem Salzwasser. Wer sich auf die Suche nach dem „Gold der Ostsee" machen will, sollte einen Sturm abwarten – dann ist die Chance am größten, dass es am Strand angespült wird, insbesondere vor den Steilküsten.

Wenn Sie einen Stein kaufen möchten, sollten Sie Folgendes wissen: Bei mit „Echt Bernstein" gekennzeichneten Produkten handelt es sich um Pressbernstein, der bei seiner Herstellung erhitzt, gepresst und gelegentlich mit einem Farbzusatz versehen wird. Der tatsächlich echte Bernstein firmiert dagegen unter dem Label „Naturbernstein".

Flora und Fauna

Ostholstein ist Lebensraum und Rückzugsgebiet für eine Vielzahl bedrohter Tier- und Pflanzenarten. Um die herrliche Ostseelandschaft zu erhalten, stehen einige Landesteile unter Naturschutz.

Typisch für manche Landstriche an der Küste und auf Fehmarn sind die gelegentlich überfluteten Salzwiesen, auf denen Pflanzen gedeihen, die sich an den hohen Salzgehalt angepasst haben, z. B. Salzbinsen und Strandastern. Auf den schmalen Dünen dahinter wächst u. a. Sandhafer bzw. -roggen, in Ufernähe v. a. Silbergras. Diese Art der Vegetation ist an der Küste aber eher die Ausnahme. Ansonsten präsentiert sich das flache Land hinter den Deichen wie auch die hügelige Moränenlandschaft an den Steilküsten oder im Hinterland als intensiv landwirtschaftlich genutzte fruchtbare Kulturlandschaft mit großen, häufig durch Knicks (→ S. 16) aufgeteilten Wiesen und Feldern. In diesen Knicks haben bis heute zahlreiche Pflanzenarten überlebt, die andernorts längst der industriellen Landwirtschaft zum Opfer gefallen sind.

Und auch wenn man landläufig anderes vermutet: Der Osten Schleswig-Holsteins ist stellenweise eine durchaus waldreiche Region. Nicht nur Alleen mit steinalten Eichen, sondern v. a. große, vor über 100 Jahren wieder aufgeforstete Buchenwälder prägen das Hinterland. Diese Wälder sind besonders wildreich, v. a. Schwarzwild, Reh- und Damwild tummelt sich hier. Einige Wildgehege bieten einen schönen Einblick in das Leben der Waldbewohner (v. a. der Erlebniswald Trappenkamp, → S. 236).

Eine regionale Besonderheit des heimischen Tierreichs sind insbesondere die an einigen Orten in hoher Zahl vorkommenden **Fledermausarten**. So gelten die Kalkberghöhlen von Bad Segeberg als größtes natürliches Fledermausquartier Mitteleuropas. Nebenbei bemerkt: Hier lebt auch ein Höhlenkäfer, der auf der Welt einzigartig ist (→ S. 238). Im Naturpark Holsteinische Schweiz sind überdies wieder einige **Fischotter** heimisch geworden. Die Tiere sind allerdings extrem scheu und daher für Laien nicht zu entdecken.

Doch die das Land an der Küste am meisten prägenden Tiere sind die Vögel. Das wasserreiche Ostholstein – an der Vogelfluglinie gelegen (→ Kasten S. 135) – ist ein sehr beliebtes Rast- und Brutgebiet. Die zahlreichen Vogelschutzgebiete sorgen für ideale Lebensbedingungen, und zwar nicht nur für Möwen, sondern auch für bedrohte Vogelarten. In einzelnen Regionen brütet – gut

Wildgänse auf dem Graswarder

geschützt – sogar wieder der **Seeadler**, immerhin das Wappentier der Bundesrepublik. Der majestätische Vogel mit über 2,5 m Spannweite (Weibchen) benötigt ein Jagdgebiet mit Wäldern und Seen und nistet meist in einem gigantischen Nest auf alten Buchen. Weniger anspruchsvoll und kaum menschenscheu ist dagegen der **Weißstorch**, der in den letzten Jahren in immer mehr Dörfern wieder auf hohen Scheunen oder alten Schornsteinen sein Lager aufschlägt.

Einiges von dem, was als Hering, Dorsch oder Scholle auf den Tellern der Gäste landet, wird tatsächlich noch vor der Küste gefangen. Es leben aber noch andere Tiere im Wasser, die ebenso charakteristisch für die Ostseeküste sind und die – wenn auch weniger angenehm – zu fast jedem Ostseeurlaub gehören: die **Quallen**. Ausgerechnet im Sommer, und dann je nach Strömungsverhältnissen und Wind, tauchen sie an den Stränden der Küste auf.

In Ufernähe sind dies v. a. die *Ohrenquallen,* die an sich völlig harmlos, aber beim Schwimmen eben nicht jedermanns Sache sind. Die vier mittigen kreis- oder ohrenförmigen, rosa- oder lilafarbenen Stellen im Schirm der Qualle sind die Geschlechtsorgane. Unter ihrem glockenförmigen Schirm besitzen sie Fangfäden, die zur Beutejagd dienen und bei Berührung winzige, mit Gift gefüllte Nesselzellen absondern. Das Gift der Ohrenquallen ist allerdings sehr schwach und für den Menschen unschädlich.

Vereinzelt sind aber auch andere Quallen vor der Küste anzutreffen, v. a. die *Gelbe Nesselqualle,* die auch *Feuerqualle* genannt wird. Sie kann das Badevergnügen gründlich verderben und schmerzhafte Ausschläge oder gar verbrennungsartige Hautveränderungen hervorrufen.

Holsteinische Blütenpracht

Achtung: Als Erste-Hilfe-Maßnahme empfiehlt es sich, die betroffene Stelle mit Speiseessig (oder alternativ mit Rasierschaum) zu behandeln – dadurch wird das Nesselgift neutralisiert. Manche Strandbesucher führen für diesen Fall immer ein kleines Fläschchen Essig mit sich. Zudem sollte man die Nesselfäden vorsichtig mit einem stumpfen Gegenstand oder mit Sand abschaben. Sie können auch mit Salzwasser abgewischt werden, jedoch nicht mit Süßwasser, da sonst noch unversehrte Nesselzellen augenblicklich zerplatzen und ihr Gift verteilen. Später helfen zur Linderung der Schmerzen Kälte und juckreizstillende (Brand-)Salben. Allergiker sollten im Zweifelsfall einen Arzt aufsuchen.

Naturschutzgebiete: Die meisten Naturschutzgebiete der Küste sind durch Wanderwege erschlossen und stehen dem Urlauber – außerhalb der Brutsaison der Vögel – zum Besuch offen. Man strebt einen „sanften" Tourismus an. Besonders beliebt sind das **Wasservogelreservat Wallnau** in Westfehmarn (→ S. 142) und die **Vogelschutzstation Graswarder** bei Heiligenhafen (→ S. 156), die beide mehrmals täglich recht informative Führungen anbieten.

Grube: Festumzug der im Jahr 1275 gegründeten Bürgergilde

Geschichte

Die Geschichte des Küstenlandes ist durch das ständige Gerangel zwischen den verschiedenen Machthabern überaus kompliziert. Dem britischen Premierminister Lord Palmerston (1784–1865), der die Dänen gegen die deutschen Einheitsbestrebungen unterstützte, wird folgendes Aperçu zugesprochen: Die Geschichte des Landes sei so verworren, dass sie nur drei Menschen auf der Welt richtig verstanden hätten. Der Erste sei der deutschstämmige Prinzgemahl Albert (1819–1861), seinerzeit Ehemann der englischen Königin Viktoria; dieser habe aber seine Kenntnisse mit ins Grab genommen. Beim Zweiten handele es sich um einen deutschen Professor, der aber sei durch die Beschäftigung mit dem komplizierten Sachverhalt verrückt geworden. Der Dritte sei er selber, ihm aber sei alles wieder entfallen ...Wir beschränken uns deshalb auf die Grundzüge:

Erste Besiedlung

Um 3500 v. Chr. wurden in der eisfrei und wärmer gewordenen Region die ersten **steinzeitlichen Rentierjäger** sesshaft. Sie begannen, ihren Lebensraum durch Abholzen der Wälder und durch Beweidung zu verändern und errichteten auch die vereinzelt heute noch erhaltenen gewaltigen Grabanlagen für ihre Toten (→ Hünen- oder Hügelgräber, S. 29).

In der **Bronzezeit** um 1000 v. Chr. wurde die Besiedelung langsam etwas dichter. Von 375 bis 500 n. Chr. jedoch verließen die Bewohner während der Völkerwanderung das Land, welches damit quasi entvölkert war. Dieser Zustand hielt etwa 200 Jahre an, dann kamen aus dem Osten Europas wendische Stämme (v. a. vom Volke der Obodriten) – also **Slawen** – und besiedelten das Land aufs Neue. Sie bauten in dem Gebiet zwischen Lübeck und Kiel ihre „Burgen", die allerdings ganz anders aussahen als das, was man sich gemeinhin darunter vorstellt. Es handelte sich dabei nämlich lediglich um kleine Ansiedlungen in geschützten Lagen, die durch hohe Erdwälle gesichert waren. Man nannte die Siedler „Wagrier", was vom altnordischen *vagr* (= Bucht) abgeleitet ist und nichts weiter bedeutet als „Menschen, die an der Bucht wohnen". Deshalb wird Ostholstein auch heute noch **Wagrien** genannt (im Folgenden wird weder von Wenden noch von Wagriern, sondern der Einfachheit halber nur von Slawen gesprochen).

Mittelalter

Als Karl der Große im Zuge seiner Expansionspolitik sein Frankenreich auch nach Norden ausweitete, verbündete er sich mit den Slawen und schlug im Jahre 798 die nördlich der Elbe siedelnden Sachsen bei Bornhöved vernichtend. Doch das Bündnis hielt nicht lange, und in den nächsten Jahrhunderten lieferten sich die Slawen immer wieder erbitterte Kämpfe mit ihren Nachbarn.

Zur Sicherung des Friedens zwischen den sächsisch-germanischen Holsteinern und Stormanern auf der einen und den Slawen auf der anderen Seite wurde Anfang des 9. Jh. eine Grenze festgelegt, der **Limes Saxoniae** (Sachsenwall). Dabei handelte es sich um einen breiten, unbesiedelten Geländestreifen, der natürliche Hindernisse wie Sümpfe und Flüsse mit einbezog und an wichtigen Übergangsstellen mit Wallburgen geschützt war. Der Sachsenwall reichte – grob gesehen – vom heutigen Kiel südostwärts bis in die Elbniederung bei Lauenburg.

Die Slawen waren Heiden, und mit der Ausbreitung des Christentums unter den germanischen Stämmen kam es unweigerlich zu religiös motivierten Auseinandersetzungen. Im Zuge der germanischen Missionierungsbestrebungen wurde 968 das Bistum Oldenburg in Holstein gegründet, das in den folgenden Jahrhunderten eines der Zentren im oft blutigen Kampf um die Christianisierung der Slawen wurde.

1111 übernahmen die **Schauenburger Grafen** die Landesherrschaft, doch die Kämpfe gingen vorerst weiter, und das Land wurde zunehmend verwüstet. In dieser Zeit trat der Bremer Domherr **Vicelin** in Erscheinung, der auch „Slawenapostel" genannt wird und 1126 den Auftrag erhielt, von Lübeck aus die Slawen zu christianisieren. Die typischen Feldsteinkirchen im Land, meist mit runden Steintürmen versehen, werden heute noch „Vicelinkirchen" genannt, auch wenn viele davon erst später entstanden sind.

Durch die immer wieder aufflammenden Kämpfe wurde das Land nach und nach entvölkert. Der einzige Ausweg war eine gezielte Zuwanderungspolitik, die unter Graf Adolf II. ab 1142 mit der massiven Anwerbung von Menschen aus den dicht bevölkerten Regionen Flandern, Holland, Friesland und Westfalen begann. Er lockte einwanderungswillige Bauernfamilien, indem er ihnen reichlich eigenes Acker- und Weideland anbot. Im Rahmen dieser Besiedlungspolitik, die später von Adolf III. und Adolf IV. fortgesetzt wurde, entstanden zahlreiche Ortschaften, von denen einige ab etwa 1230 Stadtrechte verliehen bekamen.

Ab dem Ende des 12. Jh. neigten sich die Christianisierungskämpfe langsam ihrem Ende zu. Es gibt viele Belege dafür, dass Christen und Slawen in verschiedenen Dörfern nun vergleichsweise friedlich nebeneinanderlebten. Die logische Folge war, dass sie auch untereinander heirateten und sich die unterschiedlichen Kulturen auf diese Weise vermischten. Es hätten also glückliche Zeiten anbrechen können, aber es kam anders, denn Kaiser Friedrich II. schenkte Storman und Holstein dem Dänenkönig Waldemar. Plötzlich war Wagrien dänisch, was letztlich wieder zahlreiche kriegerische Auseinandersetzungen nach sich zog. 1227 wurde in einer weiteren **Schlacht bei Bornhöved** die schauenburgische Herrschaft wiederhergestellt. Die dänische Vorherrschaft war damit zunächst überwunden.

Adel und Leibeigenschaft

Im Zuge der Neubesiedelung entstand auch der heute noch einflussreiche holsteinische Adel. Einheimische Bauernführer, die sich in den Kämpfen mit den Slawen besonders bewährt hatten, wurden von den Schauenburger Grafen mit größeren Besitztümern belehnt. Zugleich mussten sie in ihrem Gebiet Verwaltungsaufgaben übernehmen, z. B. den Einwanderern Siedlungs- und Ackerflächen zuweisen, Streitigkeiten schlichten und Ähnliches mehr. Andererseits wurden sie verpflichtet, den Schauenburger Grafen bei Kriegs- und Verteidigungsaufgaben zur Seite zu stehen, während die Siedler vom Kriegsdienst befreit waren, im Gegenzug aber Abgaben an den Adel zu entrichten hatten. Der holsteinische Adel wurde in der Folgezeit immer unabhängiger. Das zugeteilte Lehen betrachtete man zunehmend als Eigentum, das vererbt oder verkauft werden konnte, und aus den ehemals noch bedingt freien Siedlern wurden Leibeigene, die zur Bewirtschaftung des Gutslandes herangezogen wurden und denen es bei Strafe verboten war, den Gutsbezirk zu verlassen. Erst viel später, nämlich 1805, wurde die Leibeigenschaft von den dänischen Behörden offiziell aufgehoben; faktisch wurde sie in einigen Gebieten aber noch bis in die 1920er-Jahre ausgeübt. Denn da das Land weiterhin der Herrschaft gehörte, mussten die Bauern es pachten, was sie oft in Form von Dienstleistungen auf dem Gutshof abarbeiteten.

Im Jahr 1459 starb Graf Adolf VIII., der keine männlichen Nachkommen hatte, weshalb mit ihm die schauenburgische Linie erlosch. Daraufhin wurde sein Neffe, der aus dem Hause Oldenburg stammende dänische König Christian I., Landesherr von Schleswig-Holstein. Allerdings wurde mit den Holsteiner Grafen 1460 das sog. **Ripener Privileg** vereinbart, welches deren Eigenständigkeit garantierte. Außerdem sah es vor, dass Schleswig und Holstein „auf ewig ungeteilt" zusammenbleiben sollten. Die Formel von der ewigen Einheit *(„dat se bliven tosamende up ewich ungedeelt")* wurde oft beschworen, hielt der Realität aber nicht lange stand. Schon nach dem Tod Christians I. teilten die Erben das Land untereinander auf, was wieder zu jahrhundertelangen Auseinandersetzungen führte. Die nun gebildeten Herzogtümer Schleswig und Holstein zerfielen zunächst in einen königlichen und einen Gottorfer Teil, die später noch weiter aufgespalten wurden.

Neuzeit

Auch im **Dreißigjährigen Krieg** hatte das Land schwer zu leiden, weil der Dänenkönig Christian IV. als Herzog von Holstein der katholischen Liga den Krieg erklärte. Weitere militärische Auseinandersetzungen folgten, so die Schwedisch-Dänischen Kriege um 1658 und später die Napoleonischen Kriege – immer war auch Schleswig-Holstein Schauplatz von Kampfhandlungen, blieb aber weitgehend unter dänischer Herrschaft.

1848 erhoben sich die Schleswig-Holsteiner mit einer provisorischen Regierung in Kiel gegen die dänischen Gesamtstaatspläne, aber die Revolte scheiterte. Als Dänemark 1864 versuchte, zumindest den Landesteil Schleswig voll dem Königreich einzuverleiben, nutzte Preußen die Gelegenheit und erklärte Dänemark den Krieg. Preußische Truppen und die mit ihnen verbündeten Österreicher rückten ein, und

nach dem hart umkämpften Sieg über Dänemark wurde Schleswig-Holstein 1867 **preußische Provinz**. Die Einwohner, jahrhundertelang von großen Gütern oder von der Kirche verwaltet, wurden nun preußische Bürger mit allen Rechten und Pflichten, auch der Pflicht zum Kriegsdienst. Peinlich genau wurde die Verwaltung und Regierung des Landes nach preußischem Muster umstrukturiert. 1871 wurde Schleswig-Holstein schließlich **Teil des Deutschen Reiches**.

Erst 1927 beschloss der Preußische Landtag die Auflösung der herrschaftlichen Gutsbezirke, und es entstanden selbstständige Gemeinden mit frei gewählten Gemeindevertretungen. Der **Zweite Weltkrieg** brachte – wie überall – Not und Elend, und nach dem Krieg mussten die Schleswig-Holsteiner eine weitere Bewährungsprobe bestehen.

Kaiserdenkmal in Orth/Fehmarn

Durch die Heimatvertriebenen verdoppelte sich die Bevölkerung mit einem Schlage, in einigen Orten verdreifachte sie sich gar. Zwar wurden 1948 einige Vertriebene in andere Bundesländer umgesiedelt, dennoch mussten über eine Million Flüchtlinge integriert werden. Die Zusammenführung der vielen Menschen ohne Wohnung und Eigentum stellte eine gewaltige Leistung dar.

In die Schlagzeilen geriet Schleswig-Holstein nach dem Zweiten Weltkrieg v. a. durch seine Politiker. Zunächst wäre da Karl Carstens zu nennen, der als ehemaliger Abgeordneter des Wahlkreises Ostholstein 1979 zum Bundespräsidenten gewählt wurde und das Amt bis 1984 innehatte. Dann sorgte 1987 die sog. **Barschel-Affäre** für Aufregung, die mit dem bis heute von manchem angezweifelten Selbstmord des ehemaligen schleswig-holsteinischen Ministerpräsidenten endete, nach dem die Affäre benannt ist. Uwe Barschel hatte im Wahlkampf einen Mann fürs Grobe engagiert, der mit allerlei fragwürdigen Mitteln versuchte, den sozialdemokratischen Gegenkandidaten Björn Engholm öffentlich zu diskreditieren. Das Ganze flog auf, Barschel trat zurück, kündigte aber sofort an, der Öffentlichkeit alsbald Informationen präsentieren zu wollen, die ihn rehabilitieren sollten. Am 11. Oktober 1987 wurde er von zwei Reportern des „Stern" tot in der Badewanne eines Genfer Hotels aufgefunden. Einen (allerdings für die Beteiligten weit glimpflicher verlaufenden) Skandal brachte auch das Jahr 2005, als die seit zwölf Jahren amtierende Regierungschefin Heide Simonis (SPD) selbst nach vier Wahlgängen im Parlament nicht zur Ministerpräsidentin wiedergewählt wurde. Sie trat zurück und machte einer großen Koalition aus CDU und SPD Platz. Seit 2009 wird das Land von einer schwarz-gelben Koalition regiert (Stand: April 2012).

Entwicklung des Badetourismus

Erst Ende des 18. Jh. wurde der aus England auf den Kontinent übergreifende Gedanke, dass das Meerwasser durchaus der Gesundheit förderlich sei, auch hierzulande hoffähig, und zwar im wahrsten Sinne des Wortes: 1793 nämlich überredete der Leibarzt des Herzogs von Mecklenburg, Professor Samuel Gottlieb Vogel (1750–1837), in Heiligendamm bei Bad Doberan eine ganze Hofgesellschaft, sich dem bislang verschmähten Ostseewasser auszusetzen – noch dazu im September! Mit Meeresbadevergnügen im modernen Sinne hatte die von Vogel initiierte Veranstaltung freilich noch nichts zu tun; es war eher ein wohldosierter Annäherungsversuch an das neue Element, der die adelige Gesellschaft nicht gleich überfordern sollte: Man stellte Badewannen an den Strand, füllte sie mit Ostseewasser, spannte ein schützendes Zelt um das kleine „Privatmeer", entkleidete sich, stieg hinein und ließ es sich dort mehr oder minder gut gehen. Ein wahrlich bescheidener Anfang, aber doch so etwas wie die Geburtsstunde deutscher Ostsee-Badefreuden.

Der nächste Schritt in Sachen „Eroberung der Ostsee" ließ nicht lange auf sich warten, denn ab etwa 1800 begann die Ära der sog. Badekarren. In diesen komplett geschlossenen Gefährten wurde man von Pferden ins hüfttiefe Wasser gezogen. Dort angelangt, konnte man seine mobile Umkleidekabine nach hinten hinaus verlassen, selbstverständlich in langer Badekleidung und geschützt von einer ausladenden Markise, die wirklich jeden neugierigen Blick verhinderte. Die Ära der Badekarren sollte die Badekultur an der Ostseeküste fast ein ganzes Jahrhundert beherrschen. Was folgte, war das Zeitalter der Badeanstalten, und zwar in Form von fest installierten Badehäusern, die auf Holzpfählen gebaut wurden und vom Strand bis weit ins Meer hineinreichten. Von einer Plattform konnte man dann ins kühle Nass gelangen. Natürlich musste all dies streng nach dem Gebot der Geschlechtertrennung geschehen, d. h., man baute Badehäuser für Männer und Frauen, die häufig an unterschiedlichen Strandabschnitten platziert wurden, damit man sich nicht ins Gehege kam. Außerhalb der Badeanstalten den Schritt ins Meer zu wagen war strengstens verboten, und das Strandleben genoss man im Liegestuhl, natürlich von Kopf bis Fuß bekleidet. Nur den Kindern war es gestattet, gelegentlich die Kleiderordnung etwas aufzuweichen: Sie durften zum Spielen am Wasser die Schuhe ausziehen …

Badeanstalten dieser Art waren noch bis in die 1920er-Jahre ein gewohntes Bild an der Ostseeküste. Erst danach kamen sog. Familienbäder auf, in denen die Geschlechtertrennung aufgelockert wurde. Wer in solchen Einrichtungen baden wollte, musste allerdings seine Familienzugehörigkeit nachweisen. Dennoch war damit der Grundstein für die heutige Ostsee-Badekultur gelegt, die sich dann ab den 1930er-Jahren und verstärkt nach dem Zweiten Weltkrieg bis zur heutigen Form ausbilden konnte.

Im Zuge dieser Entwicklung avancierte der Tourismus zur wichtigsten Einkommensquelle der Küstenorte. Um die immer zahlreicher anreisenden Gäste zufriedenstellen zu können, baute man Strandpromenaden, Kurhäuser mit entsprechenden Einrichtungen und natürlich jede Menge Unterkünfte. Dass dabei mancherorts auch regelrechte Bausünden begangen wurden, versteht sich von selbst. Insbesondere in den 1960er- und 1970er-Jahren galt oft das Motto „Masse statt Klasse", und es entstanden wahre Bettenburgen, die den Charakter vieler ehemals kleiner Fischerdörfer nachhaltig veränderten. Nicht zuletzt durch die nach der deutschen

Wiedervereinigung wiederbelebte neue (alte) Konkurrenz mit den mecklenburg-vorpommerschen Küstenorten hat aber längst ein Umdenken eingesetzt. Die Bauvorhaben sind schon lange nicht mehr überdimensioniert, man hegt und pflegt seine Naturparks, rückt stolz das reiche kulturelle Erbe der Region in den Mittelpunkt, setzt also insgesamt auf sanftere und zeitgemäßere Formen des Tourismus.

Der Strandkorb

Er gehört zum Bild der Küste wie der Strand und das Meer. Ein Strandkorb erlaubt es, den Tag bei jedem Wetter zu genießen, er ist Windschutz und Schattenspender zugleich. In ihm kann man sogar einen kurzen Regenschauer abwettern, und das schon seit über 130 Jahren.

Im Jahr 1882 ging die rheumakranke Elfriede Maltzahn aus Kühlungsborn (ein damals schon bekanntes mecklenburgisches Seebad) zum Rostocker Hof-Korbmacher *Wilhelm Bartelmann*. Sie beauftragte ihn mit der Fertigung eines Korbstuhls, mit dem sie die Seeluft windgeschützt genießen könnte. Damit war der Strandkorb geboren, der schon bald durchschlagende Erfolge feierte. Mit der Zeit wurden die Strandkörbe immer komfortabler und bekamen ein bewegliches Oberteil. Zuletzt musste das Rohrgeflecht weichen und wurde durch witterungsbeständigeren Kunststoff ersetzt. Doch trotz aller Vorteile: Diese ausgesprochen praktische Erfindung ist eine ganz und gar deutsche Eigenheit und konnte sich im Ausland nie richtig durchsetzen. Wer es ausprobieren will: Mit einer Tagesmiete von sieben bis acht Euro ist man dabei. Und Auswahl gibt es reichlich: 70.000 Körbe warten an den deutschen Küsten auf Urlauber, teilweise sind sie schon von zu Hause aus per Internet buchbar.

Sonnenfang und Windschutz: Der Strandkorb (hier in Grömitz)

Das prächtigste Herrenhaus Schleswig-Holsteins: Salzau

Architektur und Bodendenkmäler

Herrenhäuser

Alte, majestätische Alleen sind meist ein sicheres Zeichen dafür, dass sich in der Nähe eines der prachtvollen Herrenhäuser befindet, die nicht umsonst die „Schlösser des Nordens" genannt werden und architektonisches Markenzeichen der Region sind. Fast immer liegen sie etwas versteckt, umgeben von alten Bäumen und abseits der Verbindungsstraßen. Nicht nur die Alleen und imposanten Fassaden der Herrenhäuser, sondern auch große Parks um die Anwesen herum zeugen noch heute von der stolzen Vergangenheit. Keine andere Gegend in Deutschland ist so reich an prächtigen Herrenhäusern wie der Osten Holsteins und besonders die Umgebung von Lütjenburg und Plön, weshalb man diesen Landstrich auch *Grafenwinkel* nennt.

Seit vor gut 800 Jahren holsteinische Ritter das Land der slawischen Wagrier eroberten, hatten sie hier ihre Besitzungen. Anfangs waren es kleine Wasserburgen, doch mit der Entwicklung zu modernen Großlandwirtschaften wurden auch die Herrenhäuser immer stattlicher. Die meist adeligen Besitzer der Häuser beherrschten das Land bis weit ins 20. Jh. hinein. Die Bauern der umliegenden Dörfer hingegen mussten häufig noch bis in die 1920er-Jahre (!) warten, bis sie Land bewirtschaften konnten, das ihnen auch gehörte.

Viele Gemeinden sind aus den ehemaligen Gutsbezirken hervorgegangen. Gleichwohl sind fast alle Güter auch heute noch in adeligem Besitz und verfügen über nach wie vor bedeutende Ländereien, nicht selten 600–1200 ha groß. Somit sind die meisten Herrenhäuser auch gegenwärtig noch das, was sie seit jeher waren, nämlich Mittelpunkt eines landwirtschaftlichen Großbetriebes und daher nicht zu besichtigen. Oft lohnt aber schon der Blick von außen.

Reetdächer

Reetgedeckte alte Katen, aber auch neuere Reetdachhäuser sind aus der Region kaum wegzudenken, man sieht sie allerorten. Die Reetdächer sehen nicht nur malerisch aus, sie sind auch funktional, denn im Winter sorgen sie für Wärme und im Sommer für angenehme Kühle. Sie sind regen- und schneedicht, frostbeständig und atmungsaktiv, luftfilternd und feuchtigkeitsregulierend und bei Sturm elastisch. Früher galten Reetdächer als billige Lösung für arme Leute, heute sind sie wegen der teuren Handarbeit purer Luxus geworden. Hinzu kommt die Investition für eine meist kostspielige Brandversicherung, denn das Material ist relativ leicht entzündbar.

Um ein Reetdach zu decken, arbeiten sich die Dachdecker von der Traufe zum First vor. Die Halme werden dabei gleichmäßig in Bündeln mit einer Dicke von gut 30 cm auf dem Unterbau verteilt, mit einer etwa einen Meter langen Stahlnadel und Bindedraht an die Dachlatten angenäht und dann ordentlich zugeschnitten. Ein Reetdach ist bei dieser Technik ebenso lange haltbar wie ein gewöhnliches Ziegeldach. Heute wird hochwertiges Reetgras mangels geeigneter Schilfgürtel nur noch an wenigen Stellen in Holstein geerntet – meist kommt es aus Osteuropa.

Mühlen und Windkrafträder

Man könnte denken, dass historische Mühlen zur Ostseeküste gehören wie die Berge zur Schweiz. Doch weit gefehlt. Von den einst einigen Hundert Windmühlen der Region sind nur ganz wenige erhalten geblieben. Es handelt sich dabei fast ausschließlich um teilweise reetgedeckte Galerieholländer aus den Jahren 1850–1890. Einige von ihnen wurden inzwischen zu Restaurants oder Wohnungen umgebaut. Betriebsbereite Windmühlen sind dagegen rar geworden – die älteste steht in Lemkenhafen auf Fehmarn. In ihr ist heute ein Mühlen- und Landwirtschaftsmuseum untergebracht (→ S. 44).

Anstelle der historischen Windmühlen schießen heute Windkrafträder an der Küste wie Pilze aus dem Boden. 20.000 sind es mittlerweile, und fast täglich werden es

Reetdachdecker am Werk: Tews-Kate in Malende

mehr – teilweise ist der Horizont geradezu von Windrädern übersät. Bundesweit werden derzeit 6 % der Stromversorgung durch Windenergie gedeckt, langfristig sollen es 15–20 % sein. Schleswig-Holstein kommt heute bereits auf 35 % und plant, ab 2020 seinen gesamten Stromverbrauch mit Windenergie zu decken. Das technische Hauptproblem dieser sauberen Energiequelle ist der unstete Wind und die damit ständig schwankende Energieleistung der Windkrafträder. Diese muss kontinuierlich durch andere in Bereitschaft stehende Stromerzeuger dem ebenfalls wechselnden Stromverbrauch angepasst werden.

Hünen- oder Hügelgräber

Ursprünglich war Ostholstein geradezu übersät mit Gräbern aus der Stein- und Bronzezeit. Doch die meisten von ihnen wurden geplündert und die Steine als Baumaterial verwendet. Viele wurden auch beseitigt, weil sie beim Pflügen der großen Äcker störten. Dennoch schlummern auch heute noch einige Gräber versteckt in den Wäldern oder unter Buschwerk inmitten großer Felder, andere wurden restauriert und für Besucher zugänglich gemacht.

Nur Hünen – so die dem volkstümlichen Namen zugrunde liegende Vorstellung – konnten in der Lage gewesen sein, die riesigen Steine herbeizuschaffen und zu Gräbern aufzuschichten. Tatsächlich errichteten die Menschen der Jungsteinzeit ihre aufwendigen Begräbnisstätten mithilfe von Zugtieren und einfachsten Karren. Entstanden sind die Gräber im Zeitraum zwischen 4000 und 2000 v. Chr., in der Wissenschaft werden sie als „Megalithgräber" (Gräber aus großen Steinen) bezeichnet. Es handelt sich dabei um Kollektivgräber, die über einen Zeitraum von mehreren Generationen genutzt wurden. Besonders

Gut erhaltenes Hünengrab: das Langbett von Flehm

große Grabanlagen nennt man „Lang-" oder „Riesenbetten" (→ Ruserberg S. 168, Flehm S. 177 oder Wulfen/Fehmarn S. 148). Die Begräbnisstätten waren ursprünglich von einem Erdhügel umgeben (daher der Name „Hügelgrab"), doch wurde die Erde im Laufe der Zeit abgespült. In ihrem Inneren bargen sie rechteckige Grabkammern aus riesigen Findlingen, wo man den Verstorbenen als Grabbeigabe für ein Leben nach dem Tode Tongefäße, Schmuck und Waffen hinterließ. Auf einer Seite verfügten die Kammern über einen tief liegenden Zugang.

In der nachfolgenden Bronzezeit (etwa 1800–800 v. Chr.) wurden die Menschen in einer anderen Form der Hügelgräber bestattet. Man legte sie in ausgehöhlte Eichenstämme, umgab diese mit weniger großen Steinen und überwölbte das Ganze schließlich mit Erde. Über die bereits bestatteten Verstorbenen wurden die nachfolgenden gelegt, sodass im Laufe der Zeit ein riesiger Hügel entstand (z. B. bei Hohwacht, → S. 169).

Reisepraktisches von A bis Z

Anreise/Öffentliche Verkehrsmittel

Fast alle Urlauber reisen mit dem Auto an, dabei gibt es durchaus andere Möglichkeiten, nämlich Bahn und Bus, die sich auch für einen Tagesausflug vor Ort eignen.

Bahn: Zwei Verbindungen stehen zur Verfügung, die im Stundentakt bedient werden. Die beliebteste ist der Hamburg-Strand-Express, der über Lübeck, die Lübecker Bucht entlang bis Neustadt und weiter über Oldenburg nach Fehmarn führt (gelegentliches Umsteigen in Lübeck; Fahrradmitnahme teilweise möglich). Die zweite Verbindung ist der Holsteinische-Schweiz-Express, der von Lüneburg über Lübeck, Eutin, und Plön bis nach Kiel führt (Fahrradmitnahme möglich; Fahrgäste aus Hamburg steigen in Lübeck zu). Mit dem *Schleswig-Holstein-Ticket* (gilt auch für Hamburg) können bis zu fünf Personen einen Tag lang alle Nahverkehrszüge der Bahn für nur 26 € plus 3 € je Mitfahrer nutzen (Mo–Fr erst ab 9 Uhr; Infos unter www.bahn.de).

Bus: Schon für die Anreise gibt's als Alternative zum Auto, zumindest von Berlin und Hamburg aus, einen Busshuttle der Firma *Autokraft*.

Im Sommerhalbjahr fährt ein Bus von Berlin über Travemünde und die anderen Ostseebäder der Küste hoch bis nach Fehmarn und zum Weissenhäuser Strand (Abfahrt *Berlinlinie* sonntags 10 Uhr, Ankunft Weissenhäuser Strand um 17.45 Uhr, Rückfahrt samstags 9 Uhr. Hin und zurück 57–71 €, Kinder 51–57 €; www.berlinlinie.de).

Ebenfalls nur im Sommerhalbjahr verkehrt von Hamburg aus täglich der sog. *Bäderbus* (Abfahrt 8 Uhr am Hauptbahnhof) über Lübeck und dann an der Küste entlang nach Heiligenhafen (Ankunft 11.25 Uhr, Rückfahrt 15.25 Uhr). Die Rückfahrkarte ab Hamburg kostet für die weiteste Strecke 25 € (Kinder 14,20 €, Familienkarte 48 €; www.baederbus.de).

An der Küste existiert darüber hinaus eine Bus-Verkehrsgemeinschaft, deren Routen ebenfalls vorwiegend von Bussen der Firma Autokraft bedient werden. Sie verbindet regelmäßig die einzelnen Ostseebäder sowie die Orte der Holsteinischen Schweiz miteinander. Mit einer *ostseecard* (Näheres → S. 39) zahlt man für Fahrten in die nähere Umgebung nur zwischen 0,50 und 1 €.

Auf der Insel Fehmarn gibt es einen Bürgerbus, der nach einem festen Fahrplan verkehrt, aber von ehrenamtlichen Fahrerinnen und Fahrern gelenkt wird (*ostseecard*-Inhaber 0,50 €, sonst 2 €, Fahrplan unter www.buergerbus.de).

Bemerkenswert ist auch folgendes Angebot: Im Gebiet der Gemeinden Wangels, Oldenburg, Göhl, Gremersdorf, Heiligenhafen, Großenbrode, Neukirchen, Grube, Dahme und Heringsdorf verkehrt tagsüber der **Anrufbus Ostholstein**. In den kleinen Gemeinden erfolgt eine Haustür-zu-Haustür-Bedienung; in den Städten Heiligenhafen und Oldenburg werden feste Haltestellen angefahren. Das System funktioniert – man muss nur spätestens 45 Min. vor dem gewünschten Fahrtantritt folgende Nummer der Firma Autokraft anrufen: ☎ 04562/90525. Für jede Fahrt muss zusätzlich zum eigentlichen Fahrschein ein Komfortzuschlagsfahrschein für 0,50 € erworben werden. Liegt das Ziel außerhalb des Anrufbusgebietes, bringt der Bus den Fahrgast zur nächstgelegenen Haltestelle bzw. zum Bahnhof Oldenburg oder Großenbrode. Dieser Bus eignet sich also perfekt als Transfershuttle vom Bahnhof zum Urlaubsquartier (www.autokraft.de).

Der Hafen von Laboe

Aktivurlaub und Sport

Der klassische Ostseeküstenurlauber ist mit dem Fahrrad unterwegs. Gut ausgeschilderte Radwege führen durch die gesamte Region; in letzter Zeit kommen auch immer mehr Wanderwege hinzu. Aber v. a. auch für Wassersportler und Angler ist die Gegend ein Eldorado, und zwar nicht nur der Meeresnähe, sondern auch der vielen Binnengewässer wegen. Und nicht zuletzt ist Holstein ein Land des Reitsports – immerhin wurde auch eine Pferderasse nach diesem Landstrich benannt.

Wandern, Nordic Walking und Fahrradfahren

Vor allem die Holsteinische Schweiz verfügt über ein gut erschlossenes Netz von Wanderwegen. Vor Ort erhältliche Wanderkarten erleichtern dennoch die Orientierung. Auch für Jogger und Nordic-Walker wurde mittlerweile ein Streckennetz von 800 km ausgewiesen. Und in der Holsteinischen Schweiz gibt es zudem einen Nordic-Fitness-Park mit 21 abwechslungsreichen Strecken (Infos über die Laufrouten unter www.ostsee-schleswig-holstein.de/de/laufroutenfinder). Prachtvolle Natur genießen können Sie natürlich auch ganz einfach bei einem langen Strandspaziergang oder auf den windigen Wegen der zerklüfteten Steilküsten – gesunde Luft ist garantiert.

Auch für Fahrradtouristen gibt es vielfältige Möglichkeiten, auf herrlichen Routen kreuz und quer durch das sanft hügelige Land zu radeln. Sie können dabei ein gut beschildertes Wegenetz von etwa 1500 km Gesamtlänge nutzen. Fast immer verlaufen neben den größeren Straßen gut ausgebaute Radwege, ansonsten bewegt man sich auf asphaltierten Straßen, Spurbahnwegen und Feinschotterpisten. Probleme bereitet allenfalls der manchmal recht heftige Gegenwind.

Für einen kurzen Rad- oder Wanderausflug haben wir für Sie im kleinen (Rad-) Wanderführer dieses Buches eine Auswahl der zehn schönsten Rundtouren zusammengestellt (→ S. 264).

Wenn Sie lieber auf längeren Strecken unterwegs sind, empfiehlt sich der beliebte **Ostseeküsten-Radweg.** Dieser verläuft auf 280 km von Lübeck bis Kiel immer an der Küste entlang (→ Umschlagkarte). Wegen der vorherrschenden Westwinde sollten Sie ihn besser von Kiel in Richtung Lübeck befahren. In der Hauptsaison wird es allerdings schwer, ein günstiges Quartier zu finden – es sei denn, man ist mit Campingplätzen oder Heuhotels zufrieden. Sicherheitshalber sollte man auch hier vorher buchen.

Auskünfte zu den regionalen Fahrradrouten erteilen die jeweiligen Fremdenverkehrsämter. Flyer zu einigen schönen Touren und zum **Ostseeküsten-Radweg** sind beim Ostseebäderverband Schleswig-Holstein, Vorderreihe 57, 23570 Lübeck-Travemünde (☎ 01805/700708), erhältlich. Diese gibt's auch als kostenlose Downloads unter www.ostsee-schleswig-holstein.de. Hier findet man zudem Infos zur 204 km langen **Holsteinische-Schweiz-Radtour** und zum 340 km langen **Mönchsweg** (www.moenchsweg.de), der von Glückstadt bis Puttgarden führt und damit 210 km durch die im Reiseteil beschriebene Region.

Fahradtour im Holsteiner Land

Segeln, Kite- und Windsurfen, Kanu und Kajak

Ob an der Küste oder auf den Seen: Ostholstein gilt als eines der schönsten Segelreviere Deutschlands. Einem romantischen Törn an der Küste entlang bis hinüber in die Dänische Südsee steht nichts im Wege. An allen Yachthäfen sind Gastlieger herzlich willkommen. Aber auch sportliche Action auf dem Katamaran ist fast überall möglich. Kite- und Windsurfer fühlen sich vor Pelzerhaken und v. a. auf Fehmarn wohl. Dafür sorgen zwölf ausgewiesene Surfreviere aller Schwierigkeitsgrade. Anfänger kommen am besten in der geschützten Lage des Burger Binnensees auf ihre Kosten (Wulfener Hals, Burgtiefe). Könner lieben die Brandungswellen im Norden und Westen der Insel, und Speedfahrer sind begeistert von den starken Winden auf der vor hohen Wellen geschützten Orther Reede.

Bei Wasserwanderern ist besonders die Holsteinische Schweiz beliebt. Die mit blauen Schildern als Wasserwanderweg gekennzeichnete Schwentine ist von Eutin bis Kiel auf rund 50 km für Paddler befahrbar. Als größtes Fließgewässer des Landes verbindet sie die Seen der Holsteinischen Schweiz miteinander und gilt mit ihrem abwechslungsreichen Streckenverlauf vorbei an Gütern oder Mühlen als besonders attraktiv.

Information: Vor allem in Heiligenhafen hat man sich auf das Verchartern von **Yachten** spezialisiert (☎ 04362/7323 oder 90700). **Surfschulen** gibt es fast überall an der Küste, **Kiteschulen** v. a. auf Fehmarn. Das Ministerium für Umwelt, Natur und Forsten des Landes Schleswig-Holstein hat eine kostenlose Broschüre für **Kanufahrer** herausgegeben, in der auch die Etappen durch die ost-holsteinische Seenplatte (Schwentine) und die Untertrave ausführlich beschrieben sind (Mercatorstr. 3, 24106 Kiel). Ein Faltblatt mit dem genauen Streckenverlauf durch die Seenplatte gibt's auch beim Ostsee-Holstein-Tourismus e. V., Bahnhofstr. 2, 23683 Scharbeutz, ☎ 01805/700708 (und als Download unter www.ostsee-schleswig-holstein.de). Weitere Infos unter www.kanu-sh.de.

Angeln

Die Ostseeküste und ihr seenreiches Hinterland sind ein Paradies für Angler. In den fischreichen und sehr sauberen Flüssen und Seen sind jede Menge Süßwasserfische wie Seeaal, Hecht, Lachsforelle und Maräne zu Hause. Fast überall dürfen – einen Bundesfischereischein vorausgesetzt – die Petrijünger ihr Glück versuchen. Darüber hinaus werden von allen Häfen aus zünftige Hochseeangeltouren angeboten.

Angelschein Wegen der unterschiedlichen Besitzverhältnisse ist für fast jedes Gewässer der Angelschein an einer anderen Stelle zu erwerben. Die tägliche Gebühr beträgt 6–10 €, wöchentlich ist man mit 15–40 € dabei. Eine aktuelle Gewässer- und Preisübersicht erhält man unter www.ostsee-schleswig-holstein.de (auch zum Download), ✆ 01805/700708.

Anglerglück am Fehmarnsund

Brandungsangeln Vor allem rund um Fehmarn gibt es schöne Brandungsangelreviere. An der Ostseeküste werden Angelscheine anderer Bundesländer anerkannt. Ohne Schein ist mit Ausnahmegenehmigung Angeln bis max. 40 Tage möglich. Den Angelschein für die Ostsee (Gebühr 20 €) erhält man im Bürgerbüro Burg, Bahnhofstr. 5, ✆ 04371/506-640.

Hochseeangeln Heiligenhafen ist die Hochburg der Hochseeangler, entsprechend groß ist das Angebot für Angelfahrten. Infos gibt's bei der Touristik GmbH, Bergstraße, 23774 Heiligenhafen ✆ 04362/90720. Auch von anderen Häfen, besonders von Laboe, Burgstaaken, Orth und Niendorf aus, stechen täglich zwischen 6 und 7.30 Uhr für etwa 30–50 €/Pers. die Angelkutter in See

Reiten/Reiterferien

An der schleswig-holsteinischen Ostseeküste und in der Holsteinischen Schweiz ist man wie in kaum einem anderen Ferienland auf Reiterferien spezialisiert. Seit Jahren arbeitet man an einem landesweiten Reitwegenetz, einige Reitpfade gibt es schon. Auch Ferien auf dem Bauern- oder Reiterhof sind vielerorts möglich. Nicht nur Ponyreiten für Kinder wird in vielen Ferienorten angeboten, auch die Ausbildung in guten Reitschulen ist meist kein Problem. Ein Ausritt am Strand oder durch die sanften Hügel gilt als besonderes Erlebnis und ist v. a. in der Nebensaison an manchen Stränden möglich.

Ein Verzeichnis der Reiterhöfe, Übernachtungsmöglichkeiten und Reitangebote gibt's beim Ostsee-Holstein-Tourismus e. V., ✆ 01805/700708 (Download unter www.ostsee-schleswig-holstein.de).

Baden, Sonnenbaden, Faulenzen

Obwohl sich die Ostsee auch im Sommer selten auf mehr als 19 °C erwärmt, sind die Strände an schönen Tagen bei Einheimischen und Feriengästen äußerst beliebt und zur Hochsaison recht voll. Abgelegene und wenig besuchte Strände findet man nur selten. Eine nennenswerte Brandung gibt es an der Ostsee lediglich bei stürmischem Wetter. Selbstverständlich sind die meisten Badestrände der Küste

Wenig frequentiert: Strand an der Fehmarnsundbrücke

tagsüber bewacht, im Regelfall durch die DLRG, die mit gelb-roten Flaggen die Badezonen markiert. Die zusätzliche gelbe Flagge an den Beobachtungsstationen bedeutet Gefahr beim Baden und Schwimmen, eine rote Flagge signalisiert allgemeines Badeverbot.

Eine echte Alternative abseits des Trubels sind die vielen, aber wenig bekannten Badestellen an den zahlreichen Seen im Hinterland, besonders in der Holsteinischen Schweiz. Ein Wegweiser mit der Aufschrift „Badestelle" kennzeichnet fast immer eine gepflegte, frei zugängliche Liegewiese (mit Toilette) und ein flaches Seeufer, das oft etwas mit Sand bedeckt ist und auch kleinen Kindern Badespaß ermöglicht. Und wenn das Wetter mal nicht mitspielt, finden sich in vielen Orten der Küste große Hallen- und Erlebnisbäder, die allerdings recht deftige Eintrittspreise verlangen.

FKK Vielerorts abseits der Kurstrände gestattet. An den Naturstränden ist FKK ohnehin jederzeit möglich.

Sauberkeit In den Ostseebädern werden die Strände regelmäßig gesäubert, auch das vielerorts angeschwemmte Seegras wird immer wieder entfernt.

Wasserqualität und -temperatur Die Wasserqualität ist im Allgemeinen gut und wird ständig überwacht. Aktuelle Daten erhält man unter www.badewasserqualitaet. schleswig-holstein.de. Infos und Vorhersagen über Wassertemperatur, Wind und Wasserstand findet man unter www.bsh.de.

Essen und Trinken

In den Augen mancher Gourmets gilt Schleswig-Holstein immer noch als kulinarisches Entwicklungsland. Tatsächlich ist in den Touristenhochburgen meist deftige Hausmannskost üblich, und natürlich haben sich auch hier die Preise in den letzten Jahren z. T. kräftig erhöht. Doch wahre Touristenfallen mit fettigen Schnitzeln und ebensolchen Pommes gibt es immer weniger, stattdessen eröffnen immer mehr gute Gaststätten, ja sogar Spezialitätenrestaurants.

In vielen Restaurants der Küste wird das sog. „Ostseegericht" angeboten. Dabei handelt es sich um ein Menü, das die jeweiligen Köche zusammengestellt und dann auf einem Wettbewerb vorgestellt haben, um es anschließend das ganze Jahr über zu einem vergleichsweise günstigen Preis (2011 waren es 12 €) auf die Speisekarte ihrer Restaurants und Gaststätten zu setzen.

Wer die etwas ungewöhnlichere **regionale holsteinische Küche** ausprobieren möchte, dem seien folgende Gerichte empfohlen: Zunächst der *Grote Hans*, ein in Wasser gekochter Hefeteig, der dann in verschiedenen Variationen angeboten wird. Beispielsweise wird er mit Schweinebacke gefüllt, gut gewürzt und dann mit reichlich Senfsoße übergossen. Nicht ganz jedermanns Geschmack dürfte das *Schwarzsauer* sein, das früher am Schlachttag zubereitet wurde: Kleine Schweinefleischstücke (auch Schnauze und Bein) werden mit Schweineblut verkocht und mit Gewürzen verfeinert. Süßsauer eingekocht und dann frisch gebraten wird die *Gänse-* oder *Entenkeule*, die vornehmlich in der kalten Jahreszeit serviert wird. Typisch für die Region ist auch *Labskaus*, das wohl bekannteste Seemannsgericht. Ursprünglich handelte es sich dabei um ein typisches Restegericht, dessen Zusammensetzung mittlerweile natürlich standardisiert ist: Matjes, gepökeltes Fleisch, Rote Bete und Kartoffeln werden vermengt und mit einem Spiegelei gekrönt.

Weit verbreitet sind auch die weniger „dramatischen" Spezialitäten wie *Räucherfisch* und *Holsteiner Katenrauchschinken,* die im ganzen Land in oft historischen Räuchereien erzeugt werden.

Kirschenverkauf auf der Promenade

Seefisch wird fast überall angeboten, doch die Gerichte unterscheiden sich zumeist nicht wesentlich von den gängigen **Fischspezialitäten** anderer deutscher Küstenregionen. Auf jeden Fall sehr empfehlenswert ist es, sich in den Hafenorten beispielsweise Dorsch, Scholle oder Butt fangfrisch vom Kutter zu besorgen – der Geschmack ist wirklich unvergleichlich. In vielen Restaurants der Küste kann man sich hingegen nicht immer sicher sein, ob der Fisch frisch aus dem nächsten Hafen kommt oder tiefgefroren angeliefert wurde, denn die Nachfrage nach Fisch übersteigt zur Hochsaison oft das regionale Angebot. Dem Namen nach bekannt sind v. a. die *Kieler Sprotten.* Die Sprotte ist ein an der Küste vorkommender heringsartiger Fisch, der – fast immer geräuchert – mitsamt seinen feinen Gräten, aber ohne Kopf und Schwanz gegessen wird. Die längste Tradition hat das Sprottenräuchern nicht in Kiel, sondern in Eckernförde. Den Namen aber verdankt der Räucherfisch seinem Transportweg. Die schnelle Beförderung der verderblichen Ware in weite Teile Deutschlands war nur mit der Bahn möglich, Versandbahnhof aber war Kiel, und genau das stand auf den hölzernen Transportkisten.

Bemerkenswert ist auch das Angebot an *Süßwasserfischen.* In den vielen Seen der Holsteinischen Schweiz tummeln sich beispielsweise Zander, Maränen und Lachsforellen. Im Winter ist Karpfenzeit. Der wohlschmeckende, aber grätenreiche Fisch

wird dann in den Gasthöfen der Region meist als in Bierteig gebackenes Filet angeboten. Egal ob Fisch oder Fleisch als Hauptgang gegessen wird – was den Nachtisch
angeht, so ist eine Spezialität im Norden überhaupt nicht wegzudenken: die aus
verschiedenen Beeren zubereitete *rote Grütze*.

Weil das heimische Essen meist besonders deftig ist, gehört zum Abschluss ein
Köm einfach dazu, also ein **Kümmelschnaps** (etwa aus Lütjenburg, → S. 174). Auch
in seiner Stammkneipe bestellt der Norddeutsche gerne „Lütt un Lütt", also Bier
und Korn. Lediglich in Lübeck hat auch Wein Tradition, und zwar der *Rotspon*. Die
Bezeichnung geht auf das niederdeutsche Wort *span* zurück, das „Fass" bedeutet.
Tatsächlich wurden schon seit dem Mittelalter in den Lübecker Lagerhäusern fran-
zösische Weine bis zur Flaschenabfüllung in Holzfässern gelagert und nahmen hier
ihren ganz besonderen Geschmack an.

Gezeiten (Ebbe und Flut)

Ähnlich wie am Mittelmeer beträgt der messbare Tidenhub an der Ostsee nur wenige Zentimeter. Über Ebbe und Flut muss man sich beim Baden und Wassersport
also keine Gedanken machen. Dennoch kommt es gelegentlich vor, dass das Wasser
weiter zurückweicht oder näher als üblich an die Deiche spült. Grund dafür ist der
Wind, der für einen „Badewannen-Effekt" sorgt: Wenn starke Südwestwinde das
Wasser einige Zeit Richtung Dänemark drücken, dann schwappt es bei nachfolgender Flaute wieder an die holsteinische Küste zurück. Dreht der Wind dann auf
nördliche Richtung und erreicht gar Orkanstärke, kann es schon mal zu einer
Sturmflut kommen, die das Wasser sogar in Kiel und Lübeck über die Ufer treten
lässt. Vor allem während der Frühjahrs- oder Herbststürme zeigt sich die Ostsee
auch von ihrer ungemütlichen Seite.

Klima

Der deutsche Norden hat – zu Unrecht – den Ruf, ein Schlechtwettergebiet zu sein.
Natürlich ist auf das Wetter an der Küste kein Verlass, krasse Temperaturschwan-
kungen sind häufig. Aber lange Regenperioden gibt es selten. Glaubt man dem
Deutschen Wetterdienst, so ist die Region um die Insel Fehmarn in manchen
Jahren sogar das sonnenreichste Gebiet Deutschlands. Das Küstenklima ist vergleichsweise mild, und die saubere, staubfreie und jodhaltige Luft gilt als gesund-
heitsfördernd. Tagsüber ist es fast durchgehend windig, abends wird es dann häufig ruhiger. Kommt der Wind von Westen her, hat das meist Wolken und kurze
Schauer zur Folge; Ostwind sorgt dagegen für Sonnenschein.

Wettervorhersagen und aktuelle Wetterdaten für die einzelnen Regionen der Küste kann
man unter www.ostsee-schleswig-holstein.de/de/service einholen.

Kulturleben

Im Sommer verwandelt sich das Land an der Küste in einen einzigen großen Kon-
zertsaal, in dem viele internationale Künstler aufspielen. Vor allem Liebhaber klas-
sischer Musik kommen voll auf ihre Kosten. Insbesondere das *Schleswig-Holstein
Musik-Festival* ist überregional bekannt. Für zwei Monate erklingen die Konzerte
in prächtigen Gutsscheunen und Herrenhäusern, in kleinen Dorfkirchen oder großen Basiliken. Landauf, landab gibt es weitere Musikfestivals, beispielsweise die
Eutiner Festspiele, die seit fast 60 Jahren auf ihrer einzigartigen Naturbühne im

Schlossgarten stattfinden. Hier werden v. a. Opern aufgeführt. Eine weitere Freilichtveranstaltung blickt ebenfalls auf eine fast 60-jährige Tradition zurück: die berühmten *Karl-May-Spiele* in Bad Segeberg(→ Foto S. 237).

Die reiche Landesgeschichte spiegelt sich v. a. auch in den interessanten Museen wider, von denen es eine ganze Fülle gibt. Über sehr bedeutende Sammlungen verfügen Lübeck und die Landeshauptstadt Kiel, vor deren Toren das *Freilichtmuseum Molfsee* besonders hervorzuheben ist, weil es sehr sehenswerte Einblicke in das hiesige Brauchtum gewährt. Aber auch viele kleine Gemeinden pflegen ihr kulturelles Erbe in liebevoll zusammengestellten Heimatmuseen.

Die Novembersturmflut von 1872

Am 13. November 1872 wurde die Ostseeküste Schleswig-Holsteins von der größten Sturmflut seit Menschengedenken erfasst. Orkanartige Nordwestwinde führten vom 6. bis 9. November riesige Wassermassen durch Skagerrak, Kattegat und den Fehmarnbelt bis in die Lübecker Bucht. In der Nacht vom 12. auf den 13. November drehte der Wind plötzlich auf Nordost und erreichte dabei Windstärke 12.

Infolgedessen türmten sich Wellen von bis zu sieben Metern Höhe auf und krachten mit ungeheurer Wucht auf die weitgehend ungeschützte Küste. Dörfer und Städte wurden überschwemmt, Menschen und Vieh ertranken. Der Wasserspiegel stieg um vier Meter höher als normal. Riesige Flächen an Acker- und Weideland wurden durch das Salzwasser unbrauchbar. Unaufhaltsam bahnte sich die Flut ihren Weg ins z. T. erheblich unter dem Meeresspiegel liegende Hinterland. Um dieses Land für die Zukunft zu schützen, wurde in der Folgezeit der vier Meter hohe Deich gebaut.

Vier Meter höher als normal:
Wasserstand der Sturmflut in Dahme

Aber alles hat zwei Seiten: Landvermesser, Ingenieure und Tiefbauarbeiter wurden zum Deichbau an die Küste geholt. Teilweise kamen die Familien nach, Verwandte und Freunde wurden eingeladen, hier die Ferien zu verbringen. Die weitgehend unbekannte Küste war plötzlich in aller Munde. Dank der Eisenbahnverbindung kamen Neugierige aus Hamburg und Kiel, die nicht nur das Ausmaß der Verwüstung zu Gesicht bekamen – sie entdeckten auch die schönen Küstenstreifen, die Strände und die schlichten, aber gemütlichen Unterkünfte. Das sprach sich schnell herum, mehr Herbergen entstanden, mehr Gäste kamen. Der Badebetrieb an der Küste entwickelte sich unaufhaltsam und brachte der einst so geplagten Region Arbeit und Wohlstand.

Was die vielen Hafen-, Altstadt- und Volksfeste oder Bauernmärkte angeht, entpuppen sich die meisten bei genauerem Hinsehen als Verkaufsveranstaltungen und „Fressmeilen" mit lauter Musik und ohne besonderen Charme. Eine Ausnahme von dieser Regel ist beispielsweise das *Klosterfest in Cismar* am zweiten Augustwochenende mit seinem sehenswerten historischen Markt. Bunt und multikulturell geht es auch beim *Europäischen Folklorefestival* zu, das seit über 60 Jahren Ende Juli in Neustadt stattfindet (derzeit nur im 3-jährigen Turnus). Von ganz anderer Größenordnung sind die Segelregatten wie die *Kieler Woche* Ende Juni und die *Travemünder Woche* in der letzten Juliwoche. Diese ziehen Hunderttausende von Besuchern an und bieten ein wahrhaft gigantisches Rahmenprogramm mit Märkten und viel Unterhaltung. In den meisten Ostseebädern heißt der unumstrittene Saisonhöhepunkt jedoch „Ostsee in Flammen", ein herrliches (Seebrücken-)Höhenfeuerwerk mit musikalischer Untermalung.

Eintrittskarten: Für das **Schleswig-Holstein Musik-Festival** (Juli/Aug.) beginnt der Kartenvorverkauf bundesweit schon Mitte April unter ☎ 0431/237070. Programmvorschau und Informationen unter www.shmf.de. Für die **Eutiner Festspiele** (Juli/Aug.) kann man sich unter ☎ 04521/80010 nach Karten erkundigen, weitere Infos unter www.eutiner-festspiele.de. Tickets für die **Karl-May-Spiele** erhält man unter ☎ 01805/9521111, weitere Auskünfte unter www.karl-may-spiele.de.

Kur und Genesungsurlaub

Die meisten Badeorte sind auch als Ostseeheilbad anerkannt und bieten Kuren an. Behandelt werden beispielsweise chronische und allergische Erkrankungen der Atemwege, Hauterkrankungen, Stoffwechselstörungen sowie Erkrankungen von Knochen, Gelenken und Wirbelsäule. Kurzentren mit beheizten Meerwasserhallen- und/oder Brandungsbädern sowie Saunalandschaft gibt es in allen größeren Ostseebädern. Sie stehen ebenso wie die Kurmittelhäuser auch Urlaubern für Bäder, Massagen, Packungen, Kneipp'sche Anwendungen, Inhalationen, Bestrahlungen usw. offen. Informationen erteilen die jeweiligen Kurverwaltungen bzw. Touristeninformationen der Ostseebäder.

Ostseeküste im Internet

Über die Region der schleswig-holsteinischen Ostseeküste kann man unter folgenden Adressen wertvolle Tipps bekommen, Pauschalangebote einholen oder Unterkünfte buchen:

www.ostsee-schleswig-holstein.de,
www.sh-tourismus.de,
www.ostseeferienland.de,
www.naturpark-holsteinische-schweiz.de,
www.schleswig-holstein.de.

Parken

Da fast alle Ostseeurlauber mit dem Pkw anreisen, wird das Parken zunehmend zum Problem. Um Abhilfe zu schaffen und die Ortszentren zu entlasten, wurden in den Ostseebädern vielfach gut beschilderte und z. T. kostenlose Großparkplätze eingerichtet, die meist relativ strand- bzw. innenstadtnah liegen. Wer noch näher am Ort des Geschehens parken will, wird teils ganz ordentlich zur Kasse gebeten.

Neu ist ein „Handy-Parksystem" in manchen Orten. Der Parkwillige gibt per SMS an eine am Parkplatz angezeigte Telefonnummer sein Autokennzeichen in sein

Handy ein und schreibt dahinter, wie viele Stunden er parken möchte. Kurz darauf erhält er eine Bestätigung per SMS. Die Abrechnung erfolgt mit der Telefonrechnung (das System funktioniert auch mit Prepaidkarte). Zehn Minuten vor Ablauf der Parkzeit wird man per SMS auf deren nahendes Ende hingewiesen, sodass man noch rechtzeitig die Parkzeit für sein Auto wiederum per SMS verlängern kann.

Tourismusbeitrag/ostseecard/Gästekarte

Um die der Erholung dienenden öffentlichen Einrichtungen finanzieren und unterhalten zu können, wird in den größeren Orten von Erwachsenen ein Tourismusbeitrag erhoben, der je nach Saison und Ort variiert (in der Hauptsaison zahlt man zwischen 2,20 und 3 € pro Tag und Person, unter 18-Jährige sind frei). Im Gegenzug erhält man in den meisten Ortschaften (Genaueres s. u.) die sog. *ostseecard*, eine Gästekarte, die zuallererst zum freien Strand-Zutritt berechtigt. Darüber hinaus erhält man ermäßigten Eintritt in Schwimmbäder, Museen usw., aber auch Rabatte in verschiedenen Restaurants und Geschäften sowie z. T. auch in Linienbussen. Da die *ostseecard* anders als die traditionellen Kurkarten ortsübergreifend gültig ist, muss man bei Abstechern in andere dem Verbund angeschlossene Ferienorte nicht auf die Vergünstigungen verzichten. Insbesondere entfällt damit das lästige Lösen von Strandkarten, ohne die man früher die Strände „fremder" Ostseebäder nicht betreten durfte. Nur Tagesausflügler, die nicht in einem der Verbund-Orte übernachten, müssen ihren Obolus weiterhin per Strandkarte entrichten (erhältlich im Tourismusbüro oder beim Strandkorbvermieter, aber zunehmend auch am Automaten; der Preis liegt im Schnitt 0,50 € über dem Tagestarif der örtlichen *ostseecard*). Ob Sie gezahlt haben bzw. Inhaber einer *ostseecard* sind, wird an den Stränden der großen Ostseebäder von Kontrolleuren überprüft.

Angeschlossen an den **Ostseekarten-Verbund** sind im Reisegebiet, das in diesem Buch beschrieben ist: Laboe, Schönberg, Hohwacht, Sehlendorfer Strand, Heiligenhafen, Burg/Fehmarn, Großenbrode, Dahme, Kellenhusen, Grömitz, Neustadt, Pelzerhaken, Rettin, Eutin, Sierksdorf, Scharbeutz, Timmendorfer Strand und Travemünde (hinzu kommen Glücksburg und Eckernförde). Nicht zum Verbund zählen der Weissenhäuser Strand sowie die Städte Bad Malente und Plön. Man bekommt die *ostseecard* beim Check-in im Hotel, in der Pension oder Ferienwohnung bzw. beim Touristenservice

Übernachten

Der Ostseeurlauber schläft mehrheitlich in Ferienwohnungen, von denen es eine Überfülle gibt. Besonders in der Hochsaison zwischen Juni und August ist die Küste vielerorts ausgebucht; hier empfiehlt sich eine Reservierung oder ein Ausweichen in die Holsteinische Schweiz, wo immer mal ein Zimmer frei ist.

Ferienwohnungen: Gelegentlich bieten private Vermittlungsbüros Wohnungen an, fast überall übernehmen diese Aufgabe jedoch die örtlichen Fremdenverkehrsbüros, die Kataloge mit Ferienwohnungen bereithalten. Wenn Sie entsprechende Angebote einholen wollen, sind Sie dort an der richtigen Adresse. Informieren kann man sich zudem im Internet, beispielsweise unter www.ostsee-schleswig-holstein.de.
Wegen der wirklich unüberschaubaren Fülle an Angeboten im Bereich Ferienwohnungen haben wir im Reiseteil dieses Buches auf entsprechende Hinweise verzichtet; lediglich örtliche Vermittlungsagenturen werden genannt.

Bauernkate in Thomsdorf bei Grube

Hotels/Pensionen: Wer in einem Hotel schlafen möchte, wird meist kräftig zur Kasse gebeten, denn die meisten Häuser an der Küste gehören der gehobenen Kategorie an. Pensionen gibt es insgesamt relativ wenige, da viele Häuser in den letzten Jahren zu Appartementanlagen umgebaut wurden. Alle DZ-Preise im Buch sind inkl. Frühstück zu verstehen und beziehen sich auf die Hauptsaison.

Jugendherbergen: Es gibt sie in allen größeren Ortschaften, namentlich in Lübeck, Scharbeutz-Uhlenflucht, Scharbeutz-Strandallee, Dahme, Burg (Fehmarn), Schönberg, Eutin, Bad Malente, Plön, Bad Segeberg und Kiel. Die Herbergen sind allen Altersgruppen zugänglich, Voraussetzung ist lediglich ein gültiger Jugendherbergsausweis (bis 26 Jahre 12,50 €, für Senioren oder Familien 21 € pro Jahr). Für den Aufenthalt hat man i. d. R. die Wahl zwischen Übernachtung/Frühstück, Halb- oder Vollpension. Die Übernachtung mit Frühstück kostet zwischen 15 und 18 €. Einzelgäste ab 27 Jahren zahlen einen Zuschlag von 3 € pro Nacht.
Der Landesverband Nordmark e. V. des Deutschen Jugendherbergswerks hat ein kostenloses Verzeichnis der norddeutschen Jugendherbergen herausgegeben: Rennbahnstr. 100, 22111 Hamburg, ☎ 040/6559950, www.jugendherberge.de.

Urlaub auf dem Bauernhof: Bauernhofurlaub an der Küste ist immer mehr im Kommen. Derzeit gibt es an der Küste, auf Fehmarn und in der Holsteinischen Schweiz knapp 150 Ferienhöfe, die jeweils über einige Ferienwohnungen und gelegentlich auch Privatzimmer verfügen. Infos unter www.bauernhof-erlebnis.de.

Heuhotel: Eine urige Variante der Übernachtung sind die vereinzelt eingerichteten Heu- und Strohhotels. Geschlafen wird im Heu und Stroh in ehemaligen Scheunen, Pferdeboxen oder auf dem schön hergerichteten Heuboden. Bad, eine kleine Küche und ein gemütlicher Aufenthaltsraum (sowie Leihschlafsäcke) sind i. d. R. vorhanden. Pro Person sind 13–15 € zu zahlen, dafür gibt's aber auch ein deftiges Frühstück.

Empfehlung: Ein nettes Heuhotel liegt bei Lübeck (Dummersdorfer Ufer, ☎ 0451/301705), ein anderes bei Grube (Riepsdorf, ☎ 04363/1442). Weitere gibt's bei Ahrensbök (Gießelrade, ☎ 04525/2989), Ascheburg (Hof Hain-

böst, ☎ 04526/1322), Eutin (Dodau, ☎ 04521/72749) und Preetz (Postfeld, ☎ 04302/239). Eine Übersicht der Heuhotels finden Sie im Internet unter www.heuherbergen.de.

Camping/Wohnmobil: Ganz sicher ist die Ostseeküste ein Eldorado für Campingfreunde. Ganze Küstenstreifen und manche Seeufer sind mit Campingplätzen übersät, insgesamt sind es fast 100. Die z. T. sehr großen Plätze bieten Sportmöglichkeiten, Kinderbetreuung und Animation, fast immer sind auch ein Lebensmittelladen und ein Restaurant vorhanden. Viele Campingplätze sind jedoch nur in der Zeit von April bis Oktober geöffnet und im Hochsommer sehr voll; eine vorherige Reservierung ist dann dringend zu empfehlen. Camping ist kein billiges Vergnügen, die Preise pro Übernachtung liegen für eine Familie pro Stellplatz bei 22–50 €.

Wohnmobilisten sind an der Küste ebenfalls gerne gesehen, auf vielen Parkplätzen allerdings nicht über Nacht. Es gibt aber spezielle Stellplätze, zudem bieten sich die vielen Campingplätze immer als Alternative an. Freies Übernachten direkt an der Küste ist hingegen ein Problem, im Hinterland aber gelegentlich möglich.

Information Im Reiseteil dieses Buches sind viele Plätze detailliert beschrieben. Eine schöne Übersicht über die Camping- und Wohnmobilplätze entlang der Ostseeküste und in der Holsteinischen Schweiz erhält man zudem kostenlos unter www.ostsee-schleswig-holstein.de (auch zum Download) und www.vcsh.de.

Wohnmobilplätze Travemünde verfügt über einen Stellplatz für 50 Mobile (mit Strom). Am Kowitzberg.

Niendorf bietet am Parkplatz Vogelpark genügend Stellplätze, allerdings nur für eine Nacht (7,50 €/Nacht).

Der Hansa-Park in **Sierksdorf** lockt mit 100 gebührenfreien Stellplätzen.

In **Scharbeutz** nächtigen bis zu 70 Mobile auf dem strandnahen Parkplatz Hamburger Ring (mit Strom). 15 €/24 Std., dafür ist die Strandbenutzung dann inklusive.

Pelzerhaken bietet den strandnahen Wohnmobilstellplatz Ostsee (12 €). Auf der Pelzerwiese (70 Plätze).

In **Grömitz** gibt es auf dem Großraumparkplatz in der Gildestraße 70 Plätze (10 €) sowie im Ortsteil Lensterstrand 42 Plätze (direkt am Strand 7,50 €, Automat); nur für eine Übernachtung.

Am Kaiende von **Großenbrode** bietet das Wassersportzentrum (Am Kai 29) Stellplätze auf Rasenuntergrund (10 €, Strom, WC, Duschen), und 300 m vom Badestrand entfernt (Südstrand 1) gibt's einen „Wohnmobilhafen" (12 €/Nacht).

Heiligenhafen unterhält einen Platz für 100 Mobile auf dem schönen Steinwarder (Großparkplatz Gill-Hus, 10 €/Nacht). An der Binnenseite des Ferienzentrums gibt es zudem Platz für 20 Wohnmobile.

Burg auf Fehmarn bietet den nur über Nacht gebührenpflichtigen und innenstadtnahen Parkplatz Ost und einen Parkplatz am Hafen Burgstaaken (jeweils 8 €/Nacht, am Automaten).

In **Puttgarden/Fehmarn** gibt es ein campingplatzartiges Gelände für 80 Mobile (nicht am Strand, 15 €), ☎ 04371/4070.

15 (ruhige) Plätze gibt es vor dem Waldschwimmbad in **Lensahn** (inkl. Strom 6,50 €/Nacht).

In **Hohwacht** kann man schön nah am Oststrand (Strandstraße) parken (10 €/Nacht).

Brasilien verfügt über zwei private Plätze (für je 50 Mobile) am Mittelstrand, 10 €/Nacht.

In **Laboe** parken Wohnmobile hinter dem Ehrenmal am nördlichen Strandabschnitt für 12,50 €/Nacht (Automat).

Eutin verfügt über 10 Stellplätze am innenstadtnahen Parkplatz hinter dem Bahnhof (P 6).

Plön bietet 20 gebührenfreie Stellplätze am Kleinen Plöner See (B 430, Ortsausgang Richtung Neumünster, Ascheberger Chaussee).

In **Kiel** befindet sich direkt an der Mündung des Nord-Ostsee-Kanals ein schöner Wohnmobilstellplatz mit Blick auf die Förde (Kiel-Holtenau, an der Mole des Scheerhafens).

Traumkulisse: Graswarder Heiligenhafen

Ostseeküste - Reiseziele

Marienkirche: Mutterkirche norddeutscher Backsteingotik

Lübeck

Lübeck ist Weltkulturerbe, und das zu Recht. Schon von Weitem grüßt die berühmte Silhouette mit den sieben Kirchtürmen, und in der Altstadt der einstigen „Königin der Hanse" ist an jeder Ecke etwas vom Ruhm und Reichtum vergangener Zeiten zu spüren.

Fast scheint es, als sei Lübeck mit seinen jahrhundertealten, aber voller Betriebsamkeit steckenden Straßenzügen und den vielen historischen Gebäuden so etwas wie ein lebendes Museum, das überdies noch bequem zu Fuß erkundet werden kann. Die gesamte Altstadt befindet sich auf einem wasserumflossenen Oval. Wenn Sie zunächst eine andere Sicht auf die Stadt bevorzugen – kein Problem. Auf den Travekanälen verkehren stündlich Ausflugsschiffe, welche die Altstadt mit ihren alten Salzspeichern am Ufer von der sehenswerten Wasserseite aus präsentieren.

Das nach wie vor schönste Entree in die Altstadt bildet das wuchtige, doppeltürmige Holstentor. Von hier ist es nur ein kurzes Stück hinauf zum weltberühmten Rathaus und der gewaltigen St.-Marien-Kirche. Noch vor Beginn eines Stadtrundgangs kann man vom Turm der nur wenige Schritte entfernten St.-Petri-Kirche einen herrlichen Rundblick über die Stadt genießen. Ein Aufzug führt hinauf zur 50 m hohen Aussichtsplattform. Oben angekommen, erkennt man, dass sich die Stadt auf einem Hügel befindet, von dessen Zentrum um die Marienkirche die Straßen fast schachbrettartig nach allen Seiten hinunter zum Wasser führen. Es wird auch deutlich, dass Lübecks historisches Zentrum nur rund 1 km breit und knapp 2 km lang ist, alles ist also bequem zu Fuß erreichbar.

Noch ist die Altstadt nicht autofrei, aber verkehrsberuhigt. Vom Markt aus zieht sich die stets geschäftige Fußgängerzone, die Breite Straße, nach Norden. Auf ihr

ist auch das berühmte Café Niederegger zu finden, das den Ruf Lübecks als Marzipanstadt mitbegründet hat (→ *Lübecker Marzipan*, S. 61). Aber v. a. das jenseits von Markt und Geschäftsmeile liegende Lübeck lohnt, entdeckt und erlaufen zu werden. Dicht gedrängte Häuserzeilen mit über 3000 prächtigen Patrizierhäusern, die stolz ihre typischen Stufengiebel zeigen, schmücken viele Straßen und Plätze. Prunkvolle Exemplare finden sich beispielsweise im Ostteil der Altstadt, so in der Fleischhauerstraße und in der Wahmstraße. Ebenfalls sehenswert sind die Gruben (so heißen die zur Trave führenden Straßen) im Südwesten, insbesondere die im Schatten von St. Petri beginnende Große Petersgrube. Sie ist die einzige Altstadtstraße, in der die ursprünglichen Fassaden der Gebäude vollständig erhalten geblieben und darüber hinaus auch noch Bürgerhäuser aller Baustile zu finden sind. Die Große Petersgrube mündet in die Straße An der Obertrave, wo einige Restaurants zur Einkehr einladen und auch Traverundfahrten starten. Eine wenig bekannte Besonderheit ist der Bau an der Obertrave 19–20, der von außen wie ein uralter, schöner Speicher aussieht. Das aber ist nur Tarnung, denn es handelt sich schlicht um einen Bunker.

Obwohl Lübeck einst eine überaus reiche Stadt war, lebten in der Hansestadt natürlich nicht nur wohlhabende Kaufleute. Im Norden der Altstadt liegt beispielsweise das Gängeviertel (am Engelswisch), wo auf engstem Raum die spätmittelalterlichen Handwerker und Tagelöhner wohnten. Deren ehemalige Behausungen sind durch Gänge verbunden, die teilweise so niedrig sind, dass man sich tief bücken muss, um hindurchzugelangen. Heute ist die Hinterhofidylle der winzigen, blumenberankten Häuschen liebevoll restauriert, und es lohnt sich unbedingt, bei einem Stadtspaziergang in diese andere Welt mit ihren „Scheinsackgassen" und versteckten Ausgängen einzutauchen. In der gesamten Altstadt sind heute noch etwa 90 dieser typischen Lübecker Gänge erhalten geblieben.

Marzipanfigurenkabinett im Café Niederegger

Geschichte

Dreimal musste Lübeck gegründet werden, ehe es sich in voller Blüte entwickeln konnte. Etwas nördlich der heutigen Stadt, am Zusammenfluss von Trave und Schwartau (Alt-Lübeck genannt), entstand um das Jahr 1000 die Slawensiedlung *Liubice*, was „die Liebliche, die Schöne" bedeutet. Doch im Jahr 1138 wurde diese Siedlung, in der sich mittlerweile bereits eine Niederlassung deutscher Kaufleute mit christlicher Kirche behauptete, im Zuge innerslawischer Auseinandersetzungen von heidnischen Slawen komplett niedergebrannt.

Die Neugründung erfolgte 1143 unter der Federführung des Schauenburger Grafen Adolf II., der auf eben jenem Hügel zwischen Trave und Wakenitz, der heute noch die Altstadt bildet, eine Siedlung errichten ließ. Hier bestand seit alter Zeit ein Handelsweg, deshalb war der Standort ein idealer Ausgangspunkt, um das slawische Gebiet zu unterwerfen. Schnell zog die neue Stadt viele Kaufleute an und wickelte einen immer größeren Teil des Nordosthandels ab. Das wiederum war dem Lehnsherren des Grafen, Herzog Heinrich dem Löwen, ein Dorn im Auge, denn in seinem unmittelbaren Einflussbereich nahm der Handel ab. Deswegen forderte er Adolf II. auf, ihm die Hälfte der städtischen Einnahmen zu überlassen, was dieser jedoch ablehnte. Daraufhin entzog der Herzog der Stadt das Recht auf einen Fernhandelsmarkt, womit den hiesigen Kaufleuten die Existenzgrundlage genommen wurde. Das vorläufige Ende der Stadtgeschichte markierte schließlich ein verheerender Brand im Jahr 1157, dem große Teile der Siedlung zum Opfer fielen.

Der Neuanfang und damit gewissermaßen die dritte Stadtgründung ließ allerdings nicht lange auf sich warten. Nachdem Heinrich der Löwe den Kaufleuten nach der Brandkatastrophe einen neuen Siedlungsplatz im Lande Ratzeburg zugeteilt hatte, der jedoch wirtschaftlich nicht sonderlich florierte, ließ er sie kurzerhand zurückholen und wies sie an, ihre alte Siedlung wiederzuerrichten. So entstand Lübeck 1159 unter Heinrich dem Löwen nochmals, und zwar mit einem Grundriss, der heute noch Bestand hat. Eine seiner ersten Maßnahmen bestand darin, Lübeck zum Bischofssitz zu machen (den Grundstein für den Dom soll er angeblich selbst gelegt haben), sodass die Stadt schon bald zum Zentrum der Missionierung Ostholsteins wurde. Zudem stattete er Lübeck mit einem Stadtrecht (nach Soester Vorbild) aus, welches später „Lübisches Recht" genannt und mehr als 100 Städten im Ostseeraum verliehen wurde.

Aus Brandschutzgründen waren ab 1250 nur noch Backsteine als Baumaterial erlaubt. Auf engstem Raum entstanden so prächtige Häuser und Höfe, deren kunstvolle Giebel noch heute den Charme der Stadt ausmachen. Aufgrund seiner vielfältigen Handelsbeziehungen gelangte Lübeck innerhalb kürzester Zeit zu Macht und Reichtum. Dokumentiert wird dies u. a. durch die berühmten sieben Kirchtürme, die innerhalb von nur fünf Jahrzehnten, nämlich zwischen 1170 und 1220, erbaut wurden.

Zwar fiel die Stadt 1201 zwischenzeitlich in die Hände der Dänen, aber mit der Schlacht von Bornhöved (1227; → S. 235) erlangte auch Lübeck seine Souveränität zurück und wuchs rasant weiter. Denn nun wurde die neue Metropole an der Ostsee von Friedrich II. auch noch zur freien Reichsstadt erhoben, war also fortan keinem Grafen, Herzog oder Bischof, sondern lediglich dem Kaiser verpflichtet. Im Jahr 1300 trat die Stadt dann der Hanse bei und konnte hier rasch eine Führungsrolle übernehmen, ja sich zur „Königin der Hanse" entwickeln (→ Kasten S. 49). Was Venedig für das Mittelmeer war, wurde Lübeck für die Ostsee, nämlich das Handelszentrum schlechthin. Die Metropole wuchs immer weiter und war bald nach Köln die zweitgrößte Stadt des Reiches.

Die politische Macht lag bei den reichen Kaufleuten, was fast zwangsläufig zu Differenzen mit den kirchlichen Autoritäten führen musste. Als steinernes Sinnbild kaufmännischen Selbstbewusstseins ließen die stolzen Ratsherren ab 1250 die gigantische Marienkirche bauen. Der Bischof, weitgehend entmachtet und des selbstherrlichen Rates überdrüssig, zog nach Eutin und lenkte seitdem von dort die Geschicke seines Bistums Lübeck.

Im Zeitalter der Reformation musste Lübeck behutsam vorgehen, denn die freie Reichsstadt unterstand ja dem katholischen Kaiser. Zudem wollte und konnte Lübeck als Oberhaupt der Hanse

Kleine Petersgrube

Lübeck → Karte S. 51

seine ebenfalls z. T. katholischen Handelspartner nicht plötzlich verprellen. So dauerte es in Lübeck bis zum Jahr 1531, ehe der Rat der Stadt auf Drängen der Bürgerschaft eine protestantische Kirchenordnung verabschiedete.

Stiftshof in der Glockengießerstraße

Durch geschickte Diplomatie schafften es die Lübecker Ratsherren, ihre stark befestigte Stadt aus dem Dreißigjährigen Krieg herauszuhalten, sodass Lübeck bis zum Ende des 18. Jh. eine blühende Kaufmannsstadt blieb. Der Niedergang begann erst, als napoleonische Truppen die Stadt 1806 besetzten. Zwar war der Spuk bereits 1813 wieder vorbei, doch die wenigen Jahre reichten aus, um die wirtschaftliche Macht Lübecks zu brechen. Einen wesentlichen Einfluss hatte die von Napoleon gegen England verhängte Wirtschaftsblockade (Kontinentalsperre), die auch Auswirkungen auf die Handelsaktivitäten der Hansestädte hatte. Die Folge war der Bankrott zahlreicher Kaufmannsfamilien.

Noch bis 1937 blieb Lübeck als eine von sechs Städten in Deutschland freie Reichsstadt, die sie seit 711 Jahren war. Dann wurde die Stadt von den Nationalsozialisten der preußischen Provinz Schleswig-Holstein zugeschlagen und verlor – anders als Bremen und Hamburg – ihre Selbstständigkeit.

Am Palmsonntag 1942 ging ein Teil Lübecks im britischen Bombenhagel unter; es war der erste große Luftangriff auf eine deutsche Stadt. Von weiteren Zerstörungen blieb Lübeck wohl nur deshalb verschont, weil der Schweizer Präsident des Internationalen Roten Kreuzes sich vehement für eine „Neutralisierung" der Stadt als Umschlagplatz für Rot-Kreuz-Sendungen einsetzte. Dennoch schien es nach Kriegsende fast unmöglich, die gewaltigen Schäden zu beheben. Doch im Laufe der Zeit gelang es den Lübeckern, viel von der einstigen Pracht wiederherzustellen. Als Lohn für die jahrzehntelangen Bemühungen wurde die gesamte Altstadt 1987 von der UNESCO zum Weltkulturerbe erklärt. Heute, da sich der Osten Europas neu geordnet und seine Grenzen geöffnet hat, liegt Lübeck wieder ganz zentral und hofft darauf, erneut Drehscheibe des Ostseehandels zu werden.

Die Hanse

Die Geschichte der Hanse begann mit einer Fahrgemeinschaft: Fernhandel treibende deutsche Kaufleute taten sich seit dem 12. Jh. (beispielsweise in Gotland oder London) zusammen, um ihre ebenso einträglichen wie gefährlichen Reisen kostengünstig zu organisieren. Aus den losen Interessengemeinschaften entwickelten sich dauerhafte Kooperationen, von Außenstehenden *Hansen* (= „Schar" oder „Bund") genannt. Diese Hansen waren die Keimzellen, aus denen im 13. Jh. unter der Führung Lübecks ein Bund niederdeutscher Städte entstand.

Vornehmliches Ziel der Hanse war (neben der Sicherung der städtischen Freiheiten) die Sicherung des Handels. Sie bot ihren Mitgliedern im Ausland Rechtssicherheit, verwaltete die ausländischen Handelsprivilegien und organisierte den Fernhandel. Über die Richtlinienkompetenz des Städtebundes entschieden unregelmäßig stattfindende Hansetage, die seit 1356 im Lübecker Rathaus abgehalten wurden. Dabei erörterten die Hansedelegierten nicht nur kaufmännische Fragen, sondern entschieden auch darüber, ob Krieg oder Frieden ihren wirtschaftlichen Interessen zuträglicher war. Spätestens mit dem Frieden von Stralsund 1370, der den zehn Jahre dauernden Krieg gegen Dänemark beendete und die Vorherrschaft der Hanse im Ostseeraum festigte, war der Städtebund – und damit Lübeck – auf dem Höhepunkt seiner Macht angelangt. Der Hanse gehörten 200 Binnen- und Hafenstädte an. Ihre Einflusssphäre reichte vom Finnischen Meeresbusen bis zur Zuidersee im Westen und Thüringen im Süden.

Den Aufstieg zur „Königin der Hanse" verdankte Lübeck seiner strategisch günstigen Lage. Die Stadt, die seit dem Erwerb von Travemünde 1329 über einen ungehinderten Zugang zur Ostsee verfügte, war der Knotenpunkt der bedeutendsten hanseatischen Handelsrouten zwischen Ostseeraum und Westeuropa. Die Lübecker Lagerhallen wurden von den Kompanien, die für den Handel mit dem Osten und dem Norden zuständig waren, mit Rohstoffen beliefert. Die Nowgorod-Fahrer brachten Holz, Pelze, Teer, Wachs und Hanf aus Russland, Erz und Hering kamen aus Schweden, Stockfisch aus Norwegen. Von Lübeck aus wurden die Rohstoffe weiterversandt, während aus dem Süden und Westen Europas gelieferte Fertigwaren (Tuche, Werkzeuge, Wein etc.) für den Markt im Norden und Osten umgeschlagen wurden.

Grundlage für die logistischen Anforderungen war das richtige Transportmittel. Die Schiffe der Hanse, die Koggen, waren billig zu produzieren und verfügten dank ihres bauchigen Rumpfs vielleicht nicht über die Eleganz venezianischer Galeeren, dafür aber über die immense Ladungskapazität von bis zu 100 Tonnen. Die Lübecker Flotte war noch bis zum Dreißigjährigen Krieg größer als die Englands, lediglich die Niederländer besaßen mehr Schiffe.

Mit dem Verlust des hanseatischen Kontors in Nowgorod 1478 begann der Niedergang der Hanse. Der alte Städtebund erwies sich auf Dauer gegenüber sich verändernden Marktbedingungen (der wirtschaftspolitischen Entwicklungen der frühneuzeitlichen Staaten, die wachsende Bedeutung der großen Bankhäuser) als nicht konkurrenzfähig. Mit der zunehmenden Bedeutung des transatlantischen Handels verschoben sich zudem die europäischen Marktzentren nach Westen und marginalisierten den Ostseehandel. Der letzte Hansetag wurde 1630 abgehalten, neben Lübeck nahmen nur Hamburg und Bremen daran teil.

Basis-Infos

Information Welcome Center (Touristbüro), Holstentorplatz 1, 23552 Lübeck, ℡ 0451/8899700, www.luebeck-tourismus.de.

Lübecker Verkehrsverein e. V., Am Bahnhof/Linden-Arcaden, ℡ 0451/72300, www.lue becker-verkehrsverein.de.

Fahrräder Fahrradverleih Lübeck (kein Laden, aber kostenlose Anlieferung), Stephanie Engel, Auf dem Ruhm 2, ℡ 0176/96148664, www.fahrradverleih-lübeck.de; **Bike & Tour**, Geniner Str. 2, ℡ 0451/5041440.

Kino CineStar, großes Kinocenter in der Stadthalle (Mühlenbrücke 11), www.cine star.de; **Kommunales Kino e. V.**, Mengstr. 35, ℡ 0451/1221287, www.kinokoki.de.

Schiffsrundfahrten Stadt-, Kanal- und Hafenrundfahrten mit einer Barkasse, Fahrtzeit 1 Std. (tägl. 10–18 Uhr, Nebensaison 11–16 Uhr), *Cityschifffahrt*, An der Untertrave 114, ℡ 0451/7063859; *Quandt-Linie*, Holstentorterrassen, ℡ 0451/77799. *Stühff*, An der Obertrave 15a (hier gibt es auch ein kleines Café am Anleger), ℡ 0451/7078222. Die Preise sind bei allen Anbietern ähnlich: Erw. 8–9 €, Kinder 4–5 €.

Wakenitzfahrten zum Ratzeburger See und zurück (10 und 14 Uhr ab Lübeck-Moltkebrücke), Schifffahrt Maiworm, ℡ 0451/35455. Erw. 16 €, Kinder 11 €.

Ausflugsfahrt nach Travemünde (Fahrtzeit 105 Min./Strecke), *Könemann Schifffahrt* (9.30, 14 und 18 Uhr), Abfahrt Drehbrücke. Hin und zurück Erw. 17 €, Kinder 10 €, Familien 38 €; ℡ 0451/2801635.

Stadtführungen Lübecker Stadtführer e. V., informative und kurzweilige Führungen in der Hochsaison werktags 11 und 14 Uhr, (Do–Sa auch 17 Uhr), sonntags 11 Uhr (in der Nebensaison nur Sa 14 Uhr und So 11 Uhr), Dauer 2 Std. inkl. Rathausführung. 7 €, Treffpunkt ohne Voranmeldung am Welcome Center, Holstentorplatz 1; ℡ 0451/72300 oder 4091950.

Theater Musiktheater, Schauspiel und Konzerte im wunderschönen 100 Jahre alten **Jugendstiltheater** in der Beckergrube 16. In der Spielzeit fast täglich Aufführungen. Theaterkasse ℡ 0451/399600; www.theater luebeck.de. Im Theater hat auch die 1919 gegründete **Niederdeutsche Bühne Lübeck** ihren Spielort. Hier werden die Stücke ausschließlich in plattdeutscher Sprache gespielt. Der Spielplan umfasst jährlich 4 Inszenierungen mit 24 Aufführungen im Theater sowie weitere 36 in der Umgebung Lübecks. Vorverkauf unter ℡ 0451/74552 oder 76772; www.niederdeutsche-buehne-luebeck.de.

Für den Lübeck-Besuch ist der Erwerb einer HappyDay-Card (Lübeck-Card) empfehlenswert. Mit ihr hat man für 10 € (24 Std.) oder für 12 € (48 Std.) freie Fahrt in allen Bussen und Bahnen innerhalb der Stadt und weiter bis nach Travemünde. Darüber hinaus gibt es 25 % Ermäßigung für fast alle Museen und zudem einen deutlichen Nachlass im Theater, in der Musik- und Kongresshalle sowie bei Kanal- und Hafenrundfahrten. Zu kaufen gibt es die Karte im Welcome Center (Touristbüro, s. o.), beim Service-Center der Stadtverkehr Lübeck GmbH (am ZOB) und in diversen Lübecker Hotels und Museen.

Übernachten

Klassik Altstadt Hotel ■3, im Herzen der historischen Altstadt, sehr gepflegt, 28 nicht ganz so große Zimmer, die sich als Themenzimmer jeweils einer Lübecker Künstlerpersönlichkeit widmen; gediegen-elegant mit dunklen Möbeln eingerichtet, gutes Frühstücksbüfett, Restaurant, Parkplätze. DZ 125–138 €. Fischergrube 52, ℡ 0451/702980, ℡ 0451/73778, www.klassik-altstadt-hotel.de.

Ringhotel Jensen ■9, an der Trave beim Holstentor gelegenes Haus mit langer Tradition. Das 42-Zimmer-Hotel ist rustikal ausgestattet, Zimmer mit üblicher Hoteleinrichtung. Ansprechendes Essen bietet das hoteleigene **Restaurant Yachtzimmer**, hier gibt's v. a. schmackhaften Seefisch (z. B. Holsteiner Fischteller), aber auch Liebhaber zarter Fleischgerichte (z. B. Deichlamm) kommen auf ihre Kosten. DZ 98–115 €. An der Obertrave 4–5, ℡ 0451/702490, ℡ 0451/73386, www.hotel-jensen.de.

Map of Lübeck

Wallhafen

Hansahafen

An der Untertrave

Brückenweg

Burgtor

Museum Burgkloster

Klughafen

Schwartauer Allee

Bahnweg

Katharinenstraße

Marienstraße

Drehbr.

Lastadie

Holstenhafen

An der Untertrave

Gr. Kiesau

Fischergrube

Engelsgrube

Engelswisch

Koberg

Gr. Burgstr.

Wakenitzmauer

Kanalstraße

Falkenstraße

Große Gröpelgrube

Gr. Gröpelgrube

1 Heilig-Geist-Hospital

2 Haus der Schiffergesellschaft

3

4

Beckergrube

St. Jakobi

Breite Str.

Behn- und Drägerhaus

Günther-Grass-Haus

Glockengießerstraße

St. Katharinen

6

Königstr.

Hundestr.

Dr.-Julius-Leber-str.

St. Johannis-Kloster

Kanalstraße

Wakenitzmauer

MuK

5 Mengstraße

Bottcherstr.

Ellerbrook

Buddenbrookhaus

Alfstr.

Fischstr.

Braunstr.

Schüsselbuden

St. Marien

Rathaus

Fleischhauerstraße

7 Markt

Holstentor

Holstentorplatz

Puppenbrücke

Holstenstr.

Kohl markt

8

St. Petri

9

Kolk

Kiesau

Museum für Figurentheater

Königstr.

Hüxstraße

10

Wahmstraße

11

An der Mauer

Hüxterdamm

Salzspeicher

Willy-Brandt-Allee

Stadt-Trave

An der Untertrave

An der Obertrave

Große Petersgrube

Klingenberg

Marlesgrube

Aegidienstr.

St. Aegidien

Krähenstraße

An der Mauer

Dankwartsgrube

13

St.-Annen-Museum

12

Mühlenstraße

Krähenteich

Herz-Jesu-Kirche

Hartengrube

Völkerkundemuseum

Domkirchhof

14

An der Mauer

An der Obertrave

Gr. Bauhof

Dom

Musterbahn

Mühlenbr.

Mühlenbr.

Hüxtertorallee

Kalandstr.

Spllerstr.

Stadtgraben

Sägemühle

Posehlstraße

Wallstraße

Museum f. Natur und Umwelt

Mühlendamm

Mühlenteich

Wallstraße

Mühlentorbr.

15

Bismarckstraße

Bäckerstr.

Antoni str.

-wehr Allee

Posehlstraße

16

Mühlentorplatz

Übernachten

- 3 Klassik Altstadt Hotel
- 6 Rucksack-Hotel im Werkhof
- 9 Ringhotel Jensen
- 13 CVJM Hotel am Dom
- 14 Hotel zur alten Stadtmauer
- 15 Hotel am Mühlenteich

Essen & Trinken

- 1 Kartoffelkeller
- 2 Schiffergesellschaft
- 4 Markgraf
- 5 Schabbelhaus
- 6 Café Affenbrot
- 7 Ratskeller
- 8 Café-Konditorei Niederegger
- 9 Restaurant Yachtzimmer
- 10 Tipasa
- 11 Remise
- 12 Marli-Café/Restaurant
- 16 Alte Mühle

Lübeck

150 m

>>> Mein Tipp: ** Hotel zur alten Stadt-mauer 🔲, nettes, gepflegtes, kleines Familienhotel in einer ruhigen Ecke der Altstadt, freundlich-warme Farben, Frühstücksraum (leckeres Frühstück!) mit kleiner Bibliothek. DZ 69–93 €. An der Mauer 57, ☎ 0451/73702, 🖷 0451/73239, www.hotelstadtmauer.de. **<<<**

Hotel am Mühlenteich 🔲, Hotel garni am Altstadtrand, unauffälliges Äußeres, sehr einfache, aber saubere kleine Zimmer (Dusche teilweise im Flur). DZ 78–89 €. Mühlenbrücke 6, ☎ 0451/77171, 🖷 0451/76302, www.hotel-am-muehlenteich.de.

CVJM-Hotel am Dom (garni) 🔲, zentrale Lage in einem ruhigen Winkel der Altstadt, 18 einfache, aber saubere Zimmer. DZ 74 €. Dankwartsgrube 43, ☎ 0451/3999410, 🖷 0451/3999411, www.cvjm-luebeck.de.

Rucksack-Hotel im Werkhof 🔲, 1991 als erstes Rucksackhotel Deutschlands gegründet und immer noch die wohl preiswerteste, allerdings jugendherbergsähnliche Bleibe (4, 6 und 8 Betten) in der Altstadt. 7 schöne Doppelzimmer. Angegliedert ein Zentrum für umweltverträgliche Lebensformen mit Ökoläden und dem immer gut besuchten Café Affenbrot (6), einem vegetarischen Bistro in alternativer Wintergartenatmosphäre (tägl. 9–21 Uhr). DZ mit Dusche und WC 45 €, im Mehrbettzimmer (Etagendusche) 15 €/Pers., Bettwäsche 4 €, Frühstück 4 €. Kanalstr. 70 (Ecke Glockengießerstraße), ☎ 0451/706892, 🖷 0451/7073429, www.rucksackhotel-luebeck.de. ■

Essen & Trinken   (→ Karte S. 51)

Schabbelhaus 🔲, traditionelles, nobles und stilvolles Restaurant, ausgestattet mit Einrichtungsgegenständen aus alten lübischen Kaufmannshäusern. Bei Roberto Rossi gibt's seit Jahren feine italienische Küche (z. B. Saiblingsfilet). Tägl. 12–14 u. 18–23 Uhr (Abendgarderobe empfohlen), So Ruhetag. Mengstr. 48, ☎ 0451/72011.

Markgraf 🔲, gediegene Kaufmannshausatmosphäre in der Diele eines spätgotischen Patrizierhauses von 1330. Hoher Gastraum mit Empore und ockerfarbenen Wänden, getafelt wird bei Kerzenschein, anspruchsvolle Küche (z. B. Lammfilet). Di–Sa ab 18 Uhr. Fischergrube 18, ☎ 0451/7060343.

Schiffergesellschaft 🔲, in dem zweifellos sehenswerten historischen Treffpunkt lübischer Seeleute herrscht so etwas wie Reisegruppen-Pflichtprogramm-Atmosphäre, dennoch ist das Essen schmackhaft (z. B. Kapitänsschüssel). Spezialität ist natürlich die (nicht unbedingt preiswerte) Holsteiner Küche, abends besser reservieren. Breite Str. 2, ☎ 0451/76776 (→ auch S. 57).

Ratskeller 🔲, so wie man sich ein Ratskellergewölbe vorstellt. Als Besonderheit steht hier heute noch ein reich beschnitztes Weinfass, das um 1800 entstanden ist und mit zwölf verschiedenen Weinsorten gefüllt werden kann. Wer mag, setzt sich in eins der kleinen, nach einheimischen Schriftstellern benannten Kabäuschen und genießt die kräftige deutsche Küche, z. B. Rats-

kellermeisters Topf (auch Mittagsmenü). Markt 13, ☎ 0451/72044.

Alte Mühle 🔲, im Keller der alten Roggenmühle in Domnähe hat sich ein urig-gemütliches Lokal eingerichtet. Spezialität sind gute Flammkuchen, aber auch leckere Fleischgerichte. Stolz ist man auf die Auswahl an guten Weinen, die man auch auf der gekiesten Terrasse hinter der Mühle genießen kann. Mo–Sa ab 15 und So ab 12 Uhr. Mühlendamm 24 (am Parkplatz), ☎ 0451/7072592.

Kartoffelkeller 🔲, in den großen historischen Gewölben unter dem Heiligen-Geist-Hospital gelegenes, urig-gemütliches und gut besuchtes (Touristen-)Restaurant (und Weinkeller), in dem es viel mehr als nur Kartoffelgerichte gibt. Spezialität ist *Lübecker Pannfisch*, das sind deftig gebratene Lachs- u. Seelachsfilets mit Bratkartoffeln, die nur hier in einer speziellen Senfsoße zubereitet werden. Gartenterrasse am Eingang. Tägl. ab 11.30 Uhr. Koberg 8, ☎ 0451/76234.

>>> Mein Tipp: Remise 🔲, Ruhepol inmitten der Altstadt, in einer alten Remise in gemütlicher Hinterhofatmosphäre einer ehemaligen Rösterei gelegen. Auch im geschützten Innenhof können Sie sitzen und z. B. leckeren Blaubeerkuchen genießen. Es gibt aber auch Frühstück und junge, kreative Küche (gute Steaks). Deshalb ist die Remise auch weniger ein Café als vielmehr ein behagliches Kneipenrestaurant. Die „Neue Rösterei" selber ist heute ein Kultur- und Sozialzentrum, in dem z. B. Greenpeace, Amnesty International, eine Musik- und Rhythmusschule und das Buddhistische Zentrum residieren. Wahmstr. 43, ☎ 0451/77773. ⟪⟪

Tipasa **10**, in der Altstadt etwas abseits vom Trubel gelegenes, familienfreundliches Kneipenrestaurant mit Pizza & Pasta oder vegetarischen Gerichten; große Portionen. Die Wände sind bemalt mit künstlerischen Darstellungen aus allen Kontinenten, alles in warmen Gelbtönen gehalten, für Kinder gibt's ein extra Spielzimmer. Tägl. 12–1 Uhr. Schlumacherstr. 12 (zwischen Hüx- u. Fleischhauerstr.), ☎ 0451/7060651.

🌿 Marli-Café/Restaurant **12**, gegenüber der Aegidienkirche gelegen, in warmen Gelbtönen gemütlich und großzügig eingerichtet. Täglich Frühstück und preiswerter Mittagstisch, Zutaten teilweise aus ökologischem Anbau. Das Café/Restaurant ist eine gemeinnützige Einrichtung, in der auch behinderte Menschen beschäftigt werden. Die in das Interieur eingebundenen Kunstgewerbeprodukte (Kerzen, Keramik usw.) stammen aus eigener Fertigung und sind auch käuflich zu erwerben. So–Mi 8–18 Uhr, Do–Sa bis 23 Uhr. St.-Annen-Str. 1, ☎ 0451/8899744. ■

Café-Konditorei Niederegger **8**, gegenüber der Rathaustreppe gelegenes, fast immer volles Haus, das eine Institution in Lübeck ist. Man sitzt am besten in der 1. Etage, alles ist groß und prächtig in vornehmem Dunkelrot gehalten, dazu eine Spie-

Altstadtgang

geleinrichtung und goldene Leuchter. Im Erdgeschoss befindet sich ein Marzipangeschäft, im Obergeschoss ein Marzipanmuseum, das sich mit der Geschichte der Marzipanherstellung beschäftigt. Fast schon obligatorisch ist die Marzipan-Nusstorte, daneben gibt es aber noch eine Fülle weiterer frisch gebackener Torten (tägl. 9–19 Uhr). Auch im Arkardencafé gegenüber kann man schön sitzen (bis 22 Uhr). Breite Str. 89, ☎ 0451/5301126.

Sehenswertes

Holstentor

Der mächtige Verteidigungsbau mit seinen beiden charakteristischen Türmen wurde 1464–1478 unter der Leitung des Lübecker Ratsbaumeisters Hinrich Helmstede erbaut. Das Tor lag wie eine Art Brückenkopf vor der Stadt in Richtung Holstein (daher der Name). Es war mit 30 Geschützen ausgestattet, die jedoch nie zum Einsatz kamen. Schon während der Bauzeit hielt der weiche Boden der gewaltigen Last der bis zu 3,5 m dicken Mauern nicht stand, woraufhin der Südturm in Schieflage kam. Diese Neigung versuchte man bei der Errichtung der oberen Geschosse auszugleichen. Im Laufe der Jahrhunderte ist jedoch das gesamte Bauwerk abgesackt.

Durch die Entwicklung der Kriegstechnik war das Holstentor schon relativ schnell veraltet, sodass bereits im 16. Jh. eine dem Tor vorgelagerte Bastion errichtet wurde, um die Verteidigungsanlage zu verstärken. Deren prächtiges Tor wurde Mitte des 19. Jh. abgerissen, und fast wäre dem Holstentor das gleiche Schicksal widerfahren. Zu dieser Zeit war es nämlich zur Ruine verfallen und wurde von vielen als „steinernes Gerümpel" verunglimpft; folgerichtig drohte der Abriss. Nach kontroversen Diskussionen im Rat entschied man sich aber schließlich doch mit einer Stimme Mehrheit für den Erhalt und die Renovierung des historischen Bauwerks, das zuletzt 2005/06 aufwendig restauriert wurde. Heute ist das Holstentor in aller Welt bekannt. Dazu beigetragen hat sicher auch der Umstand, dass es von 1958 bis 1991 auf den 50-Mark-Scheinen der Deutschen Bundesbank verewigt war. 2006 wurde diese Tradition wieder aufgegriffen, damals erschien das Holstentor auf der Rückseite der ersten deutschen 2-Euro-Gedenkmünze.

Begrüßt wird der Besucher mit einer über dem Falltor angebrachten Inschrift in goldenen Lettern: *Concordia Domi Foris Pax* („Eintracht drinnen, außen Frieden"). Auf der Stadtseite des Tors, dessen Mauern teilweise über 3 m dick sind, sieht man die großen Buchstaben S.P.Q.L. als Abkürzung für *Senatus Populusque Lubecensis* („Senat und Volk von Lübeck"). Heute beherbergt das Holstentor ein Museum, das sich in erster Linie mit Lübeck als einstiger Handelsmacht befasst (Museum → S. 59).

Petrikirche

Ein Fahrstuhl führt zur 50 m hohen Aussichtsplattform hinauf und ermöglicht einen tollen Rundblick über die Dächer der Stadt. Die im 13. Jh. erbaute ehemalige Kirche der Fischer wurde im Zweiten Weltkrieg fast völlig zerstört und über viele Jahrzehnte (bis 1987) wiederaufgebaut. Seitdem dient die weitgehend kahle, weiß getünchte Kirchenhalle als Ausstellungsraum kulturellen Zwecken. Die Kirche finanziert sich ausschließlich aus den Eintrittgeldern.

Aussichtsplattform: April–Sept. tägl. 9–21 Uhr, Okt.–März tägl. 10–19 Uhr; letzte Auffahrt um 20.45 Uhr. Erw. 3 €, Schüler 2 €, Familienkarte 6 €. Kirche: April–Dez. 10–17 Uhr (Mo Ruhetag), Eintritt frei. In der Kirche gibt es auch ein kleines Café.

Der Marktplatz mit einem der schönsten Rathäuser Deutschlands

Rathaus

Es wurde zwischen dem 13. und 15. Jh. errichtet und gilt als eines der schönsten Rathäuser in Deutschland, obwohl es keinen einheitlichen Baustil aufweist. Vom Markt aus fällt der Blick auf die um 1350 fertiggestellte Fassade mit den lasierten Steinen, deren Pracht die Bedeutung der Stadt als „Haupt der Hanse" dokumentieren sollte. Drei Türme und zwei riesige Windlöcher zieren die Hauptfront, darunter befindet sich ein in der Renaissance erbauter Laubengang. Besonders eindrucksvoll sind die sich nach Süden hin zwischen Markt und Fußgängerzone erstreckenden Vorbauten. Zunächst das um 1300 entstandene *Lange Haus* mit seiner Wappenschildfolge unter dem Hauptgesims. Daran schließt sich das vielleicht auffälligste Gebäude der Stadt an, der *Kriegsstubenbau* (um 1440) mit seiner Glasursteinfassade und den schmalen, spitzbehelmten Rundtürmen zwischen hohen, mit Stadtwappen geschmückten Schildwänden. Zur Marktseite zieht sich ein Arkadengang durch beide Gebäude. Von der Fußgängerzone (Breite Straße) aus führt eine große Freitreppe hinauf in die im Stil der Neugotik gestaltete Eingangshalle des Rathauses.

Im Erdgeschoss des alten Rathaustraktes befindet sich der *Audienzsaal* mit seiner aus dem Rokoko stammenden Ausstattung. Er war früher Tagungsort des hansischen Obergerichts. Ein hölzernes Portal mit zwei unterschiedlich hohen Türen führt in den Saal. Die höhere Tür war den Ratsherren vorbehalten, die mit ihren großen Hüten erhobenen Hauptes eintreten konnten, während die Angeklagten die niedrige Tür benutzen mussten. Noch bis 1963 war der hohe eiserne Ofen die einzige Möglichkeit, den Saal zu heizen.

Besichtigungen nur im Rahmen von 45-minütigen Führungen, die Mo–Fr um 11, 12 und 15 Uhr sowie Sa u. So um 13.30 Uhr stattfinden. Man sieht dann das ganze Rathaus mit dem historischen Bürgerschaftssaal. Erw. 4 €, ✆ 0451/1221005.

Marienkirche

St. Marien ist die Kirche des einst mächtigen Rates der Stadt Lübeck (→ Foto S. 44). Mit ihrem Bau wollten die Ratsherren die immense Bedeutung der Stadt unterstreichen und sicher auch ihre eigene Machtfülle demonstrieren. Die Arbeiten begannen im Jahr 1250 und waren erst 100 Jahre später abgeschlossen; seither bildet die Marienkirche den Mittelpunkt der Stadt.

Architektonische Vorbilder waren die gotischen Kathedralen Frankreichs, die die Kaufleute auf ihren Reisen kennengelernt hatten. Allerdings waren die aus Naturstein gebaut, während das heimische Baumaterial der Backstein war – man musste also gewissermaßen „baustofftechnische Übersetzungsarbeit" leisten. Dies gelang so meisterhaft, dass die dreischiffige Kirche – damals die größte der Christenheit und noch heute immerhin die drittgrößte Deutschlands – zum Prototypen der nordeuropäischen Backsteingotik wurde.

Beim Betreten der Kirche richtet sich der Blick unweigerlich hinauf zum mit zartem Blätter- und Rankenwerk bemalten Mittelschiff, mit fast 40 m immer noch das höchste Backsteingewölbe der Welt.

Im Zweiten Weltkrieg musste St. Marien schwerste Zerstörungen hinnehmen. In der Bombennacht am Palmsonntag 1942 fielen auch die Glocken des Südturms hinab und krachten durch das Gewölbe auf den Boden der südlichen Turmkapelle, wo sie noch heute liegen. Einige Kunstschätze konnten allerdings vor der Zerstörung gerettet werden, so der Antwerpener Marienaltar (1518) mit seinen vergoldeten

Lübeck → Karte S. 51

Teufelsfigur von St. Marien

Holzschnitzereien, das in Bronze gegossene Sakramentshaus (1479) und die Bronzetaufe von Hans Apengeter aus dem 14. Jh.

In der nördlichen Totentanzkapelle befindet sich eine riesige astronomische Uhr. Es handelt sich um eine Rekonstruktion, denn das Original von 1566 fiel den Kriegsbomben zum Opfer, hatte bis dahin aber jahrhundertelang einwandfrei funktioniert. Die Uhr war und ist ein wahres Meisterwerk an Präzision und Technik. Auf ihrer Kalenderscheibe ist genau abzulesen, auf welchen Wochentag irgendein Datum aus der Zeitspanne zwischen 1911 und 2080 fiel bzw. fällt. Täglich um 12 Uhr mittags setzen sich die Figuren der Uhr in Gang.

Anstelle der ebenfalls verbrannten Originalorgel wurde 1968 ein neues Meisterwerk geschaffen, damals die größte mechanische Orgel der Welt. Sie verfügt über fünf Manuale, 101 Register und rund 8500 Pfeifen. Um auf ihr spielen zu können, muss der Organist etwa 15 Minuten Fußweg quer durch die Kirche und das Kirchendach zurücklegen und dabei 110 Stufen erklimmen.
10–18 Uhr, im Winter 10–16 Uhr. Zur Gebäudeerhaltung wird von Erwachsenen ein Eintritt von 2 € genommen. Kostenlose Führungen Mai–Sept. (1:30 Std.) um 12.15 und 15 Uhr sowie Okt. und in der Adventszeit um 12.15 Uhr.

Jakobikirche

Die Kirche, die den Zweiten Weltkrieg völlig unversehrt überstanden hat, wurde 1334 als Kirche der Schiffer und Seefahrer fertiggestellt. In ihrem Inneren beeindrucken v. a. der Altar (um 1500) und das reich beschnitzte Gebetsgestühl. In St. Jakobi befinden sich auch die letzten historischen Orgeln Lübecks mit originalem Pfeifenbestand. Ihre jeweils ältesten Teile sind gotische Werke (die heutigen Hauptwerke), von denen es weltweit nur noch sehr wenige gibt (um 1466 entstanden und damit aus hochprozentigem Blei). Die kleine Orgel wurde 1637 von Friedrich Stellwagen meisterhaft umgebaut (sie heißt auch Stellwagen-Orgel). Die größere Orgel über der Westempore ist mehrfach umgestaltet worden (hauptsächlich im 16. und 17. Jh.) und füllt die ganze Turmwand. Die Orgeln bestechen noch heute durch ihren außergewöhnlichen Klang; wer sich davon überzeugen will, kann an einer Orgelvesper teilnehmen (jeden Samstag um 17 Uhr).

Die nördliche Turmkapelle beherbergt ein zerborstenes Rettungsboot der 1957 im Atlantik untergegangenen „Pamir" und erinnert auch mit den am Boden eingemeißelten Namen an die 80 Toten dieses Unglücks. Das Schwesterschiff der „Pamir", die „Passat", liegt heute als Museumsschiff in Travemünde. Die Backsteintraufenhäuser vor der Kirche stammen aus dem Jahr 1601 und dienen seit dieser Zeit als Pastorat.
Breite Straße/Jakobikirchhof. Tägl. 10–18 Uhr, Mo nur bis 16 Uhr.

Die steinerne Maus

Eine der bekanntesten Stadtlegenden Lübecks ist die von der gefräßigen Maus, an die heute ein abgegriffenes Sandsteinrelief mit Rosenstock an einer Säule hinter dem Chor erinnert (Abendmahltisch): Als im Jahr 1201 die Dänen vor den Toren der Stadt standen, wähnten sich die Bürger in Sicherheit, denn eine andere alte Geschichte erzählte, dass der vor der Kirche gepflanzte Rosenstock die Stadt vor allen Angreifern schützen würde. Doch die besagte Maus baute im Rosenstock ihr Nest, fraß die Wurzeln an und brachte die Pflanze so zum Absterben, sodass der Zauber des Rosenstocks ein für alle Male verflogen war und sich die Ratsherren der Stadt mutlos ergaben. Zur Erinnerung an die Geschehnisse ließen sie später in ihrer neuen Kirche Maus und Rosenstock in Stein meißeln. Und obwohl das Mäuschen seinerzeit so viel Schaden angerichtet hat, soll es heute Glück bringen – zumindest dann, wenn man es streichelt.

Heiligen-Geist-Hospital

Das gegenüber der Jakobikirche gelegene Hospital wurde schon 1286 eingeweiht und war für mittelalterliche Verhältnisse ein wahrer Monumentalbau. Stifter dieser Sozialeinrichtung waren fromme Lübecker Kaufleute, aufgenommen wurden kranke und alte Bewohner der Stadt. Im Kernbau der Anlage, dem *Langen Haus* mit seiner sich über fast 90 m erstreckenden Halle, standen bis 1820 die Betten der Heimbewohner nebeneinander in Reih und Glied. Dann wurden winzige hölzerne Kabäuschen eingebaut, die sehr spärlich eingerichtet waren und lediglich der Nachtruhe dienten. Die Halle war und ist nur über die Hospitalskirche aus zu betreten, dessen sehenswerte Altarraumabtrennung (Lettner von 1300) die Legende der Hl. Elisabeth erzählt, die als Schutzpatronin der Armen, Alten und Kranken gilt. Erst 1970 zogen die letzten Bewohner hier (widerstrebend) aus. Heute werden Halle und Kammern in der Adventszeit für einen sehr stimmungsvollen Weihnachtsmarkt genutzt. In den 1970er-Jahren wurden die übrigen Gebäude zum modernen Seniorenheim und zur Altentagesstätte umgebaut.

Am Koberg, tägl. 10–17 Uhr im Winter, 10–16 Uhr im Sommer, Mo geschlossen. ✆ 0451/1222040, Eintritt frei.

Schiffergesellschaft

Das ebenfalls an der Jakobikirche gelegene und von einem Dreimaster als Wetterfahne gekrönte Haus der Schiffergesellschaft (Breite Straße 2) ist die älteste erhaltene Seemannskneipe der Welt. 1535 als Gildehaus der Schiffer und Kaufleute Lübecks erbaut, zieht sie noch heute Touristen magisch an. Nach wie vor sitzt man in der seit Langem als Restaurant genutzten ehemaligen Versammlungshalle an langen Tischen und Bänken aus dunklem Eichenholz, an deren Enden die Wappen der Seefahrer angebracht sind. Die vor etwa 600 Jahren gegründete Schiffergesellschaft besteht übrigens noch immer und nimmt nur Lübecker Kapitäne auf. Sie verwendet die Pachteinkünfte nach wie vor satzungsgemäß für die Unterstützung bedürftiger Seeleute und deren Witwen. Für diesen Zweck sammelt auch die lebensgroße Figur eines Schiffsjungen, die schon seit 150 Jahren im Eingangsbereich steht.

Stiftshöfe

In Lübeck gab und gibt es noch andere Wohnstifte als nur das Heiligen-Geist-Hospital. Meist sind dies gepflegte Stiftshöfe mit langer Tradition, die nach ihrem Gründer, i. d. R. einem wohlhabenden Lübecker Kaufmann, benannt sind. Zu ihnen zählt der *Von-Dornes-Hof* in der Schlumacherstraße 15 (Nähe Hüxstr.), der vor etwa 550 Jahren gegründet wurde und in dem noch heute Altenwohnungen untergebracht sind. Der jüngste Stiftshof ist der 1725 erbaute *Haasenhof* (Dr.-Julius-Leber-Str. 37–39), in dem ursprünglich Wohnungen für Witwen und ledige Frauen zur Verfügung standen. Aus dem Jahr 1612 stammt die im Renaissancestil gebaute Wohnanlage *Glandorps Hof,* die aus einem dreigeschossigen Backsteintraufenhaus mit zwei Flügelbauten besteht (Glockengießerstr. 45–51). Auch diese Anlage wird heute noch genutzt. Der vielleicht eindrucksvollste aller Stiftshöfe befindet sich ebenfalls in der Glockengießerstraße (Nr. 23–27, neben dem Grass-Haus); es ist der 1639 erbaute *Füchtingshof.* Durch ein prächtiges Sandsteinportal gelangt man in den Hof und sieht die jeweils paarweise angeordneten Eingangstüren der Wohnungen, die einst Kaufmanns- und Schifferwitwen vorbehalten waren (freie Unterkunft auf Lebenszeit). Die Stiftung *Johann Füchting Testament* betreibt das Wohnstift noch heute.

Besucher sind von 9 bis 12 Uhr und von 15 bis 18 Uhr gerne gesehen.

Burgtor

Baulicher Höhepunkt des Burgtorviertels im Norden der Altstadt ist das imposante Burgtor selbst. Es sicherte einst den einzigen natürlichen Zugang zur Stadt (noch heute fließt der Verkehr mitten hindurch). Das Tor mit seinen vier Öffnungen geht im Kern auf das 13. Jh. zurück und erhielt seine heutige Form bereits im Jahr 1444, als es mit schwarzen und roten Ziegeln neu verblendet wurde. Nach einem Brand im Jahre 1685 bekam es seine barocke Turmhaube. Zu beiden Seiten des Tores ist noch etwas von der alten, gewaltigen Stadtmauer von 1320 erhalten.

Aegidienkirche

Die im Zweiten Weltkrieg unzerstört gebliebene Kirche mit ihrem 86 m hohen quadratischen Turm war als Kirche der Handwerker und Bauern das kleinste und bescheidenste Gotteshaus der Stadt. Im Inneren der im 13. Jh. erbauten und im 15. Jh. erweiterten Kirche ist v. a. der von einem Lübecker Meister 1587 reich beschnitzte „Singechor" bemerkenswert (so wird die Lettnerbühne hier genannt). Sehenswert sind auch die gotischen Wandmalereien im Chor und in der Turmhalle, die nahezu vollständig erhalten sind.

Aegidienstr. 75. Di–Sa 10–16 Uhr.

Dom

Ohne das älteste Baudenkmal der Stadt mit seinen beiden 115 m hohen Türmen wäre die Silhouette Lübecks nur unvollständig. Am gewaltigen Dom wurde schon im 12. Jh. fleißig gebaut. Fertiggestellt war er im Jahr 1230, doch bald darauf baute man ihn – dem Zeitgeschmack entsprechend – zur gotischen Hallenkirche um. 800 Jahre lang hielt er allen äußeren Einflüssen stand, dann brannte er im Zweiten Weltkrieg vollständig aus. Die Kriegszerstörungen am Dom waren so gewaltig, dass der Wiederaufbau Jahrzehnte brauchte; das *Paradies,* eine besonders kunstvolle, ursprünglich spätromanische Vorhalle, konnte erst 1982 wiederhergestellt werden.

Die Mitte des Doms beherrscht ein tatsächlich 17 m hohes Triumphkreuz mit dem von Figuren der Heilsgeschichte umgebenen Gekreuzigten. Geschaffen wurde es 1477 vom einheimischen Bildhauer Bernd Notke, von dem auch der holzgeschnitzte Lettner stammt. Die Renaissancekanzel, an die 1625 eine Kirchenuhr angefügt wurde, datiert aus dem Jahr 1568. In der Kirche befinden sich zahlreiche weitere Kunstschätze, v. a. Bischofsgrabplatten sowie Steinsärge der Fürstbischöfe von Lübeck und späteren Großherzöge von Oldenburg.

Die zum Dom hinführende kleine Straße heißt Fegefeuer und galt im Mittelalter als Fluchtweg für diejenigen, die Unterschlupft im Machtbereich des Bischofs suchten und sich auf diese Weise der städtischen Gerichtsbarkeit entziehen wollten.
Mühlendamm 2. Tägl. 10–18 Uhr (im Winter 10–16 Uhr).

Museen und Ausstellungen

Der Eintritt in den meisten Museen beträgt 5 € für Erwachsene, 2 € für Schüler und 9 € für Familien. Alternativ ist in jedem Museum für 15 € (Schüler 6 €, Familien 32 €) eine **Kombi-Karte** erhältlich, die für 7 Tage in allen Museen Gültigkeit hat. Zudem gibt es eine Kombi-Karte „Trio" bzw. „Duo", die zum Eintritt in drei bzw. zwei beliebige Museen berechtigt („Trio-Karte" Erwachsene 10 €, Schüler 4 €, Familien 22 €; „Duo-Karte" Erwachsene 7 €, Schüler 3 €, Familien 16 €). Infos auch unter www.die-luebecker-museen.de.

Museum Holstentor

Das Kernstück der Ausstellung über die „Macht des Handels" bildet ein Stadtmodell, das Lübeck um 1650 zeigt. Auch historische Schiffsmodelle der berühmten Hansekoggen erinnern an die große Vergangenheit der Stadt. Der eher unrühmliche Teil der Stadtgeschichte, nämlich der äußerst grausame Umgang mit Gefangenen,

Lübeck → Karte S. 51

Lübecks Visitenkarte: das Holstentor

wird in der Folterkammer dokumentiert. Die befindet sich im 3. Stock und ist ein reines Museum, denn systematisch gefoltert wurde im Holstentor nie.

Holstentorplatz. April–Dez. 10–18 Uhr, Jan.–März 11–17 Uhr (im Winter Mo Ruhetag). Eintritt 5 €, Schüler 2 €, Familienkarte 9 €. ☎ 0451/122-4129.

Museumskirche St. Katharinen

In der im 14. Jh. erbauten turmlosen Kirche eines ehemaligen Franziskanerklosters konnte im Hochchor und im Mittelschiff noch original mittelalterliche Farbgebung freigelegt werden. Im Inneren beherbergt die Backsteinbasilika u. a. das berühmte Gemälde „Auferweckung des Lazarus" von Jacobo Tintoretto (1578). Einen großen Schatz stellen auch die im Vorübergehen gut sichtbaren neun Terrakottafiguren dar, welche die Nischen der Westfassade zieren. Die drei linken wurden 1930–33 von Ernst Barlach geschaffen, ursprünglich für einen auf 18 Figuren angelegten Zyklus mit dem Titel „Gemeinschaft der Heiligen". Die Kirche dient häufig auch als Raum für Sonderausstellungen.

Königstraße/Ecke Glockengießerstraße. Nur April–Sept. 10–17 Uhr, Mo Ruhetag. Eintritt 1 €, Kinder 0,50 €. Informationen zu Führungen und Sonderausstellungen unter ☎ 0451/122-4137.

Museum Behnhaus/Drägerhaus

Um einen Eindruck davon zu bekommen, wie reiche Kaufleute im 18. Jh. lebten, lohnt ein Besuch im Drägerhaus, in dem man sich eine original erhaltene Folge von Fest- und Repräsentationsräumen aus dieser Zeit anschauen kann. Heute beherbergt es ebenso wie das benachbarte Behnhaus einen Teil der städtischen Kunstgalerie und zeigt u. a. Bilder des 1789 in Lübeck geborenen Bürgermeistersohns Johann Friedrich Overbeck, der einer der wichtigsten Vertreter der zeitgenössischen religiösen Malerei war. Darüber hinaus sind aber auch Werke nachfolgender Künstlergenerationen zu sehen, beispielsweise Arbeiten von August Macke (1887–1914), Edvard Munch (1863–1944) und Ernst Barlach (1870–1939).

Königstr. 9–11. April–Dez. tägl. 10–17 Uhr, Jan.–März 11–17 Uhr. Eintritt 5 €, erm. 2,50 €, Schüler 2 €, Familienkarte 9 €. ☎ 0451/122-4148.

Europäisches Hansemuseum Lübeck

2014 soll an diesem authentischen Standort ein Erlebnismuseum mit rund 4700 m² Ausstellungsfläche eröffnen, das sich mit der Geschichte der Hanse und ihren weitreichenden Handelsbeziehungen (und der Kunst des Mittelalters) auseinandersetzt. Es ist auch ein sog. „Hanselabor" geplant, in dem die Besucher mit allen Sinnen dem Wesen der Hanse nachspüren können.

Das Gebäude, in dem das Museum untergebracht sein wird, war ursprünglich ein im Jahr 1229 im Norden der Altstadt gegründetes Burgkloster, das heute als die bedeutendste norddeutsche Klosteranlage des Mittelalters gilt. Nach der Reformation wurde es als Armenhaus genutzt, später als Gericht und Untersuchungsgefängnis. Unter nationalsozialistischer Herrschaft diente es schließlich der Inhaftierung von Juden und Widerstandskämpfern. Bis Ende 2011 befand sich hier das Kulturforum Burgkloster mit Museum für Archäologie.

Hinter der Burg 2–6. Voraussichtliche Öffnungszeiten: April–Dez. tägl. 10–17 Uhr, Jan.–März 11–17 Uhr. ☎ 0451/122-4195.

Lübecker Marzipan

Das Lübecker Marzipan ist weltbekannt, und wie in Fällen großer Berühmtheit üblich, ranken sich auch um seine Herkunft viele Legenden. Eine davon besagt, dass im Jahre 1407 eine große Hungersnot in der Stadt geherrscht habe und alle Vorräte in den Lagerhäusern aufgebraucht gewesen seien – bis auf Mandeln und Zucker. Um der Misere ein Ende zu bereiten, wies ein findiger Ratsherr die Bäcker an, aus diesen Zutaten ein stärkendes Kraftbrot zuzubereiten, das Marzipan.

Lange nicht so schön, dafür aber glaubwürdiger ist die folgende Geschichte, die auch ein wenig Licht in die Herkunft der ungewöhnlichen Bezeichnung für die süße Schleckerei bringt. Demnach soll das Marzipan über die Handelsbeziehungen Lübecks zu Venedig in die Stadt gekommen sein. Lübecker Händler, die ihren Hering in die Lagunenstadt lieferten, brachten auf dem Rückweg köstliches *Marci panis* mit, das „Brot des (heiligen) Markus", seines Zeichens Schutzpatron von Venedig.

Allerdings waren auch die Venezianer nicht die Erfinder der Köstlichkeit, die sie selbst als *marzapane* bezeichneten. Dieses Wort stammt aus dem arabischen Sprachraum und verweist damit auf den orientalischen Ursprung der „üppigen Magenbelastung aus Mandeln, Zucker und Rosenwasser" (Thomas Mann), die vermutlich von den Kreuzfahrern nach Europa gebracht wurde.

Entgegen Thomas Manns Kennzeichnung als „üppige Magenbelastung" wurde das Marzipan kurioserweise zunächst für Heilzwecke verwendet. Man schrieb ihm stimulierende Wirkung zu und setzte es z.ur Behandlung körperlicher Mattigkeit ein. Entsprechend war es gewissermaßen „verschreibungspflichtig", durfte nur von Apothekern hergestellt werden und nannte sich demzufolge auch „Apothekerkonfekt". Doch die teure Medizin wurde in der wohlhabenden Gesellschaft bald immer beliebter, und nach Aufhebung des Apothekermonopols Ende des 17. Jh. traten flugs die Zuckerbäcker auf den Plan, um die besonderen kulinarischen Bedürfnisse ihrer gut betuchten Klientel zu befriedigen.

Das Flair der Exklusivität blieb der verführerischen Gaumenfreude noch eine ganze Weile erhalten. Dann jedoch ließ der weitflächige Anbau von Zuckerrüben die Preise für einen der Grundstoffe der Marzipanherstellung drastisch purzeln, sodass die einstmals wertvolle Delikatesse für breitere Schichten erschwinglicher wurde.

Im Grunde erst jetzt, zu Beginn des 19. Jh., wird das Marzipan zum Markenartikel Lübecks. Initiator dieser Entwicklung ist der junge Zuckerbäckergeselle Johann Georg Niederegger aus Ulm, der um 1800 in der Konditorei Maret am Lübecker Markt seine Arbeit aufnimmt. Bereits sechs Jahre später übernimmt er die *Maretsche Conditorey* und baut sie kontinuierlich zur „Marzipanschmiede" aus. Schon bald werden Dampfmaschinen eingesetzt, die die Rübenpressen, Mandelmühlen und Knetmaschinen antreiben, sodass die Produkte nun tonnenweise hergestellt werden können.

Auch wenn es in der Folgezeit noch zu vielen weiteren Firmengründungen in der Hansestadt kam, hat das Haus Niederegger bis heute seinen herausragenden Ruf wahren können. Im Marzipan-Salon im zweiten Stock des Cafés Niederegger ist sogar ein Museum eingerichtet worden (gegenüber der Rathaustreppe, tägl. 9–18 Uhr, Eintritt frei). Zu sehen gibt es hier u. a. zwölf lebensgroße Figuren (aus dem Jahr 1964), die zusammen das weltweit größte Kunstwerk aus Marzipan bilden (→ Foto S. 46).

Kunsthalle St.-Annen

Das kunsthistorisch bedeutendste Museum der Stadt befindet sich im Südwesten Lübecks in den Räumlichkeiten eines ehemaligen Klosters. Hier sind alte Schätze kirchlicher Kunst und des Kunsthandwerks ausgestellt. Kernstück ist die größte deutsche Sammlung mittelalterlicher Schnitz- und Flügelaltäre, zu der u. a. auch der berühmte Passionsaltar von Hans Memling gehört (1491). Es heißt, dass nach dem Zweiten Weltkrieg ein reicher Amerikaner eine unvorstellbar hohe Summe für den Altar geboten hat, mit der man einen großen Teil der Stadt hätte wiederaufbauen können; die Lübecker lehnten jedoch ab.

Zu sehen gibt es darüber hinaus einige vollständig eingerichtete Wohnräume alter Lübecker Kaufmannsfamilien sowie erlesene Möbel, Gemälde, Porzellan und Fayencen. Dunkel wird es in der *Paramentenkammer*, wo kostbare alte Messgewänder aus Lübeck und Danzig ausgestellt sind; die Dunkelheit soll die wertvollen Textilien vor dem Verfall bewahren.

Im Garten des Museums stehen Skulpturen aus dem 18. Jh., die römische Götter und Personifikationen von Tugenden darstellen. Kopien dieser Skulpturen zieren die zum Holstentor führende Brücke. Sie werden im Volksmund als Puppen bezeichnet, weshalb die Brücke auch *Puppenbrücke* heißt. St.-Annen-Str. 15. April–Dez. 10–18 Uhr, Jan.–März 11–17 Uhr (im Winter Mo Ruhetag). Eintritt 5 €, erm. 2,50 €, Schüler 2 €, Familienkarte 9 €. ✆ 0451/122-4137.

Giebelspeicher an der Untertrave

Museum für Natur und Umwelt

Südlich des Doms kommen Freunde der Tierwelt und Erdgeschichte auf ihre Kosten. Auf drei Etagen widmet sich das Museum u. a. der heimischen Tierwelt; eines der Glanzstücke sind die lebenden Honigbienen, die unter Glas ihrem geschäftigen Treiben nachgehen. In der geologischen Abteilung dreht sich alles um die Entstehungsgeschichte des Landes. Gezeigt werden u. a. ein durch den Eintritt in die Erdatmosphäre angeschmolzener, 208 kg schwerer Meteorit, Originalfunde von eiszeitlichen Riesenhirschen oder die europaweit einzigartigen zehn Millionen Jahre alten fossilen Skelette von Bartenwalen. Zudem ist in einem Glasanbau das riesige Skelett eines Pottwals unserer Zeit zu bewundern.

Musterbahn 8. Di–Fr 9–17 Uhr, Sa/So 10–17 Uhr, Mo Ruhetag. Eintritt 5 €, erm. 2,50 €, Schüler 2 €, Familienkarte 9 €. Vor Ort wartet das unter der Leitung der Arbeiterwohlfahrt stehende Ausbildungscafé Walbaum auf Gäste. ✆ 0451/122-4122.

Theater-Figuren-Museum

In fünf historischen Backsteinhäusern in den engen Gassen zwischen Holstentor und Petrikirche ist dieses ungewöhnliche Museum untergebracht. Es handelt sich dabei um die weltgrößte Sammlung an Theaterfiguren, Marionetten, Hand- und Stabpuppen usw., anhand derer man einen ausgezeichneten Einblick in die Entwicklung des Puppenspiel-Genres erhält. Von den rund 30.000 Figuren sind etwa 1000 ausgestellt.

Kolk 14. April–Dez. tägl. 10–18 Uhr, Jan.–März Mo–Mi und Fr–So 11–17 Uhr. Eintritt 5 €, Jugendl. ab 12 J. 3 €, Kinder ab 4 J. 2 €, ✆ 0451/78626. Im Foyer des Museums befindet sich ein gemütliches Café.

Buddenbrookhaus

Das gleich hinter der Marienkirche gelegene Haus wurde 1758 erbaut und war das Vorbild für den wichtigsten Handlungsschauplatz des berühmten Romans, für den Thomas Mann im Jahre 1929 den Literaturnobelpreis erhielt (im Buch ist von „einem Haus in der Mengstraße" die Rede, und genau in dieser Straße steht das Gebäude). In den Besitz der Manns kam es 1841, als es der Großvater von Heinrich und Thomas Mann aufkaufte und hier sein Kontor und die Wohnräume für seine Familie einrichtete. Ab 1957 wurde das im Zweiten Weltkrieg stark zerstörte und anschließend wiederaufgebaute Gebäude von einer Bank genutzt. Ende 1991 ging es in den Besitz der Stadt Lübeck über, seit 1993 ist hier das Heinrich-und-Thomas-Mann-Zentrum untergebracht. Den Besucher erwartet eine recht leseintensive, in neun Stationen unterteilte Dauerausstellung zu Leben und Werk von Heinrich und Thomas Mann. Behandelt werden u. a. die Entstehungsgeschichte der Buddenbrooks, das komplizierte Verhältnis der Brüder und die Exiljahre in der Schweiz, Frankreich und den USA. Im zweiten Stock sind aus dem Roman nachempfundene Zimmer aus der Zeit des 19. Jh. zu sehen.

Mengstr. 4. April–Dez. tägl. 10–18 Uhr, Jan.–März 11–17 Uhr. Eintritt 5 €, Schüler 2,50 €, Familienkarte 9 €. ✆ 0451/122-4240.

Günter-Grass-Haus

Seit dem Jahr 2002 ehrt die Stadt auch einen zweiten Literatur-Nobelpreisträger mit einem eigenen Museum. Träger des Grass-Hauses, das sich als „Forum für Literatur und Bildende Kunst" versteht, ist die Kulturstiftung der Stadt, die auch das Buddenbrookhaus betreibt. Die Sammlung umfasst eine repräsentative Auswahl aus dem Gesamtwerk des Künstlers, darunter nicht nur seine literarischen, sondern auch seine druckgraphischen, zeichnerischen und bildnerischen Arbeiten, weshalb im Garten auch Skulpturen des Künstlers zu sehen sind. Außerdem sind im Haus ein Buchladen, eine Forschungsbibliothek und ein Archiv untergebracht.

Glockengießerstr. 21. April–Dez. tägl. 10–18 Uhr, Jan.–März 11–17 Uhr. Eintritt 5 €, erm. 2,50 €, Schüler 2 €, Familienkarte 9 €. ✆ 0451/122-4230.

Willy-Brandt-Haus

Ende 2007 wurde inmitten der Altstadt eine von der Bundeskanzler-Willy-Brandt-Stiftung getragene Ausstellung eröffnet, die sich teilweise interaktiv dem politischen Leben Brandts widmet. Dieser wurde 1913 als Herbert Ernst Karl Frahm in

Lübeck → Karte S. 51

Lübeck geboren und lebte in seiner Heimatstadt bis zur Emigration nach Norwegen 1933, wo er sich den Decknamen Willy Brandt zulegte. In jedem Raum wird ein Lebensabschnitt Brandts jeweils auch mit „privaten" Fotoalben gezeigt, von seinen Lübecker Jahren und seiner Emigration bis zu seinem Aufstieg vom Berliner Bürgermeister zum Bundeskanzler und Friedensnobelpreisträger.

Königstr. 21. April–Dez. tägl. 11–18 Uhr, Jan.–März Di–So 11–17 Uhr. Der Eintritt ist frei, wer allerdings detaillierter informiert werden möchte, erwirbt für 5 € eine Mag-netkarte und kann dann verschiedene Audio-Stationen aufsuchen, an denen z. B. Reden Brandts zu hören sind. ✆ 0451/122-4250, www.willy-brandt-luebeck.de.

Industriemuseum Geschichtswerkstatt Herrenwyk

Fast 75 Jahre lang – bis 1981 – wurde an der Trave in mächtigen und heute längst abgerissenen Hochöfen Metall verhüttet. Als im Jahr 2002 die 1917 gegründete Flender-Werft mit zuletzt noch 800 Arbeitern Insolvenz anmelden musste, endete auch die lange Geschichte des Eisen- und Stahlschiffbaus in Lübeck. Zum Gedenken an Lübecks Industriekultur ist im ehemaligen, von außen unscheinbaren Werkskaufhaus der Arbeitersiedlung Herrenwyk eine Dauerausstellung zu sehen, die die Arbeit an den Öfen und auf der Werft, aber auch das Leben in der Werkskolonie sehr anschaulich dokumentiert.

Das Museum liegt weit außerhalb der Altstadt im Norden Lübecks (Stadtteil Herrenwyk). Anfahrt von Lübeck aus: Richtung Travemünde, erst hinter der Klappbrücke rechts, immer auf der Hauptstraße bleiben, hinter der alten Eisenbahnbrücke rechts (Bäckereistraße/Ecke Kokerstr. 1–3). Ganzjährig Fr 14–17 Uhr und Sa/So 10–17 Uhr. Eintritt 2,50 €, Kinder 1 €. ✆ 0451/301152

Umgebung von Lübeck

Wollen Sie ein verträumtes Fischerdorf besuchen, einen Aussichtsturm besteigen oder doch lieber eine romanische Feldsteinkirche bestaunen? Dann sind Sie in Lübecks Umgebung richtig – auch hier gilt es Interessantes zu entdecken.

Gothmund

An den Ufern der Trave hat sich nordöstlich von Lübeck ein Kleinod erhalten, so versteckt, dass selbst Napoleons Truppen Gothmund nie entdeckten. Einem alten Recht zufolge darf das Dorf nur aus 21 Häusern bestehen, und exakt so viele sind es auch. Umgeben von Industriegebieten, taucht man hier in die Welt der Gothmunder Fischer ein; auch heute noch haben sie das ausschließliche Fischrecht auf der Trave. Man parkt oberhalb des Ortes oder an der Fischerklause und geht zu Fuß weiter. Eine Straße gibt's nämlich nicht, nur ein schmaler Fußweg zieht sich an den malerischen, oft reetgedeckten und von gepflegten Gärten umgebenen Fischerhäusern entlang.

Von der Lübeck-City-Schnellstraße Richtung Travemünde, dann rechts (beschildert).

Bad Schwartau

Die größte Stadt des Kreises Ostholstein (21.000 Einwohner) ist – auch wenn dies deren Einwohner nicht gerne hören – praktisch ein Vorort Lübecks. Die Zufahrt in die Stadt markieren die v. a. bei Marmeladenliebhabern berühmten Schwartauer Werke, die übrigens stolz die sieben Türme Lübecks in ihrem Firmenemblem tragen. Die Stadt geht schon auf das 13. Jh. zurück, als hier an der Schwartau eine

Stadtidylle: an der Untertrave

Wassermühle und ein Aussätzigenhospital entstanden. Im Schatten Lübecks gelegen, blieb Schwartau aber klein und eher unbedeutend. Doch 1899 stieß man in 316 m Tiefe sozusagen auf Gold, genauer: auf eine stark sprudelnde Jod- und Natriumquelle, von der noch heute ein Teil der Stadt lebt. Zudem gibt es eine kleine Fußgängerzone samt Einkaufspassage.

Im *Museum der Stadt Bad Schwartau* wird neben der Stadtgeschichte auch die Entwicklung der Schwartauer Werke dokumentiert. Darüber hinaus widmet es sich dem Leben und Werk des regionalen Bildhauers Paul Peterichs und der Geschichte der 1902 nördlich der Stadt auf dem 70 m hohen *Pariner Berg* errichteten *Bismarcksäule* (einer von einst insgesamt fast 240 in ganz Deutschland zu Ehren des ehemaligen Reichskanzlers gebauten Säulen bzw. Türmen). Wem das nicht reicht, der kann die 13 m hohe, seit 1980 unter Denkmalschutz stehende Säule mit Aussichtsterrasse und lohnendem Panoramablick natürlich auch im Original besichtigen und über eine Wendeltreppe erklimmen (die Bismarcksäule bei Groß-Parin ist ganzjährig geöffnet, Eintritt frei; davor befindet sich eine Gaststätte).

Information Tourist-Information, 23611 Bad Schwartau, Rathaus, Markt 15, Kurabgabe 1,65 €/Tag. ✆ 0451/2000-242, www.bad-schwartau.de.

Adresse/Öffnungszeiten Stadtmuseum Anton-Baumann-Str. 4 (gut beschildert), ✆ 0451/20001-03. Di–Do 10–13 u. 14–17 Uhr, So 14–17 Uhr. Erw. 1 €, Jugendliche 0,50 €.

Schwimmen Holstein-Therme, Am Kurpark 3, ✆ 0451/2004148. Zwei 300 m² große Jodsolebecken, Innenbecken 32 °C, Außen-

becken 29 °C, dazu kommt natürlich ein großer Wellnessbereich mit Whirlpools, Saunen und Dampfbad (Parken nur im Parkhaus). Täglich 9–22 Uhr. Eintritt für 2 Std. 10,60 €, Tageskarte 15,70 €, Kinder jeweils die Hälfte. www.holstein-therme.de.

Schwimmhalle im Sportzentrum, Ludwig-Jahn-Str. 5, ✆ 0451/22966. Variable Öffnungszeiten. Erw. 3,80 €, Kinder ab 6 J. 1,70 €. www.wasser-badschwartau.de.

Bismarcktürme

Der erste Reichskanzler Otto von Bismarck (1815–1898) war schon zu Lebzeiten eine Legende. Doch nach seinem Tod setzte eine heute kaum nachvollziehbare Bismarckverehrung ein, die sich zu einem wahren Kult steigerte. Vor allem die *Deutsche Studentenschaft* rief dazu auf, „auf allen Höhen unserer Heimat [...] ein Wahrzeichen vaterländischen Dankes" für den „Schmied der deutschen Einheit" zu errichten. So entstanden fast 240 Bismarcktürme und -säulen, von denen noch 170 erhalten sind. Gemeinsam war allen Bauwerken ein Überbau für eine Feuerschale, in der an Gedenktagen (v. a. Bismarcks Geburtstag) „Flammen über ganz Deutschland zu Ehren Bismarcks" entzündet wurden (Infos unter www.bismarcktuerme.de).

Ratekau

Zentrale Sehenswürdigkeit des gut 10 km nördlich von Lübeck gelegenen Ortes ist die romanische Feldsteinkirche, die als besterhaltenes Beispiel ihrer Art in Ostholstein gilt. Die Kirche wurde schon 1156 errichtet und ist mit ihrem mächtigen, bergfriedähnlichen Rundturm 850 Jahre äußerlich fast unverändert erhalten geblieben. Im Inneren hat das Gotteshaus im Laufe der Zeit mehrere Veränderungen erfahren; Kirchenschätze sind kaum vorhanden. Lediglich im Triumphbogen hängt ein um 1600 entstandenes Kruzifix, das lange unbeachtet auf dem Dachboden lag. Der Haupteingang durch den Turm wurde erst vor 200 Jahren eingebaut. Im Foyer findet sich eine Vitrine mit Ausstellungsstücken und Fotos zur Geschichte der Kirche (8–18 Uhr geöffnet, aber nur bis zum Eingangsgitter, das die Sicht in den Kirchenraum freigibt). Am Ortsende Richtung Techau wurden eine schöne Räucherkate (von 1780) und einige Nebengebäude wiederaufgebaut, auch ein hofartiges Dorfmuseum mit Bauern- und Kräutergarten richtete man ein (sonntags 10–12 Uhr, Eintritt frei).

Tourismusbüro, Am Bahnhof 5, 23689 Pansdorf, ☎ 04504/715055, www.ratekau.de.

Eine ausführliche Beschreibung der Stadt Lübeck finden Sie in unserem Reisebuch:

City Guide Lübeck

Matthias Kröner,
192 Seiten,
1. Aufl. 2011,

farbig, 9,90 €,

Michael Müller Verlag,
ISBN 978-3-89953-559-4

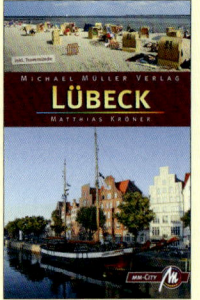

850 Jahre äußerlich fast unverändert geblieben: Feldsteinkirche von Ratekau

Fischerboote im Hafen von Niendorf

Lübecker Bucht

Deutschlands Riviera liegt an der Lübecker Bucht. An warmen Sommerwochenenden ist hier richtig viel los, gilt die Bucht mit ihren besonders feinsandigen, kilometerlangen Stränden, die bisweilen von kleineren Steilküsten unterbrochen werden, doch auch als „Badewanne Hamburgs".

Als nach dem Zweiten Weltkrieg von den insgesamt 1800 km deutscher Ostseeküste für die bundesdeutschen Urlauber nur jene 383 km in Schleswig-Holstein zur Verfügung standen, entwickelten sich die vergleichsweise leicht zu erreichenden Ostseebäder der Lübecker Bucht geradezu explosionsartig. Wen wundert's, dass sich hier die heute größten und mondänsten Bäder befinden und demzufolge auch die meisten Feriengäste tummeln. Die Lübecker Bucht mit ihren zahlreichen Badeorten findet in der vorspringenden Landspitze von Dahmeshöved ihren Abschluss. Nördlich davon haben v. a. Campingplätze das Terrain bis zur angrenzenden Insel Fehmarn erobert.

Travemünde   (12.500 Einwohner)

Diese Kombination findet sich nur in Travemünde: Man sitzt an einem außergewöhnlich breiten Sandstrand und hat beim Sonnenbaden die in unmittelbarer Nähe ein- und auslaufenden großen Skandinavienfähren fest im Visier.

Travemünde gehört zur Hansestadt Lübeck und hat sowohl etwas Städtisches als auch den Charme eines eleganten Ostseebades. Stets im Blick hat man die beiden Wahrzeichen des Ortes: zum einen das im Mündungsbereich des Flusses gelegene Maritim-Strandhotel mit seinen 35 Stockwerken, zum anderen die auf der gegen-

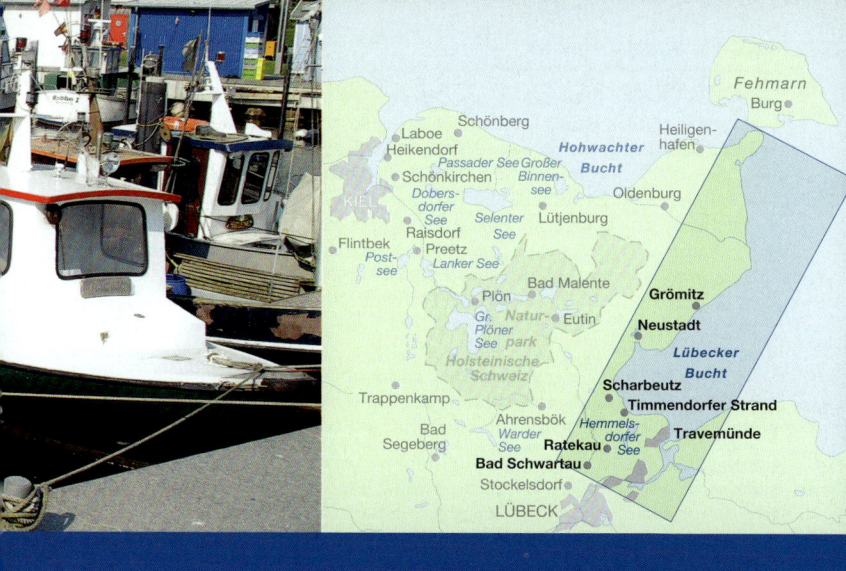

überliegenden Seite der Trave vor Anker liegende „Passat", den letzten großen deutschen Windjammer.

Der z. T. dicht mit Strandkörben übersäte feinsandige Strand erstreckt sich auf 4,5 km Länge vom Priwall – unterbrochen durch die Travemündung – bis zum Brodtener Steilufer. Nicht nur Strand und Steilküste sind in Travemünde etwas größer als anderswo, auch die Strandpromenade ist sehr großzügig angelegt. Auf dieser schlendert man abends bis zur Flussmündung und weiter die Travepromenade entlang. So gelangt man bis zur von Cafés, Hotels und schicken Geschäften flankierten Vorderreihe, wie die hinter dem Hafen gelegene Uferstraße mit ihren schönen Hausfassaden heißt. Die Straße weitet sich in Höhe der alten Vogtei zu einem Platz an der Trave, an dem die Priwallfähre ablegt und sich ein kleiner Fischereihafen befindet. Im gegenüberliegenden Viertel um die St.-Lorenz-Kirche herum (Jahrmarktstraße) sind noch einige alte Häuschen erhalten geblieben, darunter teilweise sogar Fachwerkhäuser aus dem späten 16. Jh. Travemünde konnte hier noch etwas vom dörflichen Charakter des einstigen Fischerorts bewahren.

Die Autofähre hinüber zum Priwall verkehrt Tag und Nacht (Auto 3,20 €, 1 €/Pers.). Diese bereits seit 1226 rechtlich zu Travemünde, aber geografisch zum mecklenburgischen Festland gehörende Halbinsel ist wie zu DDR-Zeiten ausschließlich mit der Fähre zu erreichen, es sei denn, man fährt einen riesigen Umweg über Lübeck und Dassow. Und natürlich kann man die Route über den Priwall heute für einen kleinen Ausflug ins Mecklenburgische nutzen. Auf dem Priwall geht es noch etwas beschaulicher zu. Der Yachthafen und ein breiter Strand bilden hier die Kulisse, umrahmt von Campingplätzen und einem Areal winziger Ferienhäuschen. Wer nur den schönen Strand besuchen will, nimmt am besten die (nur im Sommer verkehrende) Personenfähre von der Nordermole aus (1 €, Ticket am Automaten).

Geschichte: Im Jahre 1187 ließ Graf Adolf III. hier an der Travemündung einen festen Turm als Bollwerk gegen Slawen und Wikinger errichten. Damit war der

Grundstein für die Entwicklung des Ortes gelegt. Schon 1204 wurde ein Hafen gebaut, und seit 1316 ist ein Leuchtturmwärterdienst belegt. Aber bereits kurze Zeit später geriet der Ort unter den Einfluss des mächtigen Nachbarn Lübeck. Weil die Lübecker Kaufleute die Sperrung der Travemündung durch die Holsteiner Grafen befürchteten, kauften sie zunächst für die damals gewaltige Summe von 6000 Lübschen Mark den Wachturm. Nur neun Jahre später (1329) übernahmen sie dann den gesamten Ort, diesmal vergleichsweise preisgünstig für 1060 Lübsche Mark. Von nun an war die Zufahrt zum Lübecker Hafen gesichert, und Travemünde konnte sich zu „Lübecks schönster Tochter" entfalten. Bis zur Regulierung der Trave im Jahre 1845 konnten größere Schiffe wegen einiger Sandbänke im Mündungsbereich nicht nach Lübeck hineinfahren, sodass der kleine Ort auch vom Lotsendienst und vom Be- und Entladen der Schiffe lebte. Der Eigenhandel Travemündes wurde jedoch argwöhnisch unterdrückt; das Recht auf das Betreiben eigener Reedereien blieb den Lübeckern vorbehalten.

Schon Ende des 18. Jh. suchten die reichen Lübecker Kaufleute einen Platz für standesgemäße Sommerresidenzen. Was lag näher, als diese im eigenen „Vorgarten" zu errichten. 1802 war es dann so weit: Nach Heiligendamm (Bad Doberan) und Norderney durfte sich Travemünde als dritter deutscher Ort offiziell Seebad nennen. Bald entstand einer der elegantesten deutschen Badeorte mit Kurhaus, Seebadeanstalt, Strandpromenade und Spielbank, in der bereits ab 1833 die Kugel rollte. In etwas zwielichtiger Atmosphäre verspielten hier v. a. betuchte russische Aristokraten ihre Rubel, bis 1872 das von Bismarck erlassene Verbot jeglicher Spielbanktätigkeiten dem Ort zunächst einiges von seiner Attraktivität nahm (erst 1949 wurde der Spielbankbetrieb wieder aufgenommen). Aber als Kaiser Wilhelm II. 1889 hier an einer Segelwettfahrt teilnahm, wurde Travemünde schlagartig in ganz Deutschland bekannt, und ein wahrer Bauboom setzte ein. Mit der damaligen Wettfahrt wurde übrigens die *Travemünder Woche* begründet, heute eine Segelveranstaltung von Weltruf.

Stolz ist man in Travemünde darauf, dass man immer wieder prominente Bewunderer zu Gast hatte: Josef Freiherr von Eichendorff, Richard Wagner und Clara Wieck schwärmten von der Sommerfrische, während die Dichter Dostojewski und Turgenjew eher im Kasino anzutreffen waren. Thomas Mann würdigte den breiten Sandstrand in seinem Roman „Die Buddenbrooks", und von Franz Kafka wird berichtet, dass er im Jahre 1914 zum Entsetzen anderer Badegäste mit entblößten Füßen am Strand entlangspazierte.

Basis-Infos

Information Welcome-Center, Strandbahnhof, Bertlingstr. 21, 23570 Lübeck-Travemünde, ℡ 00451/8899700, www.travemuende.de. Kurabgabe pro Pers. und Tag in der Hauptsaison (*ostseecard*) 2,60 € (Strandkarte Priwall 1 €), in der Nebensaison 1,30 €, Kinder frei. Die kostenlose Nutzung der Priwall-Fähre für Fußgänger und Radfahrer ist inbegriffen.

Casino Kleine, traditionelle Spielbank an der Strandpromenade (Columbia Hotel), vorwiegend American Roulette, Black Jack und Automatenbetrieb, Spielbetrieb (Automaten) 11–1.30 Uhr; Roulette ab 17 Uhr (hier für die Herren Jackett-, aber kein Krawattenzwang). Eintritt 2 €. Kaiserallee 2, ℡ 04502/8410.

Fahrradverleih Beitsch, Kurgartenstr. 67, ℡ 04502/6622; **Bruders**, Mecklenburger Landstr. 14, ℡ 04502/5340; **Das Fahrrad**, Moorredder 15, ℡ 04502/3550; **Röhl KG**, Kurgartenstr. 86, ℡ 04502/75129.

FKK-Strand Am Priwall-Strand und am Beginn des Brodtener Steilufers.

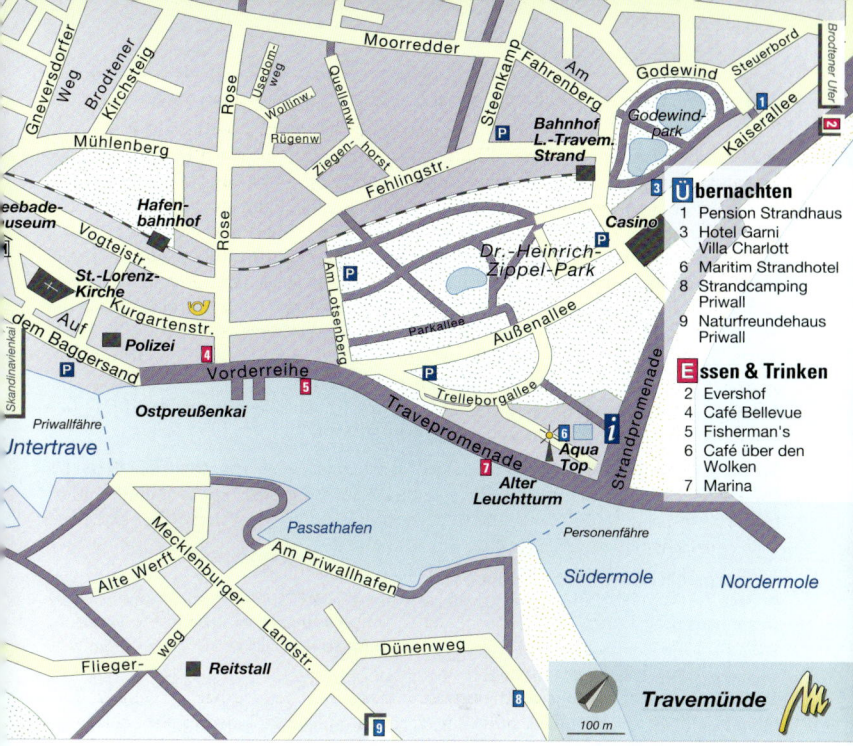

Map labels:
Moorredder, Godewind, Steuerbord, Brodtener Uffer, Gneversdorfer Weg, Brodtener Kirchsteig, Steenkamp, Fahrenberg, Am Fahrenberg, Godewindpark, Kaiserallee, Rose, Usadom-weg, Quellenw., Ziegen-horst, Bahnhof L.-Travem. Strand, Mühlenberg, Rügenw., Wollinw., Fehlingstr., Ü bernachten, eebade-useum, Hafen-bahnhof, Vogteistr., Rose, Dr.-Heinrich-Zippel-Park, Casino, Am Lotsenberg, St.-Lorenz-Kirche, Kurgartenstr., Parkallee, Außenallee, Polizei, Auf dem Baggersand, Vorderreihe, Strandpromenade, Trelleborgallee, Skandinavienkai, Priwallfähre, Ostpreußenkai, Travepromenade, Aqua Top, Intertrave, Alter Leuchtturm, Passathafen, Personenfähre, Mecklenburger, Alte Werft, Am Priwallhafen, Landstr., Südermole, Nordermole, Flieger-weg, Dünenweg, Reitstall, Travemünde, 100 m

Ü bernachten
1 Pension Strandhaus
3 Hotel Garni Villa Charlott
6 Maritim Strandhotel
8 Strandcamping Priwall
9 Naturfreundehaus Priwall

E ssen & Trinken
2 Evershof
4 Café Bellevue
5 Fisherman's
6 Café über den Wolken
7 Marina

Hochseilgarten Im Kurpark (Kalvarienberg) hangeln sich Kinder und Eltern auf insgesamt 36 Stationen in luftiger Höhe von einer Holzplattform zur nächsten. Erw. 16 €, Kinder je nach Alter 8–12 €. Mai–Sept. tägl. 10–18 Uhr, März/April 10–16 Uhr. Infos unter ☎ 04502/9313910, www.hochseilgarten-travemuende.de.

Maislabyrinth Auf dem Evershof (mit Bauernhofcafé), ganz am Ortsende Travemündes Richtung Brodten (Kowitzberg 3). Erw. 4 €, Kinder 2,50 €, Familien 12 €. ☎ 04502/77345.

Schiffstouren Travefahrten nach Lübeck (11.45 u. 16.15 Uhr), Könemann Schifffahrt, ☎ 0451/2801635; einstündige Fahrt zum Skandinavienkai mit kurzer Hochseefahrt (zollfreies Einkaufen) mit dem MS „Sven Johannsen" (6-mal tägl. ab 10 Uhr), ☎ 04502/74545; Gleiches bietet MS „Marittima"; ☎ 0163/5475772 (alle Fahrten ab Anleger Vorderreihe bzw. Travepromenade); Ausflüge nach Schweden mit der Fähre der TT-Line, ☎ 04502/80181.

Veranstaltungen Höhepunkt im Terminkalender ist die jährlich in der letzten Juliwoche stattfindende Travemünder Woche. Die (nach der Kieler Woche) zweitgrößte Segelregatta der Welt zieht v. a. mit dem umfangreichen Rahmenprogramm jährlich etwa 800.000 Besucher an.

Übernachten/Essen & Trinken

Übernachten Travemünde ist städtisch, gilt als nobel und ist deshalb teuer. Wer etwas preiswertere Unterkünfte sucht, sollte in die umliegenden Dörfer ausweichen.

**** **Maritim Strandhotel** 6, wegen seiner 35 Stockwerke wohl das bekannteste Hotel der Küste, allerdings sind die oberen Etagen fremdvermietet. 240 mit allem Komfort eingerichtete Zimmer bieten einen herrlichen Blick auf die Trave, den Hafen und den Strand. Gediegene Lobby aus den 1980er-Jahren. Schwimmbad und Sauna sind selbstverständlich. Das **Café über den Wolken** im obersten der 35 Stockwerke ist schon etwas in die Jahre gekommen, bietet aber einen tollen Rundumblick (tägl. nur 15–17.30 Uhr geöffnet; wer keinen Kaffee trinken möchte, zahlt eine Auffahrtgebühr von 1,50 €). DZ 140–210 €. Trelleborgallee 2, ℡ 04502/890, 🖷 04502/892020, www.maritim.de.

Hotel garni Villa Charlott 3, Jugendstilvilla gegenüber dem strandnahen Kasino, nette Wirtin, tolles Ambiente. Die Zimmerpreise variieren erheblich: je nach Lage und Ausstattung 90–130 € für das geräumige DZ (Sparangebote bei längerem Aufenthalt). Kaiserallee 5, ℡ 04502/86110, 🖷 04502/861199, info@villa-charlott.de, www.villa-charlott.de.

Pension Strandhaus 1, strandnahe und gut geführte Pension im villenartigen Landhausstil, gemütliche Zimmer mit Holzdielen (teilweise mit zu klein geratenem Bad), leckeres Frühstück. DZ 70–100 € (Rabatt bei längerem Aufenthalt). Kaiserallee 33, ℡ 04502/71818, 🖷 04502/889798, www.pension strandhaus.de.

Naturfreundehaus Priwall 9, schön gelegen am Pötenitzer Wiek und damit fast schon in Mecklenburg. Großer Speisesaal, vergleichsweise modern, aber einfach eingerichtete Zimmer mit Seeblick, überwiegend mit Du/WC. In den Sommerferien angeschlossener Campingplatz. DZ 69–77 € mit Halb- bzw. Vollpension. Mecklenburger Landstr. 128, ℡ 04502/2838, 🖷 04502/2811, www.naturfreundehaus-priwall.de.

**** Strandcamping Priwall 8, familienfreundlicher Platz zwischen Passat-Hafen und Priwall-Strand. 200 Parzellen (davon 60 Dauercamper), geöffnet April–Sept. Erw. 6 €, Kinder 2,50 €, Stellplatz 8,50 €. Dünenweg 3, ℡ 04502/2835, 🖷 04502/889801, www.strandcamping-priwall.de.

Essen & Trinken **Fisherman's 5**, prima Fischgerichte und große Portionen (aber auch Fleisch im Angebot); großer und heller Wintergarten mit Traveblick; tägl. 11.30–22 Uhr (im Winter kürzer). Vorderreihe 64a (an der Kaiserbrücke), ℡ 04502/880202.

Marina 7, Restaurant-Café direkt an der Travepromenade mit Logenblick auf die gegenüberliegende „Passat". Edel-modernes Ambiente und große Holzterrasse. Vor allem Fischspezialitäten und leichte Küche, aber auch herzhafte Steaks. Im Clubhaus des Lübecker Yacht-Clubs (Überseebrücke). Tägl. ab 11 Uhr. Trelleborgallee 2a, ℡ 04502/74347.

Café Bellevue 4, markante Gründerzeitvilla an einem der schönsten Plätze Travemündes und von den Einheimischen „Blohm'sches Eck" genannt. Geschmackvoll eingerichtet mit Wiener Kaffeehausstühlen sowie wie mit bequemen Sofas. Man sitzt besonders stilvoll im engen Wintergarten; es gibt zudem eine Außenterrasse. Frühstück ab 9 Uhr; ebenso Café- und Restaurantbetrieb bis 22 Uhr. Vorderreihe 65, ℡ 04502/888399.

»» Mein Tipp: **Evershof 2**, kinderfreundliches und abwechslungsreiches Sommer-Hofcafé am Stadtrand mit Maislabyrinth, Ackergolf, Streicheltieren, Blumengarten (zum selber pflücken) und Ponyreiten. Sehr einfach, aber liebevoll in einem kanadischen Rundzelt eingerichtet. Man sitzt auf schlichten Kirmesbänken und genießt den frischen Kuchen vom Blech, während die Kinder im hinteren Teil des Zeltes auf Strohballen spielen oder sich mit Tischtennis und Trampolinhüpfen beschäftigen. Am erhöhten Ortsende von Travemünde Richtung Brodten. Im Sommer tägl. 10–18 Uhr, Café nur Do–So 14–18 Uhr. Kowitzberg 3 (nahe Strandparkplatz, Golfplatz), ℡ 04502/77345. **««**

Sehenswertes

Viermastbark „Passat": Schräg gegenüber dem Strand, auf dem Priwall, liegt seit 1960 der letzte große deutsche Windjammer vor Anker. Die 56 m hohen Masten des 1911 bei *Blohm und Voss* in Hamburg gebauten Viermasters sind heute imposantes Wahrzeichen von Travemünde. An Bord erzählen einige Fotos und eine Ausstellung eher spärlich von der Funktion und Geschichte des stolzen Schiffes.

Die zuletzt als Segelschulschiff verwendete „Passat" hat eine Länge von 115 m, die einstige Segelfläche betrug 4600 m². Das Schiff diente früher als Frachtensegler der legendären Flying-P-Linie der Hamburger *Reederei Laeisz* und fuhr v. a. nach Südamerika (Chile), um Getreide und Salpeter (als Düngemittel) zu laden. Die Reederei besaß 86 Segler, darunter 66 auf Namen mit dem Anfangsbuchstaben P getaufte

Blick von der „Passat" auf Travemünde

Schiffe, und zwar vorwiegend aus Stahl gebaute Großsegler. Die Erklärung für diesen Spleen ist einfach: 1857 wurde eine große Bark des Reeders Ferdinand Laiesz (1801–1887) auf den Kosenamen seiner jungen Frau getauft, die wegen ihrer lockigen Haarpracht „Pudel" genannt wurde. Von nun an blieb man einfach bei diesem Buchstaben. (Die Reederei besteht im Übrigen noch heute recht erfolgreich – v. a. im Containergeschäft –, und noch heute fangen die Schiffsnamen ihrer großen Flotte mit P an.)

Von der einstigen Großseglerflotte der Reederei sind nur vier Schiffe übrig geblieben: die drei Museumsschiffe „Passat" (Travemünde), „Pommern" (Aalandinseln, Finnland), „Peking" (New York), die für immer vor Anker liegen, und die ehemalige „Padua", die heute noch als russisches Schulschiff „Kruszenshtern" (→ Foto S. 194) mit vollen Segeln über die Weltmeere kreuzt.

Geschichte, allerdings sehr traurige, schrieb auch das baugleiche Schwesterschiff der „Passat", die „Pamir". Sie ging 1957 in einem furchtbaren Sturm vor den Azoren unter, 80 Mann ertranken, nur sechs konnten gerettet werden. Fast hätte die „Passat" das gleiche Schicksal ereilt, als sie zwei Monate später ebenfalls in einen schweren Sturm geriet. Ihre Getreideladung verrutschte, doch konnte sie sich mit Schlagseite in den Hafen von Lissabon retten.

Täglich 10–17 Uhr, in der Vor- und Nachsaison nur an Wochenenden (☎ 0451/122-5202). Eintritt 3 €, Kinder 1,50 €. Die „Passat" kann nicht nur besichtigt werden: Gruppen ab 10 Personen können nach Anmeldung sogar an Bord übernachten; www.ss-passat.com.

Leuchtturm: Der 1539 erbaute und später erhöhte runde Backsteinturm (31 m) ist das älteste noch erhaltene Seezeichen Deutschlands. 433 Jahre lang versahen Leuchtturm und Wärter treu ihren Dienst und sicherten die Travemündung zunächst mit einem durch Hohlspiegel verstärkten offenen Feuer, dann durch Hanföl, später durch Petroleumlampen und seit 1903 durch elektrisches Licht. 1972 hatte der alte Turm seinen Dienst getan, nachdem er durch das benachbarte Maritim-Hotelhochhaus verdeckt wurde, auf dessen Dach sich nun Europas höchstgelegenes Leuchtfeuer befindet (117 m).

In der Saison tägl. außer Mo 10–18 Uhr. Im Inneren ein kleines Museum über maritime Leuchtfeuertechnik. Erw. 2 €, Kinder bis 14 J.1 €.

Seebadmuseum Travemünde: Im Gesellschaftshaus gegenüber der St.-Lorenz-Kirche zeigt das vom Heimatverein getragene Museum sehr anschaulich die Entwicklung des Seebads Travemünde und die Nutzung des Priwalls von 1802 bis heute. Man erfährt anhand vieler historischer Exponate, Hörstationen und Fotos nicht nur einiges über die Geschichte des Kurortes selbst, sondern auch so manches über Entwicklung der Badekultur an der gesamten Ostseeküste. So gibt es beispielsweise eine Ausstellung über historische Bademode und auch über die Geschichte der Fischerei und Schifffahrt zu sehen. Zu bewundern gibt es auch ein Modell des ersten Strandkorbstuhls, den die rheumakranke Elfriede Maltzahn aus Kühlungsborn im Jahr 1882 in Auftrag gegeben hatte – damit gilt sie als Begründerin des Strandkorbs.

März–Dez. tägl. 11–17 Uhr (Mo Ruhetag), Erw. 5 €, Jugendliche ab 14 J. 2,50 €, Kinder frei. Torstr. 1, ✆ 04502/9998094, www.museum-travemuende.de.

St.-Lorenz-Kirche: Bekannt ist der im 16. Jh. auf den Resten einer romanischen Kirche neu aufgebaute Backsteinsaalbau v. a. wegen seines Holzaltars (1723). Anders als in Lübeck war in Travemünde das Geld knapp, und so täuscht der Altar durch seinen Anstrich Marmor nur vor; die gut gearbeiteten Altarfiguren sind hingegen tatsächlich aus dem edlen Material. Bemerkenswert sind auch die bemalte Holzbalkendecke aus dem 17. Jh. sowie die ebenfalls marmorfarben gehaltene und reich verzierte Holzkanzel aus dem Jahr 1735. Schließlich verfügt die Kirche noch über einen aus zwei Lichtkränzen bestehenden Messingkronleuchter von 1660, gekrönt von Jupiter auf einem Adler.

Tägl. außer Mo 9–12 Uhr, im Sommer auch Di–Fr 13–16 Uhr. Kirchenkonzerte haben hier Tradition. Im Sommer werden v. a. am Wochenende zahlreiche Konzerte veranstaltet. Juni–Sept. donnerstags um 10.30 Uhr 30 Min. kostenlos Orgelmusik, anschließend Kirchenführung. Jahrmarktstr. 14, www.kirche-travemuende.de.

Alte Vogtei: Hinter der schön beschnitzten Rokokotür der ehemaligen Vogtei (gegenüber der Priwall-Autofähre, Vorderreihe 7) achtete von 1329 bis Ende des 19. Jh. der Stadthauptmann streng darauf, dass in Travemünde das lübische Recht nicht verletzt wurde. Noch bis 2002 wurden in dem Backsteingiebelhaus ähnliche Aufgaben erledigt; hier nämlich residierte die Polizei. Eine Arrestzellentür blieb als Erinnerung an diese Zeit erhalten. Heute wird das 450 Jahre alte Gebäude für Kunstausstellungen und als gemütliches Café genutzt (Künstlercafé Savoir Vivre). Bemerkenswert ist die für ganz Norddeutschland einmalig prächtige Renaissance-Kassettendecke von 1623, die erst bei der Renovierung im Jahr 2006 wiederentdeckt wurde.

Skandinavienkai: 1962 begann man an der Untertrave mit dem Bau des Skandinavienkais. Neun Anleger, zwei davon mit Eisenbahngleisen, stellen für den Frachtverkehr und etwa 350.000 Passagiere jährlich die Verbindung nach Schweden und Finnland, aber auch nach Russland und in die Baltischen Staaten her. Nur wer einen Tagestrip nach Schweden unternehmen möchte, ist hier richtig. Wer dagegen lediglich den Anblick großer Fähren liebt, kann diesen besser von der Travemündung aus genießen.

Brodtener Steilufer: Die nördlich von Travemünde gelegene, durchschnittlich 15–20 m hohe Steilküste lohnt immer einen Besuch. Sie gilt als geologisches Naturdenkmal, das v. a. während der Frühjahrs- und Herbststürme einen gewaltigen Eindruck von der Zerstörungskraft der Ostsee hinterlässt. Der 4 km lange Wanderweg nach Niendorf musste in den letzten Jahren immer wieder landeinwärts zurückweichen, weil das Meer der Steilküste jährlich etwa einen halben Meter Fläche abtrotzt. Auf der Hälfte der Strecke liegt die *Hermannshöhe* (mit gleichnamigem Restaurant, zum Zeitpunkt der letzten Recherche im Umbau begriffen, s. u.). Von hier aus hat man einen wahren Logenblick über die Lübecker Bucht und kann auch die Uferschwalben beobachten, die ihre Bruträhren in die Steilküste graben.

Anfahrt Kurz vor dem Ort Brodten führt eine 1,5 km lange Piste zum Aussichtspunkt Hermannshöhe; Parkmöglichkeiten sind vorhanden.

Essen & Trinken Restaurant und Café Hermannshöhe, sehr geräumiges und v. a. traditionelles Ausflugslokal. Bei schönem Wetter sitzt man schattig unter alten Bäu-men. Eine große, gepflegte Wiese gibt den wunderschönen Blick hinunter aufs Meer frei. Vorwiegend Cafébetrieb, aber auch gutbürgerlicher Mittagstisch oder z. B. Erbsensuppe (derzeit ist es allerdings geschlossen, ein Umbau ist geplant). Großer Parkplatz für Ausflugsgäste. Mo Ruhetag.

Niendorf

(3000 Einwohner)

Obwohl der ehemalige Bauern- und Fischerort mit dem benachbarten Timmendorf eine Großgemeinde bildet, hat er seinen ruhigen und beschaulichen Charakter etwas bewahren können. Und im Gegensatz zu vielen Nachbarorten findet sich rund um den Hafen noch so etwas wie Fischerromantik.

Frühmorgens, wenn die Fischer ihren Fang anlanden, ist am Niendorfer Hafen schon Betrieb. In bunten Holzbuden direkt am Steg werden Scholle, Dorsch, Aal und Hering verkauft, und über allem liegt der typische Geruch von frischem Fisch.

Vor allem an bedeckten Tagen zieht es viele Besucher in den kleinen Hafen, wo außer Fischkneipen auch eine kleine Töpferwerkstatt zum Verweilen einlädt. Fast kann man dabei vergessen, dass Niendorf ein Ort mit großer Badetradition ist. Östlich des Hafens gibt es noch einen kleinen, allerdings etwas steinigen Freistrand – ganz ohne Strandkörbe und ohne Strandtaxe. Der sich anschließende „ordnungsgemäße" Niendorfer Strand ist etwa 2 km lang und geht flach ins Wasser über. Er ist feinsandig, wenn auch hier und da mit Steinen durchsetzt, dafür aber deutlich ruhiger und weniger mit Strandkörben belegt, als dies im benachbarten Timmendorfer Strand der Fall ist. Eine leicht erhöhte Promenade – eher ein zum Bummeln einladender breiter Spazierweg – zieht sich an der Seebrücke vorbei bis zum Meerwasserschwimmbad

Niendorfer Hafen:
Mittelpunkt der Welt

Rastplatz mit Ausblick:
Hafenpromenade Niendorf

Fischer im Niendorfer Hafen

am östlichen Strandende. Auf der gegenüberliegenden Seite des Hafens (am westlichen Ortsausgang) kann man wunderschöne Villen unter schattigen Kiefernhainen bewundern, die schon das elegante Timmendorfer Strand ankündigen.

Geschichte: Bereits 1385 befand sich das Bauern- und Fischerdorf namens *Nyendorpe* im Besitz Lübecks. Die Bauern bearbeiteten ihre Felder, fischen durften sie aber nur im Hemmelsdorfer See, denn die Rechte für den Fischfang in der Lübecker Bucht lagen bei den Fischern von Travemünde, Gothmund und Schlutup, was zu zahlreichen Streitigkeiten führte. Als das Dorf 1803 dem Herzogtum Oldenburg zugeschlagen wurde, konnten die juristischen Auseinandersetzungen weitgehend beendet werden, und das Niendorfer Fischereirecht von 1817 sicherte dem Ort eine Existenzgrundlage. Auf einen eigenen Hafen mussten die Niendorfer aber noch gut 100 Jahre warten. Dabei hatte schon Napoleon die ausgezeichnete Lage an der Mündung des Flüsschens Aalbeek erkannt. Den Hemmelsdorfer See, den die gut 1,5 km lange Aalbeek mit dem Meer verbindet, wollte er gar zum strategisch günstig gelegenen Kriegshafen ausbauen; die folgenden (für den Kaiser bekanntermaßen äußerst ungünstigen) Ereignisse der Weltgeschichte sorgten allerdings dafür, dass es beim Vorhaben blieb. Erst 1922 wurde dann der Fischereihafen eröffnet, an den heute auch ein kleiner Yachthafen angeschlossen ist

Schon 1855 eröffnete das erste *Logierhaus für Badegäste*, das allerdings mit weiteren zwölf Gehöften von der Novembersturmflut von 1872 vollständig weggerissen wurde. Aber der Wiederaufbau ließ nicht lange auf sich warten. Bereits 1901 wurde die Strandstraße nachts mit Gaslampen erhellt, ein ungeheurer Luxus für die damalige Zeit. Gerne besuchten die Schriftsteller Emanuel Geibel (1815–1884), Wilhelm Raabe

(1831–1910) und v. a. Hermann Löns (1866–1911) den Ort. Zu Beginn des 20. Jh. setzte sich der rasante Aufstieg zum Badeort fort. Seit 1945 gehört Niendorf zur Großgemeinde Timmendorfer Strand.

Basis-Infos

Information/Zimmervermittlung Timmendorfer Strand Niendorf Tourismus GmbH, Strandstr. 121 a (im Haus des Kurgastes), 23669 Niendorf, ✆ 04503/357760, www.niendorf-ostsee.de; Gästeinformation auch: Am Hafen 4, ✆ 04503/889616; *ostseecard* 2,60 €/Tag (in der Nebensaison 1,50 €).

Fahrradverleih Böbs, Strandstr. 116, ✆ 04503/6463; Bräuning, Strandstr. 82, ✆ 04503/2278, Lemnitz, Strandstr. 62, ✆ 04503/2665.

Freistrand Ein an sonnigen Tagen allerdings sehr voller kurtaxenfreier Strand befindet sich direkt östlich des Hafens.

Hundestrand Westlich des Hafens.

Parken Kostenfrei nur am Parkplatz P4 zwischen Hafen und Vogelpark; Schwimmbadbesucher parken kostenlos auf P5.

Sauna Große Saunalandschaft in Wilmsdorf am Hemmelsdorfer See, ✆ 04502/74170.

Schwimmbad Kleines Meerwasserschwimmbad am östlichen Strandende, tägl. 10–18 Uhr geöffnet, Mi/Do bis 20 Uhr. Erw. 4 €, Kinder 1,50 €. Strandstr. 133, ✆ 04503/5456.

Schiffstouren Böttcher Schiffahrt, ✆ 04503/707050.

Übernachten/Essen & Trinken

Übernachten **** Strandhotel Miramar, direkt am Strand gelegen, mit sauberen, hellen Zimmern, außerdem Sauna und Fitnessgeräte. Nichtraucherhotel, Restaurant-Café Caspari im Haus. DZ 132–175 € (viele Sonderarrangements). Strandstr. 59, ✆ 04503/8010, ✆ 04503/801111, www.miramar-niendorf.de.

**s Hotel Atlantic, Familienhotel in einer Gründerzeitvilla von 1909 direkt an der Promenade mit Nebenhaus „Susanne". Einfache, zweckmäßige Zimmer, eigene Strandkorbvermietung, Café-Konditorei im Haus, davor eine sehr große, windgeschützte Sonnenterrasse mit viel Publikumsverkehr. DZ 86–98 € (mit Halbpension 10,50 € zusätzlich). Strandstr. 119, ✆ 04503/889100, ✆ 04503/889105, www.hotel-atlantic-niendorf.de.

Essen & Trinken Hafenräucherei, der urige Imbiss mit frischem Fisch liegt direkt im Hafen. Im hinteren Teil ist der Imbiss zum urigen SB-Restaurant ausgebaut. Man sitzt in der mit Fischernetzen, Bojen und allerlei Kutterzubehör ausgestatteten ehemaligen Lagerhalle oder draußen an nahe am Kai aufgestellten Tischen. Bratfisch, Fischbrötchen, Getränke usw. sind am Verkaufsstand erhältlich (Selbstbedienung). ✆ 04503/6880.

≫≫ Mein Tipp: Fischkiste, eines der besten Fischrestaurants der Küste, daher immer gut besucht. Die gegenüber dem Fischereihafen an der Straße gelegene Traditionsgaststätte präsentiert sich in Weiß- und Blautönen und mit einer großen, überdachten Terrasse. Vielfältiges Angebot an schmackhaften, kreativen heimischen und internationalen Fischspezialitäten. Sandstr. 36, ✆ 04503/31543. ≪≪

Café Strandvilla, wie der Name schon sagt: schöne Villa mit Strandterrasse vor dem Haus und Hafenterrasse hinter dem Haus (Nachmittagssonne). Es gibt selbst gebackenen Kuchen und Kleinigkeiten wie z. B. Flammkuchen; tägl. 12–18 Uhr. Grüner Weg 5, ✆ 04503/31404.

Sehenswertes

Vogelpark Niendorf: Gut ausgeschildert in Richtung Hemmelsdorfer See tummeln sich inmitten eines kleinen Sumpfgebietes auf 70.000 m² etwa 250 verschiedene Vogelarten, darunter Störche, Kraniche, Reiher, Flamingos, Fasane, Adler und Geier.

Reetgedeckte Tierhäuser, in denen auch eine der weltweit größten Eulensammlungen zu bewundern ist (38 Arten!), sorgen für das passende Ambiente. Eine Café-Terrasse (mit leckerem Blaubeerkuchen) befriedigt die kulinarischen Bedürfnisse.
Tägl. 9–20 Uhr, im Herbst und Winter bis zum Einbruch der Dunkelheit. Erw. 8 €, Kinder 4 € (3–15 J.). ✆ 04503/4740, www.vogelpark-niendorf.de.

Hemmelsdorfer See: Der südlich der Gemeinde Timmendorfer Strand in hügeliger Landschaft gelegene Hemmelsdorfer See lohnt einen Ausflug. Immerhin bietet das Gewässer einen Superlativ: Der Grund des südlichen Seebeckens ist mit 40 m unter dem Meeresspiegel der tiefstgelegene Festlandspunkt Deutschlands. Ein Fußweg führt in etwa 15 Minuten vom Vogelpark zum Hermann-Löns-Blick, einem Aussichtsturm am Nordende des Sees, den der Dichter oft besucht haben soll.

> **Fahrradtour 1: Rund um den Hemmelsdorfer See**   → S. 267
> Die gemütliche Tour bietet immer wieder schöne Seeblicke

Timmendorfer Strand   (6000 Einwohner)

Timmendorf hat den Ruf des etwas nobleren Ostseebades – und pflegt ihn auch. Edle Boutiquen und Schmuckgeschäfte verführen zum Einkaufsbummel der feinen Art, und auf der Kurpromenade heißt es sehen und gesehen werden. Die Kinder allerdings zieht es eher ins SEA LIFE, das große Meeresaquarium.

Seit Langem sind Timmendorfer Strand und das benachbarte Niendorf zur Großgemeinde Timmendorfer Strand zusammengeschlossen. Doch während es in Niendorf noch recht beschaulich zugeht, ist man hier stolz auf den Ruf, das schickste und bekannteste Bad an der Küste zu sein. Was lag für die Gemeinde da näher, als den Namen „Timmendorfer Strand" mit dem allgegenwärtigen Logo des Seepferdchens auch als Markennamen eintragen und schützen zu lassen?

Der knapp 4 km lange Strand von der Ostseetherme bis nach Niendorf ist weitgehend mit Strandkörben belegt. Ein dichter Heckenbewuchs schützt Strand und Ufer, sodass es nur bei den Strandkorbvermietern ein Durchkommen gibt. Der angrenzende, durch einen Strandwald verlaufende Weg führt zur Seebrücke. Davor steht die altehrwürdige Trinkkurhalle, eingerahmt vom Hotel Maritim und dem zentral gelegenen SEA-LIFE-Aquarium. Erst einige Meter landeinwärts erstreckt sich die berühmte, sandfarben gepflasterte Kurpromenade mit der auffälligen Markierung, die den 54. Breitengrad anzeigt. Neben vielen Restaurants und Straßencafés gibt es hier eine ganze Reihe extravaganter Boutiquen und erlesener Schmuckgeschäfte, in deren Auslagen wie selbstverständlich die Produkte von *Gucci, Armani, Jil Sander, Versace, Cartier & Co.* zur Schau gestellt werden. Hier trifft man sich zum Bummel und zum Shopping oder genießt den Augenblick bei Cappuccino oder Cocktail.

Hinter der Kurpromenade zieht sich die Strandallee durch den ganzen Ort. Sie ist die Adresse der eleganten Hotels und Pensionen. Wer ein ruhigeres Plätzchen sucht, wird es nur bei einem Spaziergang durch den Kurpark finden. Richtung Scharbeutz verabschiedet sich die Gemeinde, wie sie bei Niendorf begonnen hat: Großzügige Villen, viele aus der Zeit der vorletzten Jahrhundertwende, säumen den Weg.

Lübecker Bucht

Sehen und gesehen werden: Cafés an der Kurpromenade

Geschichte: Fischfang wurde am Timmendorfer Strand nie ernsthaft betrieben, auch der Strand wurde wenig beachtet. Erst nachdem ein Pastor namens Gleiß aus dem ca. 15 km entfernten Curau sich 1865 in Strandnähe eine ansehnliche Fachwerkkate als Sommerhaus baute, um auch Badefreuden zu genießen (heutige Wohldstraße), setzte langsam, aber unaufhaltsam die Entwicklung zu einem der größten und bekanntesten deutschen Seebäder ein. 1889 wurde das erste Hotel gebaut, heute sind es etwa 25; dazu kommen viele Pensionen und etwa 200 Appartementhäuser.

Basis-Infos

Information Timmendorfer Strand Niendorf Tourismus GmbH, Timmendorfer Platz 10, 23669 Timmendorfer Strand, ✆ 04503/3577-0. **Kurbetrieb Timmendorfer Strand**, ✆ 04503/3577-0, www.timmendorfer-strand. de. *ostseecard* 2,60 € (1,50 € in der Nebensaison).

Fahrradverleih Schütz, Strandallee/Ecke Birkenallee, ✆ 0172/6420080; **Steffenhagen**, Kurparkstr. 2, ✆ 04503/6211.

FKK-Strand Nacktbader haben ihr Areal an der Grenze Timmendorfer Strand/Scharbeutz.

Hundestrand Westl. des Niendorfer Hafens (am östl. Ende d. Timmendorfer Strandes).

Parken Die drei gut ausgeschilderten großen Parkplätze sind gebührenfrei. Von dort sind es wenige Minuten zum Strand. Auf den in Strandnähe gelegenen Kurzparkplätzen wird man dagegen kräftig zur Kasse gebeten: 90 Min. kosten 2 €.

Schwimmbad/Sauna Ostsee-Therme Scharbeutz, ✆ 04503/35260, Weiteres → S. 83.

Veranstaltungen Jedes Jahr im Aug./Sept. findet am Timmendorfer Strand die **Deutsche Beach-Volleyball-Meisterschaft** statt.

Wochenmarkt Jeden Mi u. Sa (vormittags) auf dem Großparkplatz Höppnerweg (P2).

Übernachten/Essen & Trinken

Übernachten Timmendorfer Strand ist nicht preiswert. Nirgendwo sonst an der Küste gibt es eine so große Anzahl an anspruchsvollen Hotels. Über die Zimmervermittlung (s. o.) kann man aber auch Privatzimmer für etwa 40 € (DZ) bekommen.

**** **Hotel Villa Gropius**, die 1888 erbaute Villa, ehemals Sommerhaus des berühmten Architekten Walter Gropius, gehört zu den schönsten Häusern im Ort. Historische Baukunst ist geschickt mit neuestem Komfort kombiniert (Zimmer teilweise im Hinterhaus, Sauna, Whirlpool). Über einen schmalen Weg erreicht man nach 60 m den Strand. In der prächtigen Halle der historischen Villa befindet sich heute der sehr stilvolle Gastraum des Restaurants, in dem es sich ab 17.30 Uhr gut speisen lässt. DZ 120–150 €. Strandallee 50, ✆ 04503/702003, 📠 04503/702004, www.villa-gropius.de.

*** **Villa Möwenstein**, gepflegtes Hotel garni mit dem gemütlichen Charme einer traditionellen Ferienpension, 120 m vom Strand entfernt, Fahrräder kostenlos. DZ 80–85 €. Friedrich-August-Str. 6, ✆ 04503/35550, 📠 04503/355510, www.villa-moewenstein.de.

*** **Hotel Ancora**, von außen ein moderner Zweckbau, aber von innen ein gepflegtes Frühstückshotel mit 20 Zimmern und 5 Appartements. Nichtraucherhotel. Gemütliche Bibliothek und Schwimmbad/Sauna. Ab 15 Uhr Kaffee und Kuchen.

2 Min. Fußweg zum Strand. DZ 120–130 €. Strandallee 58, ✆ 04503/2016, 📠 04503/2018, www.hotel-ancora.de.

> Timmendorfer Strand verfügt – wegen des z. T. exklusiven Publikums wohl beabsichtigt – über **keinen Campingplatz.**

Essen & Trinken Bierrestaurant Seelord, im rustikalen Ambiente eines alten Segelschiffs gehalten, bietet das direkt im Zentrum gelegene, stets gut besuchte Lokal eine große Auswahl an Fisch- und Fleischgerichten und natürlich ein entsprechendes Angebot an Bier. Beliebt ist der Mittagstisch. Mi Ruhetag. Timmendorfer Platz 7, ✆ 04503/1368.

》》 Mein Tipp: Reethus, gediegenes Restaurant und Steakhaus (Fleisch vom Lavasteingrill) mit wirklich empfehlenswerter Küche und viel Liebe zum Detail; im ältesten Haus Timmendorfs stilvoll rustikal-elegant und dennoch freundlich hell eingerichtet; auch Tische im zur Straße liegenden Garten. Nicht preiswert, aber den Preis wert, Reservierung unbedingt empfohlen. Wohldstr. 25 (Nähe Maritim-Hotel/Richtung Eissportzentrum), ✆ 04503/888790. 《《

Sehenswertes

SEA LIFE Timmendorfer Strand: Direkt an der Seebrücke, dort, wo einst ein Hallenbad stand, erhebt sich seit 1996 das in Form einer Welle gestaltete Gebäude des beeindruckenden Aquariums. Von außen wirkt das blaue Bauwerk eher klein, denn die 30 Aquarien auf einer Fläche von insgesamt 1500 m² sind größtenteils unterirdisch angelegt. Bei einem Rundgang kann man die ganze Bandbreite der Unterwasserwelt erleben – von einem Mangrovenbecken über ein Berührungs- und ein Rochenbecken bis hin zu einem Becken mit Wassertieren aus Europas Küsten ist alles geboten. Höhepunkt ist ein etwa 8 m langer, von 220.000 Litern Wasser umgebener gläserner Tunnel durch die „offene See". Vor allem für Kinder ein Erlebnis sind auch die täglichen Fütterungen. Schautafeln bieten kurze und präzise Informationen, zudem geben die Mitarbeiter nützliche Hinweise; so erfährt man beispielsweise, dass ein Dorsch unglaubliche sieben Millionen Eier legt, wovon im Schnitt lediglich zwei bis fünf Tiere heranwachsen.

Das SEA LIFE ist eine durch und durch kommerzielle, aber gut gestaltete Erlebniswelt, weshalb ein Restaurant und natürlich ein Souvenirshop am Ausgang nicht fehlen dürfen. An bedeckten oder verregneten Tagen in der Hochsaison ist der Ansturm sehr groß, lange Warteschlangen sind dann üblich.

Kurpromenade 6, 23669 Timmendorfer Strand, ✆ 04503/3588-10, Infoline unter ✆ 01805/66690101, www.sealife-timmendorf.de. Juni–Aug. 10–19 Uhr (letzter Einlass 18 Uhr), an-sonsten bis 18 Uhr (letzter Einlass 17 Uhr). Erw. 13,50 €, Jugendliche 12,30 €, Kinder (3–14 J.) 9,95 €.

Scharbeutz (4300 Einwohner)

Ein flacher Strand, feiner Sand und reichlich Ferienwohnungen: das typische Familienbad. Alles ist bequem zu Fuß erreichbar. Vor allem die Ostsee-Therme, ein Schwimmbad der Extraklasse, hat den Namen Scharbeutz auch überregional bekannt gemacht.

Scharbeutz beginnt mit seiner Attraktion: Direkt an der südlichen Gemeindegrenze am Timmendorfer Strand liegt das Erlebnisbad Ostsee-Therme, mit dem beide Ostseebäder kräftig werben. Hier grenzt ein Stück der bewaldeten und steilen Küste direkt an die belebte Straße, die am relativ naturbelassenen Strand entlang zum Zentrum von Scharbeutz führt. Im Zentrum selber dominieren moderne Zweckbauten; dahinter erstreckt sich ein schöner Kurpark, eine Art grüne Oase inmitten des Ortes.

Das eigentliche Glanzstück ist aber auch in Scharbeutz der erstaunlich feinsandige, bis Haffkrug reichende, 6 km lange und etwa 35 m breite Strand, der mit vielen Strandkörben bestückt ist. Vor der 100 m langen Seebrücke befindet sich ein Aktionsstrand, auf dem vorwiegend Beachvolleyball oder Beachsoccer gespielt wird. Vom Promenadenplatz aus davor lädt die zum Meer hin offene Promenade zum

Lübecker Bucht

Typisches Familienbad: Scharbeutz

Bummeln ein. Elegant und naturbelassen schlängelt sie sich teilweise als Holzsteg durch die Dünen, immer wieder unterbrochen durch geschickt gestaltete kleine Plätze. Dünenhäuser im schwedischen Stil beherbergen Restaurants und Cafés („Café Wichtig", „Gosch Sylt") oder kleine Läden. Das alte Meerwasserhallenbad im ehemaligen Kurzentrum an der Promenade hat hingegen ausgedient – statt Wasser ist nun Sand das hier vorherrschende Element, denn es wird als eine Art Indoor-Kinderspielplatz genutzt (Tageskarte 3 €). Von der Terrasse aus kann man den Wasserskiläufern zusehen, wie sie auf Deutschlands erster Offshore-Anlage neben der Scharbeutzer Seebrücke ihre Runden drehen.

Geschichte: Der Name Scharbeutz (slawisch *Scorbuze*) bedeutet so viel wie „Hof des (flinken und schnellen) Skorbyk". Schon 1271 ging das ursprünglich gräflich-holsteinische Dorf in den Besitz Lübecks über, es wurde nämlich einfach an das dortige Heilig-Geist-Hospital verkauft. Zu dieser Zeit gab es lediglich ein kleines Bauerndorf auf der Anhöhe (am Wennsee), zu dem sich nach und nach eine Fischersiedlung am Strand gesellte. Nach mehr als 500 Jahren kam Scharbeutz 1803 an den Herzog von Oldenburg (um dann 1937 Teil Schleswig-Holsteins zu werden). Als ein Hamburger Kaufmann in der Strandsiedlung ein Hotel errichtete, das Hotel Augustusbad, wurde der Ort im Jahre 1850 durch eine großherzogliche Erlaubnis zum Seebad. Dennoch waren die Anfänge eher bescheiden, so wurde das erste Badehaus in einer ehemaligen Fischräucherei eingerichtet. Richtig aufwärts ging es mit dem Tourismus erst, als der Ort 1923 einen eigenen Bahnhaltepunkt erhielt. Seitdem haben zahlreiche bekannte Persönlichkeiten Scharbeutz die Ehre gegeben. Der wohl berühmteste Gast war Albert Einstein (1879–1955), der in den Jahren 1927–1929 hier seinen Sommerurlaub verbrachte.

1974 wurde der Ort mit neun anderen Dörfern (darunter Haffkrug und Pönitz) zur Großgemeinde Scharbeutz zusammengeschlossen, die im regionalen Tourismusgeschäft nach Grömitz und Timmendorfer Strand mittlerweile an dritter Stelle rangiert.

Strandleben in Scharbeutz

Basis-Infos

Information Tourismus-Service Scharbeutz, Strandallee 134, 23683 Scharbeutz, ✆ 04503/770964, www.scharbeutz.de; *ostseecard* 2,50 € (Nebensaison 1,50 €).

Fahrradverleih Heese, Strandallee 130, ✆ 04503/779892; **Tobis Fahrradverleih**, Badeweg am Kurpark, ✆ 04503/702861.

FKK-Strand Nähe Ostsee-Therme.

Hochseilgarten Großer Waldhochseilgarten mit 3 Parcours im Kammwald zwischen Scharbeutz und Timmendorfer Strand (oberhalb der Therme). Erw. 19 €, Kinder (bis 16 J.) 15 €; tägl. 10–19 Uhr; ✆ 0151/23022753.

Hundestrand Südstrand (Abschnitt 4)

Parken Ausgeschilderte Großraumparkplätze für 5 €/Tag. Kurzparkzone im unmittelbaren Strandbereich für 2 €/Std.

Schwimmbad/Sauna Ostseetherme Scharbeutz, eines der ersten, größten und schönsten Erlebnisbäder der Republik. Am südlichen Ortsrand, fast schon in Timmendorfer Strand, präsentiert sich direkt am Meer unter einer riesigen Glaskuppel eine tropische Badelandschaft. Salzwasserbecken, Whirlpools, eine Doppelriesenrutsche (insgesamt 310 m) und Außenbecken bieten großartigen Badespaß. Hinzu kommt eine Saunalandschaft der Extraklasse. Außerdem: Fitnesscenter, Kosmetikstudio und Restaurant. Preisgünstig ist das Vergnügen aber nicht: Tageskarte Erw. 20 €, Kinder 12 €, Familien 43 €. Tägl. 9–22 Uhr. ✆ 04503/35260, www.ostsee-therme.de.

Wasserski Seit 2008 gibt es eine Offshore-Wasserskianlage direkt neben der Seebrücke, 1 Std. 19 €, Jugendliche 15 €. ✆ 04503/892870, www.bluemonkey-beachclub.de.

Übernachten/Essen & Trinken

Übernachten *** Hotel Augustusbad, Traditionshaus im ehemaligen Zentrum und damit nicht direkt am Strand (7 Min. Fußweg zum Strand). Die 22 Zimmer sind mit allen Annehmlichkeiten ausgestattet. Restaurant Thiens im Haus (Pasta, Salate, Flammkuchen). DZ 98 €, Kinder + 25 €. Seestr. 48, ✆ 04503/8040, ✉ 04503/804120, www.augustusbad.de.

*** **Villa Scharbeutz**, rustikal-gediegenes Hotel garni, 25 individuell eingerichtete Zimmer, gutes Frühstücksbüfett, 2 Min. Fußweg zum Strand. DZ 78–84 €. Seestr. 26, ✆ 04503/87090, ✉ 04503/351240, www.hotel-villa-scharbeutz.de.

Essen & Trinken Herzberg's, rustikales Ambiente und gehobene gute Küche (z. B. Variation von Ostseefischen, auch Mittagskarte), oft gut besucht, daher abends besser reservieren. Strandallee 129 (nahe der Seebrücke), ✆ 04503/74159.

Pfannkuchen-Haus, im Erdgeschoss eines strandnahen Appartementhauses gelegenes, kinderfreundliches Restaurant im Stil der 1980er-Jahre. Es gibt viel mehr als nur Pfannkuchen, z. B. Bratfisch. Tägl. 12–14.30 Uhr und ab 17.30 Uhr geöffnet. Seestr. 8, ✆ 04503/75014.

Bastei, gewissermaßen der Klassiker im 1. Stock des markanten Rundbaus aus den 1960er-Jahren direkt am Strand. Nach wie vor immer gut besucht; toller Blick hinunter auf den Strand. Nicht nur Cafébetrieb, sondern auch Fisch- und Steakrestaurant (auch Mittagstisch). In der Saison tägl. geöffnet. Strandallee 139, ✆ 04503/72034.

Das Strandhaus an der Wolfsschlucht, kleines Restaurant im Reetdach-Ambiente in 1-a-Lage auf halbem Weg zwischen Scharbeutz und Timmendorfer Strand (Nähe Ostsee-Therme). Vor allem gute Fischgerichte; draußen große Strandterrasse mit herrlichem Ostsee-Blick, eingeschränkte Parkmöglichkeit, aber gut als (Fahrrad-)Ausflugsziel geeignet. In der Saison tägl. geöffnet. Strandallee, ✆ 04503/72010.

Umgebung von Scharbeutz

Museum für Regionalgeschichte der Gemeinde Scharbeutz in Pönitz: Das Binnenland von Scharbeutz rund um die Pönitzer Seenplatte ist landschaftlich reizvoll, der Ort Pönitz dagegen eher weniger. Ein Besuch ist dennoch lohnend wegen des sehenswerten Museums des Heimatvereins (seit 2010), das sich in den Räumen einer ehemaligen Schlachterei befindet. Präsentiert werden nicht nur regionale Funde aus der mittleren Steinzeit (5000 v. Chr.) bis heute, es gibt zudem handwerkliche Arbeitsplätze, einen historischen Kaufmannsladen, eine Ausstellung zur Entwicklung des Badetourismus und vieles mehr zu bestaunen. Darüber hinaus werden immer wieder interessante Sonderausstellungen gezeigt.

Lindenstr. 23 (Nähe Bahnübergang); Di 15–18 Uhr, vom 15. Mai bis 30. Sept. auch So 14–16 Uhr. Eintritt frei, Spende erbeten. ✆ 04503/73273; www.museum-scharbeutz.de.

Übernachten/Essen & Trinken   Landhaus am See, am Ortseingang von Pönitz (von Scharbeutz kommend) direkt neben der Hauptstraße. Das Restaurant im Fachwerkambiente ist rustikal eingerichtet und hat eine schöne Terrasse mit Blick auf den Großen Pönitzer See. Gute deutsche Küche mit reichhaltigem Fischangebot (So Brunch). Mo Ruhetag. ✆ 04524/1073.

》》 Mein Tipp: Brechtmann, in der 4 km von Scharbeutz entfernten kleinen Ortschaft Schürsdorf gelegen. Der Landgasthof mit gehobener Küche hat sich v. a. mit ofenfrischen, knusprigen Flugenten in verschiedenen Variationen (aber auch mit Fleisch- und Fischgerichten) einen Namen gemacht. Gepflegte Einrichtung, schöne Terrasse. Etwas versteckt gelegen (aber beschildert). Tägl. außer Di 11–14.30 und 17.30–22.30 Uhr, Hackendohrredder 9, ✆ 04524/9952. 《《

Haffkrug

(1850 Einwohner)

Man muss nicht nach Italien fahren, um an der Riviera zu baden: Der Strandabschnitt von Haffkrug heißt nämlich genauso. Zentrale Sehenswürdigkeit der kleinen Schwester von Scharbeutz ist damit der Strand.

Beide Orte gehen in ihren Randbereichen ineinander über, getrennt nur durch ein Ortsschild. Dahinter liegen die Haffwiesen, die entstanden sind, als eine vor Jahrtausenden vorhandene Bucht langsam verlandete. Auf der angrenzenden Landzunge ist seit 1398 eine Siedlung urkundlich erwähnt. Der heutige Ortsname rührt daher, dass zu Beginn des 19. Jh. hier ein Wirt seinen „Krug" (Wirtshaus) eröffnete, der am Sonntag von zahlreichen Ausflüglern besucht wurde. Bereits 1811 errichtete dann ein einfallsreicher Geschäftsmann ein kleines Badehaus und machte Haffkrug damit zum ersten Badeort der Lübecker Bucht.

Im Ort erinnern heute noch einige wenige reetgedeckte Häuser daran, dass Haffkrug einst ein selbständiges Fischerdorf war (seit 1974 ist der Ort Teil der Großgemeinde Scharbeutz). An die Fischertradition knüpft auch der Fischlehrpfad neben der Seebrücke an. Auf interessanten Schautafeln entlang der neben einem schützenden Dünenwall verlaufenden Promenade (eher ein geschwungener Gehweg mit Ruheinseln) findet sich alles Wissenswerte rund um das vielfältige Meeresgetier der Ostsee.

Information   Tourist-Info Haffkrug, Strandallee 2, ✆ 04563/1404 oder 04503/770964; *ostseecard* 2,50 € (Nebensaison 1,50 €). www.scharbeutz.de.
Fahrradverleih   Marks, Timmerhorst 12, ✆ 04563/478727; Denker, Strandallee 47, ✆ 04563/473911.
Hundestrand Strandabschnitt 31.
Parken   Großraumparkplatz Waldweg u. Wiesenweg, 5 €/Tag. Kurzparkzone im unmittelbaren Strandbereich für 2 €/Std.

Übernachten   Haus am Meer, wie der Name sagt, in allerbester Lage, keine 20 m vom Strand entfernt. Die 1928 erbaute Backsteinvilla hat schöne, helle, mit nordischen Stoffen und Möbeln eingerichtete Zimmer und dennoch den Charme eines kleinen familiären Strandhotels bewahrt. Büchercafé/Bistro im Haus. DZ mit und ohne Dusche/WC 100–120 €. Strandallee 84, ✆ 04563/478884, 📠 04563/478885, www.haus-am-meer-haffkrug.de.

Essen & Trinken Strand-Café, kleines, liebevoll geführtes Café schräg gegenüber der Seebrücke. Es gibt frische Kuchen und Torten, aber auch selbst gemachte Kartoffelpuffer. Kleine Terrasse vor dem netten Häuschen. Strandallee 6, ✆ 04563/5478.

Ein Präsident geht baden

Auf den heutigen Betrachter wirken sie fast possierlich, die Herren, die das Titelbild der *Berliner Illustrierten Zeitung* vom 24. August 1919 zieren: Sie stehen in Badehose und mit unübersehbarem Bauchansatz fast knietief im Ostseewasser und lächeln in die Kamera. Und selbst in einer Zeit, in der Sittenstrenge noch großgeschrieben wurde, hätte des Ganze nicht allzu viel Aufsehen erregt, wenn, ja wenn es sich bei den beiden Herren in der Mitte am Strand von Haffkrug nicht um den Reichspräsidenten Friedrich Ebert und den Reichswehrminister Gustav Noske gehandelt hätte. Beide waren sie Sozialdemokraten und standen als solche in konservativen Kreisen ohnehin schon nicht in dem Ruf, das Vaterland, das gerade seines Kaisers und der Monarchie verlustig gegangen war, würdig repräsentieren zu können. Und nun auch noch das! Hatte man etwa den Kaiser, der im niederländischen Exil zum Nichtstun verurteilt war, je in solch unziemlicher Kleidung gesehen? Hatte man nicht, und deswegen war auch klar, dass mit den neuen Machthabern und der neuen Ordnung kein Staat zu machen war. Angesichts dieser Geisteshaltung, die in der konservativen Presse in unzähligen Schmähkarikaturen, bissigen Kommentaren und Rücktrittsforderungen zum Ausdruck kam, ist es kaum verwunderlich, dass es gar nicht allzu lange dauerte, bis nach dem ersten deutschen Präsidenten auch die erste deutsche Demokratie baden ging.

Sierksdorf
(1500 Einwohner)

Beim Stichwort Sierksdorf denken viele zuerst an den Hansa-Park, einen der größten und abwechslungsreichsten Freizeitparks Deutschlands. Aber v. a. der direkt am Meer gelegene Badeort selbst ist sicher ebenso einen Besuch wert, ist er doch einer der beschaulichsten und schönsten der Küste. Der noch nicht allzu belebte Strand zieht sich bis vor die angrenzende Steilküste – von dort kann man einen schönen Blick über die weite See genießen.

Beim Sonnenbaden blickt man aufs Meer, und das ist für einen deutschen Badeort schon eine Besonderheit (durch einen Knick in der Bucht ist der Strand nach Südosten ausgerichtet). Der Strand ist 3,5 km lang und etwas schmaler als an anderen Stellen der Lübecker Bucht. Auch der Ort ist etwas schmaler als andernorts, er misst gerade mal 500 m in der Breite, ist dafür aber über die gesamte Strandlänge gestreckt. Im Südteil besteht das Seebad lediglich aus Strand, Straße und einer recht hübschen Häuserzeile sowie ein paar bunten Fischerbuden. Anders als in den Nachbarorten dominiert hier kein Promenadentourismus mit Souvenirläden, Restaurants oder Imbissständen. Ein Fischerdorf ist Sierksdorf dennoch schon lange nicht mehr. Trotzdem gibt es sie noch vereinzelt, die (Freizeit-)Fischer, die morgens bei Sonnenaufgang aufbrechen, um die Stellnetze zu kontrollieren. Um zu ihren Booten zu gelangen, müssen sie mangels Hafen in Fischerhosen durchs Wasser waten. Nachmittags kehren sie mit Dorsch, Hering oder Scholle zurück, der Fang wird gleich am Strand verkauft.

Freizeitfischer am ruhigen Strand von Sierksdorf

Im nördlichen Teil des Dorfes, den Berg hinauf, befinden sich Touristinformation und Bahnhof. Alles wirkt noch vergleichsweise ruhig und beschaulich, alte Bäume – sonst eher eine Seltenheit in Ostseebädern – dominieren das Ortsbild. Zahlreiche Villen, stets eingebettet in ansehnliche Gartenanlagen, verleihen diesem Ortsteil so etwas wie erhabene Gediegenheit. Einige bekannte Persönlichkeiten haben sich hier niedergelassen und genießen diesen erhöhten Logenplatz mit Blick auf die Ostsee. Zum Strand gelangt man über Treppen die Steilküste hinab.

Noch weiter nördlich ändert sich das Ortsbild übrigens drastisch: Hier nämlich befinden sich die mehrstöckigen Bettenburgen des Ferienparks Sierksdorf und der Hansa-Park, aber auch das geschmackvolle Hansa-Park-Resort mit Ferienhäuschen im nordischen Stil. Der Strand wird hier etwas breiter, und es gibt sogar eine kleine Promenade.

Stolz ist man in Sierksdorf auf die gewissermaßen künstlerische Vergangenheit des Ortes: Hier hat der expressionistische Maler Karl Schmidt-Rottluff von 1951 bis 1973 seine Sommermonate verbracht und die Küstenlandschaft mit ihren besonderen Farben in vielen heute weltberühmten Werken festgehalten. Die künstlerische Tradition verpflichtet, weshalb in den Räumen der Touristeninformation eine ständige Dokumentation zum Werk des berühmten Gastes zu sehen ist.

Geschichte: Der in verschiedenen Schreibweisen überlieferte Name *Syrikestorpe* ist slawischen Ursprungs und bedeutet so viel wie „Dorf des Herrschers Sigirik (oder Sirik)". Seit dem Mittelalter gehörte die Siedlung dem benachbarten Gut Oevelgönne. Erst 1802 durften die Bauern die Felder in Erbpacht bebauen – die Leibeigenschaft war damit aufgehoben –, und 1857 wurden sie auch rechtmäßige Eigentümer des von ihnen bewirtschafteten Landes. Im gleichen Jahr standen vor einem Badelogierhaus mit immerhin 28 Betten für Erholungssuchende bereits vier Badekarren. Wie andere Küstenorte auch entwickelte sich Sierksdorf endgültig nach dem Zweiten Weltkrieg vom Bauerndorf zum Ferienort.

Information Tourist Information Sierksdorf, Vogelsang 1, 23730 Sierksdorf, ✆ 04563/ 47899-0, www.sierksdorf.de; *ostseecard* (nur im Sommer) 2,10 € (Nebensaison 1 €).

Fahrradverleih Müller & Sohn, Am Fahrenkrog 19, ✆ 0160/99162773; Stellmacher, Prof.-Haas-Str. 59 (Bananenmuseum), ✆ 04563/8335.

Hunde Im Sommer am Strand nicht erlaubt.

Schwimmbad Panoramic Schwimmbad, in den Ferienhochhäusern am Pfingstberg (Nähe Hansa-Park) gelegenes, wenig spektakuläres, aber ordentliches Schwimmbad mit 29 °C Wassertemperatur. Unterschiedliche Öffnungszeiten, i. d. R. 8–10 und 14– 19 Uhr. Erw. 3,80 €, Kinder 3 €. ✆ 04563/71217.

Übernachten Hotel Seehof, ehemaliger Landsitz mit parkähnlichem Garten und uralten Bäumen an einem 15 m über der Ostsee gelegenen Logenplatz, von dem man einen fantastischen Blick die Steilküste hinunter aufs Meer hat. 17 individuell eingerichtete Zimmer und Suiten, Sauna, Frühstücksbüfett. Angeschlossen ist ein Restaurant-Café mit frischer Holsteiner Küche. DZ 116–167 €. Gartenweg 30, ✆ 04563/47770, ✆ 04563/7485, www.seehof-sierksdorf.de.

Hotel Hof Sierksdorf, allerbeste Lage direkt an der Strandstraße, vorwiegend modern ausgestattete Appartements. Sehr großes Restaurant mit gutbürgerlicher Küche; große Terrasse mit Holztischen und schönem Blick aufs Meer. App. 119–129 €. Am Strande 32, ✆ 04563/8884, ✆ 04563/7736, www.hofsierksdorf.de.

Sehenswertes

Hansa-Park: Wenn die Kinder das Urlaubsziel Ostsee wählen, dann oft in Erwartung eines Besuchs im Hansa-Park. Tatsächlich entpuppt sich „Deutschlands einziger Erlebnispark am Meer" als ein Vergnügungsparadies für Klein und Groß. Problemlos über die A 1 oder den Bahnhof Sierksdorf zu erreichen, lässt der Park kaum Wünsche offen. Vom Kiddie-Camp für die Kleinsten bis zur Wasserrutsche findet sich alles, was Kinderaugen glänzen oder den Adrenalinspiegel ansteigen lässt. Hier eine Westernstadt, dort ein Jahrmarkt, dahinter ein Varieté, eine Achterbahn oder eine gigantische „Glocke", bei der die wagemutigen Fahrer in luftiger Höhe frei an dem sich drehenden Klöppel hängen, während die Glocke bis zu 120 Grad in jede Richtung schwingt. Wer es etwas ruhiger mag, sollte nicht den 100 m hohen Holsteinturm versäumen, der einen grandiosen Ausblick bietet. Der bunte Mix für die ganze Familie ist kaum an einem Tag zu bewältigen. Fazit: Ein Freizeitpark der Superlative.

April–Okt. tägl. 9–18 Uhr. Eintritt für Besucher von 4 bis 14 J. und über 60 J. 24 €, ab 15 J. 30 €. ✆ 04563/474-0, www.hansapark.de.

Bananenmuseum: Warum ist die Banane krumm? Hier finden Sie eine Antwort auf diese seit unzähligen Generationen quälende Frage. In dem an der Hauptstraße Richtung Neustadt gelegenen kleinen Museum ist von einer Bananenwasserwaage bis zum Kondom mit Bananengeschmack fast alles zu sehen, was auf irgendeine Weise mit der tropischen Frucht zu tun hat. Der Museumsinhaber weiß zu jedem seiner Exponate eine nette Geschichte zu erzählen und klärt auch darüber auf, dass die Banane (arabisch *banan* = Finger) die größte Beere der Welt ist.
Prof.-Haas-Str. 59. Nur Sa/So 11–13 Uhr. Eintritt 2 €, Kinder 1,50 €. ✆ 04563/8335.

Die vergessene Kirchenschuld

Als die Eigentümer der altehrwürdigen Schäferkate am Vogelsang (heute ein Gästehaus) in den 1970er-Jahren bei der Bank einen Kredit für einen geplanten Umbau beantragten, kam zutage, was bis dahin keiner wusste: Im Grundbuch von 1872 war an erster Stelle eine Kirchenschuld eingetragen. Dort stand zu lesen, dass der Kirche im nahe gelegenen Süsel jährlich 78 Pfund Roggen, 58 Pfund Hafer und 90 Pfennig Kirchenopfer abzuliefern seien. In so einer Sache verstehen Banken keinen Spaß. Solange die Kirche den ersten Platz der Grundschuld behielt, gab's keinen Kredit. Zudem rechnete ein fleißiger Kirchenmann nach und verlangte für 25 Jahre die beachtliche Summe von 25.000 DM, was in etwa der Summe entsprach, die der Hausherr für seinen Umbau kalkuliert hatte. Die Kirche zeigte sich später kompromissbereit, die Bank weniger. So wurde die Kirchenschuld der Einfachheit halber auf die dritte Stelle im Grundbuch verlegt, weshalb diese Schuld noch heute auf dem Anwesen lastet.

Umgebung von Sierksdorf

Gut Oevelgönne: Das Gut nahe der Autobahnausfahrt Neustadt-Süd (Richtung Eutin) verrät durch den Namen seine Geschichte. Der Vorgängerhof mit dem Namen *Rogesdorf* lag ursprünglich etwa einen Kilometer westlich auf einer Anhöhe. Um 1550 wurde der Hof aber aus strategischen Gründen „övergünt" verlegt, was auf gut Hochdeutsch „nach gegenüber" heißt.

Eine mit Kopfsteinpflaster befestigte Kastanienallee führt zum schönen Fachwerk-Torhaus (18. Jh.). Im Schatten der alten Bäume liegen die ehemaligen Arbeiterkaten, während sich das (nicht näher zu besichtigende) weiße Herrenhaus weit hinter dem alten Torhaus hinter mächtigen Bäumen versteckt. Die ehemals dazwischen liegenden Wirtschaftsgebäude wurden in den 1950er-Jahren abgerissen.

Gut Wintershagen: Ursprünglich hatte das kurz hinter dem Hansa-Park (Richtung Neustadt) liegende Gut die Funktion eines Meierhofs des Gutes Oevelgönne. Die noch heute bewirtschaftete Hofanlage ist vom Weg aus gut zu erkennen (links eine Allee hinein). Um das Anwesen herum entstanden einige Landarbeiterhäuser, deren jeweiliges Baujahr noch heute an den Giebeln abzulesen ist (zwischen 1907 und 1912).

»» Mein Tipp: Gutshof-Café Wintershagen, in einem alten, reetgedeckten Stall verbirgt sich dieses nette Café mit gepflegtem Interieur und geschützter Sommerterrasse. Leckerer, selbst gemachter Kuchen, auch herzhafte Kleinigkeiten. Einmal im Monat werden abends Klassikkonzerte veranstaltet. 12–18 Uhr, im Winterhalbjahr Mo Ruhetag. Gutshof 9, ✆ 04561/5268989. **««**

Gemeinde Süsel: Mitten im ostholsteinischen Hügelland zwischen Sierksdorf und dem Naturpark Holsteinische Schweiz liegen die 15 Dörfer der Gemeinde Süsel (5200 Einwohner), die mit ihren Weilern, Höfen und vielen Seen gemeinsam mit Sierksdorf um die Feriengäste werben. Wogende Getreidefelder mit grünen Knicks gehören hier zum prägenden Landschaftsbild. Der Ort Süsel selber wird von der (leider oft verschlossenen) sehr alten und trutzigen *Kirche St.-Laurentius* (ca. 1156) dominiert, die wie so viele Kirchen dieser Gegend aus Feldstein erbaut wurde und nicht nur Gotteshaus, sondern zugleich Schutzburg vor heidnischen Slawen war. Die Inneneinrichtung ist schlicht und dennoch beeindruckend. Ein mittelalterliches Kruzifix (um 1290) mit überlebensgroßem ausdrucksvollem Corpus dominiert die Szenerie. Im Chorraum finden sich Reste mittelalterlicher Malerei.

Information Süsel Touristik (23701 Süsel), www.suesel-touristik.de. Infos auch bei: Touristinformation Sierksdorf, Vogelsang 1, 23730 Sierksdorf, ☎ 04563/478990.

Wasserskiseilbahn/Camping Freizeitspaß auf dem Rumpelsee bei Süsel; 2 Seilbahnen. Tägl. 12–19.30 Uhr geöffnet. Erw. 2 Std. 24 €, Einführungskurse (tägl. 11–13 Uhr) kosten 25 €. Angeschlossen ist auch ein gepflegter Campingplatz mit 50 geräumigen Stellplätzen. Moor 6, ☎ 04524/1777, www.wasserski-suesel.de.

Aussichtsturm am Gömnitzer Berg: Im Hinterland von Süsel und Neustadt ragt auf der kahlen Kuppe des für Ostholsteiner Verhältnisse mit 93 m sagenhaft hohen Gömnitzer Berges ein runder Aussichtsturm in den Himmel, der im Volksmund „Major" genannt wird. Der backsteinerne, 13 m hohe und sehr schlank wirkende Turm ist ein ehemaliges Seezeichen. Er wurde im Jahr 1828 anstelle eines alten Baumes errichtet, der einem Sturm zum Opfer gefallen war und vormals die gleiche Funktion hatte. Eine stählerne Wendeltreppe führt 41 Stufen hinauf, wo man nur durch Luken in die Ferne schauen kann.

Gut 4 km westlich von Neustadt gelegen; 1 km hinter dem Dorf Roge (Richtung Bujendorf) rechts nach Gömnitz abbiegen. Bei einem unscheinbaren Hinweisschild führt ein Treppenweg durch ein Wäldchen hinauf. Vor der Treppe befinden sich ein Fahrradständer und ein kleiner Parkplatz, von dem aus man einen etwa 5-minütigen Aufstieg vor sich hat.

Der „Major" auf dem Gömnitzer Berg

Lübecker Bucht

Blick durch die Luke des Seezeichens

Altenkrempe

(1200 Einwohner)

Zum Gemeindegebiet gehören mit dem Gut Hasselburg und dem Gut Sierhagen zwei bemerkenswerte Gutsanlagen. Überstrahlt wird der kleine Ort jedoch von seiner Basilika. Die Kirche ist eines der schönsten und besterhaltenen mittelalterlichen Bauwerke Ostholsteins.

Schon die weithin sichtbare, fast direkt an der A 1 (Abfahrt Neustadt-Nord) gelegene Basilika lohnt einen kurzen Abstecher nach Altenkrempe. In einem so kleinen Ort eine so stattliche Kirche zu finden, ist schon verwunderlich. Es heißt, dass Graf Adolf III. von Schauenburg um 1190 mit der Gründung von Crempe ein Gegengewicht zu Lübeck schaffen wollte. Der am Neustädter Binnenwasser gelegene Ort in der sumpfigen „krummen Au" (Kremper Au) war vormals Schlupfwinkel slawischer Seeräuber.

Mit der Zeit stellte sich heraus, dass die Verbindung zum Meer durch das Binnenwasser zunehmend verlandete und für größere Handelsschiffe nicht geeignet war, weshalb an einer günstigeren Küstenlage *Nyghe Crempe* (*Neucrempe*, das spätere Neustadt) gegründet wurde. Ab 1244 wurde zur besseren Unterscheidung beider Orte dann die zusätzliche Ortsbezeichnung „Alt" üblich.

Im 14. Jh. verfiel das Dorf und kam nach der Reformation zum Gut Hasselburg. So blieb Altenkrempe bis heute ländliche Idylle mit einem großen Kirchspiel. Die heutige Durchgangsstraße ist eine neu angelegte Lindenallee mit z. T. noch reetgedeckten, lang gezogenen Mehrfamilienkaten aus dem 19. Jh.

Fremdenverkehrsverein Altenkrempe, 23730 Kassau, Plunkauer Weg 5 a, ☏ 04561/6735, www.altenkrempe.de.

Sehenswertes

Basilika: Diese meisterhafte Schöpfung der Spätromanik steht inmitten eines ehemaligen slawischen Burgplatzes. Der Backsteinbau ist wohlproportioniert und klar gegliedert, obwohl sich die Arbeiten über viele Jahrzehnte hingezogen haben. Der Chor mit seinen in Schwarz und Rot gehaltenen Backsteinen entstand um 1190, das Langhaus wurde im Laufe des 13. Jh. angelegt. Von großen Umbauten blieb die Kirche in der Folgezeit verschont. Die Wände im Kirchenraum sind überwiegend im natürlichen Steinton belassen, Bänder aus farbig getönten Backsteinen kontrastieren mit weißen Putzflächen. Die Kirche hat kein Querschiff und nur schmale Seitenschiffe. Ungewöhnlichstes Stück der Ausstattung ist der Taufstein im Chor. Einer gotländischen Steintaufe ist eine schüsselartige Bronzetaufe aufgesetzt, beide stammen aus dem 13. Jh. Die Kanzel wurde 1687 erbaut, der Hochaltar im Jahr 1741. Täglich 9–17 Uhr geöffnet.

Gut Hasselburg: Knapp 2 km hinter Altenkrempe führt (links ab) eine schöne Lindenallee zu dieser absolut sehenswerten Gutsanlage. Als stattliche Visitenkarte empfängt das 1763 erbaute Torhaus den Besucher. Es gilt als das bedeutendste Torhaus im Lande und führt auf den Hofplatz mit zwei sehr imposanten Scheunen. Eine wurde 1924 nach einem Brand neu errichtet, die andere stammt aus dem Jahr 1761, ist noch reetgedeckt und gilt als eine der größten Kornscheunen Schleswig-Holsteins. Das barocke Anwesen und v. a. die imposante Reetscheune bieten schon lange den stilvollen Rahmen für Konzerte des Schleswig-Holstein Musik-Festivals und andere Konzertveranstaltungen. Im Jahr 2010 wurde es von der Hamburger

Prächtige Holsteinische Gutsarchitektur: Torhaus von Gut Hasselburg

Lübecker Bucht

Stahlberg-Stiftung erworben. Eine aufwendige Sanierung ist geplant, in deren Rahmen Künstlerateliers und der Umbau des Kuhstalls zur Museumsscheune vorgesehen sind. Das ansehnliche Herrenhaus der ursprünglich von einem Wassergraben umgebenen Hofanlage ist verpachtet und normalerweise nicht zu besichtigen. Das ist bedauerlich, denn das herrschaftliche Haus hat eine im Barockstil gestaltete zweigeschossige Treppenhalle, wie sie prächtiger kaum sein kann.

Gut Sierhagen: Das schon um 1300 erwähnte Gut, das über wunderschön geschwungene, von uralten Bäumen gesäumte Wege zu erreichen ist, gilt als eines der wenigen spätslawischen Adelssitze. Seit 1809 ist der Gutsbetrieb im Besitz der Familie von Pleesen – unglaubliche 1650 ha Fläche, davon 250 ha Wald, werden hier bewirtschaftet. Um die sehr weiträumige Hofanlage ist ein Wassergraben gezogen, der sich südlich des Herrenhauses zum See weitet. Das gelblich verputzte Herrenhaus wurde 1825 gebaut, steht aber auf älteren Fundamenten. Durch zwei Torhäuser (von 1738 bzw. 1857) gelangt man in den übergroßen Innenhof, der in Privatbesitz ist. In den Gutsscheunen finden die unterschiedlichsten Veranstaltungen statt.

Eine Besonderheit ist die alte Gutsgärtnerei, die vor 1900 eingerichtet und noch bis 1997 als Pachtbetrieb weitergeführt wurde. Zwar verfügten einst auch die anderen Güter der Region fast ausnahmslos über vergleichbare Gärtnereien, doch sind diese im Laufe der Zeit allesamt verschwunden. Deshalb hat man die heute landesweit einzigartige Anlage im Jahr 2000 unter Denkmalschutz gestellt, restauriert, einen Küchen-, Rosen- und Obstgarten angelegt und für Besucher geöffnet (ab 10 Uhr).

Palmenhaus Café: im Palmenhaus der alten Gutsgärtnerei oder auf der riesigen geklinkerten Terrasse werden täglich hausgebackener Kuchen und andere Leckereien serviert (daneben in der Alten Gutsgärtnerei auch Pflanzenverkauf). April–Okt. tägl. 14– 18 Uhr. ✆ 04561/558412.

Field & Fun: Diese Landmaschinen-Modellsammlung im Kleinformat befindet sich in einer backsteinernen ehemaligen Scheunenhalle am Gut Sierhagen. Die Arbeitsabläufe der Landwirtschaft werden mit Miniaturen in Szene gesetzt; ob dafür der stattliche Eintrittspreis gerechtfertigt ist, mag jeder selber entscheiden. Kinder können hier auch Tret-Traktor fahren und im Shop jede Menge Farmspielzeug erwerben.

Altenkrempe; Gut Sierhagen. Mai–Dez. Mi–So 11–18 Uhr; März/April nur Sa/So 11–18 Uhr. Eintritt 3,50 €. ✆ 0175/5373135, www.fieldandfun.de.

Neustadt in Holstein (15.000 Einwohner)

In der attraktiven und vielleicht schönsten Hafenstadt der Küste schlägt traditionell das Herz Ostholsteins. Eine hübsche Fußgängerzone lädt zum Einkaufen ein, und einige historische Gebäude zeugen von der einstigen Bedeutung der Stadt. Liebevoll renovierte Speicher und alte Segelschiffe prägen das Bild des Hafens, an dem alle Straßen münden.

Die Stadt am Nordufer der Lübecker Bucht ist nicht mondän, aber einladend, und trägt stolz den Namen „Europastadt". Trotz vergangener Brandkatastrophen sind verschiedene geschichtsträchtige Gebäude bis heute erhalten geblieben. Das Zentrum bildet ein großer, rechteckiger Marktplatz, flankiert von der sehenswerten Stadtkirche und dem klassizistischen Rathaus mit seinen beiden dorischen Säulen. Von hier aus verläuft die den Fußgängern vorbehaltene Einkaufsstraße bis zum historischen Kremper Tor. Kleine, teilweise verwinkelte Straßen mit altem Kopfsteinpflaster ziehen sich hinunter zum Neustädter Binnenwasser, das einstmals schiffbar war, mittlerweile aber zum Naturschutzgebiet erklärt wurde.

Die ebenfalls als Einkaufsstraße fungierende Brückstraße führt vom Marktplatz zum Hafen und weiter über jene Brücke, die das Nadelöhr des Ortes bildet, durch das sich die Autos langsam hindurchzwängen müssen. Der natürliche Hafen ist weitläufig und zieht sich in die Neustädter Bucht hinein (→ Foto S. 12 unten links). Einige historische Segelschiffe liegen idyllisch in Brückennähe. Speicher und imposante Kaufmannshäuser zeugen davon, dass die Stadt schon immer von Schifffahrt und Handel, v. a. dem Getreidehandel, lebte. Die Jahrhunderte über-

Der Pagodenspeicher: Wahrzeichen am Hafen von Neustadt

dauert hat auch das Fischeramt. Seit 1474 residiert diese älteste Fischerinnung Deutschlands in ihrem Amtsgebäude am Hafen. Zwar ist die Krise der Fischerei, Reedereien und Werften auch an Neustadt nicht spurlos vorübergegangen, aber immerhin hat die größte deutsche Reederei für Luxuskreuzfahrtschiffe (Peter Deilmann), unter deren Flagge auch das aus der Fernsehserie „Traumschiff" bekannte Kreuzfahrtschiff „Deutschland" fährt, noch immer in Neustadt ihren Sitz.

Auf der Westseite des Hafens ist nur noch selten geschäftiges Treiben zu beobachten, wenn Holzstämme nach Dänemark oder alte Autos in die baltischen Staaten verschifft werden. An der östlichen Hafenseite bekommt man in den frühen Morgenstunden manchmal noch frischen Fisch direkt vom Kutter. Von hier führt der Jungfernstieg weiter Richtung Yachthafen. Er ist wesentlich beschaulicher als sein berühmtes Hamburger Pendant und diente früher den ankommenden und abfahrenden Segelschiffen als Treidelpfad. Wen das Badefieber packt, der kann knapp 2 km weiter bis zum Strandbad laufen bzw. fahren. Ein- und auslaufende Schiffe sind von hier aus gut zu beobachten. Nach wie vor haben die Marine und auch die Küstenwache einen Stützpunkt in Neustadt. Alles in allem bietet Neustadt eine wahrhaft filmreife Kulisse, wohl deshalb wird hier seit 1996 die beliebte ZDF-Fernsehserie „Küstenwache" gedreht (das ZDF-Küstenwache-Studio 1 kann in der Saison Fr und Sa 14–18 Uhr besichtigt werden, ☎ 04561/1088).

Geschichte: Neustadt geht auf eine Gründung der schauenburgischen Grafen aus dem Jahre 1226 zurück. Weil Lübeck freie Reichsstadt wurde und damit für die Holsteiner Landesherren verloren war, suchten diese in ihrem Territorium einen günstig an der Küste gelegenen Hafenort, der Lübeck Konkurrenz machen sollte. Dafür empfahl sich das Gebiet um das Binnenwasser, an dessen Nordende gerade Altenkrempe als Mittelpunkt eines großen Kirchspiels entstand (→ S. 90). Für die Handelsschifffahrt weitaus günstigere Bedingungen bot aber der am Ausfluss des Binnenwassers und dennoch geschützt an der Küste gelegene Landstrich, sodass man hier mit dem Bau einer neuen Siedlung begann, die zunächst *Nyghe Crempe* genannt wurde (erst ab 1600 ist der Name *Neustadt* belegt). Schon 1244 wurde dem um

Lübecker Bucht

einen Marktplatz angelegten Ort das lübische Stadtrecht verliehen, sodass sich Handel, Schifffahrt und Wirtschaft gut entwickeln konnten. Vor allem der verheerende Brand von 1817, dem zwei Drittel der Stadt zum Opfer fielen, hat vom mittelalterlichen Ortsbild nur noch wenig übrig gelassen. Seit 1973 ist Neustadt mit seinen Ortsteilen Pelzerhaken (→ S. 97) und Rettin (→ S. 98) staatlich anerkanntes Ostseebad.

Basis-Infos

Information/Zimmervermittlung Touristinformation, Am Markt 1, ✆ 04561/619556, www.neustadt-holstein.de. **Tourismus-Service Neustadt-Pelzerhaken-Rettin** (Zimmervermittlung) Dünenweg 7, 23730 Neustadt-Pelzerhaken, ✆ 04561/7011. *ostseecard* 2,20 € (Nebensaison 1,10 €).

Kino Kino-Center, Vor dem Kremper Tor 5, ✆ 04561/4898; www.kinoneustadt.de.

Parken Ein Parkleitsystem führt zu zahlreichen Parkplätzen in der Oberstadt oder am Hafen.

Stadtführungen In der Saison werden Stadtspaziergänge, Themenführungen und Besichtigungen angeboten, meist vormittags. Je nach Thema 2,50–3,50 €. Info beim Tourismus-Service. ✆ 04561/7011.

Strandbad Kostenfreies Strandbad mit Badebrücke nähe dem Umwelthaus (im Süden der Stadt).

Umwelthaus Der **BUND** (Bund für Umwelt- und Naturschutz Deutschland) besitzt ein „Umwelthaus Neustädter Bucht", das in bester Lage direkt neben dem Strandbad

zu finden ist. In der Saison ist es tagsüber geöffnet. Vor allem für Kinder werden viele umweltbezogene Veranstaltungen angeboten. Am Strande 9, ✆ 04561/50565.

Veranstaltungen Höhepunkt im jährlichen Festtagskalender ist das **Europäische Folklore-Festival**, Europas größtes Event dieser Art, das seit fast 60 Jahren hier stattfindet. Das alle 3 Jahre (2013, 2016 usw.) Ende Juli veranstaltete farbenprächtige Spektakel bewahrt die Tradition und wird gleichzeitig immer mehr zum multikulturellen Fest. In jüngster Zeit haben sich die **Ostsee-Oldtimer-Tage** im August etabliert, welche die Herzen der Freunde chromglänzender Nostalgiekarossen höherschlagen lassen. Daneben gibt es natürlich jährlich **Hafen- und Altstadtfeste** sowie zahlreiche **Konzerte** in der Stadtkirche.

Wassertaxi In der Saison verkehrt täglich außer Mi ein kostenloses Wassertaxi zwischen den Anlegestellen „Hafencafé" im Kommunalhafen Neustadt und dem „Hafenrestaurant" im Yachthafen ancora-Marina (13, 15 u. 17 Uhr).

Übernachten/Essen & Trinken (→ Karte S. 93)

Übernachten Hotel Wallburg **6**, im gemütlichen Villenambiente mit schönem Blick über den äußeren Hafen gibt es auch Zimmer für eine Nacht, was v. a. Radwanderer schätzen. Im Erdgeschoss ist das **Café Wallburg** täglich geöffnet (auch Frühstücksbüfett). Auf der Sonnenterrasse oder im Wintergarten genießt man dann hausgemachte Torten und Kuchen. DZ mit allem Komfort 120–150 €. Heisterbusch 4, ✆ 04561/ 51220, ✆ 04561/512222, www.wallburg.de.

Camping Neustadt ist ein campingfreundlicher Ort. Die vielen Campingplätze liegen alle fast nebeneinander am schmalen Strand Richtung Pelzerhaken. Aber auch die Stadt breitet sich langsam in diese

Richtung aus; das Klinikum befindet sich schon ganz in der Nähe.

Campingplatz Seeblick **7**, am höchsten Punkt der Küste zwischen Neustadt und Pelzerhaken gelegen. Gepflegter, familienfreundlicher Rasenplatz auf leicht abschüssigem Gelände. Eine Treppe führt hinab zum Strand, hier kann man sämtliche Wassersportarten betreiben (eigene Bootsliegeplätze vorhanden). Erw. 5 €, Kinder 2,50 €, Stellplatz 8 €. Pelzerhakener Str. 55–59, ✆ 04561/7428, ✆ 04561/7947, www.camping platz-ostsee.de.

Essen & Trinken Restaurant Marienhof **1**, östlich der Altstadt (ein Stück hinter dem Kremper Tor) in historischem Ambiente.

Im ehemaligen Stall des Hofes wurde ein Restaurant eingerichtet, in dem sehr schmackhaftes Essen serviert wird. Lecker ist die Entenbrust sauer bzw. die Scholle. Tägl. 11.30–14 und 17.30–22 Uhr (Di Ruhetag). ☎ 04561/16010.

Hof-Café **2**, in einem anderen historischen Gebäude des denkmalgeschützten Marienhofes ist auf zwei Etagen ein Café untergebracht, in dem nach alten Rezepten gebackener Kuchen, Kaffee und erlesene Teesorten serviert werden. Auch im Garten finden sich Gästetische, darüber hinaus gibt's hier eine tolle Baumschaukel (geöffnet tägl. 13–18 Uhr). Die Hofanlage wird ergänzt durch eine Geschenke-Scheune („Bauernmarkt") und ein Antikgeschäft. Marienhof, Rosengarten 50, ☎ 04561/71311.

La Piccola **3**, empfehlenswerter Italiener, kleiner, gemütlicher Gastraum, wenige Tische vor, aber auch hinterm Haus. Es gibt Pizza und Pasta, aber auch frische Fischspezialitäten (Dorade). Auch bei den Einheimischen sehr beliebt, daher immer gut besucht, besser reservieren, Di Ruhetag. Waschgrabenstr. 5 (an der Stadtkirche), ☎ 04561/17087.

≫ Mein Tipp: Miera Mare Meeresküche **5**, direkt am Hafen gelegen, stilvoll-edles und doch rustikales Fachwerkhausambiente, empfehlenswerte mediterrane Küche, prima Antipasti, gute Weine und v. a. leckerer Fisch; kleine Terrasse an der Straße mit Blick auf den Hafen; gehobenes Preisniveau, keine Parkplätze. Schiffbrücke 15, ☎ 04561/5268815. ≪

Der malerische Hafen von Neustadt

Lübecker Bucht

Klüvers Brauhaus **4**, die 1936 unterbrochene Brautradition Neustadts wurde 2004 direkt am Hafen wieder aufgenommen. Pils, Dunkles, Doppelbock und Weizen kommen frisch an die rustikalen Tische drinnen und draußen. Wunderschöner Blick auf den Hafen und das Binnenwasser, auch von dem Balkon im Obergeschoss aus. Heizstrahler sorgen auch an kühleren Tagen für Wärme. Serviert werden rustikale Gerichte, v. a. Back- und Pfannenfisch und natürlich frischer Matjes. Das Klüvers ist auch ein Eiscafé. Tägl. ab 9 Uhr, warme Küche 10–13 Uhr. Schiffbrücke 2–4, ☎ 04561/714811.

Sehenswertes

Stadtkirche: Die dreischiffige Basilika am Marktplatz ist ein besonderes Beispiel norddeutscher Backsteinarchitektur. Von außen wirkt sie durch das tief heruntergezogene Dach eher schlicht. Im Inneren erstaunt die gewaltige Höhe des Mittelschiffs. Große Fenster scheinen dem Langhaus Licht zu geben und unterstützen die Höhenwirkung des Raumes, sind aber nur in Blenden hineingemalt. Diese Besonderheit wurde erst in den 1950er-Jahren wiederentdeckt und restauriert. Der auffallend niedrige Chor, in dem sich romanische und gotische Formelemente mischen, wurde schon kurz nach der Stadtgründung errichtet (um 1244); vollendet wurde der Bau im 14. Jh. An den Wänden und Gewölben finden sich Reste von Bemalungen aus mehreren Jahrhunderten. Die Ausmalung des Chores – 1930 freigelegt – stammt vornehmlich aus dem Mittelalter. Das spätgotische Christopherus-Fresko an der nördlichen Seitenschiffwand wurde 1957 erneuert. Juwel der Kirche ist der barocke Schnitzaltar (1643), der ursprünglich für den Schleswiger Dom gefertigt wurde.
Tagsüber geöffnet, Mo geschlossen.

Kremper Tor: Wer ab dem Jahr 1244 die frisch gegründete Neustadt besuchen wollte, musste hier durch. Neben der Stadtkirche ist dieses am Ende der Fußgängerzone gelegene Tor das einzig erhaltene Gebäude aus der Stadtgründungszeit und sogar das einzig erhaltene mittelalterliche Tor in Schleswig-Holstein außerhalb der Stadt Lübeck. Der schmuckvolle Treppengiebel wurde allerdings erst im Jahre 1907 hinzugefügt.

Museum zeiTTor: Schon seit 1908 werden das mittelalterliche Kremper Tor und seine Nachbargebäude von der Stadt als eine Art Heimatmuseum genutzt. Konzipiert als Mitmach-Museum, lassen sich 12.000 Jahre Menschheitsgeschichte erleben. Ein Rundgang führt von der Steinzeit über die Bronze- und Eisenzeit bis zur Zeit der slawischen Besiedelung, zum Mittelalter und zur Neuzeit. Kinder können an den Stationen z. B. Steine bohren oder Getreide mahlen. Einen Silberschatz aus dem 13. Jh. gibt es ebenso zu sehen wie ein Biedermeierzimmer oder eine historische Zahnarztpraxis. In einem historischen Anbau befindet sich das **Museum Cap Arcona**, das mit einer Dokumentation an die Versenkung der KZ-Häftlingsschiffe am 3. Mai 1945 in der Neustädter Bucht erinnert.
Haakengraben 2–6. April–Okt. Di–Sa 10.30–17 Uhr, So 14–17 Uhr, Nov.–März Fr 15–17 Uhr, Sa 10–12 Uhr und So 14–16 Uhr. Eintritt 3,50 €, Kinder frei. ☎ 04561/619307, www.zeittor-neustadt.de.

Das Unglück der Cap Arcona

Nur wenige Tage vor Kriegsende, am 3. Mai 1945, ereignete sich ein Unglück in der Neustädter Bucht, das bis heute als eine der drei schwersten Katastrophen in der Geschichte der Seefahrt gilt. Hier lagen einige Schiffe vor Anker, auf denen mehrere Tausend Häftlinge aus dem KZ Neuengamme (bei Hamburg) zusammengepfercht waren. Der Schiffsverband war nicht als Flüchtlingsflotte gekennzeichnet. Als britische Bomber einen Angriff auf Neustadt flogen, warfen sie Brandbomben auf die „Thielbeck" und die „Cap Arcona" und versenkten damit beide Schiffe. Von den 3000 Menschen auf der „Thielbeck" überlebten nur 50, auf der „Cap Arcona" konnten sich 600 von 4600 Häftlingen retten. Fünf Tage vor Kriegsende mussten somit etwa 7000 Gefangene und viele Besatzungsmitglieder auf tragische Weise sterben. Warum die KZ-Häftlinge auf die Schiffe gebracht wurden, ist bis heute umstritten.

An das Drama erinnert das Cap-Arcona-Denkmal. Die von Sträuchern umgebene und im Wesentlichen aus drei Steinblöcken bestehende Gedenkstätte liegt direkt am Strand unterhalb des Klinikums Neustadt (Richtung Pelzerhaken; Infosteg vor Ort). Ein weiteres Ehrenmal befindet sich an der Autobahnauffahrt Eutin/Haffkrug; eine Dokumentation ist im Anbau des Museums zeiTTor zu sehen.

Pagodenspeicher: Mit seinem sechsfach gestuften Ziegelwalmdach erscheint das Wahrzeichen am Hafen wie ein Gebäude aus einer anderen Welt. Erst 1830 erbaut, war es nichts anderes als ein mit Trockenluken versehener Speicher für Getreide. Heute sind hier Geschäfte und ein Café untergebracht.

Brückengeldeinnehmerhaus: Noch heute ist die Brücke am Hafen die einzige Verbindung zwischen Binnenwasser und Neustädter Bucht. Als das Brückentor abgerissen wurde, errichtete man 1846 dieses eher unscheinbare weiße Gebäude jenseits der Speicher, um dort noch bis 1930 den Brückenzoll zu kassieren.

Hospital zum Heiligen Geist: Auf der Westseite der Hafenbrücke liegt das 1344 erbaute erste Krankenhaus der Stadt. Errichtet wurde es, um kranken Pilgern auf dem Weg zum Kloster Cismar Unterkunft zu gewähren oder sie zu pflegen. Viel ist von den ursprünglichen Gebäuden allerdings nicht mehr erhalten. Nur die Kapelle aus dem Jahr 1408 (1636 erneuert) steht noch, die nach wie vor genutzten Wohnungen hingegen stammen aus dem 19. Jh. Die hinterste Wohnung wurde als Hospitalmuseum hergerichtet.

Die Besichtigung des Museums (Einzelwohnung von 1853) und der Kapelle ist nur nach Anmeldung beim Hospitalverwalter unter ☏ 04561/3248 möglich.

Pelzerhaken

(1650 Einwohner)

Neustadts Hausstrand blüht auf: Ein schöner Holzsteg in den Dünen hat dem Südstrand ein neuartiges Gesicht verliehen, und auf dem ehemaligen Militärgelände entstand ein ganz neues Dorf.

Der ursprüngliche Badeort Pelzerhaken verfügt weder über bedeutsame historische Bauten noch über eine moderne Einkaufsstraße. Dennoch strahlt er Gemütlichkeit aus und präsentiert sich ab der alten Seebrücke mit einer neu gestalteten schmalen Strandpromenade. Daneben – zwischen Düne und Strand – windet sich ein in schönen Kurven angelegter hölzerner Laufsteg, der den Durchgang zum feinen Sandstrand erleichtert.

In Strandnähe lag ursprünglich das später verschwundene Dorf Pölitz, von dem sich der Namen „Pelzer" ableitet. Der Namenszusatz „Haken" geht auf eine dem Ufer vorgelagerte hakenförmige Anschwemmung zurück, die in früheren Zeiten ein gefährliches Hindernis war. Zur Warnung wurde 1843 ein runder Leuchtturm errichtet, der 1937 zu einem quadratischen Leuchtfeuer von 21 m Höhe umgebaut wurde. Nachdem im Jahr 1906 ein ehemaliger Kapitän sich aus dem Wrackholz eines gestrandeten finnischen Holzseglers das ansehnliche „Strandhaus Eichenhain" als Ruhesitz und zur Vermietung an Badegäste gebaut hatte, kam der Badebetrieb in Schwung und lockte erste Gäste an. Hermann Löns schrieb hier seine Novelle „Der Seehund" (1913). Im gleichen Jahr entdeckte die Marine die strategisch günstige Lage des Ortes, nutzte sie v. a. als Stützpunkt für eine Funkstation für ihre Zwecke und bremste so für sehr lange Zeit einen Ausbau des Badeortes. Erst ab 2006 entstanden auf dem ehemaligen Militärgelände geschmackvolle Ferienhäuser und in der Nähe des Pelzerhakener Leuchtturms „Surfcity Neustadt". Hier bietet ein riesiges Stehrevier beste Voraussetzungen für Sufer und Kitesurfer.

Information/Zimmervermittlung Tourismus-Service Neustadt-Pelzerhaken-Rettin, Dünenweg 7, 23730 Neustadt-Pelzerhaken, ☏ 04561/7011, www.neustadtholstein.de. *ostseecard* 2,20 € (Nebensaison 1,10 €).

Fahrradverleih Beachpoint, Seebrückenvorplatz, ☏ 04561/5247876; Fa. Egler, Auf der Pelzerwiese, ☏ 04561/7249 .

FKK-Strand Neben der Strandsauna.

Hundestrand Am hohen Ufer und am Leuchtturm (Strandaufgang 13 u. 14).

Sauna Playa Pelzerhaken, ganzjährig geöffnete Strandsauna am Südstrand mit Saunagarten, 9 €, tägl. 11–23 Uhr; Auf der Pelzerwiese 50, ☏ 04561/5247694.

Windsurfen Anbieter in Pelzerhaken ist das Surf-Center Lübeck, ☏ 0451/796482.

Übernachten **** Seehotel Eichenhain, gediegenes, seriöses und solides Traditionshaus direkt am Strand. Leider neben Pelzerhakens einzigem Wohnblock gelegen, dennoch nette und helle Zimmer. Nichtraucherhotel mit großem Wellnessbereich.

Lübecker Bucht

Im Restaurant (mit Terrasse) empfehlenswerte gehobene Küche. DZ 120–190 €. Eichenhain 2, ✆ 04561/53730, 🖷 04561/537373, www.eichenhain.de.

Essen & Trinken Playa Pelzerhaken, kultige Surfer-Strandcafé-Bar mit gemütlichen Stühlen oder Liegen direkt in der Stranddüne (mit Sauna). Auf der Pelzerwiese 50. Tägl. geöffnet. ✆ 04561/5247694.

Rettin   (450 Einwohner)

Ein flacher Deich, ein schöner kleiner Sandstrand und eine Mini-Seebrücke – so präsentiert sich der Küstenabschnitt vor Rettin.

Hier baden auch die Einheimischen gerne, weil der Strand von vergleichsweise wenigen Strandkörben belegt ist und sich jeder dort platziert, wo er eben möchte. Dank einiger flacher Sandbänke ist das Baden relativ ungefährlich und der Strand somit auch bei Eltern mit Kindern sehr beliebt. Imbiss, Strandcafé und Fischbrathütte, das war's auch schon fast an Infrastruktur am Rettiner Strand.

Das einige hundert Meter landeinwärts liegende ehemalige Bauern- und Fischerdorf Rettin gehörte seit 1350 dem Hospital zum Heiligen Geist in Neustadt und wurde 1592 an die Gutsherren von Brodau verkauft, in deren Besitz es noch bis in die 1920er-Jahre blieb; danach wurde der Ort nach Neustadt eingemeindet. Als Ende der 1930er-Jahre der Ausbau des militärischen Geländes in Pelzerhaken dort viele Badegäste vertrieb, begann der Aufstieg zum kleinen Ostseebad.

Das Ufer gehört in Rettin den Campern, die Strand, Wind und Sonne genießen. Auch am folgenden Küstenabschnitt bis nach Grömitz finden sich an allen Stränden fast ausschließlich (große) Campingplätze und Ferienbungalows.

Information/Zimmervermittlung Touristinformation Rettin, Strandpromenade, 23730 Neustadt-Rettin, ✆ 04561/7632 (Zimmervermittlung ✆ 04561/7011), www.neustadt-holstein.de.

Lesehalle in Rettin, Strandpromenade, geöffnet 15.5.–15.9., ✆ 04561/7632. *ostseecard* 2,20 € (Nebensaison 1,10 €).

Fahrradvermietung/Strandkörbe Glaser, am Strand, ✆ 0172/5403966.

Schashagen/Bliesdorf   (2400 Einwohner)

Die weitverstreute Gemeinde besteht aus dem Durchgangsort Bliesdorf und weiteren zwölf Dörfern. Wegen der steilen Küste gibt es ein nennenswertes Strandleben nur am von Campingplätzen gesäumten Bliesdorfer Strand. Historisch und architektonisch bedeutsam ist das auf einer Insel in einem kleinen See gelegene Gut Brodau.

Seit 1938 besteht die Gemeinde in ihren heutigen Grenzen. In den Dörfern finden sich zahlreiche gemütliche Ferienwohnungen und Privatzimmer für Gäste, die abseits vom Strand viel Ruhe in der hügeligen Küstenlandschaft suchen. Die geschichtliche Entwicklung ist eng mit dem **Gut Brodau** verbunden, das in wunderschöner Umgebung an einer kleinen Straße etwa 2 km hinter Rettin liegt. Bis zur Aufhebung der Leibeigenschaft waren die Schashagener hier hofdienstpflichtig. Das 1526 von Heinrich von Rantzau gegründete Anwesen liegt gut geschützt auf einer natürlichen Insel in einem wassergrabenähnlichen kleinen See und ist noch weitgehend im Originalzustand erhalten. Über einen Damm und durch ein schönes Torhaus gelangt man auf den altehrwürdigen Gutshof. Das Herrenhaus präsentiert sich als eindrucksvoller Fachwerkbau von 1585. Außergewöhnlich ist ein fast 70 m langer Fachwerkspeicher, erbaut um das Jahr 1600. Er gilt als einer der schönsten landwirtschaftlichen Zweckbauten Ostholsteins. Die Stirnseite zeigt in den Gefachen originelle Steinsetzungen, formschön geschnitzte Halbkreisrosetten und verzierte Stützbalken, Knaggen genannt. Noch heute wird das Gut bewirtschaftet und ist aus diesem Grunde leider nicht zu besichtigen.

Information/Zimmervermittlung Zimmervermittlung & Vermittlung von Ferienwohnungen Schashagen, Brodauer Str. 7, 23730 Bliesdorf, ☎ 04562/7006, www.schashagen.de, www.bliesdorf.de. Kein Tourismusbeitrag.

Übernachten Die beiden gemeindeeigenen Zugänge zum Meer mit dem schmalen Strand sind fest in der Hand der Camper. Auf den großen und komfortablen **Campingplätzen** sind viele Dauercamper anzutreffen.

Walkyrien, 300 m vom Naturstrand entfernt in den Feldern bei Bliesdorf gelegen. Restaurant und SB-Laden. Erw. 4,20 €, Kinder 2,50 €, Stellplatz 7–10 €. Brodauer Str. 52, ☎ 04562/6787, 📠 04562/223851, www.camping-walkyrien.de.

***** **Kagelbusch**, am Strand von Bliesdorf. Restaurant und SB-Markt. Erw. 4 €, Kinder 2 €, Stellplatz 15,30 €. ☎ 04562/7122, www.ostseecamping.de.

Essen & Trinken Logeberger Aalscheune, von außen unscheinbar, von innen gemütlich-rustikal. Es gibt frischen Fisch aus der Pfanne, auch Fleisch, sogar Mittagstisch. Logeberg (direkt an der Straße Neustadt–Lensahn gelegen). 11.30–20.30 Uhr. Neustädter Str. 5a, ☎ 04561/558700.

Grömitz

(7500 Einwohner)

Das „Bad an der Sonnenseite", wie es sich gerne nennt, bietet all das, was man sich für einen erholsamen Ostseeurlaub wünscht: 8 km feinsten Sandstrand und eine attraktiv gestaltete, 3,5 km lange Strandpromenade. Ein großer Segelhafen und die längste Seebrücke Schleswig-Holsteins runden das Bild ab.

Grömitz ist ein Ostseeheilbad mit allen erforderlichen Kureinrichtungen. Vor allem aber hat sich Grömitz einen Namen als besonders familienfreundlicher Ferienort gemacht und sich längst zum größten Bad der schleswig-holsteinischen Ostseeküste entwickelt. Jährlich gut zwei Millionen Übernachtungen sprechen für sich. Dank des weitläufigen Strandes und der gut ausgebauten Infrastruktur kann der Ort den allsommerlichen Ansturm mühelos verkraften.

Das Auto kann man in Grömitz getrost stehen lassen, der Ort ist so komprimiert angelegt, dass alles bequem zu Fuß erreichbar ist. Auch die Geschäfte für den täglichen Bedarf liegen zentral, allerdings nicht an der Strandpromenade, sondern in der Kirchenstraße, die sich im Laufe der Jahre zur Fußgängerzone gemausert hat.

Der Grund für den Ansturm auf Grömitz ist eindeutig der Strand, der noch etwas feinsandiger ist als andernorts. Außerdem verläuft die Küstenlinie hier so, dass, wenn man aufs Wasser blickt, die Sonne von vorne scheint, was eine echte Seltenheit an den sonst nordwärts ausgerichteten deutschen Küsten ist. Und in der Ferne können Sie beim Sonnenbaden die 16 km entfernte mecklenburgische Küste erkennen.

Von der belebten und zentral gelegenen Seebrücke aus, die beinahe 400 m lang ist, verkehren Ausflugsschiffe hinüber nach Boltenhagen oder die Bäderküste entlang nach Travemünde. Doch wer sich etwas abseits des Hauptstrandes orientiert, hat auch in der Hochsaison keine Probleme, ein ruhiges Plätzchen zu finden und einen der rund 5000 Strandkörbe zu mieten. Eine kleinere Badebrücke am östlichen Strand, gegenüber der DLRG-Rettungswache, erleichtert auch Gehbehinderten das Baden.

Geschichte: Das bereits 1198 erwähnte alte Grömitz lag als Bauerndorf auf der Höhe des Steilufers und geht zurück auf einen dem Lübecker St.-Johannis-Kloster gehörenden Hof am Bach Grobnize (= „kleiner Bach"). Doch viel bedeutender als Grömitz war lange sein heutiger Vorort Cismar (→ S. 105), dank des einflussreichen Benediktinerklosters im Mittelalter das geistige und kulturelle Zentrum Ostholsteins. Als Handelszentrum für die Klostergüter wurde der Hafenort Grömitz eine Art Vermittler zwischen Cismar und dem mächtigen Lübeck. Davon profitierten die Grömitzer ordentlich und erhielten für ihre Handelsaktivitäten 1440 von Lübeck sogar das Stadtrecht verliehen. Nach der Reformation im 16. Jh. verließen die Mönche das protestantisch gewordene Cismar, und Grömitz verlor seine Stadtrechte. Als im 17 Jh. auch noch der Hafen versandete, sank der Ort in einen dörflichen Zustand zurück.

Neues Leben brachte hier – wie überall an der Küste – erst der Badebetrieb. Richtig in Schwung kam der Fremdenverkehr in dem kleinen Fischerdorf durch die couragierte Kapitänsfrau Sophie Stahl. Während ihr Mann auf einem Dreimaster zur See fuhr, rüstete sie ihr Haus zum „Gasthaus zu den vier Linden" um und kochte gute holsteinische Hausmannskost. Dies führte schnell dazu, dass wohlhabende Leute hierher reisten. Schon um 1900 besaß die Familie der geschäftstüchtigen Gastronomin drei Hotels im Ort. Nachdem 1912 die erste große Seebrücke erbaut worden war, die eine Schiffsverbindung mit Travemünde ermöglichte, stieg die Zahl der Besucher sprunghaft an (damals kamen über 90 % der nun schon 8000 Gäste mit dem Passagierdampfer). Die Zahl der Gäste konnten die Grömitzer in den nächsten Jahrzehnten allerdings nicht steigern. Zu groß war die Konkurrenz der feinen mecklenburg-vorpommerschen Bäderküste. Doch als nach dem Zweiten Weltkrieg fast drei Viertel aller Ostseebäder für die Westdeutschen nicht mehr erreichbar waren, war der kometenhafte Aufstieg zum heute größten deutschen Ostseeheilbad nicht mehr aufzuhalten.

Basis-Infos

Information/Zimmervermittlung Tourismus-Service Grömitz, Kurpromenade 58, Postfach 1163, 23739 Ostseeheilbad Grömitz, ☎ 04562/256-0, www.groemitz.de, Ferienwohnungen & Appartements: ☎ 04562/256-256, Zimmer: ☎ 04562/256-257. ostseecard 2,80 €/ Tag (Nebensaison 1,50 €). Tagesstrandkarte 3 €. Die Linienbusse nach Sierksdorf, Neustadt, Kellenhusen und Dahme kosten mit ostseecard 1 €.

Fahrradverleih Fahrräder und Bollerwagen Haus Kehrwieder, Fischerstr. 1, ☎ 04562/ 8134; Fahrradverleih für die ganze Familie, Christian-Westphal-Str. 4, ☎ 04562/1671; Behrens, Blankwasserweg 25, ☎ 04562/225809; Höft (auch Reparatur), Neustädter Str. 24, ☎ 04562/9060; Micha's Fahrradverleih, Haffkamp 17, ☎ 04562/6381; Zweirad-Center Grö-

mitz, Kleine Wedie 25, ☎ 04562/3670.

FKK-Strand An einem schönen Naturstrandbereich am Lensterstrand, 4 km vom Grömitzer Zentrum entfernt.

Hundestrand Ganz am nördlichen Ende der Strandpromenade.

Kino Filmbühne Grömitz, Kirchenstr. 27, ☎ 04562/223643, www.kino-groemitz.de.

Parken Neben 500 gebührenpflichtigen Parkplätzen im Zentrum finden sich für die vielen Tagesgäste noch fast 3000 kostenfreie Parkplätze, insbesondere auf dem ausgeschilderten Großparkplatz.

Schwimmbad/Sauna Meerwasser-Brandungsbad Grömitzer Welle, direkt im Zentrum an der Kurpromenade 58, ☎ 04562/256-247. Freizeitbad mit 1000 m² Wasserfläche, langer Wasserrutsche, Strömungsbecken, Whirlpool, großer Saunalandschaft und allem, was dazugehört. Die Öffnungszeiten wechseln je nach Jahreszeit, i. d. R. aber 10–20 Uhr. Erw. mit *ostseecard* 8,50 €, ohne 11 €, Kinder 4 € (jeweils für 3 Std.; Sauna 1,50 € Aufschlag).

Segeln Segelschule Blauer Peter, Yachthafen, ☎ 04562/7156 und 9959.

Windsurfing Am Strand beim Yachthafen, am Nordstrand und am Lensterstrand sind Surfschneisen eingerichtet.

Veranstaltungen Zahlreiche Veranstaltungen finden das ganze Jahr über statt. Das Angebot reicht von geführten Fahrradtouren bis zum Bürgervogelschießen.

Jedes Jahr Mitte Mai wird ein 10-km-Volkslauf (Schüler 3 km) veranstaltet, der **Grömitzer Sun-Run**.

Am zweiten Juliwochenende findet die **Grömitzer Woche** statt, eine Segelregatta mit Rahmenprogramm (am Yachthafen).

Saisonhöhepunkt ist das spektakuläre **Höhenfeuerwerk** „Ostsee in Flammen", das immer an einem Freitag im Juli von der Seebrücke aus veranstaltet wird.

An jedem zweiten Augustwochenende ist **Klosterfest** in Cismar (→ S. 106).

Wochenmarkt Jeden Donnerstagvormittag am Neuen Markt/Rathaus.

Übernachten/Essen & Trinken (→ Karte S. 103)

Übernachten Die Übernachtungsmöglichkeiten in Grömitz sind fast grenzenlos. Der Grömitz-Urlauber schläft v. a. in Ferienwohnungen. Hotels finden sich fast nur noch in der gehobenen Kategorie.

**** Strandhotel Grömitz 🔟, erst im Jahr 2008 aufwendig erbautes Hotel in absoluter Spitzenlage direkt am Strand (in Yachthafennähe). 39 komfortable Zimmer mit Balkon; Restaurant mit Außenterrasse. DZ 185–220 €. Uferstr. 1, ☎ 04562/225500, ✆ 04562/22550111, www.strandhotel-groemitz-ostsee.de.

**** Hotel Carat 🔢, das Golf- und Sporthotel in Strandnähe bestimmt die Skyline von Grömitz. Auf 9 Stockwerken befinden sich 154 komfortable Zimmer mit Balkon und Seeblick. Das weithin sichtbare, trapezförmige Gebäude wurde innen frisch renoviert und sehr behaglich eingerichtet. Großer Wellnessbereich mit allen Annehmlichkeiten wie Hallenbad und Sauna (Tennis und Golf in der Nähe). DZ 180–222 €, verschiedene Kurzurlaubararrangements. Strandallee 4, ☎ 04562/3910, ✆ 04562/391255, www.hotel-carat.de.

**** Hotel Seemöwe 🔢, kleines, gemütliches Ambientehotel mit 11 hochwertig eingerichteten Zimmern, erst 2005 in einem der letzten Gründerzeithäuser (1910) von Grömitz eröffnet (200 m zum Strand). Mit viel Liebe und sehr geschmackvoll renoviert. Sauna. Gutes Frühstücksbüfett. DZ 128–138 €, Suite 154 €. Fischerstr. 3, ☎ 04562/255390, ✆ 04562/255389, www.seemoewe.de.

*** Hotel Hof Krähenberg 🔢, ruhig und idyllisch am Ortsrand von Grömitz gelegen, nicht in Strandnähe. Geräumiges und familienfreundliches Hotel mit Hallenbad, Sauna und Tennisplatz. 38 Zimmer. DZ ab 116 €. Niehagener Weg, ☎ 04562/22722, ✆ 04562/227250, www.hof-kraehenberg.de.

*** Hotel See-Deich 🔢, familiär geführtes traditionsreiches Haus mit 24 zweckmäßiggepflegten Zimmern mit allem Komfort. Das hinter dicken Butzenscheiben versteckte Restaurant ist besonders zu empfehlen. Stets schmackhafte Küche (Steaks, Fisch, aber auch Pasta). 106–116 €. Blankwasserweg 6–8, ☎ 04562/2680, ✆ 04562/268200, www.hotel-seedeich.de.

Gosch Hotel 🔢, im Oberdorf an einer etwas unruhigen Straße gelegen. Hotel mit Tradition, 40 funktional eingerichtete Zimmer mit allem Komfort. Gratis-Fahrradverleih, 10 Gehminuten zum Strand. Hauseigenes Restaurant mit gutbürgerlicher Küche. DZ 84 €. Am Markt 6, ☎ 04562/22760, ✆ 04562/1472, www.gosch-hotel-groemitz.de.

Garni-Hotel Meereswoge 🔢, unter dem Motto „alt eingesessen und doch modern" bietet das 15-Zimmer-Haus in Strandnähe ein ordentliches Preis-Leistungs-Verhältnis. Gutes Frühstücksbüfett. Raucher sind willkommen. DZ 70–112 €. Fischerstr. 17, ☎ 0152/29557709, ✆ 04562/2555333, www.hotel-ami.de/hotel/meereswoge.

Essen & Trinken Friesenstube 🔢, solides Essen im zartblauen Gaststättenambiente, z. B. gutes Pfeffersteak oder Brathering; ganzjährig geöffnet, Blankwasserweg 21, ☎ 04562/5398.

Schlemmerland 1, im ganz weit im Norden der Kurpromenade gelegenen Restaurant gibt's gutbürgerlich-schmackhafte Speisen (z. B. Ostseescholle), für die nur frische Ware verarbeitet wird. Der Familienbetrieb erfüllt noch ganz andere Ansprüche: Unter dem gleichen Dach des weiß geklinkerten Gebäudes in schönster Ostseelage und mit großer Terrasse ist auch ein Schnellrestaurant für die preiswerte gutbürgerliche Küche untergebracht. Ganzjährig täglich von 10 bis 22 Uhr geöffnet. Parken kein Problem. Kurpromenade 2, ✆ 04562/8901 oder 4269.

Panorama 10, der Name der Pizzeria hält, was er verspricht: ein schöner Blick durch die große Fensterverglasung auf Brückenvorplatz und Strand. Leider gibt's keine Tische draußen, da im 1. Stock (des Grömitz Centers) gelegen. Es gibt die üblichen Pizzeria-Gerichte, aber auch guten Fisch. Seestr. 30, ✆ 04562/8556.

Kochpott 8, deftige, aber schmackhafte Hausmannskost in der kleinen Grömitzer Fußgängerzone (z. B. Omelett, Matjes, Scholle, Sauerfleisch oder Schnitzel), ordentlich-zweckmäßiges Ambiente, große Terrasse. Kirchenstr. 21, ✆ 04562/223940.

Nickel's Milchbar 6, schon über ein halbes Jahrhundert und damit zu einer Zeit, als es noch keine Eiscafés gab, ist das Haus in bester Strandlage eine Institution. Im Gastraum oder auf der großen überdachten Terrasse gibt's nicht nur Eisbecher in allen Variationen oder Quark mit Früchten, sondern auch Pfannkuchen und andere kleine Speisen. Alles ist lecker und – natürlich – nicht billig. Kurpromenade 36, ✆ 04562/5676.

Nadjas kleiner Kuchen- & Kaffee-Garten 4, hübsches, versteckt gelegenes Gartencafé mit Caféstube in Strandnähe. Täglich gibt's acht verschiedene hausgemachte Torten (Spezialität ist Kalter Hund), nur in der Saison tägl. 14–18 Uhr geöffnet. Haus zum Deich, Schlesier Weg 12, ✆ 04562/8978.

»» Mein Tipp: Obsthof Schneekloth **14**, unser Grömitz-Tipp, nicht nur für das ländlich-familiäre Kaffeekränzchen. Direkt am Ortsrand Richtung Neustadt gelegen, locken auf der Sonnenterrasse oder unter den Bäumen der Plantage (aber auch in der beheizten Halle) überaus leckere selbst gebackene Kuchen und Torten oder Eis mit frischen Beeren. Besonders zu empfehlen sind die Obst-Baiser-Kuchen. Auch herzhafte Speisen wie Suppen, Matjes oder Sauerfleisch, außerdem gibt's täglich ein prima Frühstück. Im netten Hofladen werden frische Eier, Schinken, Konfitüre, Gemüse, frisches Brot und Kunsthandwerk aus der Region angeboten, zudem schmackhafte Brände und Liköre sowie eine Reihe von Obstweinen. Wer möchte, kann sich seine Beeren oder Kirschen in den angrenzenden Obstplantagen selbst pflücken. Streicheltiere und Kinderspielplatz vor Ort. Pappelhof, ✆ 04562/1704. **««**

Sehenswertes

Nicolaikirche: Die nach dem Hl. Nikolaus, dem Schutzpatron der Fischer und Seefahrer, benannte Feldsteinkirche von 1256 liegt am Ende der Fußgängerzone und ist die einzige historische Attraktion des Ortes. Der gedrungene Turm wurde im 15. Jh. angebaut und war ursprünglich höher. Doch als die Turmspitze 1663 nach einem Sturm herabfiel, wurde der Turm kurzerhand verkürzt. Seine Ziegelsteine mussten die armen Grömitzer Bürger beim Lübecker Bischof erbetteln. Im Inneren der Kirche sind einige bei Restaurierungen entdeckte mittelalterliche Wandmalereien zu erkennen. Das Kreuzrippengewölbe im Chor wurde nachträglich mit gotischen Linien geschmückt, das kunstvolle Rankenwerk im gotischen Chorbogen wurde jedoch schon im 15. Jh. aufgebracht. Ansonsten dominiert eine überwiegend barocke Einrichtung mit einem Altar von 1734, der Holzkanzel mit schönen Rokoko-Ornamenten (1766) und mit einem Taufbecken, dessen überdimensionierte, aber herrlich geschnitzte dreistöckige Taufkrone ein unbekannter Künstler schuf (um 1700).
Di–So 9–16 Uhr, Mo 9–13.30 Uhr.

Essen & Trinken
- Schlemmerland
- Friesenstube
- See-Deich Restaurant
- Kochpott
- Panorama

Cafés
- Nadja's kleiner Kuchen- & Kaffee-Garten
- Nickel's Milchbar
- Obsthof Schneekloth

Übernachten
- 3 Hotel See-Deich
- 5 Garni Hotel Meereswooge
- 7 Hotel Seemöwe
- 9 Gosch Hotel
- 11 Hotel Hof Krähenberg
- 12 Hotel Carat
- 13 Strandhotel Grömitz

Lensterstrand

Lensterstrand

Hunde-strand

Feldweg

Deichweg

Koppel-wiesenw.

Möwenstr.

Mittelweg

Dünenweg

Blankwasserweg

Kurpromenade

1

Fasaneneck

Am Scheidebach

Hamburger Str.

Möwenstr.

Freienwalder Str.

Stettiner Str.

Behinderten-badesteg

Haus des Kurgastes

Golfplatz

Am Schoor

Drosselstieg

Lübecker Str.

Kieler Straße

Mittelweg

An der Paaschb.

Heisterb.

Weidenweg

2

Königsberger Allee

Schützenstr.

Stettiner Straße

Pappelallee

Kurpromenade

Zoo

Brookgang

Brookgang

3
EC

Schützenstraße

Groch Post-Weg

5

Stettiner Straße

Pappelallee

4

Steinkamp

Am Huten

Grüntal

Kleine Weide

Kleine Weide

Mühlenstr.

Theodor-Klinkforth-Str.

Gutenberg str.

Fischerstraße

7

6

Pappelallee

Triff

Krusekoppel

Neustädt. Str.

EC

Gemeinde-verwaltung

8

Wicheldorfstr.

Seestraße

EC

10

Strand-halle

Kurver-waltung

Seebrücke

Nienhagener Weg

Holstenjäger

Am Markt

Neuer Markt

Kirchenstraße

Nicolai-kirche (ev.)

Fischerkamp

A

Wicheldorfstr.

Kl. Bergstraße

Buchenallee

Lindenstr.

Im Winkel

9

Chr.-Westphal-Str.

Schulweg

Kurpark

O

s

t

s

e

e

kenhagener Weg

Neustädter Straße

Christian- Westphal- Str.

EC

Strandallee

12

St. Bonifatius-kirche (kath.)

Am Seestern

Kurpromenade

Körnickerfeld

Neustädter Straße

Neustädter Str.

Sport-platz

Gildehalle

Polizei

Gildestraße

P

Großraum-parkplatz

Ostholstein-halle

Gildestraße

Wicheldorfstr.

Hubertus W.

Rosenstr.

Rosenstr.

Am Seestern

Ulerstraße

13

Stiegk.

Stiegkamp

Hasenkamp

Haffkamp

Surfschneise

Birkenw.

14

Wachelweg

Blumen-trave

Yacht-hafen

Lübeck, Neustadt, Bliesdorf

Grömitz

120 m

Buntes Schauspiel: Drachenfest Grömitz

Zoo Arche Noah: Auf 10 ha sind in ca. 30 Gehegen 300 heimische, aber auch viele exotische Tiere zu besichtigen. Es gibt beispielsweise ein Seehundbecken (Fütterung 11 und 16 Uhr), ein Schimpansenhaus und begehbare Freigehege mit Lamas, Ziegen und Schafen. Natürlich kann man auch Löwen und Luchse bewundern; zudem gibt es auch eine Kindereisenbahn, auch Ponyreiten ist möglich. Fazit: Die gepflegte Anlage muss sich hinter den Großen der Branche nicht verstecken.
Mühlenstr. 22 (am Ortsausgang an der B 501 nach Cismar gelegen). Ganzjährig 9–18 Uhr. Eintritt 7 €, Kinder 4 €. ✆ 04562/5660, www.zoo-arche-noah.de.

Tauchgondel: Ein 3D-Erlebnis unter Wasser, ohne dabei nass zu werden. Die Tauchglocke geht alle 30–40 Minuten etwa 3,5 m auf Tauchstation. Einen Meter über dem Meeresboden lassen sich je nach Jahreszeit und Sichtverhältnissen Fische, Quallen und andere Meerestiere und -pflanzen in ihrer natürlichen Umgebung beobachten. Mitarbeiter erläutern den Lebensraum Ostsee, zudem wird ein 3D-Unterwasserfilm gezeigt.
Seebrücke. Juli/Aug. tägl. 10–21 Uhr, Nebensaison 10–18 Uhr (im Winter nur am Wochenende). Erw. 8 €, Kinder (bis 15 J.) 5 €, Familien 20 €. ✆ 04562/225130, www.tauchgondel.de.

Kurpark: Zwischen Kirche und Strand, etwas versteckt, liegt der Kurpark des Ostseeheilbads. Wer abseits des Strandlebens im Schatten alter Bäume etwas Ruhe sucht, ist hier richtig. Zwei Kilometer Spazierwege mit zahlreichen Parkbänken erschließen die rund um einen Ententeich angelegte erholsam-grüne Oase.

Steilküste: Am südlichen Strand schließt sich hinter dem mit 780 Liegeplätzen beachtlich großen Yachthafen ein urwüchsiges Stück Steilküste an. Bei schönem Wetter kann man von hier aus einen weiten Blick über die ganze Lübecker Bucht genießen. Eine kleine Wanderung auf der Steilküste bzw. am Strand entlang bietet sich hier geradezu an. Vorsicht ist aber geboten, denn der Weg über das Steilufer ist nicht gesichert. Jahr für Jahr brechen die Herbst- und Winterstürme ein Stück

Land weg. Daher rutschen mitunter Bäume ab, die dann zusammen mit einigen Findlingen am Strand liegen. Hier lassen sich zudem auch einige Uferschwalben beobachten, die hier ihre Brutröhren in die steile Wand graben.

Lensterstrand: Der 3 km nördlich vom Hauptstrand gelegene Lensterstrand ist zwar feinsandig, aber relativ schmal. Jugendliche verbringen hier seit Generationen ihre Sommerfreizeiten in den von einigen deutschen Städten und Kreisen organisierten Jugendzeltlagern. Nur ein Deich trennt die Küste vom Lensterstrand, der fast ausschließlich aus Campingplätzen, Zeltlagern und kleinen Ferienhäusern besteht. Bis zum Jahr 2014 wird die Promenade von Grömitz bis zum Lensterstrand führen und vor Ort ein 14 m hoher Aussichtsturm entstehen.

Kletterpark   Direkt am Lensterstrand erhebt sich auf mächtigen Holzpfählen der **Ostsee-Kletterpark Grömitz** (mit Minigolf-Platz). Kinder 14 €, Jugendl. 16 €, Erw. 19 € für 2:30 Std.; Blankwasserweg 120, ✆ 04562/2662940, www.kraxelmaxel.de.

Camping   Das Campingleben von Grömitz konzentriert sich auf 9 große Plätze, die allesamt eine ähnliche Ausstattung am Mittelweg im Vorort Lensterstrand liegen. Zudem gibt's einen **Wohnmobilparkplatz** am Strand.

Die strandnächsten Campingplätze sind **Mare** (✆ 04562/8141), **Hanseatic** (✆ 04562/ 8571),

Campingparadies (✆ 04562/5228) und **Hohe Leuchte** (✆ 04562/225507). Der Campingplatz **Sonnenland** (✆ 04562/8950) in besonders schöner Lage am nördl. Strand ist den FKK-Freunden vorbehalten.

Essen & Trinken   Zur Düne, jenseits des Deiches und damit direkt am Ostseestrand gelegen. Vor der Terrasse finden sich die einzigen (eng gestellten) Strandkörbe von Lenste. Warme Küche bis 22 Uhr, gerne wird frischer, schmackhafter Fisch serviert, die Portionen sind reichlich. Parkplätze vor dem Café-Restaurant. Blankwasserweg 104, ✆ 04562/4226.

🚲 **Fahrradtour 2: Von Grömitz nach Neustadt und Altenkrempe**   → S. 269
Abwechslungsreiche Rundtour durch hügelige Wiesen und Felder

Cismar

Der 6 km von Grömitz entfernte Ort gilt als Künstlerdorf, und tatsächlich finden sich hier einige Galerien und Werkstätten für altes Kunsthandwerk, aber auch für moderne Kunst. Geprägt wird Cismar durch seine eindrucksvolle mittelalterliche Klosteranlage, die – nach Lübecks Burgkloster – größte in Schleswig-Holstein.

Kloster Cismar, der Mittelpunkt des Ortes, liegt direkt an der B 501. Die Grundzüge der mittelalterlichen Anlage sind noch heute zu erkennen. Mönche wird man allerdings vergebens suchen, denn es ist Jahrhunderte her, dass Benediktiner das Kloster bevölkerten.

Seine Entstehung hat übrigens einen pikanten Hintergrund. Wegen des ausschweifenden Lebenswandels der Benediktinermönche im Lübecker Johanniskloster ordnete der zuständige Bremer Erzbischof an, das Kloster in eine beschaulichere Umgebung fernab aller Versuchungen zu verlegen. 1238 wurde daher mit dem Bau in Cismar begonnen. Eine heilkräftige Quelle und die Schenkung wertvoller Reliquien machten Cismar bald zu einem bekannten und sehr wohlhabenden Wallfahrtsort, dem ein Großteil Ostholsteins gehörte. Die später verlandete Klosterseeniederung war im Mittelalter eine Bucht der Ostsee und ermöglichte noch die Wasserzufahrt nach Cismar.

Nach der Reformation war es mit der Blütezeit des Klosters vorbei. Es wurde zu einem Schloss umgebaut, stand danach aber 200 Jahre lang leer und verfiel. Die wertvolle Klosterbibliothek wurde auf 52 Pferdewagen verladen und nach Kopenhagen geschafft, wo sie den Grundstock der heute weltbekannten „Königlich-Dänischen Bibliothek" bildete.

Der imposante rote Backsteinbau der **Klosterkirche** wird umrahmt von einem Wassergraben und einem Spazierweg mit Naturlehrpfad. Nur der Chor wird heute noch als Kirche genutzt. Darin befindet sich eines der Hauptwerke der deutschen Schnitzkunst, ein für 460.000 € restaurierter Flügelaltar (um 1315), der zusammen mit dem des Bad Doberaner Münsters als ältester der Welt gilt. In seinem fünfgiebligen Gehäuse sind Leben und Leiden Christi dargestellt, auf den Flügeln das Leben des heiligen Benedikt. Der Altar diente einst zur Aufbewahrung der imposantesten Exemplare der riesigen Reliquiensammlung (insgesamt über 800 Stücke), die Cismar einst zu einem beliebten Wallfahrtsort werden ließen.

Das Kloster, in dessen Hauptgebäude eine Dependance der Stiftung Schleswig-Holsteinisches Landesmuseum mit wechselnden Kunstausstellungen untergebracht ist, bildet natürlich auch den Rahmen für den alljährlichen Höhepunkt der dörflichen Aktivitäten: Am zweiten Augustwochenende lädt der Ort zum immer gut besuchten Klosterfest ein, das mit Musik, traditionellen Tänzen und einer Ausstellung der hiesigen Kunsthandwerker begangen wird.

Neben dem Kloster sollte man sich in Cismar noch das wirklich sehenswerte **Haus der Natur** anschauen. Das an der Durchgangsstraße gelegene private Naturmuseum beherbergt über 10.000 unterschiedlichste Exponate, so eine Vielzahl von präparierten einheimischen Tieren, insbesondere Vögeln. Eine interessante Eiersammlung zeigt die gesamte Palette vom größten jemals gelegten Vogelei des vor 1000 Jahren ausgestorbenen Madagaskar-Riesenstraußes (da passen 180 Hühner-

Kloster Cismar: der bedeutendste gotische Sakralbau
Schleswig-Holsteins außerhalb Lübecks

eier hinein) bis hin zum Ei des Kolibris. Bemerkenswert ist auch die mit über 4000 unterschiedlichen Ausstellungsstücken größte Schnecken- und Muschelsammlung Deutschlands, in der u. a. eine vom Hamburger Zoll beschlagnahmte Riesenmuschel von den Philippinen zu sehen ist, die etwa 80 Jahre gelebt hat. Gerade auch für Kinder werden unterhaltsame Führungen angeboten. Dann wird auch schon mal auf dem Tritonshorn geblasen, einem Schneckengehäuse, das im pazifischen Raum als Blasinstrument dient.

Öffnungszeiten Kloster Cismar Während der Sommersaison Di–So 10–17 Uhr, Erw. 3 €, Schüler 2 €, Klosterführungen Mi/Sa 17 Uhr, ☎ 04366/1080.

Öffnungszeiten Haus der Natur Tägl. 10–19 Uhr (Gruppen müssen sich voranmelden). Eintritt 2,50 €, Kinder (bis 14 J.) 1 €. Bäderstr. 26, ☎ 04366/1288, www.hausdernatur.de.

Einkaufen Alte Schriftkunst, als eine der ganz wenigen ihres Faches fertigt die Inhaberin mit der Feder geschriebene Gruß-karten, Texte und Urkunden in altdeutscher Schrift an. Tägl. 11–16 Uhr. Bäderstr. 36 (direkt an der B 501), ☎ 04366/884090.

Essen & Trinken Klostercafé & Bistro **Brunnenhaus**, das Café liegt direkt auf dem Klostergelände (kleine, schöne Terrasse). Bei ruhiger Musik werden auch kleine Speisen serviert. Ostern bis Okt. 10–18 Uhr geöffnet (Frühstücksbüfett), Mo Ruhetag. ☎ 04366/888881.

Klostersee-Strand: Auf der B 501 weiter nach Norden muss man kurz vor Grönwohldshorst rechts abbiegen, um nach 3 km auf z. T. ungeteertem Weg zu diesem wunderbaren, auch bei Einheimischen beliebten Strand zu kommen. Von einem großen, kostenlosen Parkplatz gelangt man über Deich und Dünen zum Wasser. Der Strand ist besonders feinsandig und geht seicht in die Ostsee über. Auch Freunde des textilfreien Badens tummeln sich hier, v. a. am hinteren Teil des sogar meistens von einer kleinen DLRG-Station bewachten Strandabschnitts. Wer ein ruhiges Plätzchen sucht, ist hier goldrichtig (Toilette vorhanden, allerdings kein Kiosk).

Essen & Trinken Restaurant **Waidmannsruh**, Traditionsgaststätte in Grönwohldshorst am Abzweig nach Guttau (an der B 501). In rustikaler Atmosphäre gibt's beste rustikale Küche und große Portionen, immer gut besucht. ☎ 04366/884966.

🌿 **Demeter-Hof Klostersee**, von einer Hofgemeinschaft betriebener Bio-Hof mit Hofladen und Café im erweiterten alten Maschinenschuppen, der fast schon ein kleiner Supermarkt ist. Café-Tische stehen im Laden und auf der kleinen Gartenterrasse. Eigene Käseherstellung und Backstube. Tägl. 9–18 Uhr; So Ruhetag. Anfahrt Richtung Klosterseestrand. Cismar-Grönwohldshorst, ☎ 04366/884061. ∎

Kellenhusen

(1000 Einwohner)

Der von Wäldern umgebene Ort ist etwas kleiner als die Nachbarbäder und liegt abseits der Verkehrswege – gerade das aber macht seine Behaglichkeit aus. Der südwärts ausgerichtete Strand ist breit und feinsandig, flache, dem Ufer vorgelagerte Sandbänke vermindern den Wellenschlag.

Der 4 km lange Strand beginnt im Nordwesten mit einem in Schiffsform gestalteten Aussichtsturm, der auch der DLRG als Beobachtungsstation dient. Hier ist der Strand insgesamt etwas breiter, aber auch voller als im Süden. Eine interessant, schwungvoll und kinderfreundlich gestaltete Promenade (ohne trennende Mauer) zieht sich den ganzen Strand entlang und lädt zum Bummeln ein. Zwangsläufig gelangt man zum Brückenvorplatz vor der Seebrücke, der mit einem raffinierten wellenartigen Pflaster ausgestattet wurde.

Zwischen Ort und Strandbereich erstreckt sich der obligatorische Deich. Da dieser etwa 50 m zurückliegt, ist er etwas weniger auffällig als anderswo. Wahrzeichen des Ortes, in dem keine nennenswerten historischen Bauten erhalten geblieben sind, ist der in Holz geschnitzte Fischer, der auf einer zentral gelegenen Verkehrsinsel platziert ist.

Der sich landeinwärts erstreckende **Kellenhusener Forst** ist das größte zusammenhängende Waldgebiet der gesamten Nord- und Ostseeküste und wird von einem weitläufigen Wegenetz durchzogen, auch ein Wildschweingehege und einen Abenteuerspielplatz gibt es hier. Einige alte Eichen sind bzw. waren der Stolz der Gemeinde: Die *Königseiche*, in deren Schatten der König von Dänemark einst ein Mahl eingenommen haben soll; die 350 Jahre alte *Fünfmarkeiche*, die dem Künstler Maximilian Dasio als Vorlage für das Prägebild des 5-Mark-Stücks der Weimarer Republik diente; die *Wasserstandseiche*, die anzeigt, bis wohin die Sturmflut von 1872 reichte, und allen voran die 1000 Jahre alte *Kroneiche*. Doch auch Bäume leben nicht ewig, die prächtige Kron- und die Königseiche sind inzwischen abgestorben.

Geschichte: Es klingt etwas makaber, aber für das ehemalige Fischerdorf Kellenhusen begann der Aufschwung mit der verheerenden Sturmflut von 1872. Die am anschließenden Bau des Deiches beteiligten Ingenieure entdeckten die Schönheit des nach Süden ausgerichteten Strandes, und bald brach ein wahrer Touristenboom über das kleine Dorf herein. Die Badegäste fuhren anfangs noch mit dem Zug bis Lensahn, von wo sie entweder auf dem Landweg mit dem Pferdefuhrwerk weiterreisten oder ins Schiff umstiegen, um dann vor Kellenhusen ausgebootet zu werden. Bevorzugt wurde der Seeweg, weshalb 1911 eine Dampferanlegebrücke von imponierenden 420 m Länge gebaut wurde. Im strengen Winter 1929 trug die Brücke durch Packeis schwere Beschädigungen davon, im Winter 1941 wurde sie endgültig zerstört. Erst 1963 baute man eine zweite Landungsbrücke, diesmal nur 113 m lang, und 2007 die heutige, 305 m lange Erlebnisbrücke, von der aus wieder Ausflugsdampfer verkehren. Seit 1964 ist Kellenhusen als Ostseeheilbad anerkannt.

Kellenhusens letztes Fischerboot

Der dicke Mann und die alte Eiche

In den 1920er-Jahren wartete Kellenhusen gleich mit zwei Superlativen auf: Zum einen lebte hier der dickste Mann Deutschlands. Er hieß Heinrich Feig, war Tischlermeister, konnte seinen Beruf aber wegen seines kräftigen, rund 275 kg schweren Körpers schon lange nicht mehr ausüben. Deshalb ließ er sich zum Broterwerb fotografieren, und zwar vor dem zweiten Superlativ des Ortes, der fast tausendjährigen Kroneiche im Kellenhusener Forst. Die wiederum war ein beliebtes Ausflugsziel, galt sie doch mit einem Umfang von 9,20 m, einem Durchmesser von über 3 m und einer Höhe von 38 m als der mächtigste Baum Schleswig-Holsteins. Um sein Geschäft anzukurbeln, bot Meister Feig außer seiner Posierkunst auch noch Erdbeeren mit Schlagsahne an und verkaufte dabei Postkarten mit folgendem Vers: „Dütschlands starkste Eek, un dicksten Mann, seht sik in Ostseebad Kellenhusen an." Eiche und Mann waren so hochgeschätzt, dass sie nach dem Ersten Weltkrieg sogar das Kellenhusener Notgeld zierten.

Mit Meister Feig ging es übrigens 1923 auf ziemlich tragische Weise zu Ende: In jenem Jahr zeigte er sich auf dem Hamburger Dom, erkrankte dabei und starb an den Folgen. Doch wenigstens die tausendjährige Eiche würde weiterleben, dachte man. Inzwischen ist aber auch sie abgestorben, stand aber noch so lange trutzig im Wald, bis ein Sturm sie fällte.

Lübecker Bucht

Basis-Infos

Information/Zimmervermittlung Tourismus-Service, Strandpromenade 15, 23746 Kellenhusen, ☎ 04364/4975-0, www.kellenhusen.de (hier gibt's auch einen Link zu einer Reihe privater Vermittlungsagenturen, z. B. zum Fremdenverkehrs- und Gewerbeverein Kellenhusen e. V., ☎ 04364/48969, www.kellenhusen-ostsee.info). *ostseecard* 2,80 €/Tag (in der Nebensaison je nach Monat 1–2 €). Bemerkenswert: Man kann mit der *ostseecard* das Hallen- und Freibad am Strand kostenlos nutzen. Die Linienbusse nach Sierksdorf, Neustadt, Grömitz und Dahme kosten mit *ostseecard* 1 €.

Fahrradverleih Dat Radhus, Strandpromenade 22, ☎ 0177/3603048; Knauff, Strandpromenade 37, ☎ 04364/9265; **Moisel**, Ostlandstr. 18, ☎ 04364/9707; **M. Hoepke**, Waldstr. 14, ☎ 04364/9425.

Hundestrand Ganz im Norden und ganz im Süden des Badestrandes.

Schwimmbad Kombiniertes Meerwasser-Hallen-Freibad (beheizt) im Kurzentrum. Sie schwimmen direkt vom Hallenbad ins Außenbecken. Eintritt mit der *ostseecard* frei. ☎ 04364/497517.

Veranstaltungen Höhepunkte im reichhaltigen Veranstaltungskalender sind das **Seebrückenfest mit Höhenfeuerwerk** Ende Juli, das traditionelle **Vogelschießen** im Sept. und der **Wald- und Wellenlauf** im Okt.

Übernachten/Essen & Trinken

Übernachten *** Ostseehotel Vier Linden, Familienbetrieb seit 1922, 35 wohnlich eingerichtete Zimmer, Kinder sind willkommen. Sauna, Frühstücksbüfett, Voll- und Halbpension möglich. Im gutbürgerlichen Restaurant wird eine reiche Auswahl an schmackhaften Fisch- und Fleischgerichten angeboten. DZ 75–91 €. Lindenstr. 4–6, ☎ 04364/4950, ✆ 04364/495295, www.hotel-vier-linden.de.

Kurhotel Steenbock, traditionsreiches Haus, beste und ruhige Lage mit Garten, nur 50 m vom Strand entfernt, rustikales,

sauberes Jugendstilambiente (in Familienbesitz seit 1917). Halbpension möglich.
Ostern bis Okt. geöffnet. Komfortable
DZ 82–86 €. Schützenweg 2, ✆ 04364/218,
📠 04364/1056, www.kurhotel-steenbock.de.

Campingparadies Kellenhusen, am südl.
Ortsrand fast direkt am Naturstrand. 160
Dauer- und 40 Touristenplätze, alles auf
dem neuesten Stand. Zudem 20 Mobilheime zum Vermieten. 3 Spielplätze,
ganz in der Nähe befindet sich ein Pony-
hof. Erw. 5 €, Kinder 2,50 €, Stellplatz
7,50 €. Kirschenallee, ✆ 04364/8140 oder
479470, 📠 04364/6728, www.camping
paradies-kellenhusen.de.

Essen & Trinken Restaurant Passat, die
gute Küche lohnt den schönen Spaziergang
bis ganz ans nördliche Ende der Strandpromenade. In maritimer Atmosphäre werden täglich frische Fisch- und Fleischspe-
zialitäten angeboten (Steinbeißerfilet). Keine Reservierung möglich, ✆ 04364/8679. Im
gleichen Gebäude lockt das **Café Anna** mit
reicher Kuchenauswahl und windgeschützter Promenadenterrasse.

Restaurant-Café Kruse, Promenadenflair,
windgeschützte Terrasse, innen etwas nüch-
tern, aber mit gut sortierter Speisekarte
und nettem Service. Strandpromenade 8,
✆ 04364/508.

Dahme

**Der Strand des etwas abseits der Durchgangsstraße gelegenen Familien-
seebades ist sein Mittelpunkt und sein Kapital. Durch die offene Lage zur
See ist das Dahmer Ostseewasser auffallend klar und sauber.**

Der insgesamt 6 km lange weiße Strand der Gemeinde ist relativ feinsandig. Im Süden geht der flache Dünenstrand in ein sehr reizvolles Steilufer über, auf dem der
Leuchtturm Dahmeshöved steht. Die 1,6 km lange Strandpromenade in der Ortsmitte hat wie in Kellenhusen keine Begrenzungsmauer zum Strand. Wie andernorts auch stehen hier Imbiss-, Eis-, Fisch- und Dönerbuden neben Restaurants, Cafés, Strandgeschäften und Boutiquen. Dazwischen liegt das Meerwasserhallenbad
und – als Zentrum eines jeden Ostseebades – die Seebrücke (205 m lang), von der aus
regelmäßig Ausflugsfahrten starten. In nördlicher Richtung hat man von hier aus einen Blick auf Fehmarn, und sogar die Fehmarnsundbrücke ist in der Ferne erkennbar.

Wie fast überall an der Küste schirmt der Deich wie ein Wall den Ort vom Strand
ab, hier vielleicht ein wenig auffallender als in anderen Seebädern. Dahinter zeugen
die Fassaden einiger Häuser noch vom Geltungsdrang der Gründerjahre; vereinzelt
haben sie sich eine gewisse Gediegenheit bewahrt. Ein hübsches Kleinod ist die hinter Bäumen und Rosenbüschen versteckte reetgedeckte Fachwerkkate in der
Memelstr. 1 (Ecke Stinkbütelgang, direkt in Strandnähe). Auch einige wenige (Hob-
by-)Fischer gibt es noch, die ihre Boote am Strand liegen haben und gelegentlich
ihren Fang vor der Fischerhütte an der Promenade verkaufen.

Geschichte: Im 13. Jh. rief der Landesherr Siedler in diese Gegend, um die Vor-
machtstellung der ansässigen slawischen Wenden zu brechen. Mit ihnen kamen
auch die beiden *Ritter de Dame* und ließen sich hier nieder. Der Ortsname geht
also auf die Eigennamen der Lehnsherren des Gebietes zurück. Zeugen dieser frühen Siedlungsphase sind die hinter dem Deich an der Kirche gelegenen (allerdings
wenig spektakulären) Reste der Turmhügelburg *Wittenwiewerbarg*. Auf solchen
Hügeln standen im 13. und 14 Jh. mehrgeschossige Holz- bzw. (seltener) Stein-
türme, die zum Schutz vor Angriffen von Graben und Wall umgeben waren.

Wie viele Siedlungen in der Gegend wurde das Dorf 1460 dem nahe gelegenen
Kloster Cismar zugeschlagen. Aber bereits 1544 fiel der Ort im Zuge der Reformation an Herzog Adolf von Gottorf. 1784 wurde die Leibeigenschaft aufgehoben
und der Besitz an die nunmehr freien Fischer und Bauern übergeben. Die große

Ganz versteckt: Fachwerkkate am Stinkbütelgang in Dahme

Lübecker Bucht

Sturmflut von 1872 traf Dahme schwer. Zehn Menschen starben in den Fluten, etliche Häuser wurden zerstört, das Vieh ertrank. Seitdem trennt ein hoher Deich den Ort vom Strandbereich. Heute erinnert die Markierung an einem Haus am Beginn der Paasch-Eyler-Allee (beim Denkmalplatz) an den damaligen Wasserstand (→ Foto S. 37).

Ende des 19. Jh. entwickelte sich Dahme ganz langsam zum Badeort. 1898 entstand ein Warmbad, und 1902 wurde als Vorläufer der heutigen Strandpromenade ein aus Brettern gezimmerter Steg angelegt, volkstümlich „Trampelbahn" genannt. Die noch wenigen Gäste reisten meist per Schiff an und wurden vor der Küste ausgebootet, was bei Wellenschlag mühsam sein konnte. Aber der Landweg war noch erheblich strapaziöser. Aufschwung brachte die 1911 angelegte, weit in die See ragende Landungsbrücke, mit der die Gäste nach nur zweistündiger Dampferfahrt von Travemünde aus wesentlich bequemer anlanden konnten. Seit 1962 ist Dahme auch Ostseeheilbad.

Basis-Infos

Information/Zimmervermittlung Kurbetrieb Dahme, Seestr. 55 23747 Dahme, ☎ 04364/4920-0. Zimmervermittlung ☎ 04364/4920-15 und -11; www.dahme.com (hier gibt es auch einen Link zu einer Reihe privater Vermittlungsagenturen). Ostseecard 2,80 € (Nebensaison 1–1,50 €). Die Linienbusse nach Kellenhusen, Grömitz, Neustadt und Sierksdorf kosten mit *ostseecard* 1 €.

Fahrradverleih Avia-Tankstelle Holst, Seestr. 5, ☎ 04364/9690; Dieter Schulz, Strand-

promenade 27, ☎ 04364/8608; Uwe **Voigt**, Strandpromenade 9, ☎ 04364/8378 oder 479755.

Fledermausführung Der Kurpark Dahme gilt wegen der vielen hölzernen Fledermausquartiere als fledermausfreundlichster Ort Deutschlands. Von Mai bis Sept. finden jeden Mittwochabend im sog. Fledermauspark (Kurpark) Führungen statt.

FKK-Strand Großer FKK-Strandabschnitt vor dem Campinggelände Zedano.

Hundestrand Ein großer Hundestrand befindet sich nördl. des Hauptstrandes, ein kleinerer, aber auch sehr schöner ganz im Süden.

Schwimmbad/Sauna STRANDSPA, schönes Meerwasser-Hallenschwimmbad an der nördl. Strandpromenade (mit Sauna und Sport- und Gesundheitszentrum). Tägl. 10–18 Uhr; Erw. 8,50 €, Kinder 2,50 €. Sauna Mo–Do 13–20 Uhr, Fr bis 21 Uhr, Sa/So 10– 18 Uhr (13 €). Di Damensauna. ✆ 04364/4709912.

Veranstaltungen Höhepunkte der zahlreichen jährlichen Veranstaltungen sind die **Dahmer Drachentage** im April, die **Kitesurf-Trophy** im Mai, die **Oldie-Tage** im Juni und natürlich die **Seebrückenparty** mit großem **Kurpark-Feuerwerk** am ersten Augustwochenende.

Übernachten/Essen & Trinken

Übernachten *** Seehotel Holsteinischer Hof, direkt hinterm Deich zentral und strandnah gelegen. 38 Zimmer, viele davon mit Seeblick und Balkon, Restaurant im Haus. Halbpension möglich. DZ ab 55 €. Strandstr. 9, ✆ 04364/470930, 📠 04364/47093134, www.holsteinischer-hof.de.

Hotel Sonnenschein & Garni-Hotel Daheim, tolle Lage direkt hinterm Deich, nette Wirtin und einfache, aber gepflegte Zimmer, reichhaltiges Frühstück (auch Vollkost); dazu kostenloser Fahrradverleih. Nur Os-

Wahrzeichen des Ortes:
Leuchtturm Dahmeshöved

tern bis Okt. geöffnet. DZ 57–84 €. Am Deich 7 und 13, ✆ 04364/302, 📠 04364/471930, www.hotel-sonnenschein.com.

Am Strand hinter der Schleuse haben die **Camper** ihre Heimat. Schon 1953 entstand der „Zeltstrand Dahme Nord" (Zedano), der viele Jahre lang das größte in privater Hand befindliche Campinggelände Deutschlands war und v. a. bei Freunden der Freikörperkultur ein Begriff ist. Heute ist an dem 3 km langen Dahmer Nordstrand eine wahre Camp-Kolonie mit mehreren großen, gut ausgestatteten Plätzen entstanden:

Euro-Camping Zedano, riesiger Platz mit allem Komfort; Strand so weit das Auge reicht. Pizzeria vor Ort. Auch Mietwohnwagen. Erw. 5,60 €, Kinder 3,50 €, Stellplatz 15 €. Anhalter Platz 100, ✆ 04364/366, 📠 04364/8359, www.zedano.de.

Camping Stieglitz, Familienplatz 2 km nördl. von Dahme direkt hinterm Deich, mit allen Annehmlichkeiten. Spielplatz, Trampolin, Bogenschießplatz. Erw. 6 €, Kinder 3 €, Stellplatz 13 €. Reinhold Reshöft Damm, ✆ 04364/1435, 📠 04364/470401, www.camping-stieglitz.de.

Essen & Trinken Restaurant **Deichgarten**, etwas unscheinbar und abseits in einer Blockhütte ganz im Norden von Dahme am Campingplatz Stieglitz gelegen (s. o.). Wirklich schmackhaftes Essen mit frischen Zutaten, auch Weinwirtschaft, Reservierung empfohlen. ✆ 04364/8575.

Café-Restaurant Blöser, behagliches Interieur, große überdachte Terrasse. Zudem lädt eine Strandterrasse jenseits der Promenade schon zum Frühstück ein. Reichhaltiges Kuchenbüfett zur Kaffeezeit (aus der eigenen Konditorei), im Restaurant gibt's schmackhafte Fisch- und Fleischgerichte. Strandpromenade 22, ✆ 04364/48020.

Jedes Jahr verlässlich besetzt: Storchennest in Grube

Sehenswertes

Leuchtturm Dahmeshöved: Der 2 km südlich des Ortes gelegene achteckige Leuchtturm wurde 1878/79 erbaut. Eine kleine Straße führt von Dahme aus zum Turm, auf den die Bürger so stolz sind, dass er sogar das Gemeindewappen ziert. Wer zu Fuß ist, sollte besser am Strand entlanggehen, um nicht ein außergewöhnlich schönes Stück Steilküste zu verpassen, auf dem einige Ferienhäuser in besonders exponierter Lage gebaut wurden. Vom Strand aus führt an der Betonbuhne eine öffentliche Treppe die Steilküste hinauf zum Turm. Dank Satelliten-Navigationssystem sind viele Leuchttürme außer Dienst gestellt. Aber Dahmeshöved ist nach wie vor in Betrieb. Von der etwa 35 m hohen Spitze ist sein vollautomatisch betriebenes Leuchtfeuer noch von über 40 km entfernten Schiffen zu sehen. Der nebenan 1939 gebaute kleinere Backsteinturm diente einst dem Leuchtturmwärter als Ausguck, um die Sichtverhältnisse für die Seeschifffahrt zu prüfen. Heute ist er privat als Ferienwohnung zu mieten.

Besichtigungen nur mit Führung, in der Saison tägl. außer Sa 15, 15.30, 16 und 16.30 Uhr. Eintritt 2,50 €, Kinder 1 €. Eintrittskarten im Turm.

> **Wanderung/Fahrradtour 3:**
> **Von Dahme über Grube bis zum Rosenfelder Strand**   → S. 271
> Kurze Rundtour um den Oldenburger Graben und am Seedeich entlang

Grube   (1000 Einwohner)

Weit mehr als nur ein Durchgangsort: In der natursteingepflasterten Straße „Bei der Kirche" stehen neben einem sehenswerten Gotteshaus einige hübsche Wohngebäude, von denen eines ein verlässlich bewohntes Storchennest beherbergt. Der zum Gemeindegebiet gehörende Naturstrand Rosenfelde ist kurtaxenfrei.

Die von Backsteinhäusern aus dem 19. Jh. gesäumte, lang gezogene Hauptstraße lässt den Ort größer erscheinen, als er in Wirklichkeit ist. Von ihr zweigt die bereits erwähnte Straße *Bei der Kirche* ab, wo das ebenfalls schon erwähnte, gut zu beobachtende Storchenpaar auf dem Schornstein der alten Meierei hinter dem heutigen Haus Avalon nistet. In der Nähe der Kirche stand einst die ehemalige Pastoratsscheune. Sie gilt als ältestes Bauernhaus Schleswig-Holsteins. Wer sie sich heute anschauen will, muss nach Kiel fahren. Dort wurde sie nämlich im Freilichtmuseum Molfsee wiederaufgebaut (→ S. 261).

In Grube gibt es oft etwas zu feiern. Sei es das Straßenfest unterm Storchennest (alle zwei Jahre im Juli) oder eines der Gilde- oder Feuerwehrfeste (→ Foto S. 21). Höhepunkt ist sicherlich das Königsschießen der Gilde, das jedes Jahr 14 Tage nach Pfingsten auf dem 500 m hinter der Kirche gelegenen Paasch-Eyler-Platz stattfindet. Dieser mit alten Bäumen gesäumte historische Burgplatz liegt auf einer Anhöhe inmitten des ehemaligen Gruber Sees. Das Gelände schenkte vor über 100 Jahren der in Dahme geborene Kapitän Heinrich Paasch, der mit der Pastorentochter Claudine Eyler aus Grube verheiratet war, der *Alten Gruber Bürgergilde von 1275*, der drittältesten Schützengilde Deutschlands. Kapitän Paasch schrieb übrigens einen Bestseller der Marineliteratur: „Vom Kiel zum Flaggenknopf" enthält seemännische Ausdrücke in drei, in späteren Auflagen sogar in fünf Sprachen und wird selbst heute noch aufgelegt.

Geschichte: Kaum vorstellbar, aber bis 1938 erstreckte sich um das Dorf der riesige Gruber See, bis dahin der drittgrößte See Schleswig-Holsteins. Bereits 1925 war die Trockenlegung des immer mehr verlandenden Sees beschlossene Sache, sie wurde aber im Wesentlichen erst in den 1930er-Jahren vom Reichsarbeitsdienst durchgeführt. Die ortsansässigen Berufsfischer verloren seinerzeit ihre Fischgründe im See, viele büßten auch ihren ständigen Winterverdienst beim Reetschneiden ein. Dafür entstanden rund 550 ha fruchtbares Neuland. Heute werden allerdings schon wieder Stimmen laut, die fordern, den See aus Naturschutz- und touristischen Gründen wieder anzulegen.

Rund 7500 Jahre alte prähistorische Funde, die ältesten in Schleswig-Holstein, weisen auf eine sehr frühe Besiedelung der Gegend hin. Die Keimzelle des Ortes selbst bildete eine im Mittelalter an der schmalsten Stelle des Sees errichtete Zollstation. Die Burg zum Schutz der Siedlung wurde bereits 1222 urkundlich erwähnt. Hundert Jahre später wurde der über den Oldenburger Graben auch von kleinen Seeschiffen erreichbare Handelsplatz sogar für etwa 200 Jahre Stadt mit lübischem Recht. Ab 1460 gehörte Grube zum Kloster Cismar und verlor in der Folgezeit immer mehr an Bedeutung, weil die Ostsee nach und nach Strandwälle auftürmte und den See und damit Grube seiner schiffbaren Zufahrt beraubte. Ein verheerender Brand zerstörte 1817 weite Teile des Dorfes, das kurz zuvor unter die Herrschaft holsteinischer Adelsgeschlechter gefallen war. Auch der Jahrhundertflut von 1872 fiel ein Großteil der Bausubstanz zum Opfer.

Der Ortsname leitet sich entweder vom slawischen *grove* (= durch Gräben geschützter Platz) oder (wahrscheinlicher) vom ebenfalls slawischen *grob* ab, was so viel wie „Weißbuche" bedeutet. Die Weißbuche am Rande eines Sees findet sich noch heute im Wappen der Gruber Bürgergilde (in Anlehnung an das ehemalige Siegel der Gruber Ratsherren aus dem 15. Jh.). Schon 1889 gab es einen Amtsbezirk Grube, der heute auch Verwaltungsbezirk für die umliegenden Gemeinden Dahme, Kellenhusen und Riepsdorf ist.

Information/Zimmervermittlung Haus des Gastes, Wenddorf 1, 23749 Grube, ✆ 04364/471563, www.gemeinde-grube.de. In Grube-Rosenfelde ist der Strand kurtaxenfrei.

FKK-Strand Am Südstrand Rosenfelde mit FKK-Campingplatz (s. u.).

Übernachten/Essen ⟫⟫ Mein Tipp: Lindenkrug, im 3 km von Grube entfernten

Nachbarort Thomsdorf gelegen. Familiär-gemütlicher, von zwei Linden flankierter Landgasthof. Der Wirt hat Sinn für skurrile Accessoires und sammelt v. a. kuriose Salz- und Pfefferstreuer. Mit kleinem Biergarten. Das Essen ist herzhaft und gut – es gibt z. B. Bratkartoffelgerichte, Fisch und besonders leckere, gefüllte Pfannkuchen. Zudem gibt's einige Fremdenzimmer, auch für den kurzübernachtenden (Fahrrad-)Urlauber. Tägl. ab 17 Uhr geöffnet. DZ 64 €. Dorfstr. 12, Thomsdorf, ✆ 04366/400, 📠 04366/645, www.lindenkrug-thomsdorf.de. ≪

Sehenswertes

St.-Jürgen-Kirche: Die bereits 1232 erstmals erwähnte und im Wesentlichen um 1460 errichtete Kirche ist dem Hl. Georg, dem Drachentöter, geweiht („Jürgen" ist die niederdeutsche „Variante" von Georg).

Den von prächtigen Linden gesäumten, sehenswerten Backsteinbau betritt man durch einen mächtigen, aber niedrigen quadratischen Turm mit gedrungenem Walmdach. Einst hatte der Turm eine sehr hohe, weithin sichtbare Spitze; diese stürzte aber, baufällig geworden, 1718 ins Kirchenschiff. Im Kircheninneren dominieren die Farben Weinrot und Graublau, die zusammen mit den lichtdurchfluteten Fenstern eine behagliche Atmosphäre verbreiten, zu der auch die relativ niedrige Holzempore, die Balkendecke (von 1930) und die Gutslogen (17. Jh.) beitragen. Im Chor steht ein dreiflügeliger gotischer Altar (um 1475), der mit Ausnahme der Advents- und Fastenzeit ausgeklappt ist und seine farbigen Schnitzfiguren mit einer Kreuzigungsszene preisgibt (geschlossen zeigt er die bemalte Außenseite mit Motiven

Frühlingsgefühle: St.-Jürgen-Kirche

wie dem Drachenkampf und der Enthauptung des Hl. Georg). Ein hölzerner barocker Taufengel über der kunstvollen Steintaufe (1846) und die bauchige Kanzel runden das Bild ab.

Dorfmuseum: In einem 1890 erbauten, für den Ort typischen Wohnhaus an der Hauptstraße befindet sich dieses kleine Museum. Zu sehen gibt es eine volkskundliche sowie eine vor- und frühgeschichtliche Sammlung mit archäologischen Funden aus der Niederung bei Grube. Neben einigen alten Werkzeugen sind u. a. eine Klasseneinrichtung aus der alten Dorfschule und eine vollständig eingerichtete Schlafstube aus dem beginnenden 20. Jh. zu bewundern. Im Fenster des Museums steht ein Fernseher, in dem das Treiben im Storchennest live zu beobachten ist. Hauptstr. 18. Mai–Sept. Mi 14–18 Uhr. Eintritt 1,50 €, Kinder frei. ✆ 04364/48180.

Umgebung von Grube

Nördlich von Grube liegt das im 16. Jh. gegründete, nicht zu besichtigende **Gut Rosenhof**. Immerhin kann man von der B 501 einen Blick auf das mächtige weiße Herrenhaus erhaschen.

Absolut lohnenswert ist ein Abstecher ins keine 2 km östlich von Rosenhof gelegene **Siggeneben** (Zufahrt nur für Anlieger oder Fahrradfahrer). Die 15 reetgedeckten und weiß getünchten Häuser, z. T. aus dem 18. Jh., waren ehemals Landarbeiterkaten des Gutes Rosenhof. Heute sind sie ein sehr idyllisches Kleinod,
allerdings fest in der Hand wohlhabender Hansestädter, welche die Katen v. a. als
idyllische Ferienhäuser nutzen.

6 km nordöstlich von Grube liegt der weitläufige und schöne kurtaxenfreie **Natur-
sandstrand Rosenfelde**, der hinter Deich und Dünen flach ins Meer abfällt und
deswegen gerade bei Familien mit Kindern beliebt ist (Toilettenhäuschen und
Parkplatz vorhanden, Parkgebühr 2,50 €). Strandmuscheln sind als Schutz an windigen Tagen empfehlenswert. Der südliche Strandabschnitt ist – samt Campingplatz – FKK-Bereich.

Heringsdorf (1000 Einwohner)

**Die kleine Ortschaft an der Bundesstraße ist nicht sonderlich spektakulär.
Allerdings gehören zum Gemeindegebiet der kleine Strand Süssau und das
Gut Siggen, einst eines der bedeutendsten Adelssitze Ostholsteins.**

An den Ostseestränden Siggener Busch und Süssau regieren wie so oft in dieser
Gegend Campingplätze und kleine Ferienhaussiedlungen. Doch am Süssauer
Strand gibt es sogar eine kleine Promenade mit Imbiss, Restaurant und ein paar
Geschäften. Drum herum ragen Wiesen und Felder bis dicht an den Strand heran,
und wer Glück hat, kann in der Luft ein Seeadlerpaar entdecken, das in der Nähe
von Siggen gut versteckt brütet.

Das östlich von Heringsdorf etwas versteckt liegende **Gut Siggen** ist wie viele Güter dieser Gegend nicht zu besichtigen. Es ist jedoch von allen Seiten gut einsehbar
und präsentiert sich – umsäumt von alten Bäumen und mit den beiden den Innenhof flankierenden großen Backsteinscheunen – als typisch herrschaftliche Gutsanlage. Schon im späten 13. Jh. wurden die Herren von Siggen als Lehnsherren erwähnt. Nach wechselvoller Geschichte wird das Herrenhaus, das seit 1970 Eigentum einer Stiftung ist, heute hauptsächlich für Tagungen und kulturelle Zwecke
genutzt. Der weiß verputzte Prachtbau (im Kern von 1590) wurde zuletzt 1850
stilistisch verändert. Er wird an beiden Seiten von ehemaligen Turmvorbauten
flankiert, die von kräftigen Treppengiebeln geziert werden. Beiderseits der Hof-
zufahrt haben zwei schöne Fachwerkhäuser (um 1650) die Zeit überdauert. In
einem der beiden Häuser gibt es einen kleinen Hofladen mit Wildfleisch aus dem
eigenen Revier, Weinen, Konfitüren und anderen Spezialitäten (geöffnet Fr 16–
18 Uhr und Sa 10–15 Uhr, ✆ 04365/324).

Südlich von Heringsdorf liegt an der Bundesstraße **Gut Görtz** mit seinen geräumigen Scheunen. Dessen Geschichte reicht ebenfalls weit ins 13. Jh. zurück; das Herrenhaus stammt aus dem Jahre 1868. Auf dem Gut wird noch Getreidewirtschaft
betrieben. Wesentliche Einkommensquelle ist aber der Tourismus, denn das Gut
hat sich zu einem interessanten und beliebten Kunsthandwerker- und Bauernmarkt
entwickelt: Über vierzig Anbieter künstlerischer und kunsthandwerklicher Arbeiten und ein Antiquitätenhändler werben in den historischen Ställen und Scheunen
um die Gunst der Kunden.

Information/Zimmervermittlung Fremdenverkehrsverein, Seeweg 2, 23777 Süs-
sau-Heringsdorf, ✆ 04365/250, www.herings-
dorf.de, www.holsteiner-land.de; gute Infos auch auf www.suessauer.de. Keine
Kurtaxe.

Einkaufen/Essen & Trinken Scheunen-Café Gut Görtz, Kuchen nach alten Rezepten, Schmalz- oder Wurstbrote usw. kann man in der stilvoll eingerichteten Scheune oder an den auf dem Gutshof verteilten Tischen genießen. Die riesige Hofanlage beherbergt darüber hinaus viele liebevoll dekorierte Stände, an denen landwirtschaftliche Produkte und Kunsthandwerk angeboten werden. Selbst eine Fischdiele gibt es hier. Ende April bis Anfang Okt. tägl. außer Mo 11–18 Uhr geöffnet. ℡ 04365/212 oder 1005. ■

Neukirchen

(1000 Einwohner)

Der Ort liegt eher unauffällig am Rande der B 501, und entsprechend geruhsam geht's hier auch zu. Bemerkenswert ist die von einem hohen Baumkranz umgebene mittelalterliche Kirche. Noch sichtbare Wandmalereien aus dem 13. Jh. lohnen einen Besuch. Zudem verfügt die Gemeinde über einige kleine Strandabschnitte, die über Stichwege erreichbar sind.

Verkehr und Touristenströme gehen an Neukirchen vorbei. Das war nicht immer so. Bei der deutschen Besiedelung Wagriens kam dem Ort eine zentrale Bedeutung zu. Das Kirchspiel war eines der entlegensten christlichen Bollwerke inmitten des Siedlungsgebiets slawischer Stämme.

Prunkstück des Ortes ist die um 1240 errichtete backsteinerne **St.-Antonius-Kirche**. Ihren größten Schatz hat sie erst 1953 preisgegeben: Bei Renovierungsarbeiten wurden im Chor Wandmalereien aus der Erbauungszeit freigelegt. Zudem kam ein mittelalterlicher Figurenzyklus aus dem 13. Jh. zum Vorschein, der wohl der bedeutendste in Ostholstein ist. Die große Triumphkreuzgruppe am Eingang wurde um 1500 gefertigt, die Kanzel stammt von 1617. Leider ist die Kirche nur unregelmäßig geöffnet (meist vormittags).

Auf der Nebenstraße von Neukirchen nach Heiligenhafen, direkt zum **Gut Löhrstorf** hinführend, befindet sich noch eine sog. **Napoleonbrücke**. Diese aus großen Feldsteinen gebauten Bogenbrücken wurden zur Herrschaftszeit des französischen Kaisers Anfang des 19. Jh. errichtet, wurden aber größtenteils bei Straßenerweiterungsarbeiten abgerissen. Der Gutshof selber war in vergangenen Zeiten einer der größten Ostholsteins, wurde aber aufgrund eines Konkurses bereits 1903 von den Gläubigerbanken aufgelöst. Das von einem breiten Wassergraben umgebene Herrenhaus stammt im Kern aus dem 18. Jh., wurde aber 1920 umgebaut.

Vier Strandabschnitte gehören zu Neukirchen. Südlich liegt **Kraksdorf-Strand**, ein schöner, aber schmaler Naturstrand. Auf dem erhöhten Ufer befinden sich Bistro, DLRG-Rettungsstation und natürlich die obligatorischen Campingplätze und Ferienhaussiedlungen (Parkgebühr 2 €). Die nördlich davon gelegenen Uferstreifen **Ostermade** (mit kleiner Seebrücke), **Sütel-Strand** und **Seekamp-Strand** bieten ein ähnliches Bild: Sie sind fest in der Hand der vielen Camper, dafür aber kurtaxen- und auch hundefrei. Wohnwagensiedlungen oder kleine Ferienhäuschen bilden auch hier die Kulisse.

Information Touristik-Information, 23779 Neukirchen, keine Kurtaxe. ℡ 04367/997113 www.holsteiner-land.de.

Übernachten/Camping Camping Seekamp, herrlich an der Südseite der Bucht gelegen, kurz vor der großen Binnenhafeneinbuchtung Großenbrode, die teilweise als Bojenfeld für Kleinboote genutzt wird. Großzügig angelegter Platz auf 150.000 m² Fläche, davor ein schmaler, aber netter Strand. Erw. 4 €, Kinder 2 €, Stellplatz 10 €. ℡ 04365/456 oder 7333, ℡ 04365/8390, www.campingseekamp.de.

Campingplatz Seepark Sütel, Traditionsplatz

Lübecker Bucht

mit allem Komfort direkt an der Ostsee, ca. 385 Dauer- und 30 Tagesplätze, SB-Markt in der Nähe, April–Okt. geöffnet. Erw. 3 €, Kinder 2 €, Stellplatz 8 €. Dorfstr. 1, ☎ 04365/7474, 📠 04365/1027, www.seepark-suetel.de.

Großenbrode   (2100 Einwohner)

Auf drei Seiten vom Meer eingerahmt, bietet die Halbinsel des Ostseeheilbades eine 15 km lange Küstenlinie. Feinsandiger Strand wechselt hier ab mit sanft geschwungenen Deichen und einem kantigen, den Wellen der Ostsee trotzenden Steilufer.

Das auf der wagrischen Halbinsel, der äußersten Spitze der Lübecker Bucht, gelegene Ostseeheilbad bildet die Verbindung der Insel Fehmarn mit dem Festland. Großenbrode besteht aus mehreren jeweils etwas voneinander entfernt liegenden Teilen. Über die ruhigen Dörfer Klaustorf und Lütjenbrode gelangt man in den Hauptort, der sich eher als Wohn- denn als Ferienort präsentiert. Der südwestliche Ortsteil Von-Herwarth-Straße besteht aus einer ehemaligen Fischersiedlung und drei Sportboothäfen. Auch der nordöstlich an der Fehmarnsundbrücke gelegene Ortsteil Großenbroderfähre ist im Wesentlichen ein privater Segelhafen, von dem aus – wie der Name schon sagt – bis 1963 die Fähren nach Fehmarn starteten.

Das eigentliche touristische Zentrum ist eindeutig Großenbrode-Südstrand. Architektonisch wirkt dieser Vorort auf den ersten Blick von jeder Romantik befreit, besteht er doch hauptsächlich aus Ferienwohnanlagen im Stil der 1970er-Jahre. Nur im Nordosten wird das Wohnblockambiente einmal durch eine Reetdach-Ferienhaussiedlung unterbrochen und im Südwesten befindet sich das umgebaute ehemalige Militärgelände mit ansehnlichen backsteinernen Kasernengebäuden, die schon in den 1930er-Jahren erbaut wurden.

Seebrücke Großenbrode

Sie bilden mittlerweile ein schönes und weitläufiges Ensemble in allerbester Strandlage. Der Strand selbst ist ein wahres Glanzstück, das über die Bausünden hinwegsehen lässt. Er ist besonders breit, feinsandig und bietet Badespaß pur. Natürlich gibt es auch eine modernisierte Strandpromenade und eine 350 m lange Seebrücke. Die Promenade liegt hinter einem mit Hagebutten bepflanzten Grünstreifen und geht im Süden über in eine rund 1 km lange begehbare Seemole. Diese schützt den ehemals auch militärisch genutzten Binnenhafen und die heutigen Fischerei- und Yachthäfen (insgesamt rund 1000 Liegeplätze).

Weniger bekannt ist, dass Großenbrode auch über einen Nordstrand verfügt. Am nördlichen Ortsausgang führt eine Brücke über die Schnellstraße zum Mutter-Kind-Haus „Baltic" und zu einer Feriensiedlung. Dahinter geht es links den „Orthweg" hinunter zum Strand (kostenloser Parkplatz mit Dixi-Klo). Am schönen, feinsandigen Naturstrand im Norden der wagrischen Halbinsel ist das Wasser sehr flach und damit ideal für Kinder. Hier sind zudem Vierbeiner erlaubt, weshalb dieser Strandabschnitt gewissermaßen auch Großenbrodes Hundestrand ist. Überhaupt ist die Erkundung dieses nördlichen Gemeindegebiets absolut lohnenswert. Ein

Spaziergang in der Abendsonne in Richtung der 3 km entfernten Sundbrücke ist an diesem zunehmend romantischer werdenden Strand ein Erlebnis (→ Foto S 121).

Geschichte: Vor allem eine sehr versteckt in der Nähe des nördlichen Fehmarnsunds gelegene, etwa 100 m lange Hünengrabanlage namens „Kronsteinberg" zeugt von einer schon prähistorischen Besiedelung der strategisch günstig gelegenen Landzunge. Der Ortsname „Großenbrode" geht zurück auf das slawische *brody*, was so viel wie „Furt" bedeutet. Mit seinem geräumigen Dorfplatz erinnert das urkundlich erstmals 1249 erwähnte Dorf stark an fehmarnsche Siedlungen, was nicht weiter wundert, bestand doch seit jeher reger Fährverkehr mit der Insel. Mit dem Übersetzen der Eisenbahn 1905 erlebte der Ort seinen ersten großen Aufschwung. Ein weiterer Schub folgte, als nach dem Zweiten Weltkrieg aufgrund der Teilung Deutschlands die Dänemark-Fährverbindung von Warnemünde nach Gedser wegfiel und die Fährschiffe ab 1951 vom Großenbrode-Kai in die dänische Hafenstadt starteten. 1963 jedoch machte die Fehmarnsundbrücke alle Fährverbindungen überflüssig und der Verkehr floss von nun an am Ort vorbei. Lange war das strategisch günstig gelegene Großenbrode immerhin noch Militärstandort. Mit der Auflösung der Marineküstendienstschule im Jahr 1995 war aber auch diese Episode beendet, sodass die 80 ha ehemaliges Militärgelände am Südstrand heute für touristische Zwecke genutzt werden können.

Die Fehmarnsundbrücke: Wahrzeichen der Ostseeküste

Weithin ist der „Kleiderbügel" sichtbar. Das wohl meistfotografierte technische Bauwerk Schleswig-Holsteins erfüllte den lange gehegten Wunsch der Verkehrsplaner, eine schnellere Verbindung nach Skandinavien zu schaffen. Bereits 1866 gab es Pläne für einen Damm oder eine Brücke über den Sund und weiter Richtung Dänemark auf der Route, die auch die Zugvögel nach Norden nehmen. Doch Kriege verzögerten immer wieder die Verwirklichung der „Vogelfluglinie", im Kriegsjahr 1940 gab es immerhin schon einen ersten Spatenstich. Am 14. Mai 1963 war es dann endlich so weit, die Fehmarnsundbrücke wurde eröffnet und verkürzte die Fährverbindung von 69 km (Großenbrode – Gedser) auf 18 km (Puttgarden – Rødbyhavn).

Das Bogentragwerk der Brücke galt als technische Sensation. 9200 Tonnen Stahl und 22.150 m³ Beton wurden verbaut. Allein der Anstrich verschlang 130 Tonnen Farbe. Die Baukosten betrugen damals 42,5 Millionen DM. Vom Festland reicht eine Rampe 330 m, von der Insel 110 m in den Sund hinein. Die Brücke selbst ist fast 1000 m lang, hat eine Breite von 21 m und eine Durchfahrtshöhe für Schiffe von 23 m. Der Blick von oben ist grandios; die Brücke ist für Fußgänger und Radfahrer zugänglich.

Voraussichtlich ab dem Jahr 2014 beginnen bei Puttgarden die Arbeiten für ein Jahrhundertbauwerk: Ein gigantischer, 19 km langer Tunnel soll durch den Fehmarnbelt führen. Dieser längste Absenktunnel der Welt soll im Jahr 2020 fertig gestellt sein und satte 5,1 Milliarden Euro kosten. Finanziert wird er weitgehend von Dänemark; die Kosten sollen bis 2050 durch Mautgebühren refinanziert werden. Dennoch muss Deutschland rund 850 Millionen Euro für den Ausbau der Hinterlandverbindungen auf Straße und Schiene aufbringen. Schon jetzt ist abzusehen, dass die Fehmarnsundbrücke zum Nadelöhr werden wird, welches in der Zukunft evtl. einmal ebenfalls durch einen Tunnel unter dem Sund erweitert werden muss.

Lübecker Bucht

Information/Zimmervermittlung Kurverwaltung Großenbrode, Rathaus, Teichstr. 12, 23775 Großenbrode, ✆ 04367/9971-13/-27, www.grossenbrode.de. Mai–Sept. Touristinformation am Südstrand, ✆ 04367/978988. *ostseecard* 2,20 € (Nebensaison 1,10 €).

Fahrradverleih Monika Klein, Am Vogelberg 8, ✆ 04367/8133; **Fa. Reise**, Teichstr. 13, ✆ 04367/361.

Yachthafen Großenbrode

Parken Eine Seltenheit: Das Parken ist in Großenbrode auch in Strandnähe kostenfrei!

Schwimmbad Das sehr kleine Meerwasser-Bewegungsbad befindet sich im Kurmittelzentrum/Südstrand, ✆ 04367/560.

Übernachten *** Hotel am Wind, in einem historischen Kasernengebäude in bester Lage direkt am Strand untergebracht,

eignen sich die liebevoll eingerichteten Zimmer (54 Betten) mit allem Komfort besonders für Familien mit Kindern. Morgens gibt's ein ordentliches Frühstücksbüfett und nachmittags selbst gebackenen Kuchen auf der Caféterrasse. DZ (z. T. mit separatem Kinderzimmer) 90–110 €. Am Kai 11, ✆ 04367/999911 o. 0170/2349067, 📠 04367/999919, www.hotel-am-wind.de.

Hotel Palstek, hochwertig ausgestattetes, aber sehr familiär geführtes Hotel abseits des Trubels und des Hauptstrandes im Norden Großenbrodes. Die Zimmer verfügen z. B. über Whirlpool, Wasserbett und Kamin, daher auch ein Tipp für die kalte Jahreszeit. Schöner, gepflegter Innenhof mit Holzterrasse. Prima Frühstück mit frischem Obst, Eiern etc., mittags Kaffee und Kuchen sowie Abendimbiss. Nur 800 m vom relativ unbekannten Weststrand, einem Naturstrand, entfernt. Hundefreundliches Haus. DZ 88–135 €. Nordlandstr. 4, ✆ 04367/8040, www.hotel-palstek.de.

Essen & Trinken Landhaus Alter Krug, historische Gaststätte, seit 1638 in Familienbesitz, deftig-schmackhafte Küche, die auch bei den Einheimischen beliebt ist. Netter Biergarten, auch Hotelbetrieb. Schmiedestr. 13 (im Norden des Hauptortes Großenbrode), ✆ 04367/394.

>>> Mein Tipp: Meerkieker, gemütlich-geradliniges Café und Bistro mit großer Strandkorb-Terrasse in Promenaden- und Hafennähe von Großenbrode. Im stilvollen, mit warmen Gelbtönen gestalteten Gastraum werden auch (meist dänische) Kunstgegenstände angeboten. Spezialität und wirklich lecker ist die Schwedentorte (mit Obst der Saison). Es werden auch kleine Snacks (mit frischen Zutaten) und Fischbrötchen serviert. Sonntags gibt's ein prima Langschläferfrühstück vom Büfett (9–14 Uhr). Sonst tägl. 11–18 Uhr geöffnet (im Winter nur am Wochenende 13–18 Uhr). Am Kai 15, ✆ 04367/717972. <<<

Sehenswertes

Kriche St.-Katharinen: Jeder Großenbrode-Urlauber fährt an der neben der Hauptstraße liegenden evangelischen Kirche aus dem 13. Jh. vorbei, doch kaum einer geht hinein. Markant ist der nur ein wenig höher als das Kirchendach aufragende viereckige Holzturm, der Ende des 17. Jh. angefügt wurde. Im Inneren des schlichten Backsteinbaus fallen der hölzerne Altar (1694) und die mit ländlichem Blumenwerk reich beschnitzte Kanzel (1713) auf. Die Kirche ist leider nur unregelmäßig geöffnet.

Wahrzeichen der Ostseeküste
Fehmarnsundbrücke

Friedliches Idyll: Fehmarnsund

Fehmarn

Fehmarn ist die „Krone im blauen Meer". So symbolisiert es die Inselfahne, und so sehen es nicht nur die Einheimischen, sondern auch die vielen Tausend Gäste, die jedes Jahr wiederkommen. Nicht zu Unrecht nennen viele Fehmaraner ihre Insel stolz den sechsten Kontinent – alles, was jenseits der Brücke liegt, heißt schlicht Europa.

Der Name „Fehmarn" kommt aus dem Slawischen und bedeutet so viel wie „im Meer". Das Eiland misst etwa 16 mal 13 km und hat eine Küstenlänge von 78 km. Nach Rügen und Usedom ist Fehmarn damit die drittgrößte Insel Deutschlands. Auf kleinstem Raum bietet Fehmarn fast eine Wiederholung des gesamten Ostseeküstenprofils: Steile Küsten wechseln mit flachen Ufern ab, denen teilweise Sandbänke vorgelagert sind, die Strände sind mal fein und weichsandig, mal steinig und rau. Die steifste Brise, aber auch den romantischsten Sonnenuntergang erwartet den Besucher im Westen, die schönste Dünenlandschaft im Norden, die urwüchsigsten Steilküsten im Osten und die schönsten Strände im Süden. Ansonsten dominieren Wind und Sonne – Fehmarn gilt als eines der regenärmsten Gebiete Deutschlands, denn Regen und Sturm bleiben für gewöhnlich an der Westküste Schleswig-Holsteins hängen. Mindestens 1750 Sonnenstunden im Jahr machen die Insel zur deutschen Costa del Sol (in manchen Jahren sogar 2000). Auf der *Vogelfluglinie*, dem schnellsten Weg zwischen den Überwinterungsplätzen im Süden und den Brutgebieten in Skandinavien, überqueren riesige Vogelschwärme die Insel.

Zentrum der Insel ist Burg, wo etwa die Hälfte der insgesamt 13.000 Bewohner Fehmarns leben. Die übrigen 42 Dörfer und Siedlungen verteilten sich früher auf die drei Landgemeinden Bannesdorf, Landkirchen und Westfehmarn. Seit 2003 bilden sie zusammen mit Burg eine Verwaltungseinheit: die *Stadt Fehmarn.*

Aufgrund der außerordentlich fruchtbaren Böden galt Fehmarn früher als die Kornkammer Schleswig-Holsteins. Wenn auch nach wie vor der ertragreiche Boden landwirtschaftlich genutzt wird, so spielt doch heute der Tourismus mit über 300.000 Übernachtungsgästen pro Jahr und zahlreichen Tagesbesuchern die tragende Rolle. Übernachtet wird in erster Linie in den zahlreichen über die ganze Insel verteilten Ferienwohnungen oder auf einem der 16 großen Campingplätze mit insgesamt fast 6000 Stellplätzen.

Das Straßennetz der Insel ist dicht. Die einzelnen Ortschaften sind durch kleine Sträßchen, oft schöne Alleen, miteinander verbunden. Diese sind vielfach nicht auf dem kürzesten Weg durch die Felder gebaut, sondern um sie herum, was seit jeher den hohen Stellenwert der Landwirtschaft verdeutlicht.

Geradezu ideal ist Fehmarn für Fahrradurlauber, denn jeder Punkt der Insel ist problemlos auf dem Drahtesel zu erreichen. Aber Vorsicht, bei starken Westwinden wird die Tour mitunter zur „Tortour".

Fehmarn ist auch ein Eldorado für Windsurfer. Zwölf offizielle Surfbereiche, vom Stehrevier bis zum Brandungssurfstrand, machen die Insel zum deutschen Surfparadies schlechthin. Auch die Anhänger der noch jungen Sportart Kitesurfing haben die Insel als ideales Revier entdeckt. Aufgrund der überdurchschnittlich guten Bedingungen zieht das Sportparadies Fehmarn darüber hinaus viele Segler, Angler, Wracktaucher und auch viele Reiter an.

Markelsdorfer Huk

Nördlicher
Salzensee

Teich-
hof

Niobe
Denk

Altenteil

Wester-
markelsdorf

Wenkendorf

Fastensee

Dänschendorf

Schlagsdorf

Gammendorf

Dorotheenhof

Bojendorf

▲ *Galgenberg*

Vadersdorf

Petersdorf

Altes
Teichgut

Kopendorf

Lemkendorf

Bisdorf

NSG Wallnau

Altjellingsdorf

Püttsee

**Jimi-Hendrix-
Gedenkstein** ★

Gollendorf

Bellevue

Mittelhof

Sulsdorf

Neuhof

Sartjendorf

Landk

Flügge

M Lemken-
hafen

Neujellingsdorf

Orth

M
do

*NSG
Krummsteert -
Sulsdorfer Wiek*

Westerbergen

Warder ◗

Teschendorf

Roser

*Orther
Reede*

Albertsdorf

B 207

Bliesche

Gold

▲ *Dodelstein*

Strukkamp

Avendo

Alversteen

Fehmarnsund

Ber

Strukkamphuk

Fehmarnsund

NSG Grüner Brink

Fehmarnbelt

Krummensiek

Johannisberg

Mattiasfelde

ensiek

Puttgarden

Marienleuchte

Todendorf

Presen

rrichsdorf

Bannesdorf

Vogelfluglinie

Klausdorf

markelsdorf

Niendorf

gsoll

Gahlendorf

**Burg
auf Fehmarn**

Vitzdorf

Katharinenhof

Sahrensdorf

Meeschendorf

Burgstaaken

Neue
Tiefe

Hinrichsberg

*Sahrensdorfer
Binnensee*

Ferienresidenz
Staberdorf

Staberdorf

*Burger
Binnensee*

Staberholz

Wulfener Hals

Burgtiefe

Südstrand

Gut Staberhof

Staberhuk

O
s
t
s
e
e

Fehmarn

1 km

Freie Fehmaraner

In ihrer durchaus bewegten Geschichte blieben die Fehmaraner immer freie Bauern und waren lediglich dem Landesherrn unterstellt. Im Gegensatz zu ihren Nachbarn auf dem Festland wurden sie nie Leibeigene irgendeines Adelsgeschlechts, in dessen Hand sich weite Teile Ostholsteins gerade befanden. Darauf waren die Bauern stolz, und stets sorgten sie dafür, dass dies auch so blieb. Denn hatte der Adel einmal Landbesitz auf der Insel, dann kauften die selbstbewussten und allmählich auch wohlhabenden Bauern dem jeweiligen adeligen Herrn seine Besitztümer einfach zu einem guten Preis ab. Als die adeligen Familien Ostholsteins versuchten, auch auf Fehmarn Gutsherrschaft und Leibeigenschaft einzuführen, wurden die Fehmaraner durch ihren Landesherrn, den Fürstbischof Herzog Johann Friedrich von Lübeck-Eutin, unterstützt: Er verbot dem Adel im Jahre 1617 kurzerhand jeglichen Landbesitz auf der Insel.

Burg

(6000 Einwohner)

Die Inselhauptstadt (seit 1974 Ostseeheilbad) hat Flair. Wer dieses erleben will, zumal an einem trüben Tag in der Hochsaison, wird zunächst in einer Blechlawine stecken, die sich langsam Richtung Burg quält. Dort angekommen, lässt sich die malerische Kleinstadt problemlos zu Fuß erkunden. Sie bietet einige kulturelle Höhepunkte und eignet sich hervorragend für einen gemütlichen Einkaufsbummel. In Burgstaaken, dem Hafen, herrscht täglich geschäftig-maritimes Treiben, und in Burgtiefe liegt einer der wenigen Südstrände der Ostsee.

Wegen des zu bestimmten Zeiten hohen Verkehrsaufkommens besucht man die Stadt besser am frühen Vormittag oder bei schönem Wetter, wenn sich die meisten Touristen am Strand tummeln. Viele vom Festland anreisende Tagesbesucher zieht es v. a. in das weithin bekannte Meereszentrum im Gewerbegebiet am Ortsrand. Aber Burg hat viel mehr zu bieten.

Die Hauptstraße Burgs, die „Breite Straße", zieht sich durch die ganze Altstadt und verbreitert sich am Markt, dem schönsten und lebhaftesten Flecken der Stadt, auf dem unübersehbar das Jugendstil-Rathaus aus dem Jahr 1900 steht. Ungewöhnlich ist, dass sich die historischen Häuserreihen auf der einen Seite der Hauptstraße auf dem Niveau der Fahrbahn befinden, während auf der anderen Straßenseite die hübschen, mit Restaurants, Boutiquen oder anderen kleinen Geschäften besetzten und eng aneinander stehenden Häuschen so hoch liegen, als ständen sie auf einem Deich. Grobes Kopfsteinpflaster verstärkt die romantische, zum Bummeln einladende Stimmung ebenso wie die vor den Bürger- und Fachwerkhäusern stehenden großen Bäume, meist Linden.

Neben der Innenstadt gibt es drei weitere Ortsteile: Neue Tiefe, Burgstaaken und Burgtiefe – mit ihren Namen verraten sie viel über die Entstehungsgeschichte der Stadt. Ursprünglich hatte Burg einen natürlichen Hafen, dessen Zufahrt etwa bis zum heutigen Marktplatz reichte. Als dieser im Mittelalter zunehmend verlandete,

Kutterfahrt vor dem Hafen von Burgstaaken

musste er an eine andere Stelle, an die *Neue Tiefe*, verlegt werden. **Neue Tiefe** ist heute nichts anderes als ein kleiner Wohnort in der Nähe des Burger Binnensees auf dem Weg zum Südstrand. Besondere Sehenswürdigkeiten und selbst einen Hafen gibt es hier nicht mehr. Dieser befindet sich stattdessen im knapp 2 km südlich der Innenstadt gelegenen **Burgstaaken.**

Ohne seinen in den 1860er-Jahren von den Preußen angelegten neuen Hafen am Burger Binnensee wäre Burg wohl nur halb so attraktiv. Das Wort „Staaken" bedeutet übrigens so viel wie Gefängnis; eine Strafanstalt gibt es auf Fehmarn aber heute nicht mehr. Bereits der Staakensweg nach Burgstaaken, eine holprige Straße, ist bemerkenswert. Er ist auf voller Länge mit Steinen bestückt, die einst mühsam aus dem Meer „herausgefischt" wurden. Im Hafen selbst herrscht nach wie vor Betriebsamkeit, wenn am späten Nachmittag die Kutter einlaufen und der Fisch fangfrisch verkauft wird. Am Kai sind die Netze zum Trocknen ausgebreitet, dahinter locken Fischimbiss und Fischrestaurant. Aber auch sonst ist am Hafen einiges los. Hoch überragt wird Burgstaaken von den Getreidesilos, die mittlerweile ganz den Kletterern gehören. Hier kann sich jeder beim Silo-Climbing versuchen (10 €/Std.). Blickfang am Hafen ist darüber hinaus ein auf dem Trockenen liegendes U-Boot, das nun als Museum fungiert. Ebenfalls in Hafennähe findet man drei Erlebnisausstellungen und eine Indoor-Kartbahn.

Auf einem südlich von Burg vorgelagerten Nehrungshaken und damit auf der gegenüberliegenden Seite des Burger Binnensees liegt der Ortsteil **Burgtiefe**, Fehmarns Hauptstrand (kostenlose Parkplätze sind reichlich vorhanden). Wo sonst an der Ostsee gibt es schon einen reinen Südstrand, einen feinsandigen noch dazu? Im Volksmund wird das Touristenzentrum Burgs deshalb auch nicht „Burgtiefe", sondern schlicht **Südstrand** genannt. Bei schönem Wetter bietet der reichlich mit Strandkörben belegte breite Strand Badefreuden pur, ist dann aber auch richtig voll.

Besonders Kindern bereiten das seichte Wasser und der Badesteg ein deutlich hörbares Badevergnügen. Nicht fehlen darf natürlich die obligatorische Promenade hinter der mit Hagebutten bepflanzten schmalen Schutzdüne. Moderne Appartementhäuser in Wellenform und v. a. die drei weithin sichtbaren Hochhäuser des Kur- und Ferienzentrums beherrschen die Szenerie dieses modernen Ortsteils, der einen ziemlichen Gegensatz zum Erscheinungsbild des von historischen Bauten dominierten Hauptorts bildet. Die 15-stöckigen Hochhäuser aus dem Jahr 1969 mögen von außen nicht schön anzusehen sein – einen fantastischen Meeresblick hat man von hier oben jedoch unbestritten. Verbunden sind die Hochhäuser durch eine 3000 m² große gewächshausartige Laden- bzw. Restaurantpassage.

Basis-Infos

Information Der **Tourismus-Service** mit zentraler Zimmervermittlung für die ganze Insel befindet sich direkt am Südstrand in Burgtiefe, Südstrandpromenade 1, ℡ 04371/5063; Buchungshotline: ℡ 04371/506333. Eine Zweigniederlassung gibt es am Ortseingang im Stadtteil Burg, Landkirchener Weg 46 (direkt neben McDonald's), 23769 Burg auf Fehmarn, ℡ 04371/8794784; www.fehmarn.de. Zudem existieren auf Fehmarn noch eine Reihe privater Vermittlungsbüros.

Auf der ganzen Insel gilt ein einheitlicher Tourismusbeitrag (nur für Erwachsene) von 1 €/Tag (Nebensaison 0,50 €). Tagesgäste zahlen am Strand 1,20 € (Automat).

Kino Burg-Film-Theater, mit roten Samtsesseln und Schirmlämpchen eines der schönsten Kinos im Norden; etwas versteckt mitten in Burgs Stadtzentrum. Breite Str. 13 a, ℡ 04371/6728; Programmansage: ℡ 04371/9555.

Parken Beschilderte Großparkplätze (Parkplatz West, Ost und Nord) im Innenstadtbereich. Von hier sind es nur 5 Min. Fußweg zur Stadtmitte. Parkplatz am Hafen Burgstaaken (ebenfalls 1 € für 2 Std.).

Schwimmbad Badewelt FehMare, weitläufige Pool-Landschaft direkt am Südstrand mit 6 Becken, darunter ein großes Wellenbecken; Außenrutsche und großzügiger Wellnessbereich mit Dachterrasse und verschiedene Saunen; Gastronomiebereich „Kuli.Mare". In der Saison tägl. 10–20 Uhr, in der Nebensaison 14–19 Uhr (Sauna bis 22 Uhr). Erw. Wellenbad solo 6 €; 3 Std. Badewelt 11 €, ganzer Tag Badewelt 13 € (inkl. Saunawelt 17 €); Kinder 3 Std. 5 €, ganzer Tag 7 € (inkl. Saunawelt 11 €); Familienkarte 40 €. Burgtiefe, Südstrandpromenade 1, ℡ 04371/889960, www.fehmare.de.

Wochenmarkt Jeden Mittwoch 7–14 Uhr auf dem Marktplatz von Burg.

Übernachten (→ Karte S. 131)

Hotels Hotel-Restaurant Burg-Klause **9**, von außen ein nüchterner Zweckbau, aber innen gemütlich und sauber. Komfortable Zimmer. Sauna, recht gute Küche, daher auch als Restaurant eine echte Alternative (reichhaltige Auswahl). Weil der Wirt aus Bayern stammt, präsentiert sich das Restaurant mit schöner Kastendecke und groben Holztischen in alpenländischem Stil. DZ 89 €. Blieschendorfer Weg 1–5, ℡ 04371/50020, ℡ 04371/1735, www.burg-klause.de.

Wisser's Hotel **3, Burgs 180 Jahre altes Traditionshaus im Herzen der Stadt bietet einfache, meist große und gepflegte Zimmer mit allem Komfort. Im hinteren Gebäudetrakt, in dem 2003 der historische

Festsaal ausbrannte, befindet sich ein Gästehaus. Angeschlossen sind ein Restaurant-Café mit guter Küche sowie ein gepflegtes Bistro. Großzügige Terrasse vor dem Haus mit Blick auf den Marktplatz. DZ ab 98 €. Am Markt 21, ℡ 04371/3111, ℡ 04371/6620, www.wissers-hotel.de.

Schützenhof **10, das in Burgstaaken gelegene Hotel ist mit seinen 28 Zimmern schon eines der größten der Insel. Es liegt ruhig in einem Wäldchen vor dem Hafen und verfügt über Zimmer mit dem üblichen Komfort. Im gutbürgerlichen Restaurant werden v. a. fangfrischer Fisch und andere regionale Gerichte serviert. Es gibt 2 riesige Gasträume und eine gemütliche, holzver-

Im Hochsommer ganz schön voll: Südstrand Burgtiefe

schalte Bierstube mit Kachelofen. Täglich Frühstücksbüfett auch für Nicht-Hotelgäste (12 €). DZ 96 € (inkl. reichhaltigem Frühstücksbüfett). Menzelweg 2, ☎ 04371/50080, 📠 04371/500814, www.hotel-schuetzenhof.org.

IFA-Fehmarn , das Hotel und Ferienzentrum nutzt den mittleren und zur Hälfte den westlichen der drei markanten Türme am Südstrand und vermietet die meisten Einheiten als Ferienwohnungen, für die aber auch Hotelservice in Anspruch genommen werden kann. Das Frühstück wird dann im hoteleigenen Restaurant **Windrose** eingenommen. Dort gibt es gute und frische Gerichte, auch Mittagstisch und Abendbüfett (nur in der Saison). Über die Hochhausarchitektur lässt sich streiten, die Aussicht von oben ist jedoch hervorragend. DZ im Appartement ab 132 €. Burgtiefe, Südstrandpromenade, ☎ 04371/890, 📠 04371/892000, fehmarn@ifa-hotel.com.

Essen & Trinken   (→ Karte S. 131)

In der Innenstadt Zur Traube 🔢, das alte, rosenbewachsene Inselhaus liegt etwas versteckt hinter dem Rathaus. Passend zum schönen Äußeren sind die Gasträume gepflegt und gemütlich. Der Herkunft des Pächters ist es zu verdanken, dass es hier v. a. schwäbische und badische Spezialitäten gibt. Es versteht sich daher fast von selbst, dass die hausgemachten Maultaschen hervorragend sind. Auch guten Wein gibt es in der Traube, hauptsächlich von Baden-Württemberger Winzern. Ohrtstr. 9–11, ☎ 04371/863839.

Landhaus Doppeleiche 🔢, der Name verwirrt, denn es stehen zwei alte Linden vor dem Eingang. Die namensgebende Doppeleiche gibt es dennoch; sie steht auf der eingefassten Grünfläche der angrenzenden belebten Straße. Das traditionelle Haus ist heute ein gepflegtes italienisches Restaurant mit großer Speisekarte, in dem es neben Pizza und Pasta v. a. auch guten Fisch gibt (Dorade sowie Fisch aus der Nord- und Ostsee). Steaks und Lamm sind auch im Angebot. Sehr gemütlich-gediegen eingerichtet. Mit der alten Freitreppe im Flur wirkt das große Haus fast nobel. Windgeschützte Terrasse vorm Haus, dort nachmittags auch Kaffeespezialitäten. Tägl. 11.30–22.30 Uhr. Breite Str. 32, ☎ 04371/9920.

Il gambero rosso 🔢, kleine Pizzeria mit gemütlich-mediterraner Gaststube und engagierten jungen Wirtsleuten. Ganz am südlichen Ende der belebten Breiten Straße gelegen, sodass man von der mit Teakholzmöbeln ausgestatteten Terrasse direkt auf die St.-Nikolai-Kirche blickt. Schmackhafte Pizzen, gute Pasta. Wechselnde Öffnungszeiten je nach Saison. Breite Str. 50, ✆ 04371/889750.

Café Jedermann 🔳, über den Stichweg am Kino hinunter gelangt man von der Breiten Straße direkt zu dem gemütlichen, kleinen Café mit seinem großen Biergarten. Das Publikum illustriert, dass das freundliche Interieur mit viel hellem Holz tatsächlich etwas für jedermann ist. Serviert werden guter Kuchen (z. B. Fehmarn'sche Nusstorte mit Marzipan) und viele Teespezialitäten. Tägl. 11–20 Uhr (in der Saison auch länger). Ohrtstr. 25, ✆ 04371/1411.

》》》 Mein Tipp: Café Liebevoll 🔳, ein verstecktes Kleinod und unser Tipp in Burg. Wie der Name schon sagt: mit viel Liebe und stilvoll mit antiken Gebrauchsmöbeln eingerichtet. Hinter dem Haus verbirgt sich ein sehr schöner, sonniger (und kindgerechter) Garten; eine ruhige Oase in der im Sommer oft übervollen Touristenmetropole. Es gibt nicht nur Früh- und Spätstücke, Torten und Kuchen – das Liebevoll bietet noch mehr und versteht sich auch als Kulturlabor. Regelmäßig gibt es im rückwärtigen, mit Bühne und alten Kinosesseln versehenen Saal Theater, Konzerte oder Lesungen (Info unter http://kulturlabor.biz). Di–So 9–18 Uhr, Sa bis 24 Uhr. Bahnhofstr. 17, ✆ 04371/503716. 《《《

Frau Schmidt 🔳, schlicht-gemütlich mit Sesseln und Sofas eingerichtete Espresso-Bar, die Kaffee- und Teespezialitäten bietet. Täglich Frühstück bis 14 Uhr, abends Cocktailbar. Man sitzt auf der Terrasse gemütlich unter schattigen Linden und blickt auf das geschäftige Verkehrsnadelöhr in Richtung Markt. Ganzjährig ab 7 Uhr geöffnet (Sa/So ab 10 Uhr). Bahnhofstr. 1, ✆ 04371/8898414.

Fehmaraner Tee & Kaffee Kontor 🔳, im Herzen der Altstadt gelegen, nicht nur Tee- und Kaffeeverkauf, sondern auch ein nettes Café mit großer Terrasse. Tägl. ab 9.30 Uhr. Osterstr. 45, ✆ 04371/6694.

In Burgstaaken Zum goldenen Anker 🔳, traditionelle und gute Fischgaststätte direkt am Hafensilo von Burgstaaken. Typisch

maritimes Ambiente mit Netzen und Rettungsringen in den alten, hohen Speiseräumen, in denen es z. B. gutes hausgemachtes Labskaus oder Dorschfilet gibt. 11.30–14 Uhr und ab 17.30 Uhr geöffnet, Mo Ruhetag. Burgstaaken 63, ✆ 04371/3163.

🍃 **Fehmarn'sches Fischlädchen 🔳**, großer Hafenimbiss der Fischereigenossenschaft Fehmarn mit Verkauf der fangfrischen Fische direkt am Burgstaakener Hafen (die Genossenschaft besteht aus 22 Mitgliedsbetrieben). Es gibt v. a. deftige Fischgerichte mit Bratkartoffeln und natürlich leckere Fischbrötchen. Tische sowohl drinnen als auch auf der windgeschützten Terrasse. Mo–Sa 9–18 Uhr, So 11–18 Uhr. Burgstaaken 81, ✆ 04371/860123. ∎

Café Kontor 🔳, gemütliches und oft gut besuchtes Café mit leckerem Kuchen im alten Hafenkontor von Burgstaaken, liebevoll mit zahlreichen schönen Wohnaccessoires geschmückt, die auch käuflich zu erwerben sind. Tische im sehr gepflegten Garten mit Blick auf den rückwärtigen Hafen. 12–18 Uhr. Burgstaaken 59, ✆ 0173/6164247.

In Burgtiefe (Südstrand) Haus am Strand 🔳, am Südstrand von Burgtiefe, wo ansonsten Hochhäuser dominieren, liegt dieses reetgedeckte frühere Lotsenknechthaus, in dem heute eine gutbürgerliche Gastwirtschaft mit Café untergebracht ist. Innen ist es gemütlich eng, draußen gibt's eine große windgeschützte Terrasse direkt an der Promenade. Umfangreiche Karte mit Nudeln, Fleisch, Fisch und Salaten. Spezialität ist eine deftige Fischpfanne. Südstrandpromenade, ✆ 04371/9625.

》》》 Mein Tipp: Café Sorgenfrei 🔳, unser Tipp für einen Sundowner – eine schönere Lage dafür gibt's auf Fehmarn kaum. Am letzten Ende des Südstrandes direkt am Meer mit Blick auf den Wulfener Hals gelegen. Lichtdurchflutetes Café mit Cocktailbar. Tolle Holzterrasse vor dem Haus, auf der sich wunderbar der Sonnenuntergang genießen lässt. Tägl. ab 10 Uhr (in der Nebensaison ab 12 Uhr) bis nach Sonnenuntergang geöffnet, So Frühstücksbüfett, 1-mal/Monat Vollmondparty mit immer neuen Cocktail-Spezialitäten. Südstrandpromenade 1, ✆ 01577/4016365. Vom Bootsanleger vor dem Haus fährt 5-mal/Tag ein Schiff hinüber nach Burgstaaken (2 €). 《《《

Meeres-
zentrum
Fehmarn

Modellbahn
und
Torfmuseum

Kirchner
Dokumentation
im Stadtpark

Rathaus

Peter Wiepert Heimatmuseum

St. Nikolai

St.-Jürgen-
Kapelle
Jugend-
herberge

Burgstaaken

Abenteuer
Übersee
Experimenta

Planet
Erde

Neue Tiefe

U-Boot-
museum

Fischereihafen

Burger Binnensee

Vogelschutz-
gebiet
Kohlhofinsel

Yachthafen

Burgtiefe

Burgruine
Glambek

Schwimmbad

Südstrandpromenade

Südstrand

Burg

220 m

Ü bernachten

3 Wisser's Hotel
9 Hotel Burg-Klause
10 Schützenhof
14 IFA Fehmarn

C afés

1 Café Liebevoll
2 Frau Schmidt
5 Fehmaraner Tee &
   Kaffee Kontor
6 Café Jedermann
12 Café Kontor
16 Café Sorgenfrei

E ssen & Trinken

3 Wisser's
4 Zur Traube
7 Landhaus
   Doppeleiche
8 Il Gambero Rosso
9 Restaurant
   Burg-Klause
10 Restaurant
   Schützenhof
11 Zum goldenen Anker
13 Fehmarnsches
   Fischlädchen
14 Restaurant Windrose
15 Haus am Strand

Steinfischer

Auf Fehmarn gab es nie einen Steinbruch. Steine wurden aber als Baumaterial dringend gebraucht. Also fischte man mit Flachbooten in Küstennähe die losen Steine auf, die ein Mann gerade an Bord hieven konnte. Bald waren die am leichtesten zu erreichenden Steingründe „abgefischt", und man drang mit besserer Technik auch in tiefere Gewässer vor. Am Hafen wurde die Ladung dann nach Gewicht bezahlt und oft gleich vor Ort von Steinklopfern bearbeitet. Und man brauchte eine Menge Steine, v. a. für den Bau des Burgstaakener Hafens in den Jahren 1868–71. Es ist heute kaum zu glauben, aber noch bis weit ins 20. Jh. hinein gab es diese Art des Broterwerbs auf Fehmarn. Die Steine wurden sogar exportiert, z. B. für den Bau der Hafenmolen von Kiel, Cuxhafen, Rødbyhavn und Kopenhagen sowie zur Errichtung des Marine-Ehrenmals von Laboe.

Sehenswertes

Meereszentrum Fehmarn: Weit über die Grenzen der Insel hinaus wird kräftig für dieses größte Hai-Aquarium Deutschlands geworben. Das führt dazu, dass sich besonders an Regentagen vor der am Ortseingang von Burg gelegenen Attraktion lange Warteschlangen bilden. Gewaltige Besuchermassen drängen sich dann durch das kommerziell ausgerichtete private Meereszentrum. Zu sehen gibt es in den 45 Schauaquarien etwa 1000 prächtige Meerestiere aus allen tropischen Regionen der Welt, darunter zwölf Haiarten. „Hailight" ist denn auch ein mit drei Millionen Litern Wasser gefülltes Riesenaquarium, dessen 16 m lange Panzerglasfront die Besucher von den schaurig-schönen Tieren trennt. Interessante Einblicke in die Unterwasserwelt gewährt auch der gläserne Tunnel, der mitten durch ein Riffbecken führt. Eine weitere Attraktion ist ein Rundaquarium, in dem ausgesuchte fluoreszierende Meereslebewesen zu bewundern sind. Viel bestaunt werden auch die possierlichen Seepferdchen in ihrem eigenen Becken. Ein Café und ein Souvenirshop dürfen natürlich nicht fehlen.

Tägl. 10–18 Uhr, im Sommer bis 19 Uhr. Erw. 10 € (in Begleitung eines Kindes 9 €), Kinder (ab 4 J.) 6,50 €, Senioren/Jugendliche (ab 16 J.) 9 €, Familien mit 2 Kindern 31 €. Gertrudenthaler Str. 12 (im Gewerbegebiet am westl. Ortseingang von Burg), ℡ 04371/4416, www.meereszentrum.de.

Modellbahn Fehmarn: In einer neu gebauten, einfachen Halle im Gewerbegebiet am Ortseingang von Burg gibt es auf 1000 m² Gesamtfläche mehrere große Modelleisenbahnanlagen zu bestaunen, auf deren Gleisen von unterschiedlicher Spurweite etwa 100 Züge durch abwechslungsreiche Landschaften fahren. Zwei Wertmarken für kleinere Spielanlagen, die man selbst steuern kann, sind im Eintritt enthalten; für jeweils 1 € kann man drei weitere Wertmarken erwerben. Kleine Kinder können mit einer großen Holzeisenbahn spielen. Die viel beworbene Modellbahn Fehmarn ist nur etwas für wirkliche Liebhaber.

März–Okt. tägl. 10–18 Uhr. Erw. 6 €, Kinder (4–14 J.) 3 €. Im Eintrittspreis ist auch das Surfmuseum enthalten. Dem Museum ist ein Spielzeuggeschäft vorgelagert. Im Museum selbst gibt's ein kleines Café. Landkirchener Weg 46, ℡ 04371/869990, www.modellbahn-fehmarn.com.

Surfmuseum: Im selben Gebäude, in dem das *Modellbahn Paradies Fehmarn* untergebracht ist, befindet sich auch ein von einem Förderverein getragenes kleines Surfmuseum. Die Zwillingsbrüder Charchulla, die 1975 bereits die erste Windsurfschule auf der Insel eröffneten, gründeten über 30 Jahre später dieses – wie sie sagen – „weltweit erste Surfmuseum". Zu sehen gibt's nicht nur Fotos zur Entwicklung des (Wind-)Surfsports, sondern auch Bretter, Trapeze, Gabelbäume und anderes Zubehör verschiedener Baugenerationen sowie das mit einer Länge von 16,10 m längste Surfbrett der Welt (auf dem acht Surfer gemeinsam fahren).

Im ersten Stock der Modelleisenbahn-Halle, März–Okt. tägl. 10–18 Uhr. Im Eintrittspreis des Modellbahnmuseums ist auch der Eintritt für das Surfmuseum enthalten. Nur Surfmuseum: Erw. 3 €. Landkirchener Weg 46, ☎ 04371/869990, www.surfmuseum.de.

St.-Nikolai-Kirche: Von innen ist die Kirche ganz anders, als es von außen den Anschein hat. Denn die Gewölbe sind viel niedriger, als es das hoch aufragende Spitzdach erwarten lässt, alles wirkt hell und freundlich. Obwohl in der Gotik entstanden, sind Decken und Wände im romanischen Stil bemalt. Sehenswert ist der gotische Schnitzaltar aus der zweiten Hälfte des 14. Jh. – er ist weitgehend vergoldet und zeigt Szenen aus der Passions- und Ostergeschichte. Hinter der Kanzel (von 1667) steht der sog. „Armenblock", eine mit Eisenbeschlägen gesicherte Opfertruhe, in der früher jeden Sonntag der Klingelbeutel entleert wurde, um den Erlös dann einmal im Jahr unter den Armen zu verteilen. Eine weitere Besonderheit ist das in die Ostwand links neben dem Chor eingelassene Ausgussbecken, *Piscin* genannt. Hier wurde vor der Reformation das nicht mehr benötigte Weih- und Taufwasser ausgeleert.

St. Nikolai verfügt über zwei Taufbecken: Ein pokalförmiges, aus gotländischem Stein (19. Jh.) gefertigtes steht in der Nähe des Piscin, darüber hängt ein Votivschiff. Am gegenüberliegenden Seitenschiffjoch findet man das zweite, ein ursprünglich aus Schweden stammendes gotisches Bronzetaufbecken in Kelchform (von 1391), unter dessen Sockel drei Bronzelöwen liegen.

Burgs Flaniermeile: Breite Straße mit dem Heimatmuseum

U-11: Blickfang am Hafen von Burgstaaken

Der wuchtige quadratische Glockenturm der um 1230 entstandenen und später mehrfach erweiterten Kirche wurde 1513 angebaut. Mit einer Höhe von 48 m übertrumpft er jeden Leuchtturm der Insel (auch mit seiner Stabilität, denn seine Mauern sind 2 m dick).

Breite Str. 47. April–Okt. werktags 9–17 Uhr. In der Hochsaison Turmbesteigung von St. Nikoklai jeweils Sa 10–12 Uhr.

Peter-Wiepert-Heimatmuseum: Benannt nach dem unermüdlichen Heimatforscher Peter Wiepert (1890–1980), bietet das direkt neben der St.-Nikolai-Kirche in drei Fachwerkhäusern untergebrachte Museum in 23 kleinen Räumen ein buntes, aber sehr interessantes Sammelsurium an Exponaten, die von Steinzeitfunden bis zur bäuerlichen Wohnungseinrichtung reichen. Hinzu kommen Mitbringsel Fehmarn'scher Seeleute und einige Schiffsmodelle, u. a. auch das des untergegangenen Segelschulschiffs „Niobe".

Breite Str. 49–51. Juni–Okt. Di–Sa 11–16 Uhr. Erw. 3 €, Schüler 2 €, Kinder (4–14 J.) 1 €. Infos/Führungen unter ☎ 04371-6257.

U-Boot-Museum: Seit dem Jahr 2005 beherrscht ein Original-U-Boot die Szenerie am Hafen von Burgstaaken. U 11 wurde 1968 gebaut und war bis 2003 im Dienst der Bundesmarine. Jetzt ist es effektvoll positioniert und lädt zur Besichtigung seines engen Innenlebens ein. Man kann beispielsweise durch das echte Periskop schauen oder in einer Mannschaftskoje Probe liegen – kaum vorstellbar, dass das Boot einst eine Besatzung von 22 Mann beherbergte. Im Eintritt ist auch der Besuch der Ausstellungshalle nebenan enthalten, in der die Geschichte der deutschen U-Boot-Flotte(n) von 1945 bis 2010 dokumentiert ist.

Hafen Burgstaaken. In der Saison tägl. 10–19 Uhr. Erw. 6 €, Jugendliche (16–18 J.) 5 €, Kinder 4 €, Familien 17 €. Im Winterhalbjahr nur an Wochenenden. ☎ 04371/501142, www.ostsee-u-boot.de.

Experimenta: Die in einer ehemaligen Bootshalle in Burgstaaken untergebrachte Ausstellung ist eine Mischung aus Physik-Show zum Anfassen, Museum und Spielplatz für Kinder und Erwachsene. Phänomene aus den Bereichen Natur und Technik, z. B. optische Täuschungen, Riesenseifenblasen, Magnetismus, Licht und

Schatten u. Ä., werden mithilfe von Ausstellungsstücken und Experimenten erfahrbar gemacht. Beeindruckende Höhepunkte sind ein 3D-Kino und die stündliche Vorführung eines Hochspannungsblitzes.

Hafenstr. 69 in Burgstaaken (Richtung Go-Kart-Bahn). April–Okt. tägl. 10–16 Uhr, im Sommer auch bis 18 Uhr. Erw. 7 €, Kinder ab 4 J. 5 €. ☎ 04371/864446, www.experimenta-fehmarn.de.

Planet Erde: In der Experimenta-Halle hat der gleiche Betreiber noch eine weitere – relativ kleine, aber sehr interessante – Lern- und Erlebnisausstellung eingerichtet. Sie ist als eine Art Reise vom Urknall über die Dinosaurierzeit bis hin zum heutigen Menschen konzipiert. Zu sehen gibt es allerlei Fossilien und Versteinerungen sowie ein Dino-Ei oder Meteoriten sowie kleine Präsentationen beispielsweise zum Thema Vulkanismus oder auch zur Welt des Körpers. Höhepunkte der Schau sind die (nicht originalen) Skelette eines Mammuts und des wohl berühmtesten Raubsauriers, des Tyrannosaurus Rex (T-Rex), sowie ein Erdbebensimulator, auf den man sich stellen kann, um Erdbeben verschiedener Stärken nachzuempfinden. Außerhalb der Halle gibt es ein überdachtes Grabungscamp, in dem Kinder nach Gold schürfen und (echte) Edelsteine ausgraben dürfen.

Hafenstr. 69 in Burgstaaken (Richtung Go-Kart-Bahn). April–Okt. tägl. 10–16 Uhr, im Sommer auch bis 18 Uhr. Erw. 6 €, Kinder ab 4 J. 4,50 €, inkl. Edelsteinausgrabung und Goldwaschen. Museumsshop vor Ort. ☎ 04371/879247, www.planet-erde-fehmarn.de.

Abenteuer Übersee (Expedition's Museum): Die dritte Ausstellung in Burgstaakens Bootshalle ist eine Art Entdeckungsreise nach Übersee um das Jahr 1900. Wer genau hinschaut, entdeckt in dem bunten Sammelsurium aus aller Welt viele kuriose Exponate, beispielsweise südamerikanische Schrumpfköpfe, historische Waffen der Naturvölker oder auch eine zweiköpfige Schildkröte. Eine Sonderschau zeigt beeindruckende Streichholzmodelle, so z. B. einen in Originalgröße erbauten Formel-1-Wagen aus einer Million Streichhölzern.

Hafenstr. 69 in Burgstaaken (Richtung Go-Kart-Bahn). April–Okt. tägl. 10–16 Uhr, im Sommer auch bis 18 Uhr. Erw. 6 €, Kinder ab 4 J. 4,50 €. ☎ 04371/864446, www.abenteuer-uebersee.de.

Fehmarn → Karte S. 124/125

Die Vogelfluglinie

Landvögel meiden das Überfliegen großer Wasserflächen, Seevögel hingegen haben eine ausgeprägte Scheu vor dem Passieren größerer Landflächen. Für beide ist also die schmale Landbrücke, die Fehmarn und die dänischen Ostseeinseln bilden, gewissermaßen ein vergleichsweise „kleines Übel", sodass sich hier die Wege beider Zugvogelarten kreuzen und es zu einer ungeheuren Ansammlung an Vogelschwärmen kommt. In den Naturschutzgebieten auf und um Fehmarn können die Vögel rasten, Nahrung aufnehmen und Kraft für den Weiterflug schöpfen. Manche Arten nutzen die idealen Bedingungen, um gleich hier zu brüten.

Als Vogelfluglinie bezeichnet man auch die Europastraße 47, welche die Insel buchstäblich in zwei Hälften teilt. Der Durchgangsverkehr rollt über die spektakuläre Fehmarnsundbrücke im Süden (→ auch S. 119) und endet im großen Fährhafen von Puttgarden, von dem rund um die Uhr die Fähren Richtung Dänemark ablegen. Ab 2018 wird dies jedoch Geschichte sein und Fehmarn endgültig ins Zentrum Europas rücken. Dann rollen die Autos und Züge über eine spektakuläre, 19 km lange Brücke über den Fehmarnbelt zur dänischen Insel Lolland.

Fehmarns Osten

Von Staberhuk an der Südostspitze bis zum Fährbahnhof Puttgarden reicht der östliche Teil der Insel, der einst die Landgemeinde Bannesdorf bildete. Hier dominiert die Steilküste, an welcher auch noch einige wenige Reste jenes Waldes erhalten sind, der früher einmal ganz Fehmarn bedeckte. Die ruhigen Dörfer und Sehenswürdigkeiten im Ostteil der Insel liegen weit verteilt. Wenn es überhaupt noch urwüchsige und unberührte Küstenabschnitte auf Fehmarn gibt, dann hier. Die Strände, falls vorhanden, sind zwar mit großen Steinen durchsetzt, wegen ihres herben Charakters aber besonders reizvoll.

Leuchtturm Staberhuk

6 km Fußweg sind es von Burgtiefe am Strand entlang bis nach Staberhuk. Alternativ empfiehlt sich die Straße über das landeinwärts gelegene Staberdorf (immer geradeaus zur Marineortungsstelle). Von dort geht es nur zu Fuß weiter, am Küstenstreifen entlang bis zum 2 km entfernten Leuchtturm. Der 23 m hohe Turm von 1903 ist allerdings nicht näher zu besichtigen und tut noch heute seinen Dienst, weil die Gewässer um Staberhuk wegen dicht unter der Wasseroberfläche liegender Felsbrocken für die Schifffahrt sehr tückisch sind.

Katharinenhof

Der bekannteste, vielleicht auch schönste Fleck der Ostküste ist die Gegend um Katharinenhof. Eine alte Lindenallee führt von Vitzdorf zu dem Ort, der 1920 durch die Aufteilung des ehemals gleichnamigen Gutshofs in mehrere kleine Ansiedlungen entstand. Katharinenhof ist deshalb kein Dorf im eigentlichen Sinne, sondern eher eine Ansammlung von weitverstreuten Häusern und Höfen.

Die Lindenallee, die nach Katharinenhof hineinführt, endet nach einer 90-Grad-Kurve an einem Campingplatz. Kurz davor liegt rechts ein kleiner Parkplatz am Waldrand. Die im Schnitt 5 m hohe Steilküste dahinter wird durch starken Regen oder Sturm ständig ein wenig mehr abgetragen. Auch Bäume rutschen mitunter ab,

Interessantes Sammelsurium: Musem Katharinenhof

die dann zusammen mit zahlreichen großen Findlingen am Strand liegen. Der ansonsten weitgehend aus Kies bestehende Strand hat seinen besonderen Reiz, auch am Nachmittag, wenn der Schatten der Bäume für besondere Lichtverhältnisse sorgt. Wer Ursprünglichkeit mehr schätzt als Komfort, ist hier richtig, ebenso wie zahlreiche Steinesucher, die v. a. nach stürmischen Tagen darauf hoffen, hier ein Körnchen Bernstein (→ S. 18) oder einen Hühnergott (Lochstein) zu finden.

Bevor man zum Strand gelangt, kommt man am privaten *Museum Katharinenhof* vorbei. In der kleinen, hofartigen Anlage befindet sich ein Gartencafé, in dem es hausgemachten Kuchen gibt. Von hier hat man schon einen guten Überblick über die Sehenswürdigkeiten, v. a. auf die hier wiederaufgebaute, fast 500 Jahre alte Räucherkate (die einst in der Gegend von Hamburg stand), das Backhaus und die historische Schmiede sowie alte Remise mit alten Kutschen, Schlitten und einem Oldtimer. Die Ausstellung im Herrenhaus zeigt eine Vielzahl an interessanten und auch kuriosen Exponaten, beispielsweise altes mechanisches Spielzeug und eine Sammlung an Grammofonen. Auf dem Gelände befindet sich außerdem ein kleines wiederaufgebautes Hünengrab aus der Jungsteinzeit. Gelegentlich wird im Museumshof noch nach alter Sitte getöpfert, geschmiedet, geräuchert und gebacken.

Museum Katharinenhof Osterferien und Mai–Okt. tägl. 11–17 Uhr (Mo Ruhetag), SB-Gartencafé im Museumshof (ab 14 Uhr). Erw. 5 €, Kinder 2,50 €, Di u. Do ist Backtag. www.museum-katharinenhof.de.

Essen & Trinken Waldpavillon, kaum ein Restaurant auf Fehmarn bietet einen so traumhaften Blick. Das vergleichsweise neue Haus mit seinem Interieur aus gediegenem Holz und v. a. mit großer Seeterrasse ist fast direkt auf die Steilküste gebaut und von Bäumen umgeben. Zur Kaffeezeit gibt's besonders große Stücke Kuchen. Die Speisekarte ist reichhaltig (v. a. Fischgerichte mit frischen Zutaten). Ein Campingplatz liegt in unmittelbarer Nähe, ist aber durch die gesonderte Zufahrt vom Haus aus nicht zu sehen und stört nicht

weiter. Parkplätze vorhanden. Tägl. ab 12 Uhr geöffnet, ☎ 04371/879913.

Allee-Café, direkt am Ortseingang am Beginn der Lindenallee lohnt ein Stopp im nett gemachten Café/Bistro. In einer zu Café und Ferienwohnungen liebevoll umgebauten Scheune wurde ein erstaunlich hoher Gastraum bunt gefliest und mit dunklen Tischen eingerichtet. Natürlich gibt's auch Plätze im Grünen auf der Wiese vorm Haus. Im Angebot sind Kuchen vom Blech und Torten. Spezialität sind die riesigen Windbeutel. Auch Herzhaftes aus der Landküche wie Suppen, Omelett, Pfannkuchen, Pizza und Salate. Im kleinen Hofladen kann man außerdem Käse, Marmelade, Wein und Geschenkartikel kaufen. Ostern bis Okt. 14–18 Uhr, im Sommer schon ab 11 Uhr. ☎ 04371/503838.

Bannesdorf

Der Ort mit seinen 720 Einwohnern liegt etwas abseits der nach Puttgarden führenden Straße. Hier geht es außerordentlich ruhig zu, und man erahnt kaum, dass Bannesdorf, wie alte Funde belegen, schon auf eine lange Siedlungsgeschichte zurückblicken kann. Bedeutung kommt Bannesdorf v. a. deshalb zu, weil es sich um eines von nur drei Kirchdörfern der Insel handelt. Die *St.-Johannis-Kirche* wurde Mitte des 14. Jh. errichtet und ist im Grundriss dem Ratzeburger Dom nachempfunden. Wie so oft in Ostholstein wurde der vierkantige Turm erst viel später angebaut, nämlich 1701. Er ist recht schlicht gehalten und erstaunlicherweise nicht aus Stein, sondern aus Holz gebaut. Wer innehält, wird ein Geräusch vernehmen: das gleichmäßige Pendeln der Turmuhr. Im Inneren der schlichten Kirche besticht v. a. der mit einem Backsteinboden ausgelegte quadratische Chor, in dem noch Reste spätgotischer Wandmalerei erhalten geblieben sind. Zu den Schätzen der Kirche gehört zudem ein uralter pokalförmiger Taufstein von 1240 und der neben dem Eingang stehende ehemalige Altar von 1777. Auffallend sind auch die drei reich verzierten und untereinander durch Gänge verbundenen Logen (um 1730). Es sind sog. Hochstühle angesehener Bauernfamilien. Bei genauem Hinschauen erkennt man, dass in der mittleren Loge eine schmale Goldledertapete angebracht ist.

Übernachten/Essen & Trinken   Hotel-Gasthof Bannesdorf (Hotel Meetz), dass der Chef Jäger ist, lässt die Inneneinrichtung des geräumigen Gasthofs unschwer erkennen. Hotel Meetz präsentiert sich als behaglicher Dorfgasthof mit schönem Festsaal und netter Gartenterrasse. Es gibt aber nicht nur Wild der Saison, sondern ein breites Angebot an frischen Speisen, v. a. Steaks und Schnitzel, aber auch Rinderleber oder Fischspezialitäten. Mittagstisch 11.30–13.30 Uhr, abends 17.30–21 Uhr. Der direkt an der Kirche gelegene Gasthof hat auch einfache, ruhige Zimmer (mit Bad) im Angebot. DZ 60 €. Kirchensteig 12, ✆ 04371/3848, ✉ 04371/3830, www.gasthof-meetz.de.

Campingplatz Klausdorfer Strand, dieser gepflegte Platz mit neuen Sanitäreinrichtungen besticht durch seine schöne Lage an der Steilküste im Inselosten (4 km von Bannesdorf entfernt). Nur wenige Büsche schützen die etwa 500 Stellplätze vor dem Wind, dafür aber hat man freien Blick hinüber nach Dänemark und auf die Schiffe, die in der Ferne durch den Fehmarnbelt ziehen. Über eine Treppe geht es direkt hinunter zum Naturstrand. Kinderprogramm in der Hauptsaison, Bootsslipanlage, guter SB-Frischmarkt und Restaurant. April–Okt. geöffnet. Erw. 5 €, Kinder 2,50 €, Stellplatz 9–12 €. ✆ 04371/2549, ✉ 04371/2321, www.camping-klausdorferstrand.de.

Puttgarden

Auf dem schnellen Weg nach Norden endet die Europastraße 47, die die Insel wie ein Band zerschneidet, in Puttgarden. Dann geht es nur noch vom Fährbahnhof aus weiter, der den Namen des kleinen und sehr ruhigen Dorfes europaweit bekannt gemacht hat. Der Fährbetrieb mit den beeindruckenden großen Pötten ist sehr gut von der den Hafen begrenzenden Mole aus zu beobachten, die etwa 800 m weit ins Meer ragt. Bei starkem Wind und Seegang brechen die Wellen schon mal über die Kaimauer und duschen mit ihrer Gischt so manchen Urlauber. Mittlerweile hat sich der Hafen auf die vielen Besucher eingestellt. Von einer Stegbrücke aus kann man beobachten, wie die Pkw, Lastwagen und Züge direkt in den riesigen Schiffsbauch der modernen Doppelendfähren rollen, die alle 30 Minuten zwischen Puttgarden und dem dänischen Rødbyhavn hin und her pendeln. WC, Imbissbude und SB-Restaurant sind ebenso vorhanden wie ein sehr großer Parkplatz (2 € für bis zu 4 Std.). Dazwischen liegt ein riesiger schwimmender Supermarkt, in dem v. a. Dänen und Schweden Alkohol und Zigaretten in extremen Mengen kaufen und anschließend ihre Autos mit dem kostbaren Gut beladen. Der Ort Puttgarden selbst liegt etwas abseits des Hafens, ist beschaulich und eher unauffällig.

Schiffsausflug nach Dänemark   Alle halbe Stunde startet eine Fähre. Die Fahrt über den 18 km breiten Fehmarnbelt dauert 45 Min. – Zeit genug, um frische Seeluft zu schnuppern (oder im Bordshop einzukaufen). Auto- und Fahrradfahrer reihen sich wie an einer Autobahn-Mautstation ein und kaufen ihr Ticket direkt vom Fahrzeug aus. Für Fußgänger gibt es einen Automaten

am Ende der hölzernen Fußgängerbrücke. Das Tagesticket für ein Auto (bis 9 Pers.) kostet 37,50 € (gilt ab 9.15 Uhr bis Mitternacht). Tagesticket für Fußgänger: Erw. 9 €, Kinder (4–11 J.) 6 €, Fahrradfahrer 13 €. Tagesparkplatz am Hafen links; bis zu 4 Std. 2 €; bis zu 12 Std. 4 €. Infos unter Scandlines Deutschland, Servicecenter Puttgarden, ✆ 04371/505303. www.scandlines.de.

Niobe-Denkmal

An der Westseite des Naturschutzgebietes *Grüner Brink* wird der Besucher zunächst von einem Campingplatz mit dem Restaurant Niobe und einem großen, aber oft vollen Parkplatz empfangen. Das schlichte Denkmal, nach dem sich die

Gaststätte benannt hat, liegt ein paar Hundert Meter entfernt am schönen, aber recht steinigen Strand. Es erinnert an den Untergang des Segelschulschiffs „Niobe", das bei der Fahrt durch den Fehmarnbelt im Juli 1932 plötzlich von einer gewaltigen Gewitterböe erfasst wurde und kenterte. Der stolze Segler sank innerhalb von 4 Minuten; 69 Besatzungsmitglieder ertranken, nur 40 konnten gerettet werden. Das Denkmal besteht lediglich aus einem Stück Mast und einem schlichten Stein. Der Stein als Sinnbild passt, wurde doch in der griechischen Mythologie die vom Schmerz überwältigte Göttin Niobe in einen Stein verwandelt, der von ihren Tränen für immer nass war. Die Tafel darunter wurde in nationalsozialistischer Zeit (im Oktober 1933) enthüllt und enthält die propagandistische Aufschrift: „Es ist nicht nötig, dass ich lebe, wohl aber, dass ich meine Pflicht tue."

Schlichte Erinnerung an eine Katastrophe: Niobe-Denkmal

Café „Zum Backhus", 3 km vom Strand entfernt, etwas versteckt mitten in Gammendorf, liegt das im Landhausstil eingerichtete Bauernhofcafé. Im Hof laden rusti-kale Tische zur Rast ein. Hausgemachte Kuchen. Geöffnet tägl. 14–18 Uhr, Di Ruhetag. ✆ 04371/6746.

Fehmarns Westen

Der Westteil der Insel ist beschaulich, aber meist sehr windig. Sandstrände sind hier Mangelware. Schmale, steinige, aber bei Surfern und Anglern gleichermaßen beliebte Küstenstreifen herrschen vor. Im Südwesten Fehmarns liegen im Schutz der Orther Reede die sehenswerten und einstmals bedeutenden Hafenorte Lemkenhafen und Orth.

Hier im Westen ist noch viel von der einst für die gesamte Insel so typischen Siedlungsstruktur erhalten geblieben: durch Alleen verbundene Dörfer mit großen, repräsentativen Höfen, die um den Dorfteich oder die Gemeindewiese (Anger) gruppiert sind. Hauptort im Inselwesten ist Petersdorf mit seiner stattlichen Backsteinkirche. An der Westküste befindet sich das weithin bekannte Vogelschutzgebiet Wallnau, in dem naturnah und eindrucksvoll die Vogelwelt zu bestaunen ist.

Westermarkelsdorf

Die ganz im windigen Nordwesten der Insel gelegene Ansiedlung mit Dorfanger ist von Dutzenden Windkrafträdern umgeben. Etwas nördlich steht ein backsteinerner Leuchtturm aus dem Jahr 1881. Der achteckige, 18 m hohe Turm mit seiner roten Haube sichert noch heute die westliche Zufahrt zum Fehmarnbelt. Er bildet einen schönen Kontrast zum daneben liegenden beige bemalten Leuchtturmwärterhäuschen. Ein kleiner Parkplatz ist ein idealer Ausgangspunkt für eine Wanderung zum nördlichen Binnensee mit seinen Salzwiesen.

Schmal, steinig und windig: Westküstenstrand

Westlich des Dorfes führt ein kurviges Sträßchen über den Deich zum Strand, der schön, aber steinig ist. Seinen Wagen kann man auf einem kleinen kostenfreien Parkplatz abstellen (nur 1,80 m Durchfahrtshöhe). Dieser meist windige Strandabschnitt ist nicht nur bei Strandspaziergängern, sondern auch bei Surfern und v. a. bei Brandungsanglern beliebt.

Altes Zollhaus, sozusagen am letzten Zipfel der Insel hinter dem Dorfteich gelegen. Einfaches, aber ordentliches Restaurant mit windgeschützter Terrasse (Kuchentheke). Man isst v. a. schmackhaften Fisch aus der Pfanne. Im Angebot sind aber auch herzhafte Steaks vom Angus-Rind. ☎ 04372/991635.

Petersdorf

Der Hauptort Westfehmarns wird von der weithin sichtbaren *St.-Johannis-Kirche* beherrscht. Die stattliche Backsteinhallenkirche stammt ursprünglich aus dem 13. Jh., wurde danach aber mehrmals umgebaut. Ihr 64 m hoher Turm mit seiner gewaltigen achtseitigen Spitze ist etwa 20 Seemeilen weit zu sehen und diente der Schifffahrt früher als Tageslandmarke. Im Kircheninneren besticht v. a. der bedeutende vergoldete Schnitzaltar mit Figuren Marias und der zwölf Apostel sowie Heiligenbüsten (1390). Darüber hinaus befindet sich im Altarraum ein im 15. Jh. erbautes hölzernes Sakramentshaus. Es ist einem gotischen Turm nachempfunden und beherbergt die Figur eines segnenden Bischofs. Ebenfalls sehenswert ist die am Eingang zum Chor hängende hölzerne Kreuzigungsgruppe aus dem 15. Jh. (die Kirche ist tägl. 8–18 Uhr geöffnet).

Um die Kirche herum liegt der Friedhof, der wiederum fast kreisrund von mächtigen alten Linden umgeben ist. Die kopfsteingepflasterten Sträßchen, alte Backsteinhäuser und der etwas östlich gelegene Dorfteich vervollständigen die Idylle. Alljährlich im Mai wird dieses Ensemble Mittelpunkt des Rapsblütenfestes, das Tausende Besucher nach Petersdorf lockt. Große Teile der Insel erblühen um diese Zeit in kräftigem Gelb, und überall liegt der typische Blütenduft in der Luft. Den Höhepunkt des Festes bildet die Wahl der Rapskönigin. Der gekürten einheimischen Schönheit wird dann die Ehre zuteil, ein Jahr lang auf Tourismusmessen oder bei anderen Gelegenheiten als Repräsentantin der Insel aufzutreten.

Pension Lange, nette und ruhig gelegene einfache Pension mit nur 6 Zimmern am Dorfsoll (Dorfteich) von Petersdorf. DZ 68 €. Mittelstr. 10, ☎ 04372/601, 📠 04372/630, www.pension-lange-fehmarn.de.

Essen & Trinken   **Südermühle**, gute Küche in einer ehemaligen Windmühle (1893) am südl. Ortsrand (hinter dem Getreidesilo). Es gibt v. a. frischen Fisch, aber z. B. auch Lammrücken. Wunderschön ist auch die bewachsene Terrasse mit Blick auf die weiten Felder Fehmarns. Küche 12–14.30 und 18–22 Uhr, ☎ 04372/636.

Kartoffelscheune, rustikale Holztische und Balkendecke. In dem mitten im Dorf nahe der Kirche gelegenen Restaurant gibt's nicht nur Kartoffelgerichte (Ofenkartoffel mit Matjes), sondern auch Fisch- und Fleischgerichte aller Art in Standardqualität. 12–14.30 u. 17–21.30 Uhr geöffnet. Kämmerer Weg 3 a, ☎ 04372/991919.

Wo Jimi Hendrix sein letztes Konzert gab

Von der Organisation her ging dieses Konzert als riesiger Flop in die Annalen der Musikgeschichte ein. Auch finanziell war es ein Desaster. Ein Jahr nach Woodstock wollte man mit dem *Love & Peace Festival* auf Fehmarn ein ähnlich legendäres Konzert in Europa auf die Beine stellen. Auf der Wiese am Flügger Strand spielten vom 4. bis 6. September 1970 u. a. *Frumpy, Ginger Baker, The Faces* (mit *Rod Stewart* und *Ronnie Wood*) und eben *Jimi Hendrix*. Doch der Dauerregen überforderte die Veranstalter, und der scharfe Ostseewind zerfetzte die Musik. Zudem sorgten 180 Rocker der Hamburger *Hells Angels* für gewaltigen Ärger.

Trotzdem war das Chaos im strömenden Regen ohne genügend Verpflegung, Getränke und Toiletten für die 25.000 angereisten Hippies ein unvergessliches Erlebnis. Denn hier trat Jimi Hendrix ein letztes Mal öffentlich auf und begeisterte die Menge, einige Tage bevor er in London an einer Alkohol- und Tablettenvergiftung starb.

Jimi-Hendrix-Gedenkstein

Ein Jimi-Hendrix-Gedenkstein steht heute am Flügger Strand. Auf dem 2,5 m hohen und 6,5 t schweren Findling ist im Maßstab 1:1 eine E-Gitarre eingemeißelt. Ansonsten gibt's hier wenig zu sehen. Doch seit 1995 besinnt man sich wieder auf die Konzerttradition. Seitdem wird jedes Jahr Anfang September am Flügger Strand ein Jimi-Hendrix-Revival-Festival durchgeführt, und zwar „umsonst und draußen", wie es im offiziellen Titel der Veranstaltung heißt.

Wer nicht mit dem Fahrrad unterwegs ist, muss bis zum Gedenkstein von Püttsee-Strand aus knapp einen Kilometer den Deich entlang nach Süden oder vom Flügger Strand 600 m nach Norden laufen.

Wasservogelreservat Wallnau

Die Anfahrt in das fast 300 ha große Naturschutzgebiet erfolgt über den idyllischen Ort *Bojendorf* mit seinen teils reetgedeckten Höfen. Für einen Besuch im Wasservogelreservat sollte man Zeit mitbringen, um die Dauerausstellung zum Phänomen Vogelzug im Informationszentrum anzusehen und v. a. um an der vom Naturschutzbund (NABU) angebotenen Führung teilnehmen zu können. Bei dieser kann man sich, ausgestattet mit einem Fernglas (Leihgebühr 1 €), auf einem Naturlehr- und Schnupperpfad mit zahlreichen Experimentierstationen und The mensäulen einen umfassenden Eindruck von der Tier- und Pflanzenwelt Wallnaus verschaffen. Allein 60 Brutvogelarten ziehen hier ihre Jungen auf, bis zu 190 weite re Zugvogelarten nutzen Wallnau als willkommenen Rastplatz. Von verschiedenen Hütten aus lassen sich durch Beobachtungsschlitze die Lebensräume der Vögel aus der Distanz betrachten. Zudem gewährt ein 12 m hoher Beobachtungsturm einen guten Überblick über das Reservat.

Gegründet wurde das Naturschutzgebiet im Jahr 1975 auf dem Gelände eines ehemaligen Teichguts. Durch Sturmfluten wurde das ohnehin wasserreiche Gebiet immer wieder überspült und ist damit – zum Segen für die Vögel – für eine intensive landwirtschaftliche Nutzung unbrauchbar.

Öffnungszeiten Infozentrum März–Okt., tägl. 10–17 Uhr, Eintritt (inkl. Führung) Erw. 6,50 €, Kinder ab 6 Jahren 3,50 €. Führung 11, 13 und 15 Uhr. ☎ 04372/1002, www.nabu-wallnau.de.

🍃 **Essen & Trinken/Einkaufen** NABU-Shop und nette Gastronomie im Infozentrum Wallnau mit Bio-Mittagstisch, Bio-Kaffee und sogar Bio-Bratwurst vom Galloway-Rind. Führung. ◼

Übernachten Strand-Camping Wallnau, sehr großer Platz der gehobenen Kategorie mit weit über 800 Plätzen und umfangreichem Animationsprogramm (Ponyreiten, Disco etc.). Kostenlose Warmwasserduschen. Mietwohnwagen vorhanden, Fahrradverleih, Surfrevier, Strandsauna. Erw. 7,20 €, Kinder 4,60 €, Stellplatz 13–17 €. ☎ 04372/456, 📠 04372/1829, www.strandcamping.de.

Flügge/Flügger Leuchtturm

Im Südwesten der Insel liegt der nur aus ein paar Häusern bestehende Weiler Flügge, zu dem zwei große Campingplätze gehören. Die eigentliche Sehenswürdigkeit Flügges ist jedoch der sandfarben verklinkerte Leuchtturm. Das 1916 erbaute Leuchtfeuer wurde 1981 automatisiert und sichert die Einfahrt in den Fehmarnsund. Es ist mit 38 m der höchste Turm Fehmarns und der einzige, der auch zu besichtigen ist. Der Rundumblick von der (nach 162 Treppenstufen erreichten) Galerie ist bei schönem Wetter absolut lohnenswert. Am Leuchtturm gibt es einen schönen kleinen und wenig frequentierten Strand.

Öffnungszeiten April–Okt. Di–So 10–17 Uhr, Mo Ruhetag. Erw. 2 €, Kinder 1 €. Von einem Parkplatz führt ein Rad-/Fußweg zum 1,5 km entfernten Turm. Autos sind nicht zugelassen. Ein Anlieger hat sich die Situation zunutze gemacht und verlangt 2 € Parkgebühr für seinen Parkplatz (passend am Automaten einwerfen). Zudem bietet ein (Motor-) Rikschafahrer für 2 € (Kinder 1 €) den Transport zum Turm an. Bei schönem Wetter kann es auf dem Turm eng werden. Zur Überbrückung eventueller

Wartezeiten stehen einige Sitzgelegenheiten zur Verfügung sowie ein Kiosk, an dem auch Kaffee und Kuchen erhältlich sind.

Übernachten Camping Flügger Strand, lang gezogener Campingplatz mit 500 Plätzen am ebenso langen Strand, was die Wege vom Wohnwagen zum Meer erheblich verkürzt. Nur wenige Bäume und Büsche schützen vor dem Wind. Animation für Kinder, zudem gibt's eine Minigolfanlage. Auch einige Mietwohnwagen bzw. Ferienhäuschen sind vorhanden, ebenso SB-Markt, Restaurant, Fahrradverleih und Minigolfanlage. Geöffnet von Ostern bis Anfang Okt. Erw. 5 €, Kinder 3 €, Stellplatz 11–15 €. ✆ 04372/714, 🖂 04372/1588, www.fluegger-strand.de.

Orth

Ohne Zweifel einer der schönsten Flecken auf der Insel. Die kleine Ansiedlung wird vom lang gestreckten Hafen dominiert, der für die wenigen Häuser eigentlich überdimensioniert ist, aber gerade dadurch das besondere maritime Ambiente unterstreicht. Erst 1881 wurde der Hafen angelegt, v. a. um von hier aus Getreide zu exportieren. Ein großer Speicher zeugt heute noch davon. Vor dem Zweiten Weltkrieg war Orth (der Name bedeutet auf Slawisch so viel wie „Halbinsel") zeitweise sogar ein kleines Seebad. Auch ein Badependelverkehr zum gegenüberliegenden *Krummsteert*, einem teilweise nur wenige Meter breiten Nehrungshaken am Südwestzipfel der Insel, wurde damals eingerichtet. Heute bildet der einstige Badeplatz gemeinsam mit dem benachbarten *Sulsdorfer Wiek* ein Naturschutzgebiet, in dem die Vögel ungestört brüten können.

In Orth selbst liegt hinter der Außenmole ein schmales Rasenstück, von dem aus gesurft, aber auch gebadet werden kann. Mangels Strand führen Holztreppen ins flache Wasser. Hier steht auch das weiß bemalte Denkmal, das am 9. November 1881 im Rahmen der Hafeneröffnung „zum Andenken an die ruhmreiche Regierung seiner Majestät des Kaisers und Königs Wilhelm I." aufgestellt wurde (→ Foto S. 24).

Übernachten Ostseeblick, die kleine, einfache Pension (nur 3 DZ) liegt etwas versteckt am südlichen Ortsende. Der Wirt hat ein Faible für die Geschichte Orths, weshalb die Gaststätte alte Fotos des Dorfes zieren. Es gibt deftige Fisch- und Fleischgerichte, auch typisch Holsteinisches wie Labskaus. Mi Ruhetag und Do „Segler-abend". DZ 55 €. Poststr. 10, 23769 Orth, ✆ 04372/200, www.ostseeblick-fehmarn.de.

Essen & Trinken Piratennest, eine urige Kneipe in einem nach einem Brand wiederaufgebauten ehemaligen Speicher. Die Terrasse ist direkt ins Hafenbecken gebaut (draußen Selbstbedienung). Das Essen ist einfach und schmackhaft (z. B. Räucher-

Fehmarn → Karte S. 124/125

Am idyllischen Hafen von Orth

fisch oder Bauernsalat), und abends, wenn sich Freizeitsegler ihre Storys erzählen, gibt's hier in gemütlicher Atmosphäre ein gutes Bier. Am Hafen 1, ✆ 04372/806590.

»»» Mein Tipp: Die Villa, ideal für das Relaxen am idyllischen Orther Hafen. Man stelle einfach ein paar Tische unter alte Nussbäume einer etwas in die Jahre gekommenen Villa am Hafen und male den kleinen Gastraum in warmen, hellen Farben an – schon ist ein nettes, gemütliches Selbstbedienungs-Café entstanden, vor dem man auch hervorragend den Sonnenuntergang genießen kann. Und ein gutes Frühstück gibt es hier auch (Sa/So). In der Saison tägl. 10–20 Uhr geöffnet (bei Bedarf auch länger). Am Hafen 4, ✆ 04372/806288. **«««**

Lemkenhafen

Im Zentrum der großen südwestlichen Bucht der Insel – Orther Reede genannt – liegt Lemkenhafen. Am Hafen erstreckt sich ein kleiner Platz mit Restaurant und Eisdiele und deren einladenden Terrassen. Der Hafen selbst ist, anders als in Orth, für die Öffentlichkeit jedoch nur sehr eingeschränkt zugänglich, da er heute als Yachthafen genutzt wird und eingezäunt ist.

Nur wenig im kleinen Ferienort erinnert heute noch daran, dass Lemkenhafen einst – wenn auch nur für kurze Zeit – Stadtrechte besaß. Im 15. Jh. wurde dieser ehemals florierende Hafenort von der Hanse vom fehmarnschen Landrecht ausgenommen und zur Stadt mit lübischem Recht erklärt, und zwar mit allem, was dazugehört: Rat, Bürgermeister und Stadtwappen. Letzteres zeigt ein Lamm auf dem holsteinischen Nesselblatt. Das ist keineswegs abwegig, denn das *Lemken* im Ortsnamen ist nichts weiter als die niederdeutsche Form von *Lämmchen*.

Die eigentliche Sehenswürdigkeit Lemkenhafens ist heute das *Mühlen- und Landwirtschaftsmuseum*. Die das Dorf überragende, 225 Jahre alte Mühle ist die einzige heute noch funktionstüchtige Segelwindmühle Deutschlands. Je nach Windstärke wurden die nur aus einem Holzgitter bestehenden Mühlenflügel ganz oder teilweise mit Segeltuch bespannt, um Gerste oder Weizen zu Grütze und Graupen zu verarbeiten. Gemahlen wurde fast ohne Unterbrechung bei Tag und bei Nacht,

Ein Blumenteppich vor Lemkenhafen

im Sommer und im Winter, noch bis 1954! Dann hätte das große Mühlensterben beinahe auch dem *Jachen Flünk* (= eilender Flügel), wie die Mühle genannt wird, den Garaus gemacht. Doch der Heimatforscher Peter Wiepert bewahrte sie vor dem Abriss und richtete hier schon 1961 das erste Mühlen- und Landwirtschaftsmuseum Deutschlands ein, in dem seitdem u. a. landwirtschaftliche Geräte und natürlich die Mühlentechnik präsentiert werden. Der „Eilende Flügel" ist die letzte vollständig erhaltene Mühle von einstmals 17 auf der Insel.

Museum 1.6.–31.10. tägl. außer Mi 10–17 Uhr, Erw. 3 €, Kinder 1 €. Träger der Mühle ist der Museumsverein Fehmarn, der auch das Peter-Wiepert-Museum in Burg betreut. ✆ 04372/526.

Essen & Trinken ⟫⟫ **Mein Tipp: Aalkate,** bietet absolut frischen geräucherten Aal an – den wohl besten auf der ganzen Insel. Selbst eine weitere Anreise lohnt sich zu der an der Durchgangsstraße einige Schrit-

te vom Hafen entfernt gelegenen urigen Gaststätte, die schon fast Kultstatus hat. Gegessen wird drinnen oder draußen mit Blick auf die Ostsee an Holztischen und -bänken, ohne Teller, nur auf Papier. Dazu trinkt man Bier aus der Flasche und zur Verdauung einen kräftigen Klaren. Natürlich sind auch Butterfisch, Makrele oder Lachs im Angebot. Tägl. 9–21 Uhr geöffnet. Königstr. 22, ✆ 04372/532. ⟪⟪

🚲 Fahrradtour 4: Der Südwesten Fehmarns → S. 273
Herrliche Rundtour durch Fehmarns schönste Dörfer

Fehmarns Mitte

Die Fernstraße Richtung Puttgarden teilt die Insel etwa in der Mitte. Das Gebiet um diese Verkehrsader bildete früher die Landgemeinde Landkirchen und reichte von der Fehmarnsundbrücke im Süden bis zum Fehmarnbelt im Norden.

Vor allem die kleinen Strände im Süden der Insel haben wegen der alles überstrahlenden Sundbrücke ihren besonderen Reiz. Das am Burger Binnensee angrenzende Camper- und Surferparadies Wulfener Hals ist auch überregional bekannt. Geographischer und historisch bedeutsamer Mittelpunkt der Insel ist aber seit jeher Landkirchen, das mit der St.-Petri-Kirche eine wirklich bedeutende Sehenswürdigkeit besitzt.

Landkirchen

Fast genau im Zentrum der Insel gelegen, ist Landkirchen für Fehmarn schon ein recht großer Ort mit einigen wenigen alten Giebelhäusern und ein paar Geschäften und Restaurants. Ansonsten geht es hier eher beschaulich zu, denn das nahe Burg ist einfach zu übermächtig.

Das war nicht immer so. Im Jahre 1320 hatte der dänische König Christoph II. für die ganze Insel mit Ausnahme der mit lübischem Recht versehenen Stadt Burg das fehmarnsche Landrecht eingeführt. Das zentral gelegene Landkirchen war daraufhin für einige Jahrhunderte Verwaltungsmittelpunkt und Versammlungsort der Insel. Noch heute zeugt der sog. *Landesblock* von der einstigen politischen Bedeutung des Ortes. In dieser mächtigen, bereits im 13. Jh. aus dem Stamm einer Eiche gefertigten Truhe wurden noch bis zur Ablösung des fehmarnschen Landrechts durch die preußische Gesetzgebung im Jahr 1867 die wichtigsten Urkunden und Siegel verwahrt. Der Landesblock wurde von drei großen Schlössern gesichert, deren Schlüssel sich im Besitz jeweils einer Vertrauensperson aus den drei Kirchspielen

Eine historische Besonderheit: der Landesblock von Landkirchen

der Insel befanden. Auf diese Weise konnte die Truhe nur von diesen drei Amt-
männern gemeinsam geöffnet werden. Die Dokumente befinden sich nun im Kieler
Staatsarchiv, aber der Landesblock selbst steht auch heute noch an seinem ursprünglichen Platz in der St.-Petri-Kirche, die damit auch eine durchaus weltliche
Bedeutung hatte.

Die dreischiffige *St.-Petri-Kirche* ist ein kleiner frühgotischer Backsteinbau aus
dem 13. Jh., der unübersehbar im Ortsmittelpunkt steht. Als Besonderheit fällt
sofort der hölzerne Glockenturm von 1638 auf, der nicht wie üblich direkt an die
Kirche erbaut, sondern einige Meter entfernt freistehend errichtet wurde. Die
prächtige Inneneinrichtung stammt weitgehend aus dem Spätbarock. Im Seitenschiff befinden sich zwei Votivschiffe, zum einen der Dreimaster „Einigkeit" von
1841 und zum anderen ein Lübecker Dreimast-Kriegsschiff aus dem Jahr 1617, das
älteste deutsche Modellschiff überhaupt. Bemerkenswert ist auch der gotische Marienleuchter von 1390. Er zeigt inmitten eines Strahlenkranzes eine doppelseitige
Madonna mit dem Jesuskind. Sechs farbenprächtige Logen einflussreicher Bauern
erinnern daran, dass auf Fehmarn der Adel keine Chance hatte, ebenso wie die auf
einem Gerüst am Eingang hängenden 60 Betschemel, die mit den Hausmarken
ihrer Eigentümer, also einheimischer Familien, beschnitzt sind.

Ungewöhnlich für eine Kirche ist auch der sehr alte Bibliotheksschrein von 1660
(an der Stirnwand des rechten Seitenschiffs). Dessen wertvolle Bücher werden
durch dicke Schrankgitter gesichert.

Essen & Trinken Dat ole Aalhus, mitten
im Ort in einer alten Fachwerkkate gelegen,
bietet das Restaurant seit Jahren neben
Fleischgerichten auch frischen Aal und
andere Fischgerichte an. Geschützte Sonnenterrasse hinter dem Haus (Kinderspielecke). Geöffnet ab 17 Uhr, Feiertags auch
12–14 Uhr, Mo Ruhetag. Hauptstr. 39 a,
☎ 04371/9199.

》》Mein Tipp: Flora Café, 2 km westlich
von Landkirchen an der Straße nach
Petersdorf in der Mitte Fehmarns. Sehr
gemütliches und gepflegtes Bauerncafé in
einer alten Scheune aus dem Jahr 1927.
Liebevoll dekoriert bis ins letzte Detail (z. B.
die Speisekarte auf Kaffeefiltern). Plätze
innen oder im Grünen, hausgemachter,
sehr leckerer und mit Leidenschaft selbst

gebackener Kuchen nach Großmutters Rezept, sogar glutenfreier Kuchen. In der Scheunendiele kann man zudem geschmackvolle Floristik-Accessoires erwerben. Tägl. 11–18 Uhr, Altjellingsdorf Nr. 1, ✆ 04371/879214. ««

Albertsdorf

Südwestlich von Landkirchen liegt der kleine Ort Albertsdorf, der bis 1872 durch einen kleinen Kanal mit dem Meer verbunden war. An der Hauptstraße am südlichen Ortsrand stößt man auf eine heute seltene, aber in früheren Zeiten übliche Fehmaraner Besonderheit: einen alten *Dodelstein*. Dies war ein Grenzstein, den man mit den Hausmarken des Besitzers versehen an die Hof- und Feldgrenzen setzte. *Hausmarken* wiederum waren aus wenigen Strichen stilisierte Erkennungszeichen der freien Bauern, gewissermaßen ein Gegenstück zu den Wappen der Adeligen. Sie waren bis ins 17. Jh. gebräuchlich.

Fehmarn: ideal für Fahrradtouren

Fehmarn → Karte S. 124/125

Eine weitere steinerne Eigentümlichkeit kann entdecken, wer der Straße Richtung Gold folgt, kurz davor aber links in einen schmalen asphaltierten Weg einbiegt. Dieser endet für Autofahrer an einer Schranke (davor ein kleiner Parkplatz). 500 m weiter – fast schon am Wasser – liegt ein von Buschwerk umgebenes altes (längst ausgeraubtes) Hünengrab, der sog. *Alwerstein*. Die Küste ist an dieser Stelle sehr flach, weshalb die kleine Erhebung des Grabes aus der Jungsteinzeit vor Errichtung des Leuchtturms Strukkamphuk (s. u.) den Fischern als Ansteuerungspunkt für die Einfahrt in den Fehmarnsund diente. Deshalb durfte das Megalithgrab auch nicht entfernt werden. Der Deckstein war früher zur besseren Sichtbarkeit mit einem großen weißen Kreuz bemalt.

🌿 **Hof-Café Albertsdorf**, das Bauernhofcafé mit seinen Tischen auf dem Hof und einigen Innenplätzen lädt zum Verweilen ein. Hier können Sie die von einer Konditormeisterin gebackenen Kuchen genießen (sogar Fehmarn'sche Kröpel) oder in dem in einer alten backsteinernen Scheune eingerichteten Hofladen allerlei landwirtschaftliche Produkte (auch Brot) einkaufen. Zudem gibt's eine Auswahl an Kunsthandwerk und Malerei. Frühstücken kann man hier auch, denn Café und Laden haben Ostern bis Okt. 7–18 Uhr geöffnet. Albertsdorf 13, ✆ 04371/502524. ■

Gold

Man sagt, dass Gold seinen ungewöhnlichen Namen bekam, weil sich hier die untergehende Sonne so schön golden im Meer spiegelt. Aber auch tagsüber ist der Blick auf die gegenüberliegenden Dörfer Lemkenhafen und Orth malerisch. In Gold gibt es einen kleinen, unbewachten Naturstrand, der besonders bei Surfern und Kitesurfern (auch Anfängern) beliebt ist, da dieser Teil der Küste ein Stehrevier ist (maximal 1,5 m Wassertiefe). Es gibt hier lediglich fünf Häuser, aber immerhin eine Kneipe, eine Surfschule und einen großen Tagesparkplatz (2 €).

Übernachten/Essen & Trinken Achtern Diek, kleine Pension mit wenigen Zimmern (DZ 58–64 €). Ansonsten ist das Achtern Diek ein behagliches Café/Bistro mit großem Wintergarten und kleiner Terrasse direkt am Surfstrand von Gold. Neben kleinen Gerichten und Suppen gibt's auch tägl. ein Frühstücksbüfett. Haus Nr. 4, ✆ 04371/4149, www.hausachterndiek.de.

Wassersport Surfschule Gold, Haus Nr. 4, ✆ 04371/6959 und 6570; KiteBoarding Fehmarn GmbH, Sahrensdorf 12 (Station und Treffpunkt in Gold), ✆ 0173/9451710 (mobil).

Wulfener Hals/Wulfen

Der **Wulfener Hals** ist eine schmale Land- oder besser Sandzunge, die zusammen mit der gegenüberliegenden Burgtiefe den Burger Binnensee begrenzt. Um den „Hals" herum befindet sich eine Flachwasserzone, weshalb sich dieses Gebiet zum Baden, aber v. a. auch zum Surfen eignet. Gerade der Burger Binnensee gilt als Eldorado für gefahrloses Surfen. Alles hier ist auf Camper und Surfer eingerichtet, sodass sich dieser Strandabschnitt für reine Badetouristen nicht eignet.

Südlich der Ortschaft **Wulfen** führt ein Weg hinauf auf den an der Steilküste gelegenen Wulfener Berg. Die exponierte Lage wusste man offenbar schon in vorgeschichtlicher Zeit zu schätzen – auf dem Hügel fand man Reste eines großen steinzeitlichen Gräberfeldes. Im Jahr 2010 wurde an dieser Stelle ein steinzeitliches Langbettgrab mit rund 100 Findlingen originalgetreu nachgebaut (am Rande des Golfplatzes, der sich bis hierher den Hügel hinaufzieht; Parkplatz oberhalb). Von der sehenswerten Grabanlage aus hat man einen traumhaften Blick auf den belebten Binnensee bis hinüber nach Burg. Aber auch von der Steilküste aus hat man eine herrliche Aussicht (auf das gegenüberliegende Festland). Nach ein paar Metern Fußweg führt eine Treppe das Kliff hinunter zum unbewachten, feinsandigen Naturstrand vor der Abbruchkante. Hier lassen sich auch einige Uferschwalben beobachten, die hier ihre Bruträhren in die steile Wand graben.

Camping- und Ferienpark Wulfener Hals, mehrfach ausgezeichneter, ganzjährig geöffneter Top-Platz mit 860 Stellplätzen, der fast den gesamten Wulfener Hals für sich beansprucht. Hier hat sich Deutschlands größtes Surfzentrum etabliert. Auch Mietwohnwagen und einen Wohnmobilpark gibt es vor Ort. Besonders umfangreiches Freizeitangebot mit Kinderanimation und Abend-Entertainment. Fahrradverleih, Pool, Sauna; auch FKK-Strandabschnitt, Gaststätten und Einkaufsmöglichkeiten. Als Strand dient ein Teil des sandigen Nehrungshakens, der in den Burger Binnensee hineinragt. Erw. 18,50 €, Kinder 5,70 €, Stellplatz 17–22,50 €. ✆ 04371/86280, 📠 04371/3723, www.wulfenerhals.de.

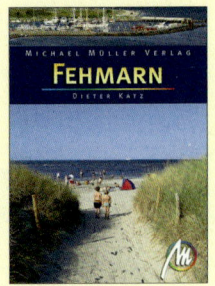

Feinsandiger Naturstrand am Kliff: Wulfen/Fehmarn

Den Slawen auf der Spur: Wall-Museum Oldenburg

Hohwachter Bucht und Probstei

Einst galten die Ortschaften an der nördlichen Küste zwischen Heiligen-hafen und Kiel als Geheimtipp. Längst hat aber auch hier der Tourismus Ein-zug gehalten, allerdings weniger dominant als in der Lübecker Bucht. Noch immer finden sich einsame Strandabschnitte und nette kleine Ortschaften, und einige Naturschutzgebiete sorgen dafür, dass man hier ganz entspannt wandern und Rad fahren kann.

Geografisch gesehen reicht die **Hohwachter Bucht** von Heiligenhafen bis Hoh-wacht. Der Tourismus hat diese Grenze etwas weiter nach Westen verschoben, denn die *Hohwachter Bucht Touristik GmbH* bezieht auch das Gebiet bis Hohenfel-de und das reizvolle Hinterland unter diesem Namen mit ein. Dieses Hinterland beherbergt eine Vielzahl schönster Herrenhäuser, deshalb wird es auch *Grafenwin-kel* genannt. Es ist ein landschaftlich besonders schöner Abschnitt Ostholsteins mit Alleen, Knicks, geschwungenen Feldern und den sehenswerten Kleinstädten Ol-denburg und Lütjenburg.

Die **Probstei** hingegen umfasst genau genommen nur die 20 Dörfer am Küsten-streifen zwischen Stakendorf und Laboe, die seit 1226 zum Besitz des Klosters Preetz gehörten. Wir zählen auch den sich nach Süden über den Selenter See bis zum Klostersitz hin erstreckenden, sanft hügeligen Landstrich hinzu. Die ge-schwungene, fruchtbare Landschaft zieht sich bis weit in die Kieler Förde hinein. Die Salzwiesen am Meer wurden erst nach der großen Sturmflut von 1872 durch die heute so charakteristischen Deiche eingefasst. Dahinter breiten sich feinsandige Strände mit so klangvollen Namen wie „Brasilien" und „Kalifornien" aus.

Die Probstei kann übrigens mit einer bemerkenswerten Historie aufwarten, waren es doch Frauen, die hier 600 Jahre lang das Regiment führten – und sie führten es gut. Es waren die Benediktinerinnen vom Kloster Preetz (→ S. 200), die allerdings ihrerseits wieder unter der Verwaltung eines Propstes standen, daher auch der Name des Gebietes. Ganz ohne Aristokratie kam man aber auch hier nicht aus, denn Klosterpropst war immer ein angesehener Adeliger eines der umliegenden prächtigen Güter.

Heiligenhafen (9300 Einwohner)

Das Ostseeheilbad lebt von seinen Gegensätzen: hier die historische Altstadt und dort der moderne Ostsee-Ferienpark; hier das traditionelle Treiben am Fischereihafen und dort der Anblick Hunderter Yachten der Freizeitsegler; hier der das Ortsbild prägende Binnensee und dort der am Steinwarder liegende feinsandige Ostseestrand.

Wer nach Heiligenhafen fährt, gelangt fast zwangsläufig zum Hafen und den angrenzenden großen Parkplätzen am Binnensee. Täglich lässt sich beobachten, wie die Fischer ihre Kutter entladen, und wer früh auf den Beinen ist, kann gleich an Ort und Stelle fangfrischen Fisch (Dorsch, Butt oder Scholle) einkaufen. Zu entdecken gibt es hier immer etwas, nicht nur in der lebendigen Hafenpassage mit den kleinen Geschäften, sondern auch direkt am Hafenbecken – immerhin beherbergt Heiligenhafen Deutschlands größte Hochseeangelflotte.

In Hafennähe steht das älteste Haus Heiligenhafens, der Salzspeicher aus dem Jahre 1587, heute ein Restaurant. Gleich dahinter erhebt sich der Kirchberg mit der ortsbildprägenden Stadtkirche und dem angrenzenden Heimatmuseum. Wenige Meter entfernt liegt der schon in der Mitte des 13. Jh. angelegte rechteckige Marktplatz

Heiligenhafen: frischer Fisch direkt vom Kutter

mit dem markanten Rathaus. Um den Marktplatz herum gruppieren sich einige aus der Blütezeit des Seehandels stammende Adels- und Bürgerhäuser; weitere finden sich in den hinunter zum Binnensee und Hafen führenden kleinen Straßen. Das ganze Ensemble dient als herrliche Kulisse für einen Einkaufsbummel durch die in fast allen Gebäuden rund um den Marktplatz ansässigen Ladengeschäfte.

Heiligenhafen ist ein schönes Anschauungsbeispiel für die gewaltigen Kräfte der Natur, denn dem Ort vorgelagert ist ein Nehrungshaken (→ S. 17), das heißt im Grunde genommen sind es zwei Nehrungen, Steinwarder und Graswarder genannt. Mit ihrem kilometerlangen Sandstrand haben sie sich durch die natürlichen Kräfte der küstenparallelen Strömung über Jahrhunderte immer mehr nach Osten verschoben. Das Kliff im Westen der Stadt wurde abgetragen und das Material im Osten angelandet. 1954 wuchsen beide Warder durch eine Sturmflut zusammen, und die Heiligenhafener Fischer wurden so ihrer bequemen Hafenzufahrt beraubt. Jetzt müssen sie einen weiten Bogen um den Graswarder fahren, der ein kleines, aber sehr bedeutendes Vogelschutzgebiet ist (→ S. 156). Wie auf einer Perlenkette aufgereiht stehen dort in exponierter Lage ein paar reetgedeckte und sehr begehrte Ferienhäuser – ein besonders malerischer Winkel der Küste (→ Foto S. 17).

Auf dem daneben liegenden Steinwarder spielt sich das vielfältige Strandleben des Ostseeheilbads ab. Neuer Mittelpunkt ist hier eine riesige Seebrücke, die für knapp 6 Mio. Euro bis Mitte 2012 fertiggestellt sein soll. Hotelneubauten und Ferienappartements werden folgen. Die Zufahrt zum Steinwarder erfolgt über einen Damm, der den damit geschaffenen Binnensee abschließt und gleichzeitig den Zugang zum großen Yachthafen mit mehr als 800 Liegeplätzen bildet. Heiligenhafen ist zentraler Ausgangspunkt für Törns in die Dänische Südsee, liegt hier doch die größte Chartersegelflotte der Ostsee vor Anker. Etwas außerhalb der Ortsmitte (am Ostrand von Steinwarder und Binnensee) liegt in Strandnähe der im Bettenburgenstil der 1970er-Jahre gebaute *Ferienpark Heiligenhafen* mit seinen zahlreichen Ferienwohnungen und Freizeiteinrichtungen. Markant ist hier das wellenartig gebaute *Aktiv-Hus* – Sauna- und Wellnesslandschaft, Kinderspielwelt (Eintritt 4 €), Multifunktionshalle und Einkaufspassage in einem.

Geschichte: *Hilligenhaven* wurde Mitte des 13. Jh. gegründet und bekam rasch das lübische Stadtrecht verliehen. Verbunden waren damit bestimmte Sonderrechte im Handel wie beispielsweise ab 1325 das Recht auf die zollfreie Ausfuhr von Waren, v. a. aber das Privileg der Heiligenhafener, von nun an als freie Bürger zu gelten. In der Folgezeit konnten sie sich stets gegen die in weiten Teilen Ostholsteins herrschenden Großgrundbesitzer behaupten.

Grundlage für die schnelle Entwicklung der Stadt war die günstige Lage des Hafens in einer Bucht des schützenden Binnensees. Heiligenhafen wurde Hauptausfuhrhafen des Oldenburger Landes. Der Hafen wurde aber nicht nur für Getreidehandel und Fischerei genutzt, sondern aufgrund eben dieser strategisch günstigen Lage auch für Kriegszwecke. Überfälle feindlicher Heere mit Plünderungen und Brandschatzungen, insbesondere im Dreißigjährigen Krieg, waren die Folge.

Im Zweiten Weltkrieg wurde Heiligenhafen, seit 1938 Garnisonsstadt, noch einmal in Kriegswirren verwickelt. Nach Kriegsende wurde die ganze wagrische Halbinsel von den Engländern zum Gefangenengebiet erklärt. Um die Flucht der in Kasernen und Scheunen internierten deutschen Soldaten zu verhindern, wurden kurzerhand die Boote der Heiligenhafener Fischer auf Reede gefahren und dort versenkt.

Schon durch den Bau der Eisenbahn (1898) verlor der Hafen seine ursprüngliche Bedeutung, gleichzeitig aber sorgte der zunehmende Tourismus für neue Einkommensquellen. Das Strandleben konzentrierte sich damals auch auf das heutige Vogelreservat Graswarder, auf dessen Ostspitze sogar eine Wandelhalle stand. Zur Belebung des Tourismus wurde 1895 die *Deutsche Badegesellschaft Heiligenhafen* gegründet, die den gesamten Küstenstreifen von Stein- und Graswarder für 100 Jahre von der Stadt pachtete. Die Gesellschaft hörte jedoch zu Beginn des Ersten Weltkriegs praktisch auf zu existieren, und erst nach 1945 erfolgte ein weiterer, diesmal rasanter Aufschwung zum Seebad. Seit 1974 ist Heiligenhafen als Ostseeheilbad anerkannt.

Ebenso wie andere Küstenorte kann sich Heiligenhafen mit berühmten Namen schmücken, allen voran mit Theodor Storm, dessen Tochter Lisbeth hier wohnte. In ihrem Haus schrieb er 1881 die Novelle „Hans und Heinz Kirch".

Basis-Infos

Information/Zimmervermittlung Tourismus-Service Heiligenhafen, Bergstr. 43, 23774 Heiligenhafen, ☎ 04362/90720; Außenstelle Ferienpark, ☎ 04362/502900, www.heiligenhafen-touristik.de (auf der Homepage gibt es auch einen Link zu einer Reihe privater Vermietungsbüros). *ostseecard* 2,50 €/Tag (Nebensaison 1,50 €).

Fahrradverleih Freter, Ferienpark, ☎ 0151/23076999; **Bennewitz**, Markt 12, ☎ 04362/6050.

FKK-Strand Auf dem westlichen Graswarder, kurz vor dem Naturschutzgebiet.

Hundestrand Auf dem Steinwarder östlich der DLRG-Hauptwache.

Kinderspielraum Indoor-Abenteuerwelt **Schatzinsel** im Aktiv-Hus im Ferienpark. Ta-

geskarte für Kinder 4 €, Erw. frei. Ganzjährig geöffnet. ☎ 04362/5029011.

Parken Viele große, allerdings gebührenpflichtige Parkplätze rund um den Damm.

Schwimmbad/Sauna Aktiv-Hus, im Ferienpark. Saunalandschaft mit 3 Saunen und Dampfbad sowie Hallenbad und Salveo-Wellness&Beauty-Bereich. Das stets gut besuchte Meerwasser-Schwimmbecken ist allerdings eher ein 30 °C warmes Bewegungs- als ein Schwimmbecken. Kinder ab 6 J. 4 €, Erw. 5 €. Sauna 14 €. Wechselnde Öffnungszeiten. ☎ 04362/5029050, www.aktiv-hus.de.

Veranstaltungen Höhepunkt im Reigen der jährlich wiederkehrenden Feste sind die

Ende Juli stattfindenden Heiligenhafener **Hafenfesttage**. Freie Zimmer werden in dieser Zeit knapp. 10 Tage lang lockt ein attraktives Programm mit Märkten, Ausstellungen und vielen Musikveranstaltungen und natürlich ein richtiger Festumzug Tausende von Besuchern in den Ort.

Wochenmarkt jeden Mi und Sa auf dem Marktplatz.

Übernachten/Essen & Trinken

Übernachten Hotel Stadt Hamburg 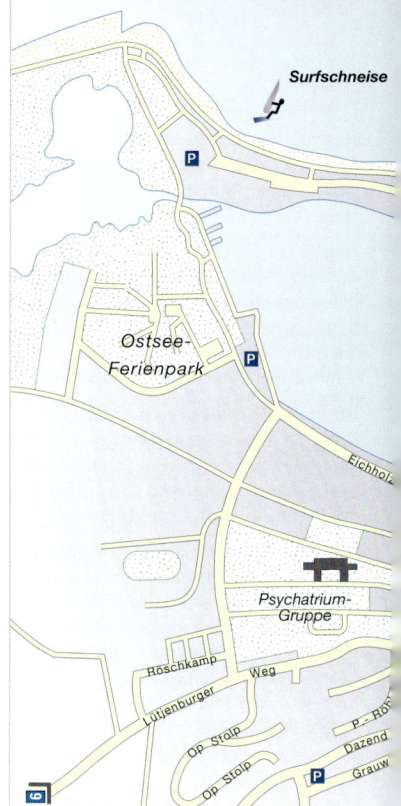, gepflegtes historisches Haus (ehemalige Poststation) direkt in Hafennähe, allerdings an der Hauptstraße. Die 11 Nichtraucher-Zimmer sind hell und gemütlich eingerichtet. Keine Hunde gestattet. Das stilvolle Restaurant bietet tägl. ab 18 Uhr norddeutsch-regionale Küche. DZ 90–120 €. Hafenstr. 17, ✆ 04362/90270, ✆ 04362/5836, www.hotelstadthamburg-heiligenhafen.de.

Campingplatz Blank-Eck ▆, der Platz liegt gut 6 km westl. in hügeliger Landschaft bei Neuteschendorf (direkt an der Grenze zum Truppenübungsplatz Putlos). 280 Dauercamper und 86 Stellplätze für wechselnde Gäste, durch reichlich Grün geschützt. Davor breitet sich ein schöner sandiger Naturstrand aus, im Wasser müssen Badende aber mit Steinen rechnen. SB-Markt, Gaststätte, Sauna. Die Parkmöglichkeiten sind für Tagesbesucher beschränkt, gegen eine Gebühr kann man sein Auto aber auch auf dem Campingplatz abstellen. Erw. 4,30 €, Kinder 2,50 €, Stellplatz 6,30 €. Gremersdorf/Neuteschendorf, ✆ 04361/80562, ✆ 04361/60936, www.blank-eck.de.

Essen & Trinken Restaurant Weberhaus ▆, am Rundbogen zum Kirchhof gelegen. *Die* Adresse in Heiligenhafen, sowohl das Interieur in gediegenem grauem Fachwerk-Ambiente als auch die hervorragenden Spezialitäten betreffend, allerdings etwas gehobenere Preisklasse. Ab 18 Uhr geöffnet, Sa/So auch 12–14 Uhr, Mo Ruhetag. Kirchenstr. 4, ✆ 04362/2840.

Anno 1800 ▆, Inhaber Joachim Stolpe führt das am Binnensee gelegene, urige Gasthaus, das auch zugleich Seglertreff ist, seit 1986. Gute und deftige Küche, gebratener Fisch, große Auswahl an guten Steaks, aber auch knackige Salate. Gelegentlich Oldie-Livemusik, ab und zu auch mal Jazz. Tägl. ab 17 Uhr geöffnet. Lauritz-Maßmann-Str. 30, ✆ 04362/7913.

Altdeutsche Bierstube ▆, ein zünftiges Bier in echter Wirtshausatmosphäre gibt es tägl. ab 11 Uhr mitten auf dem Marktplatz. Bei gutem Wetter lassen sich Getränke oder kleine Speisen auch unter freiem Himmel an den Tischen vor dem giebelgeschwungenen Backsteingebäude genießen. ✆ 04362/6411.

»» Mein Tipp: Fisch-Hütte Haasch ▆, rustikale SB-Fischgastronomie, am Rande von Heiligenhafen im Gewerbegebiet (!) zu finden. Ein verglaster Verkaufsraum und eine nette Außenanlage auf einem kopfsteingepflasterten Hof bieten Platz zum Verzehr der wirklich frischen und leckeren Fischspezialitäten (z. B. Räucherfisch und Aal). Die Produkte stammen aus der eigenen Fischräucherei. Tägl. 8.30–21 Uhr geöffnet. Industriestr. 13, ✆ 04362/2232. **«««**

Essed & Trinken

1 Anno 1800
2 Rest. Stadt Hamburg
3 Altdeutsche Bierstube
4 Rest. Weberhaus
5 Fisch-Hütte Haasch

Übernachten

2 Hotel Stadt Hamburg
6 Campingplatz Blank Eck

O s t s e e

Strandpromenade

Hundestrand

Steinwarder

Graswarder Weg

Naturschutzgebiet
Graswarder

Yachthafen

B i n n e n s e e

Segel- und Surfschule

Eichholzweg

Am Strande

Am Jachthafen

Fischereihafen

Stadtbücherei

Massmann-Str.

Achterstr.

Fischerstr.

Brückstr.

Kiekut

Am

Werftstraße

Segelschule

Njobyestraße

Koppelweg

Seestr.

Friedrich- Ebert- Str.

Markt

Hafenstraße

Stadtpark

Bergstr.

Rathaus

Heimatmuseum

Thulboden

200 m

Lütjenburger Weg

Mühlenstr.

Schmiedestraße

Wendstraße

Weidestr.

Sandweg

Am Ufer

Am Vogelberg

Schustr.

Weidestr.

Jägerstraße

Kirchhofstr.

Gärtnerstr.

Postlandstraße

Am Sackenkamp

Jägersmühle

Heiligenhafen

Sehenswertes

Stadtkirche zu Heiligenhafen: Der trutzige Kirchturm mit seinem Treppengiebel thront weithin sichtbar als Wahrzeichen über der Stadt. Er wurde 1637 an Stelle eines kleineren Vorgängerturmes gebaut. Die Kirche selber ist zwar schon viel älter, nämlich aus dem 13. Jh., doch nur der Chor stammt noch aus dieser Zeit.

Durch eine mit alten Grabsteinen gepflasterte Gedenkhalle betritt man den Kirchenraum, der vergleichsweise hell ausgeleuchtet ist. Im Seitenschiff befindet sich eine Empore, deren vorderer Teil seit alters her „Schifferstuhl" heißt, weil nur „Stohlbröders" (Schiffer, Kapitäne, Steuerleute) dort sitzen durften, nach Zahlung eines „Stuhlgeldes", versteht sich. Bemerkenswert ist auch das mit schönen Schnitzereien versehene, 500 Jahre alte Chorgestühl. Bedeutend sind die ebenso alten und ebenfalls im Chor platzierten Figuren von Adam und Eva, die von einem unbekannten Künstler stammen. Die Besonderheit ist, dass der Kopf der Schlange bis hin zur Stirnlocke dem der Eva gleicht.

Überlebensgroß wacht der Hl. Christopherus am Übergang vom Altarraum zum Hauptschiff, wo als weitere Glanzstücke der Inneneinrichtung drei Schiffsmodelle vom hohen Gewölbe in den Kirchenraum hinabhängen, allen voran die Fregatte „Samson". Sie ist eines der ältesten Votivschiffe Deutschlands und wurde 1636 von einem Heiligenhafener Bürger gestiftet. Die beiden anderen Schiffsmodelle in der Raummitte sind hingegen relativ neu und stammen aus dem Jahr 1989.

Kirchenstraße. Mo, Mi, Fr 10–12 Uhr und Mo–Do 14–16 Uhr. Di, Do und Sa um 11 Uhr Führung (Mai–Sept.).

Heimatmuseum: In einem 1904 als Spar- und Leihkasse erbauten Jugendstilgebäude hinter der Kirche informiert seit 1992 das Heimatmuseum Heiligenhafen über Seefahrt und Fischerei sowie über Vor-, Früh- und Stadtgeschichte. Bemerkenswert sind einige Schiffsmodelle, Navigationsinstrumente und ein Porträt des Dichters Theodor Storm (1817–1888), an dessen Beziehungen zu Heiligenhafen einige Fotos und Dokumente erinnern.

Thulboden 11 a. Nur April–Okt. Di–Fr und an Sonn- und Feiertagen 15–17 Uhr. Eintritt mit *ostseecard* frei, sonst 2 €, Kinder 1 €, Familien (2 Erw. u. Kinder) 4 €. ✆ 04362/3876.

Naturschutzgebiet Graswarder: Der Spaziergang zu diesem bizarr geformten und von Lagunen durchzogenen Paradies für Tiere und Pflanzen lohnt sich. Unter fachkundiger Führung der Naturschutzwarte sind auf den grasbedeckten Geröllflächen und langsam verlandenden salzhaltigen Moorböden mehr als 40 Brutvogelarten zu beobachten. Im Mai und Juni ist das Vogelparadies erfüllt von jagenden Seeschwalben, trippelnden Sandregenpfeifern, balzenden Sturmmöwen und farbenprächtigen Brandgänsen. Bis in den August hinein brüten hier die verschiedenartigsten Seevögel. Von August bis Oktober wird der Graswarder dann zur Zwischenstation für Tausende von Zugvögeln. Von einem futuristisch gestalteten 12 m hohen Beobachtungsturm aus hat man einen tollen Blick auf das außergewöhnlich schön gelegene Naturschutzgebiet.

Führungen Vom **Informationszentrum Graswarder**, dem Blockhaus des Deutschen Bundes für Vogelschutz, werden April–Okt. tägl. um 10.30 und 15 Uhr 1- bis 2-stündige Führungen angeboten (kostenlos, Spenden erbeten). Auto auf dem letzten Parkplatz am Yachthafen stehen lassen, von dort zu Fuß 15 Min. den Graswarderweg bis zum Blockhaus gehen.

Umgebung von Heiligenhafen

Rundscheune in Bollbrügge: Etwa auf halber Strecke zwischen Heiligenhafen und Oldenburg lohnt sich bei Gremersdorf ein Abstecher links ab (Richtung Neuratjensdorf) ins kleine Bollbrügge. Dort findet man abseits der touristischen Pfade auf Hof Bollbrügge ein Kulturdenkmal der seltenen Art: eine urtümliche Rundscheune aus dem Jahre 1831 mit einer mächtigen Außenmauer aus gestampftem Lehm und einem hohen, kegelförmigen Reetdach. Es ist schon fast verwunderlich, dass dieser seltene Bau nicht schon längst in einem Freilichtmuseum steht.

Gut Seegalendorf: Das Gut mit seinem alten Torhaus aus dem Jahre 1730, der großen, reetgedeckten Fachwerkscheune aus dem 17. Jh. und dem spätklassizistischen Herrenhaus von 1839 liegt keine 2 km südlich von Hof Bollbrügge. Hühner und Enten laufen hier noch frei herum und lassen zusammen mit der von uralten Bäumen und einem Teich gesäumten kopfsteingepflasterten und im Laufe der Jahre schon recht ausgefahrenen Zufahrt so etwas wie ländliche Idylle aufkommen.

Südlich führt eine kleine, teilweise nicht geteerte Straße über Kremsdorf nach Göhl, auf der man hinter dem Wald an der zum Gut gehörenden alten Windmühle (heute Privatwohnung) vorbeikommt. Sie bietet einen seltsamen Kontrast zu dem sich anschließenden riesigen Windpark mit seinen vielen großen Windkrafträdern.

Aus gestampftem Lehm erbaut: Rundscheune in Bollbrügge

Hohwachter Bucht und Probstei

Oldenburg in Holstein   (10.300 Einwohner)

Die Stadt blickt auf eine tausendjährige Geschichte zurück und beherbergt mit dem Wall-Museum eines der bedeutendsten archäologischen Boden-denkmale des Landes. Wegen der verkehrsgünstigen Lage hat Oldenburg ein großes Einzugsgebiet. Viele kommen hierher, um in der Fußgängerzone mit den gut sortierten Geschäften zu bummeln oder einzukaufen.

Jeder Reisende auf dem Weg nach Heiligenhafen oder Fehmarn kommt an Oldenburg vorbei, denn die neue Autobahn führt mit vielen Abfahrten dicht um die Kleinstadt herum. Weil die Bundeswehr (und schon 1935 die Wehrmacht) mit ihrem Truppenübungsplatz im ehemaligen Gutsbezirk Putlos den Küstenstreifen nordwestlich von Oldenburg blockiert, führt sogar der Ostseeküsten-Radweg mitten durch das ein wenig im Inland liegende Städtchen.

Kopfsteinpflaster gehört ebenso zum Erscheinungsbild von Oldenburg wie historische Gebäude, alte Gassen oder Plätze. Zentrum der Altstadt ist der schon im 12 Jh. angelegte Marktplatz, übrigens der drittgrößte Schleswig-Holsteins. Beherrscht wird er vom 1864 erbauten Rathaus, zu dessen linker und rechter Seite sich die Fußgängerzone erstreckt. Nur wenige Schritte vom Marktplatz entfernt liegt am Rande des Stadtparks und des Oldenburger Walls die St.-Johannis-Kirche.

Geschichte: Nicht einmal Lübeck kann auf eine längere Geschichte zurückblicken als Oldenburg, das jahrhundertelang Zentrum der in Ostholstein lebenden Wagrier war. Schon um das Jahr 700 ist hier eine Slawenburg nachweisbar, die bald zur großen Wehranlage ausgebaut wurde. Der Ort hieß damals noch slawisch *Stari-grad*, was „alte Burg" bedeutet, daher der heutige Name Oldenburg. Er lag strategisch günstig an einem schmalen Übergang des damals noch Wasser führenden Oldenburger Grabens, der die wagrische Halbinsel durchschneidet, und war sogar mit den flachgehenden Schiffen der damaligen Zeit zu erreichen.

Buddelschiffbauer auf dem Stadtfest
von Oldenburg

Die Ansiedlung wurde bald zu einer der bedeutendsten Handels- und Seestädte im Ostseeraum. Bis zu 18 m hohe Erdwälle, heute *Oldenburger Wall* genannt, schützten die große Slawenburg und machten den Hauptsitz der slawischen Fürsten Wagriens zur schier uneinnehmbaren Festung, die erst nach der vollständigen christlichen Eroberung der Region fiel. Nachdem bereits 968 Kaiser Otto I. Oldenburg zum Bischofssitz bestimmt hatte, die angestrebte Christianisierung aber erfolglos geblieben war, konnte Bischof Vicelin 1149 schließlich das Bistum neu gründen.

Schon 1163 wurde der Bischofssitz dann aber ins aufstrebende Lübeck verlegt. 1235 bekam Oldenburg von Graf Adolf IV. zwar das lübische Stadtrecht verliehen, die folgenden Jahrzehnte verliefen dennoch alles andere als glücklich: Verheerende Kriege, Brandkatastrophen, Pockenepidemien und der Schwarze Tod, der die Stadt zwölfmal grausig heimsuchte, warfen Oldenburg immer wieder weit in seiner Entwicklung zurück. Doch stets bauten die überlebenden Bürger ihre Stadt wieder auf.

Der große Sohn Oldenburgs heißt Johann Liss. Seine Eltern waren als Wappenmaler in Diensten des Gottorfer Hofes, wo der um 1597 geborene Sohn das Malerhandwerk erlernte. Dann zog er in die Niederlande und später nach Venedig, wo er unter dem Namen *Jan Lys* Karriere machte. Seine wenigen Werke hängen heute in vielen berühmten Museen Europas. Dass es nicht mehr Gemälde wurden, lag an der Pest, die Jan Lys schon 1620 dahinraffte.

Information/Zimmervermittlung Tourist-Information, 23758 Oldenburg i. H., Markt 1, ✆ 04361/498-103 o. 519405, www.kultour-oldenburg.de.

Die Kommunen der Region haben sich touristisch unter dem Namen „Holsteiner Land" zusammengeschlossen. Infos unter www.holsteiner-land.de.

Kino Lichtblick Filmtheater, Schustr. 97, ✆ 04361/507747 und -48.

Veranstaltungen Jedes Jahr um Johanni (24. Juni) findet das **Vogelschießen** beim **Gildefest der St. Johannis Toten- und Schützengilde von 1192** auf dem Schützenplatz statt. Dorthin zieht ein imposanter Festumzug mit bis zu 600 Gildemitgliedern, die würdevoll mit Anzug, Zylinder und Stock durch die flaggengeschmückten Straßen schreiten (→ Foto S. 10/11). Viel

Musik und Tanz beleben drei Tage lang die ganze Stadt. Das Donnern der alten Büchsen beim Schießen auf den „Sächsischen Vogel" muss man einmal miterlebt haben. Gäste sind herzlich willkommen.

Im August wird auf dem Gelände des Museumshofs das **Wall-Fest** mit zahlreichen historischen Darbietungen veranstaltet.

Übernachten Hotel „Zur Eule" **2**, erstes Hotel am Platz (nahe dem Markt), 300-jährige Tradition, rustikal-gemütlich, 22 Zimmer, bevorzugt übernachten hier Skandinavier, aber auch (deutsche) Fahrradtouristen. Zimmer mit Komfort. DZ ab 85 €. Hopfenmarkt 1, ✆ 04361/4997-0, ✆ 04361/4997202, www.hotelzureule.com.

Hotel Hoheluft **3**, 12 relativ kleine, aber saubere Zimmer zu vergleichsweise mäßigen Preisen. Das v. a. von Durchreisenden

Walsee

Wall-Museum
Gilde-Museum

Priester-

Oldenburger Wall

Johanniskirche

Essen & Trinken
Museumshof
Mephisto
Zur Treppe
Akropolis

Übernachten
Hotel 'Zur Eule'
Hotel Hoheluft

Oldenburg

150 m

frequentierte Hotel hat auch ein kleines Restaurant (Mo–Sa 18–22 Uhr). Nicht ganz im Zentrum, nahe dem Friedhof gelegen, aber über eine Ausfahrt der A 1 (Oldenburg-Mitte) schnell erreichbar. Ein Automat ermöglicht das einchecken zu jeder Zeit. DZ 59–65 €. Hoheluftstr. 32, ✆ 04361/49930, ✉ 04361/499325, www.hotel-hoheluft.de.

Essen & Trinken **Zur Treppe** 5, rustikal-einfaches Restaurant in der Fußgängerzone, spezialisiert auf Fischgerichte aus der Pfanne. Steaks sind aber auch zu haben, ebenso einfache Salate. Mi Ruhetag. Kuhtorstr. 3, ✆ 04361/2398.

Akropolis 6, typisch griechisches Ambiente, große und durchaus schmackhafte Portionen, Tische vor dem Haus. Ganzjährig

11.30–14.30 und 17.30–24 Uhr geöffnet. Kein Ruhetag. Markt 4, ✆ 04361/3330.

Mephisto 4, einfache aber gemütlich-rustikale Einrichtung hinter großen (Schau-)Fenstern. Oldenburgs Allzweckwaffe in Sachen Essen, es gibt so ziemlich alles von der Pizza und Pasta bis zu Fleischgerichten und Salaten. Vom Preis-Leistungs-Verhältnis stimmig und daher auch bei den Einheimischen beliebt. Tische vor dem Haus (am Marktplatz). Kein Ruhetag. Markt 9, ✆ 04361/4563.

Museumshof 1, Café/Restaurant im Haupthaus des Wall-Museums (gleiche Öffnungszeiten); natürlich eintrittsfrei zu besuchen. Nette Gaststube, schöne, ruhige Café-Terrasse im Grünen. Mittags klassische Holsteiner Küche. Prof.-Struve Weg 1, ✆ 04361/2674.

Sehenswertes

Oldenburger Wall-Museum: Man wähnt sich zuerst in einem Freilichtmuseum, denn die Ausstellung ist in historischen Gebäuden untergebracht, die zusammen eine zwischen Wiesen und Seen gelegene holsteinische Hofanlage bilden. Drei alte reetgedeckte Fachwerkscheunen aus der Umgebung Oldenburgs und ein Backhaus wurden hier wiederaufgebaut. Wer zu Fuß von der Kirche aus zum Museum geht, hat die Geschichte schon „mit Füßen getreten", denn der Weg führt durch das neben Haithabu archäologisch bedeutendste Denkmal Schleswig-Holsteins: die mächtige Ringwallanlage. Um wirklich zu verstehen, was man hier sieht, sollte man allerdings erst das Museum und dann die Wallanlage besichtigen. Das Museum ist ein Leckerbissen für archäologisch interessierte Besucher. Präsentiert werden neben den Fundstücken zahlreicher Ausgrabungen u. a. die Rekonstruktionen von Wohn- und Arbeitsstätten sowie ein Diorama, das veranschaulicht, wie die Wehranlage um das Jahr 800 ausgesehen haben könnte. Größte Attraktion ist aber sicherlich der weltweit einzige Nachbau zweier slawischer Handelsschiffe. Sie liegen am Steg der liebevoll rekonstruierten slawischen Hafenanlage. Kein Stück Eisen wurde bei diesen Segelbooten verarbeitet, jeweils etwa 3200 handgeschnitzte Holzdübel verbinden Planken und Spanten (→ Foto S. 150).

Neben dem Haupthaus wurde ein Rosengarten mit über 60 verschiedenen historischen Rosenarten der Umgebung angelegt, der in der Blütezeit von Anfang Juni bis Ende Juli besonders schön ist.

Museumshof, Prof.-Struve-Weg 1. April–Okt. Di–So 10–17 Uhr (Juli/Aug. bis 18 Uhr). Erw. 4 €, Kinder 2 €, Familien 9 €. Zahlreiche (auch mittelalterliche) Veranstaltungen, wie z. B. die Slawentage im Juli oder das Wallfest im August und andere Mitmachprogramme, finden auf dem Museumsgelände statt. ☎ 04361/623142, www.oldenburger-wallmuseum.de

Gilde-Museum: Die im 1. Stock des Haupthauses des Wallmuseums untergebrachte Ausstellung widmet sich der Geschichte der ältesten Gilde Deutschlands, der *St. Johannis Toten- und Schützengilde von 1192 e. V.*, die einst aus der Bruderschaft *Sankt Catharina* hervorgegangen ist (→ Foto S. 10/11). Präsentiert werden u. a. Gildefahnen, Königskette, der silberne Gildevogel, die Vorderlader mit Schießleiter und – als Kernstück der Sammlung – der goldene Apfel, ein kostbares Trinkgefäß aus dem 17. Jh.
Adresse und Öffnungszeiten siehe Wall-Museum.

Johanniskirche: Sie war der erste große Ziegelbau Norddeutschlands und wurde 1156 ursprünglich als Bischofskirche erbaut. Ihr äußeres Erscheinungsbild wurde allerdings bedingt durch den Stadtbrand von 1773 entscheidend verändert, lediglich das aufwendige Westportal stammt noch aus den ersten Jahren des 13. Jh. Im Innern zeigt sich noch etwas von der schlichten Schönheit der Baukunst aus den frühen Jahren der Christianisierung Wagriens. Die hölzerne Inneneinrichtung stammt im Wesentlichen aus der zweiten Hälfte des 18. Jh., so der prunkvolle Altaraufbau, die Kanzel und auch die kleine Gutsloge.
25.3.–25.10. tägl. 10–17 Uhr geöffnet.

Umgebung von Oldenburg

Gut Gaarz: Die Straße von Oldenburg in Richtung Grube führt kurz hinter Quals an Gut Gaarz vorbei, dessen Name (slawisch *gaard* = Burg) möglicherweise auf eine alte Burganlage hindeutet. Am Rande des Oldenburger Grabens lag das Gut

ursprünglich auf einer Landzunge des einstigen Gruber Sees. Das heutige Herrenhaus wurde weitgehend im Jahre 1745 aus Backsteinen errichtet, es steht aber auf
mittelalterlichen Fundamenten. Was man von der Hofseite nicht gleich erkennt:
Das Haus ist mit 38 m zwar sehr lang, aber nur 10 m breit. Im Gebäude sind noch
mit kostbarem Stuck verzierte, mit Holz vertäfelte oder mit Fresken bemalte Räumlichkeiten erhalten geblieben. Ganz besonders wird das Erscheinungsbild von dem
auf der rechten Seite der Hofanlage stehenden Speichergebäude geprägt, das noch
vor 1600 erbaut wurde und alle Umgestaltungsarbeiten der Jahrhunderte erstaunlich gut überdauert hat. Aus dickem beschnitztem Eichenholz errichtet, sind die
Gefache mit großen Ziegeln ausgemauert. Nicht nur für Reiterfreunde gibt es auf
Gut Gaarz etwa 30 Ferienwohnungen zu mieten.

Lensahn
(5200 Einwohner)

**In der zentral gelegenen Gemeinde ist von touristischem Trubel nur wenig
zu spüren. Den gibt es allenfalls auf dem sehr bemerkenswerten Museumshof, der zusammen mit der 750 Jahre alten St.-Katharinen-Kirche die Haupt-
sehenswürdigkeit des Ortes bildet. Ansonsten liegt die Stärke von Lensahn
eher in seiner reizvollen Umgebung mit ihren zahlreichen Herrenhäusern.**

Obwohl im Herzen der wagrischen Halbinsel liegend, ist Lensahn nur etwa 10 km
von der Hohwachter und der Lübecker Bucht entfernt. Dennoch bildet der Ort
schon so etwas wie das östliche Tor zur Holsteinischen Schweiz. Nur die Durch-
gangsstraßen sorgen für etwas Betrieb. Auf dem natursteingepflasterten Kirchplatz
ist jeden Freitagvormittag Wochenmarkt, große Supermärkte finden sich am Ortsrand Richtung Autobahn.

Lensahn: Zielankunft nach unglaublichen 11,4 km Schwimmen,
540 km Radfahren und 126,6 km Laufen

Hohwachter Bucht und Probstei

Einmal im Jahr – Ende Juli – wird Lensahn zum internationalen Treffpunkt von Extremsportlern. Dann steht der *Triple-Ultra-Triathlon* auf dem Programm und damit 11,4 km Schwimmen, 540 km Radfahren und 126,6 km Laufen – ein Kraftakt, für den die besten Athleten sagenhafte 35 Stunden brauchen.

Geschichte: Der Ortsname ist slawischen Ursprungs und bedeutet etwa „Leute aus der Niederung bzw. der Einöde". Slawen siedelten hier vom 8. bis 12. Jh. Danach war der Ort in wechselndem Besitz deutscher Adeliger und gehörte ab 1650 mit dem jetzigen Gut Lensahner Hof zum Privatbesitz des Adelshauses Holstein-Gottorf, dem späteren großherzoglichen Haus Oldenburg. Man kann es kaum glauben, aber die Hoheitsgewalt übte der Grundherr noch bis weit ins 20. Jh. hinein aus, und zwar bis 1928. Dann erst wurde Lensahn freie Gemeinde mit Recht auf Selbstverwaltung.

Information/Zimmervermittlung   Touristinformation, 23738 Lensahn, Eutiner Str. 2, ✆ 01805/5367246, www.lensahn.de. Keine Kurtaxe.

Fahrradservice   Fahrrad Extra, Friedrich-August-Str. 14, ✆ 04363/1342.

Schwimmbad   Schönes, auf 23 °C beheiztes Waldschwimmbad mit 5 m hohem Sprungturm im Westen Lensahns, idyllisch am Mühlenteich gelegen, geöffnet 10–20 Uhr. Dr.-Julius-Stinde-Straße, ✆ 04363/851, Erw. 3,80 €, Kinder 1,90 €, Familien 9,40 €.

Essen & Trinken   Antik-Café Altes Doktorhaus, von außen eher unscheinbar; edle Antiquitäten und Wohnaccessoires, die man auch käuflich erwerben kann, sorgen für Gründerzeitambiente. Es gibt leckeres Selbstgebackenes. Das Haus hat Tradition, denn immerhin war es das erste Ärztehaus in Ostholstein (1792). Terrasse und Wintergarten hinterm Haus. Tägl. außer Mo/Di ab 14 Uhr geöffnet. Eutiner Str. 25, ✆ 04363/901109.

Sehenswertes

Museumshof Lensahn: Freunde alter Traktoren kommen hier auf ihre Kosten, und Gartenfreunde werden ebenfalls begeistert sein. Viele Landmaschinen sind in dem seit 1996 existierenden Museum zu sehen. Daneben werden über 4000 historische Exponate aus Landwirtschaft, Handwerk und Haushalt aus der Zeit von 1850 bis 1960 ausgestellt. Sie dürfen angefasst und teilweise auch ausprobiert werden.

Zudem werden vom Museumsverein mit viel Liebe auf dem 7 ha großen Gelände auch ein schöner Kräuter- und Bauerngarten sowie die Museumsfelder bewirtschaftet, auf denen mithilfe der historischen Gerätschaften alte Getreidesorten angepflanzt werden, aber auch Flachs, Hanf, Gelbsenf, Sonnenblumen und sogar Tabak. Im Jahr 2001 wurde darüber hinaus ein 2,4 km langer Naturlehrpfad angelegt, der einmalig in seiner Art ist: Nahezu alle Wald- und Obst-

Nicht nur für Freunde alter Landmaschinen ein Muss: Museumshof Lensahn

baumarten Nordeuropas wurden angepflanzt (326 Arten an Waldbäumen und -büschen, 232 alte Obstbaumsorten). Und ein Bauernhofcafé, reichlich Kinderspielplätze und ein Ziegengehege gibt es auch. Fazit: Eine Art kleines, aber feines Freilichtmuseum.

Prienfeldhof (Ortsausgang Richtung Grömitz), April–Okt. tägl. 10–18 Uhr. Eintritt 5 €, Jugendl. 3,50 €, Kinder (4–12 J.) 2,50 €, freier Eintritt für das 3. Kind.

Im Jahresverlauf finden Sonntags zahlreiche Feste auf dem Museumshof statt, z. B. das Frühlingsfest (April), das Traktoren-Oldtimer-Treffen mit Treckerrallye (Ende Juni), das Dresch- und Kartoffelfest (Ende Aug.) und das Apfelfest (Okt.). ☎ 04363/91122, www.museumshof-lensahn.de.

Kirche St.-Katharinen: Die schöne, lang gestreckte, wohl schon um das Jahr 1300 entstandene Backsteinkirche beherrscht das Ortsbild. Wie so oft bei den holsteinischen Kirchen wurde der Turm erst später, nämlich 1464, angefügt. Der Schnitzaltar im Innern der Kirche stammt aus dem Jahr 1420, wurde aber 1907 neu eingefasst. Die bauchige Holzkanzel wurde um 1730 geschaffen, das lebensgroße Kruzifix um 1500. Beachtenswert ist auch die pokalförmige gotländische Kalksteintaufe, die um das Jahr 1240 entstanden ist. Im Jahr 2000 bekam die Kirche eine neue Orgel mit 1184 Pfeifen und 20 Registern.
Nur Sa 14–16 Uhr geöffnet.

Umgebung von Lensahn

Gut Güldenstein: Das Gut selbst ist für die Öffentlichkeit unzugänglicher Privatbesitz, der Herzog von Oldenburg (Niedersachsen) wohnt hier. Vor dem backsteinernen Anwesen steht das einst prächtige Torhaus von 1743, das ein wenig den Blick auf die von einem ovalen Wassergraben umgebene Hofanlage freigibt. Das schlossartige, in den Jahren 1726–28 erbaute Herrenhaus ist wahrhaft repräsentativ, gilt es doch als das architektonische Hauptwerk des Spätbarock in Ostholstein. Auf der Südseite des stattlichen Dreiflügelbaus wurde der Graben zu einem kleinen See erweitert, sodass sich das Gebäude an drei Seiten unmittelbar aus dem Wasserspiegel erhebt.

Anfahrt Uralte Bäume, meist Eichen, säumen den Weg. Besonders malerisch ist die Zufahrt aus Richtung Wahrendorf. Der Weg geht nur schwer erkennbar von der Landstraße Lensahn–Schönwalde etwa 500 m vor Wahrendorf scharf rechts ab (Straßenschild *Güldensteiner Straße*, Bushaltestelle) und führt dann über 3 km zum Gutsbesitz (die letzten 500 m ungeteert). Bequemer, aber weniger schön ist die Anfahrt über die Straße Richtung Hansühn. Kurz vor Harmsdorf (Speckkaten) geht es links ab, Ortsschild Güldenstein.

Braasch's Schinkenräucherei Harmsdorf: Kaum eine Einrichtung in Ostholstein macht so viel Werbung wie diese Schinkenräucherei. Tatsächlich ist die 3 km hinter Lensahn (Richtung Hansühn) an der Hauptstraße liegende, 340 Jahre alte holsteinische Räucherkate einen Besuch wert, v. a. im Frühjahr. Dann nämlich hängt die rußgeschwärzte Decke der Kate voll mit in Kochsalz gepökelten, knusprig braunen Katenschinken, die den intensiven Duft von geräuchertem Schweinefleisch verbreiten. Ein Vierteljahr (im Winter) hängen die Schinken im Buchenholzrauch, der durch das alte Reetdach abzieht. Verkauft werden sie einige Meter weiter in einem separaten Geschäft. Bei dem großen touristischen Andrang muss man sich fast wundern, dass der naturgereifte Schinken nie ausverkauft ist.
Hauptstr. 25, 23738 Harmsdorf. Mo–Fr 9–17 Uhr, Sa 9–12 Uhr. ☎ 04363/1612.

Hohwachter Bucht und Probstei

Weissenhäuser Strand

Nur 5 km von Oldenburg entfernt liegt das Ostseebad Weissenhäuser Strand, das nichts anderes ist als ein großer Ferienpark mit Sandstrand und einem breiten Angebot an Freizeitaktivitäten. Hier ist das ganze Jahr über Saison, denn die glasüberdachte „Galeria an der Düne" und v. a. das „Subtropische Badeparadies" erlauben wetterunabhängige Urlaubsfreuden. Beachtenswert ist das Hinterland, denn dort liegen einige der schönsten Gutshöfe Ostholsteins.

Wohl fühlen wird sich hier nur, wer sich darüber im Klaren ist, dass es sich um eine künstlich geschaffene Ferienanlage handelt, die überwiegend aus drei- bis vierstöckigen, nüchternen Wohnblöcken besteht. Mit über 1200 Ferienwohnungen und Hotelzimmern handelt es sich sogar um die größte Ferienanlage Deutschlands: 160.000 Gäste jährlich bringen es auf die stolze Zahl von 830.000 Übernachtungen. Die Anlage wurde 1973 erbaut, ist aber keineswegs altersschwach, weil sie gepflegt, ständig modernisiert und erweitert wird. Alle Annehmlichkeiten liegen in unmittelbarer Nähe: Schwimmbad, Sauna, Solarium, Tennisplatz, Minigolfanlage, Supermarkt, Restaurants, Geschäfte und vieles mehr. Ein Höhepunkt ist sicher das **Subtropische Badeparadies** mit der 214 m langen Reifenrutsche. Zudem gibt es ein überdachtes **Dschungelland**, eine Art Indoor-Abenteuerspielplatz mit zahlreichen Kletter- und Spielmöglichkeiten, aber auch mit einigen Aquarien und Terrarien (Eintritt ab 3 J. 11 €, Familien 32 €). Gelungen ist der an der Zufahrtsstraße Richtung Schloss Weissenhaus gelegene **Columbus-Park**, eine 120.000 m² große parkähnliche Wasser-Erlebniswelt mit Floßfähre, Hängebrücke und Streichelzoo. Hier gibt es nicht nur Kanus oder Tretboote zu mieten, sondern auch eine Wasserskianlage (ab 2012).

Weissenhäuser Strand: Columbus-Park

Der Strand selbst mit seiner 120 m langen Seebrücke ist nicht ganz so feinsandig wie an der Lübecker Bucht und noch enger mit Strandkörben belegt. Ab und zu wird die Ruhe von den Aktivitäten auf dem direkt benachbarten Truppenübungsplatz Putlos gestört, der den Strand nach Nordosten hin begrenzt. Bevor man den 30–40 m breiten Strand erreicht, müssen die hohen Dünen des schmalen Naturschutzgebietes Weissenhäuser Brök überwunden werden.

Information/Zimmervermittlung Ferienpark Weissenhäuser Strand, Ferienwohnungen 51–114 €, 184 Zimmer im Strandhotel: DZ 120–134 €, Kurtaxe 2 € (Nebensaison 1 €), Kinder frei. Seestr. 1, 23758

Weissenhäuser Strand, ☏ 04361/55-0, Bungalows/Appartements unter ☏ 04361/55-40, Strandhotel unter ☏ 04361/55-2771, www.weissenhaeuserstrand.de.

Der Weissenhäuser Strand gehört zur Flächengemeinde **Wangels**. Zimmernachweis für das Hinterland auch beim Fremdenverkehrsverein Wangels, An der Landstr. 5, 23758 Kükelühn, ☏ 04382/510, www.holsteiner-land.de.

Ferienpark-Urlauber erhalten in den Schwimmbädern Ermäßigung.

Parken Am Weißenhäuser Strand ist freies Parken nicht möglich. Parkgebühr 1,50 €/Std. (Schwimmbadgäste 2 € pauschal).

Schwimmbäder Subtropisches Badeparadies, unter dem Motto „Draußen Ostsee – drinnen Südsee" garantieren 31 °C Luft- und 29 °C Wassertemperatur auf 5500 m² ganzjährig Badespaß in einer Erlebniswelt mit Wasserkanonen, Geysiren, Wasserrutschen und – natürlich *die* Attraktion – dem „Aqua Racer", einer Reifenrutsche mit zweiläufiger Startbox, die sich nach einigen Metern Rutschvergnügen auf eine Spur verjüngt und somit den Anreiz für Wettrennen liefert. Whirlpools und Saunalandschaft dürfen natürlich nicht fehlen. Tägl. 9.30–20.30 Uhr geöffnet. Für 3 Std. 18 €, Kinder/Jugendl. bis 15 J. 11 €, Tageskarte 21 €, Kinder 14 €, Familientageskarte 45 €. ☏ 04361/55-2761.

Dünenbad im Kurzentrum, auch eine immerhin 3000 m² große Badelandschaft mit allem Komfort, aber mit mehr Ruhe und daher für die ältere und mittlere Generation. Zwei Schwimmbecken, Whirlpools und Saunalandschaft. Tägl. 7–22 Uhr geöffnet. 2 Std. 11 €, Tageskarte 14 €. ☏ 04361/55-2759.

Umgebung von Weissenhäuser Strand/Wangels

Schloss Weissenhaus: Der Name macht dem Gut alle Ehre, denn das weiß leuchtende, mächtige Herrenhaus bildet einen einnehmenden Kontrast zu der sich Richtung Ostsee ausbreitenden Parkanlage mit mächtigen alten Bäumen. Im Gegensatz zu den meisten Gütern Ostholsteins hat sich Weissenhaus für den Tourismus geöffnet. Derzeit wird die Gutsanlage mit hohem Aufwand restauriert und als hochwertiges Hotel- und Ferienressort umgestaltet.

Weissenhaus ist erst um 1600 durch Erbteilung aus dem großen Gut Farve (s. u.) hervorgegangen. Der derzeitige Bau ist aber bereits das dritte Herrenhaus auf dem Gelände. Errichtet wurde es nach einem Großbrand im Jahre 1895 im neobarocken Stil. Nur der Keller mit seinen alten Tonnengewölben ist von seinem unmittelbaren Vorgängerbau geblieben. Gegenüber dem Schloss wurde der alte Rosengarten samt seiner schützenden Mauer und dem alten Gewächshaus wieder hergerichtet (ab 2013).

Übernachten/Essen & Trinken Schloss Weissenhaus, nach einer jahrelangen aufwendigen Renovierung soll ab 2013 der Hotelbetrieb im Schloss aufgenommen werden.

Gutscafé, im Sommer können Gäste im gemütlich hergerichteten alten Pferdestall („Peerstall") tägl. Kaffee trinken (ab 2013).

Eitz (Strand): Für Tagesgäste ist das Ferienzentrum Weissenhäuser Strand aufgrund der vom Parkplatz aus relativ langen Fußwege nur bedingt geeignet. Das sehen auch die Einheimischen so, die eher den westlichen Strandabschnitt bevorzugen, der Eitz genannt wird. Er ist zwar etwas steinig, v. a. ab der Wasserlinie, aber dennoch hat dieser beliebte Flecken Strand reichlich Flair (→ Foto S. 10 links unten). Hinter dem Gut Weissenhaus zieht sich ein Wäldchen bis an die Küste. Hier kann (die Straße entlang bis zur Steilküste) in unmittelbarer Strandnähe im Schatten der Bäume kostenlos auf ausgewiesenen Plätzen geparkt werden, ebenso wie auf dem großen Parkplatz direkt an der Steilküste (die einen Spaziergang lohnt). Eine Rettungsstation und ein Kiosk sind ebenfalls vorhanden.

Holländermühle von Gut Farve

Gut Farve: Schon von Weitem grüßt die 5 km hinter Oldenburg an der B 202 einsam gelegene Windmühle Farve (eine Holländermühle aus dem Jahre 1828), während sich das dazugehörige Hofgut im Tal versteckt. Der Name des sehr bedeutenden, bis in das Mittelalter zurückgehenden Adelssitzes ist slawischen Ursprungs und bedeutet so viel wie „Wiese" oder „Weide". Farve wird immer noch landwirtschaftlich genutzt und ist nicht zu besichtigender Privatbesitz. Der Weg zum Haus führt über eine kopfsteingepflasterte Brücke, der man die jahrhundertelange Benutzung deutlich ansieht. Völlig untypisch für die holsteinische Bauweise ist Farve ein um einen Innenhof gebauter vierflügeliger Prachtbau mit zwei sich diagonal gegenüberstehenden Türmen. Er stammt im Kern schon aus der Zeit um das Jahr 1500, erhielt aber erst 1837 seine sehr imposante, vom englischen Burgenstil beeinflusste neugotische Fassade.

Gut Ehlerstorf: Nur 3 km hinter Oldenburg – ebenfalls an der Bundesstraße Richtung Lütjenburg – liegt dieses von reetgedeckten Stallungen umgebene, malerisch anmutende Hofgut, eines der schönsten Beispiele der regionalen Gutsarchitektur. Das Anwesen wird nach wie vor landwirtschaftlich genutzt und ist daher nicht zu besichtigen. Von außen ist ein Gebäudeensemble zu erkennen, aus dem das äußerst stattliche reetgedeckte Kuhhaus hervorragt (frühes 19. Jh.). Das Torhaus mit seinem hohen reetgedeckten Walmdach (ebenfalls im frühen 19. Jh. erbaut) wurde wegen der Verlegung der Zufahrt aber niemals als solches genutzt. Eine Allee führt zum Herrenhaus, das im Kern aus dem 16. Jh. stammt, aber im 18. Jh. umgebaut wurde und im Vergleich zu anderen Herrenhäusern eher schlicht wirkt.

Gut Testorf: An der Straße von Lensahn nach Lütjenburg liegt kurz vor Hansühn wieder ein bedeutender privater Gutshof. Das Herrenhaus aus dem Jahre 1774 ist ein zweigeschossiger, mit Efeu bewachsener Backsteinbreitbau mit einem gewaltigen Mansarddach, der 1902 erheblich verändert und um einen eckigen Turm erweitert wurde. Das links gelegene Kavaliershaus und der rechts gelegene Kutschpferdstall stammen ebenfalls aus den 1770er-Jahren. Zu beiden Seiten erheben sich mächtige landwirtschaftliche Nutzbauten: zum einen die reetgedeckte Scheune, im Kern ein Fachwerkbau aus der Zeit um 1600, und gegenüber das 1888 erneuerte und nun mit Solarzellen bestückte Kuhhaus. Sehr eindrucksvoll ist auch das an einem kleinen See gelegene Torhaus (von 1769) mit doppeltem Walmdach, Giebeldreieck und Uhr, zu dem ein Damm führt.

Woran heute nichts erinnert: Testorf kann als eigentlicher Geburtsort des Schleswig-Holstein Musik-Festivals gelten, denn auf dem Gut wuchs als Flüchtlingskind Justus Frantz, der Begründer des Festivals, auf. Hier kam ihm die Idee, klassische Musik in den Herrenhäusern und Scheunen der Region erklingen zu lassen. 1985 wurde das Projekt in die Tat umgesetzt (→ S. 36).

Sehlendorfer Strand/Blekendorf   (1850 Einwohner)

Sehlendorfer Strand gehört zu den acht Dörfern der Gemeinde Blekendorf und liegt ein wenig im touristischen Schatten von Hohwacht. Auf dem Gemeindegebiet Blekendorfs befindet sich neben einer sehenswerten Steinzeit-Grabanlage – ein echter archäologischer Leckerbissen – auch der bekannte Nessendorfer Eselpark, der Ziel vieler Familien mit Kindern ist.

Der feinsandige Sehlendorfer Strand erstreckt sich vom Eitz (Weissenhäuser Strand) bis nach Hohwacht. Der eigentliche Badestrand, in dessen Nähe auch einige große Campingplätze liegen, ist vom Ort Sehlendorf aus beschildert und gut zugänglich. Hier befinden sich neben einem Parkplatz einige kleine Pavillons mit Korbvermietung, Strandbasar, Bäckerei und Restaurant. Schön ist ein Spaziergang vom Badestrand aus nach Osten. Bis zu 4 km am Wasser entlang läuft man über einen breiten weißen Strand, vorbei an einem unberührten Teil Steilküste. Herrlich ist auch der Weg direkt auf der Steilküste hoch über der weiten, blauen Ostsee.

Hohwachter Bucht und Probstei

Ruhig und beschaulich: Sehlendorfer Strand

Neben dem Badestrand liegt das weitgehend unberührte kleine **Naturschutzgebiet Sehlendorfer Binnensee**. Hier haben seltene und scheue Vögel wie der Seeadler oder der Singschwan ihr Revier. Ein Wanderweg führt durch das Naturschutzgebiet nach Hohwacht. Kurz vor dem Campingplatz Tivoli zweigt an einer kleinen Holzbrücke ein Weg zu einer Aussichtsplattform direkt am See ab, von der aus das Treiben der Vögel gut zu beobachten ist.

Information Tourist-Information Sehlendorfer Strand, Gemeinde Blekendorf, Strandstr. 24, 24327 Sehlendorf, ✆ 04382/92234, www.sehlendorfer-strand.de. Kurabgabe/Strandkarte (inkl. Parkplatzgebühr) 2,50 € (Nebensaison 1,50 €).

Übernachten Campingplatz Schoening, 280 großzügig angelegte Plätze in Hanglage mit Blick auf die Ostsee, davon aber nur 40 für Touristen. Gepflegte Sanitäranlagen, Kiosk, Strandnähe, Hunde erlaubt. April–Okt. geöffnet. 3 €/Pers., Stellplatz 11 €. Wewerin 1, ✆ 04382/920504, ✆ 04382/920507, www.ostseecamping-schoening.de.

Essen & Trinken Zum alten Packhus, kurz vor Sehlendorfer Strand gelegen, innen rustikal gehalten, mit schattiger Terrasse unter uralten Linden. Hier hat man einen schönen Blick quer über den Sehlendorfer Binnensee auf Hohwacht. Auf der umfangreichen Karte mit herzhaften Gerichten gibt's auch Holsteiner Spezialitäten, gut und deftig ist das *Sehlendorfer Allerlei* (Sauerfleisch, Bratheringe, Matjesfilets mit Schmandsoße und Bratkartoffeln). Strandstr. 20, ✆ 04382/345.

Sehenswertes

Eselpark Nessendorf: Nessendorf liegt etwas versteckt im Hinterland. Für kaum ein anderes Ausflugsziel wird in den Ostseebädern mehr geworben, was – ebenso wie die überdimensionierte Hofeinfahrt – die Erwartungen hochschraubt. Doch der Eselspark ist ein Beispiel dafür, dass nicht alles, was groß angekündigt wird, auch unbedingt sonderlich sensationell ist. Denn tatsächlich erwartet die meist mit Kindern anreisenden Familien weniger ein Park als ein umgebauter Bauernhof, in dem die meisten der über 100 Esel in zwei größeren Scheunen oder überdachten Freigehegen zu bestaunen sind. Darüber hinaus gibt es jede Menge Möglichkeiten, neben dem Eintritt noch weiteres Geld loszuwerden, z. B. in der SB-Gaststätte oder beim obligatorischen Ausführen der oft störrischen Esel mit angehängter Kutsche auf einem festgelegten einstündigen Kurs (15 €). Fazit: Nur etwas für echte Esel-Liebhaber.

Wer von Oldenburg oder Lütjenburg über die B 202 kommt, muss bei Kaköhl abbiegen. Wer aber auf der Landstraße von Lensahn nach Lütjenburg fährt, kommt unweigerlich durch Nessendorf hindurch. 15.3–31.10. tägl. 10–18 Uhr. Erw. 4,50 €, Kinder 3,50 €, Hunde 1 €. ✆ 04382/748, www.eselpark.de.

Steinzeit-Grabanlage Ruserberg: Diese sehenswerte Langbetten-Grabanlage wurde um 2600 v. Chr. erbaut. Sie liegt in einsamer Landschaft 3 km vor Lütjenburg (→ Karte S. 277) beim Ort Futterkamp (nördlich der B 202); orientieren kann man sich an den braunen Denkmal-Hinweisschildern. Drei „Riesenbetten" mit Ausmaßen von 30–60 m Länge sind hier erhalten geblieben. Das größte war einst von über 100 gewaltigen Findlingen (Dolmen genannt) eingefasst. Die Anlage vermittelt einen Eindruck davon, mit wie viel Aufwand und Ehrfurcht die Menschen in der Jungsteinzeit und Bronzezeit ihre Toten bestattet haben. Im kleinsten Langbett liegen zwei Grabkammern frei, deren Decksteine fehlen.

Die ganz in der Nähe liegende mittelalterliche Burganlage **Schlichtenberg** besteht lediglich aus zwei unspektakulären Burghügeln.

Feldsteinkirche Blekendorf: Die 800 Jahre alte Kirche St. Claren mit ihrem weithin sichtbaren Turm ist ein imposantes Gebäude und beeindruckt durch ihre ordentlich

Steinzeit-Grabanlage Ruserberg

aufgeschichteten, fast quadratischen Feldsteine. Gestiftet wurde sie von Graf Adolf IV. nach der siegreichen Schlacht von Bornhöved gegen die Dänen (1227). Der 55 m hohe, wuchtige Kirchturm wurde erst 200 Jahre später errichtet und wirkt etwas überdimensioniert. Die bei den späteren Umbauten verwendeten Backsteine prägen die heutige Turmansicht. Im Inneren fällt der Blick zunächst auf den bis unter die Decke reichenden hölzernen Barockaltar (um 1690) und die noch ältere Kanzel (um 1600).

Ostern bis Erntedank tagsüber geöffnet. Das Kirchenschiff ist durch ein einsehbares Gitter abgetrennt.

Hohwacht   (900 Einwohner)

Das ehemalige Fischerdorf, das der ganzen Bucht den Namen gab, liegt inmitten urwüchsiger Natur zwischen einem grünen Band dichter Waldbäume und der blauen Ostsee. Ruhe und Beschaulichkeit sind hier Trumpf.

Schon die Anfahrt ist ein Erlebnis. Von der Bundesstraße zweigt bei Lütjenburg eine großartige Allee mit uralten Bäumen nach Hohwacht ab. Direkt an der Straße liegt unübersehbar ein 9 m hoher, ungeöffneter Grabhügel aus der Bronzezeit. Fast 6 km geht es durch schönste geschwungene holsteinische Landschaft (vorbei am Gut Neudorf) bis hin zur Küste. Auch im Ort selbst dominiert die Farbe Grün. Der Wald ragt bis an Hohwacht heran, ja in den Ort hinein, und kein Gebäude lugt über die Baumwipfel hervor. Es erweist sich heute als ein Segen, dass die Gemeindeväter und -mütter sich rechtzeitig darauf besonnen haben, trotz des boomenden Tourismus keine Bettenburgen zuzulassen. Naturschutzgebiete rings um den Ort am Großen Binnensee und am Sehlendorfer See sorgen dafür, dass Hohwacht das grüne Bad der Ostseeküste bleibt.

Aber auch in Hohwacht ließ sich das Rad der Geschichte nicht zurückdrehen. Von der Idylle eines Fischerdorfs und den einstigen reetgedeckten Fischerhütten ist kaum etwas übrig geblieben. Immerhin gibt es noch ein paar Freizeitfischer, die wie in alten Zeiten ihren Fang direkt am Strand räuchern und ihn gelegentlich in ihren grünen Holzhütten am Badestrand zum Kauf anbieten.

Am Ende der nach Alt-Hohwacht hinabführenden Straße (Am Buchholz) liegt ein gebührenpflichtiger Parkplatz. Von hier aus sind es noch etwa 300 m zu einem fein-

sandigen Strand; der Weg wird von einigen netten kleinen Hotels und Ferienwohnungen gesäumt. Dies ist die vielleicht schönste Ecke des Ortes. Der kleine Badesteg am Bootsliege-platz unterscheidet sich noch sehr von den repräsentativen Seebrücken der großen Badeorte, und auch die Zahl der Strand-körbe ist an dem schmalen, bucht-ähnlichen Strand noch überschaubar.

Westlich davon erhebt sich eine hohe Steilküste, die den Oststrand gewisser-maßen vom Weststrand teilt. Sie ist mit Ferienwohnungen im Stil der 1970er-Jahre bebaut. Hier verläuft auch ein Hö-henweg mit schöner Aussichtsplatt-form, von dem aus Treppen hinunter zum schönen Strand führen. Ein Spa-ziergang am Strand entlang ist jedoch genauso schön. Vor diesem durch Heckenrosen geschützten westlichen Strandabschnitt, „Hohwachts" genannt,

Strandleben in Hohwacht

verläuft auch ein kleiner promenaden-ähnlicher Weg für den abendlichen Spa-ziergang – dort am großen Badestrand

liegen die meisten Hotels des Ortes. Blickfang ist hier die *Hohwachter Flunder,* eine trapezförmig gestaltete Seeplattform, die zum Flanieren und für Veranstaltungen genutzt wird. Der Strand ist durch Holzbuhnen gesichert und ist nur leicht mit Steinen durchsetzt – echte Badefreuden sind also garantiert.

Geschichte: Jahrhundertelang blieb der Ort ein kleines, unbedeutendes Fischerdorf mit weniger als zehn Häuschen. Doch schon seit dem 17. Jh. gab es Pläne, eben jene Ansiedlung zu einem größeren Hafenort auszubauen. Die Ergebnisse waren aller-dings bescheiden, denn es kam lediglich dazu, dass gelegentlich ein paar Fracht-schiffe für das nahe Lütjenburg vor Hohwacht auf Reede lagen und einige kleine Speicher deren Güter aufnahmen oder das Korn lagerten, das von hier aus ver-schifft wurde. Als dann 1871 nicht einmal der geplante Gleisanschluss zustande kam, war das zunächst ein weiterer Rückschlag für den Ort. Doch alles hat be-kanntlich zwei Seiten: Im Gegensatz zu den aufstrebenden Ostseebädern blieb Hohwacht beschaulich, und genau diese Ruhe war es, die um 1900 die ersten Badegäste anlockte. Die besondere, herbe Stimmung mit ihren herrlichen Farben begeisterte bald nicht nur Sommerfrischler, sondern zog auch Maler wie den Expressionisten Karl Schmidt-Rottluff (in den Jahren 1914 und 1918) in den Ort. Heute ist Hohwacht eines der bekanntesten Seebäder der Ostsee und dennoch angenehm ruhig geblieben.

Basis-Infos

Information/Zimmervermittlung Hohwachter Bucht Touristik, Berliner Platz 1, 24321 Hohwacht, ℘ 04381/9055-0. Touristisch hat sich Hohwacht mit den benachbarten Gemeinden zusammengeschlossen und betreibt die gemeinsame Homepage www.hohwachterbucht.de. *ostseecard* 2,20 € (Nebensaison 1,10 €).

Fahrradverleih E. Kloth, Strandesberg 1, ℘ 04381/5214, auch Bollerwagen.

Hundestrand am Strandeingang 1 (Parkplatz Seestraße) und 9 (Nähe Steilküste).

Parken Großer Parkplatz am Weststrand, ein weiterer in Alt-Hohwacht (Oststrand), jeweils 2 €/Tag.

Sauna Saunalandschaft im Hotel Hohe Wacht (s. u.) Ostseering 5/Am Kurpark, ℘ 04381/90080.

Übernachten/Essen & Trinken

Übernachten Das Angebot an gehobenen Hotels ist groß, einen Campingplatz gibt es dagegen nicht.

🌿 ****** Hohe Wacht**, Gediegenes Hotel in ruhiger Lage, gut 100 m vom Strand entfernt. Große Fenster in dem vergleichsweise neuen Hotel sorgen für 23 helle Zimmer, eine große Appartementanlage gehört zum Haus, ebenso ein Schwimmbad, eine Sauna und ein gehobenes, großräumiges und ausgezeichnetes Parkrestaurant mit Wintergarten. Der Küchenchef Thorsten Scheffauer bietet ausschließlich regionale (Bio-) Küche an. DZ 175–236 €. Ostseering 5/Am Kurpark, ℘ 04381/90080, ℘ 04381/9008-88, www.hohe-wacht.de. ■

Haus am Meer, das 23-Zimmer-Haus in bester Lage am nordwestl. Badestrand ist nur durch Promenade und Heckenrosen vom Strand getrennt. Schwimmbad mit Gegenstromanlage, Sauna und weiteren Annehmlichkeiten. Im Restaurant wird in gediegenem Ambiente v. a. tägl. frisch angelieferter Fisch serviert. DZ 104–158 €. Dünenweg 1, ℘ 04381/4047-0, ℘ 04381/407474, www.ostseekueste.de/haus-am-meer.

Hotel Genueser Schiff, ganz einsam westl. des Hauptorts zwischen Strand und Salzwiesen gelegen, schon vor über 50 Jahren in einer reetgedeckten Hofanlage als „Ausschlaf-Hotel" eingerichtet und nach einer Textzeile in Nietzsches Gedicht „Nach neuen Meeren" benannt. 23 Zimmer im ländlich-eleganten Stil. Der Strand ist hier nur noch ein schmales, steiniges Band, weshalb man aus der Not eine Tugend gemacht und direkt auf der zum Strand übergehenden Wiese vor dem Haus ein Strandkorb-Café eröffnet hat. Da der Promenadenweg hier fast endet, ist das Café tagsüber stark von Spaziergängern frequentiert. Auch ein kleines, urgemütliches Bistro (leckere Krabbensuppe) und ein Restaurant sind vorhanden (Di Ruhetag). DZ 120–190 €. Seestr. 18, ℘ 04381/7533, ℘ 04381/5802, www.genueser-schiff.de.

*** Strandhotel Hohwacht, das kinderfreundliche Hotel mit hauseigener Sauna in Alt-Hohwacht liegt fast direkt am Strand. 32 nicht ganz so große, aber nette Zimmer. Unter den schmalen Arkaden vorm Haus stehen die Tische des zum Hotel gehörenden und gemütlich-gediegen mit dunklen Möbeln eingerichteten Café-Restaurants „Fischerstube" (mit Kinderspielecke). Die Küche ist ordentlich, z. B. herzhafte Fleischgerichte, aber v. a. auch fangfrischer Fisch. DZ 102 €. Strandstr. 10, ℘ 04381/6091, ℘ 04381/6093, www.strandhotel-hohwacht.de.

*** Hotel Seelust, direkt neben dem Strandhotel, aber in noch etwas familiärerer Atmosphäre. Liebevoll angerichtetes Frühstücksbüfett, und zur Kaffeezeit gibt's hausgemachten Kuchen. 14 Zimmer. DZ 78–118 €. Strandstr. 8, ℘ 04381/40790, ℘ 04381/4079-300, www.hotelseelust.de.

Pension Waterkant, der Name passt: absolut schöne und sehr ruhige Lage unmittelbar am Strand von Alt-Hochwacht. Da nimmt man gerne die vergleichsweise einfache, aber gemütliche Ausstattung der 7 Zimmer in Kauf; familiär und kinderfreundlich, auch ein kleines Restaurant/Café mit Terrasse (gutbürgerliche Gerichte) gehört zum Betrieb. DZ 70 €. Strandstr. 16 a, ℘ 04381/8026, ℘ 04381/419350, www.waterkant-pension.de.

Essen & Trinken Die meisten Hotels von Hohwacht verfügen auch über ein Restaurant. Bescheidener und dennoch gut isst man bei:

Café-Restaurant Central, mitten im Ort liegt diese in gemütlichem, mit in Blautönen abgesetztem Holzmobiliar eingerichte-te Gaststätte, die auch junges Publikum anlockt. Das Central ist immer gut besucht, weil es hier schmeckt. Zudem stimmt das Preis-Leistungs-Verhältnis. Eine schöne, große Terrasse entschädigt für die weniger spektakuläre Lage am Berliner Platz. ✆ 04381/7965.

Sehenswertes

Gut Neudorf: Das auf einem Hügel unmittelbar am Ufer der Kossau liegende Herrenhaus wurde 1703 gebaut, aber seine heutige äußere Gestalt als spätklassizistischer Dreiflügelbau stammt von einem späteren Umbau aus dem Jahr 1856. Die mit sandfarbenen Steinen gestaltete Fassade inmitten der landwirtschaftlich genutzten Hofanlage erinnert ein wenig an ein mediterranes Landhaus und wirkt ganz und gar nicht schlossähnlich wie so manch anderes Gut in Holstein. Die Zufahrt zum Haus führt nicht, wie sonst üblich, über den Hof, sondern durch eine lange, prächtige Eichenallee um die Hofgebäude herum. Die Lage des Gutes war mit Bedacht gewählt, hatte man von hier aus doch einen prächtigen Fernblick über das einst bis zum Anwesen heranreichende Binnengewässer bis hinüber zur Ostsee.

 Wanderung/Fahrradtour 5: Rund um den Großen Binnensee   → S. 275
Tour mit Outdoor-Charakter in herrlich einsamer Natur

Lütjenburg   (5700 Einwohner)

Die idyllische Kleinstadt im Rücken der Hohwachter Bucht besitzt eines der schönsten Stadtbilder Ostholsteins. Alle Wege, meist mit Kopfstein gepflastert, führen zum im Zentrum liegenden Marktplatz mit seinen guten Einkaufsmöglichkeiten in den historischen Bürgerhäusern. Die Umgebung der Stadt glänzt mit einigen der bedeutendsten Gutsanlagen des Landes in perfekter holsteinisch-hügeliger Landschaft.

Fast alles im Luftkurort Lütjenburg wird dominiert vom Rot der Backsteine – sogar die Gehwege und Straßen sind teilweise damit bedeckt. Die Stadt ist beliebt für einen Einkaufsbummel, ist sie doch Mittelpunkt der Region und verfügt deswegen über das entsprechende Angebot. Dennoch herrscht hier die sprichwörtliche Ruhe einer holsteinischen Kleinstadt.

Als Ausgangspunkt für einen gemütlich-kleinen Rundgang bietet sich der Marktplatz an, auf dem bzw. in dessen Nähe man auch gut parken kann. Eine Rarität ist zweifellos das Ensemble von vier Bürgerhäusern, welches die Ostseite des Marktplatzes bildet (hinter der Bushaltestelle). Die vier historischen Backsteinbauten stammen aus vier Jahrhunderten (Markt 1 von 1680, Markt 2 von 1820, Markt 3 von 1900 und Markt 4 von 1780). Auf der gegenüberliegenden Seite (am Beginn der Straße Markttwiete) fällt das 1576 erbaute Färberhaus ins Auge. An dem zweigeschossigen Fachwerk-Giebelhaus mit den Backsteinfüllungen beeindrucken die reichen Verzierungen. Das Haus bietet den richtigen Rahmen für festliche Anlässe und dient heute als Standesamt. Vom davor stehenden Bürgerbrunnen schaut *Hein*

Lüth dem lebhaften Treiben auf dem Marktplatz zu und hebt bedeutungsvoll seine Glocke (Hein Lüth war der Polizei- und Schuldiener, v. a. aber Stadtausrufer).

Ein Stückchen weiter am Ende der Markttwiete sieht man linker Hand das efeubewachsene Rathaus. Der eingeschossige Backsteinbau mit Mansarddach wurde 1790 erbaut. Sollte das Stadtbüro geöffnet sein, lohnt sich ein Blick hinter die rundbogige Rokokotür – im Foyer sind Ausstellungsstücke der *Lütjenburger Schützen- und Totengilde von 1719* zu sehen.

Wenn man am Rathaus vorbei halbrechts geht und ein kurzes Stück weiter links (an der runden Holzbank) die Straße hinaufgeht, steht schon an der nächsten Ecke ein weiteres bedeutendes Gebäude, das Bäckerhaus von 1790. Dort geht es links herum auf der Oberstraße zurück zum Markt.

Wer noch ein Stück weiter laufen möchte, kann vom Marktplatz aus die Teichtorstraße (links) hinauf zum Bismarckturm gehen, um einen schönen Blick auf die Stadt zu genießen (der Turm ist auch gut mit dem Auto erreichbar).

Geschichte: Steinzeitgräber und alte Burganlagen zeugen davon, dass die Landschaft um Lütjenburg schon früh besiedelt war. 1156 ließ Graf Adolf II. im Zusammenwirken mit Bischof Gerold im Zuge der Kolonisation Wagriens in *Lutilinburg* (= „kleine Burg") eine ebenso kleine Kirche bauen. Um diese herum entstand der Ort, der 1275 Stadt mit lübischem Recht wurde. Der lebhafte Handel, v. a. mit dem mächtigen Lübeck, währte jedoch nur kurz. Mitte des 14. Jh. machte die Pest dem geschäftigen Treiben in Lütjenburg ein Ende, die wenigen überlebenden Kaufleute kehrten der Stadt den Rücken. Lütjenburg geriet immer mehr ins Abseits, was v. a. auch daran lag, dass um die Stadt herum einige mächtige adelige Güter entstanden. Diese vermarkteten ihre Produkte, v. a. Getreide, direkt an große Kornhändler und brauchten die Lütjenburger Kaufleute dafür nicht. Es kam im 15. Jh. sogar so weit, dass die ganze Stadt in Konkurs ging und an die Ritter Rantzau vom Gut Neuhaus (am Selenter See) verpfändet wurde; die Bürger wurden damit untertänig gemacht, sie verloren also auch noch ihre Freiheit. Diese Verpfändung machte der dänische König Christian IV. zwar 1642 wieder rückgängig, aber das kleine Städtchen blieb, was es war, nämlich hauptsächlich ein Handwerkerort für die umliegenden Güter.

Blick vom Bismarckturm über die Stadt Lütjenburg

Jahrhundertelang war Lütjenburg auch die Stadt des Korns. Doch von einstmals elf Brennereien des traditionsreichen *Lütjenburger Korns* hat lediglich die Boll Spirituosen GmbH überlebt, die allerdings nur abfüllt und nicht mehr selbst brennt, aber eine Probierstube betreibt (am Markt 16).

Information/Zimmervermittlung Tourist-Information, Markt 4, 24321 Lütjenburg, ☏ 04381/419941 u. 19433, www.hohwachter bucht.de.

Fahrradverleih Zweirad Scheibel, Auf dem Hasenkrug 2 a, ☏ 04381/4690 (mit Lieferservice); **Hotel Ostseeblick**, Am Bismarckturm, ☏ 04381/6688; **R. Stegelmann**, Markttwiete 2, ☏ 04381/8419; **Kendzerski** (Fitnesscenter), Mühlenstr. 14 a, ☏ 04381/6249; **Iden**, Mühlenstr. 2, ☏ 04381/7541.

Stadt- und Kirchenführung In der Saison jeden Mi 1:30-stündige Führung um 10.30 Uhr, Treffpunkt an der Tourist-Info (2,50 €).

Übernachten/Essen & Trinken ***s Hotel Lüttje Burg**, direkt am Markt in einem mit 3 neueren Giebeln versehenen Backsteinhaus von 1864. Die 23 Zimmer sind freundlich eingerichtet. Das Hotel-Restaurant im Ambiente der 1980er-Jahre bietet eine relativ preiswerte und überraschend gute Küche. Auch Fahrradtouristen finden hier schon mal ein Zimmer. Sauna vorhanden. DZ 72 €. Markt 20, ☏ 04381/4050, ✉ 04381/4814, www.hotel-luettjeburg.de.

🌿 **PUR**, geradlinig-geschmackvoll eingerichtetes Bistro/Café mit kreativer, saisonaler Speisekarte, vornehmlich mit traditionell hergestellten Lebensmitteln von kleinen Erzeugern aus der Region. Auch Tagesgerichte und v. a. leckere Flammkuchen, aber auch Salate und Fisch. Tägl. bis 12 Uhr Frühstück, nachmittags Kuchen. Leider sind aus Platzmangel die Tische etwas eng gestellt, es gibt auch einen kleinen Gastgarten und ein dazugehöriges Delikatessengeschäft (Mo Ruhetag). Neuwerkstr. 9 (Nähe Alter Posthof), ☏ 04381/404147. ■

Gasthaus Twiete, einfache, kleine Gaststätte im historischen Wohnhaus. Das Preis-Leistungs-Verhältnis stimmt, herzhafte Hausmannskost ("Essen wie bei Muttern"). Kurze Twiete 4 (Nähe Markt und „Hein Lüth"), ☏ 04381/404841.

Probierstube der D.H. Boll Spirituosen GmbH, rauchige Bierkneipe und Probierstube der 1824 gegründeten Traditionsbrennerei, die allerdings nur noch abfüllt und nicht mehr selber brennt. Hier lassen sich die guten Lütjenburger Kornbrände, aber auch andere Spezialitäten wie Aquavit oder Kräuterlikör kostenlos probieren – und natürlich auch erwerben. Am Markt 16/Ecke Oberstraße. Tägl. außer Mo ab 10 Uhr geöffnet. ☏ 04381/1714.

Färberhaus mit dem Bürgerbrunnen

Sehenswertes

Kirche St.-Michaelis: Ein wenig unterhalb des Marktes liegt die überwiegend im 13. Jh. erbaute und nach dem Erzengel Michael benannte Kirche, die als eine der besterhaltenen des Landes gilt und das älteste Bauwerk der Stadt ist.

Durch den Seiteneingang gelangt man ins Kircheninnere. Der Blick fällt zunächst auf den kostbaren Flügelaltar von 1467. Das Mittelbild des hölzernen Altars zeigt mit ausdrucksvollen Figuren die Kreuzigung Christi. Das Kirchenschiff wird beherrscht von einem mächtigen spätgotischen Triumphkreuz, das von den Figuren der Gottesmutter Maria und des Jüngers Johannes flankiert wird. Der schlichte

Granittaufstein stammt noch aus der romanischen Gründungszeit der Kirche. Er war lange Zeit ausgelagert, denn das Taufen durch vollständiges Untertauchen kam schon im 16. Jh. langsam aus der Mode. So wurde der Taufstein – um mehr Platz für Begräbnisse zu haben – im Jahre 1745 durch einen schwebenden Taufengel ersetzt. Dieser konnte mit einem Seilzug bewegt werden und trug gewissermaßen aus geöffnetem Himmel das Taufwasser in einer kleinen Schüssel herbei.

Als Kunstwerk von besonderem Wert gilt das Renaissance-Grabmal der Reventlows. Es wurde neben der Kanzel (von 1608) als kleine Kapelle an die Nordseite der Kirche angebaut. Graf Otto von Reventlow, der um Lütjenburg fünf große Güter besaß, ließ dieses wohl bedeutendste Steingrabmal Ostholsteins noch zu seinen Lebzeiten ebenfalls im Jahr 1608 von dem belgischen Bildhauer Robert Coppens in einer Lübecker Werkstatt anfertigen. Vor einem Sandsteinrelief des Jüngsten Gerichts und dem gekreuzigten Christus knien Otto von Reventlow und seine Gemahlin sowie ihre vier Kinder – alle Figuren sind aus kostbarem Alabaster. Von der adeligen Herrschaft zeugen auch die nur von außen zugänglichen drei Gutslogen aus dem 17. und 18. Jh., die heute noch im Besitz der Familien der umliegenden Güter sind.
Di–Fr 8.30–15.30 Uhr und Sa 8.30–12 Uhr. 15.6.–15.9. jeden Sa um 10.30 Uhr Kirchenführung.

Bismarckturm: Der 18,5 m hohe Aussichtsturm auf dem Vogelberg wurde 1898 gebaut und ist das Wahrzeichen der Stadt Lütjenburg. Er bietet einen schönen Blick über die Stadt und ihr hügeliges Umland bis hin über den Großen Binnensee zur Hohwachter Bucht (der Blick vom nahe gelegenen Hessenstein ist aber noch etwas schöner, → S. 182). In einem Anbau des Hotels Ostseeblick ist das Restaurant Bismarckturm untergebracht. Nur von dort aus kann man den Turm erklimmen. Vor dem Turm steht eine Friedenseiche von 1871 (→ Kasten S. 66).
Tägl. geöffnet, Erw. 1 €, Kinder 0,50 € (an der Theke bezahlen).

Turmhügelburg: Kurz hinter Lütjenburg (Richtung Panker und Schönberg) befindet sich linker Hand im Nienthal eine gekonnte Nachbildung eines typischen mittelalterlichen Wehrgehöftes früherer Landadeliger mit Turm, Ringwall, Wassergraben und einigen rekonstruierten Gebäuden aus der Zeit um 1250 (z. B. Wohnhaus, Schmiede, Backhaus, Kapelle). Die Burg hat sich zum Mittelalterzentrum Schleswig-Holsteins gemausert und versteht sich als lebendiges Museum. Im Jahresverlauf werden für die Öffentlichkeit einige sehenswerte Veranstaltungen angeboten, v. a. mittelalterliche Märkte. Mittelaltergruppen buchen darüber hinaus die Burg gerne für private Treffen; Besucher sind dennoch willkommen.
Die Besichtigung des Geländes ist tagsüber möglich. Kein Eintritt, aber über Spenden freut sich der Förderverein. Führungen Mai–Sept. Mi u. Sa/So jeweils um 15 Uhr (Erw. 3 €, Kinder 1 €). ☎ 04381/918847, www.turmhuegelburg.de.

Mittelalter zum Anfassen: Turmhügelburg im Nienthal

Schleswig-Holsteinisches Eiszeitmuseum: Fährt man die kleine Straße von der Turmhügelburg aus weiter, dann kommt man zu einem ehemaligen Bauernhof, in dem sich heute ein Eiszeitmuseum befindet, das sich v. a. (für Kinder) als Mitmachmuseum versteht. Angefasst werden darf (fast) alles, vom Mammutzahn bis hin zu versteinerten Muschelschalen. Ausgestellt werden nicht nur Fossilien, Mineralien und Gesteine; anhand von Schautafeln wird zudem die Entstehung Schleswig-Holsteins durch die gewaltigen Gletschermassen veranschaulicht. Man erfährt außerdem, dass vor 440 Millionen Jahren sogar die heutige Sahara vergletschert war und die letzte Eiszeit vor 12000 Jahren zu Ende ging.

Nienthal 7. In der Saison tägl. 10–18 Uhr (Nebensaison Mo Ruhetag, im Winter nur am Wochenende geöffnet). Erw. 3 €, Kinder 2 €, Familien 9 €. ✆ 04381/415210, www.eiszeitmuseum.de.

Umgebung von Lütjenburg

Das Gebiet um Lütjenburg umfasst 14 nach wie vor selbständige Gemeinden mit zahlreichen Dörfern, die 1968 verwaltungstechnisch zum Amt Lütjenburg-Land zusammengefasst wurden. Nicht an die Ostsee grenzen die Gemeinden Helmstorf, Högsdorf, Kletkamp, Kirchnüchel, Dannau, Klamp, Giekau und Tröndel, die fast alle in den 1920er-Jahren aus den entsprechenden Gutsbezirken gebildet wurden und deren zentrale Sehenswürdigkeit i. d. R. eben jenes Hofgut ist.

Gut Helmstorf: Das stattliche, rund 1000 ha große Anwesen liegt jenseits der B 202 am südlichen Ortsrand von Lütjenburg und versteckt sich etwas hinter einem reichen Baumbewuchs. Grobes Kopfsteinpflaster führt zum schlossähnlichen, von der Familie von Buchwaldt genutzten Herrenhaus. Dieses liegt an einem Hang, sodass der gewaltige Ostflügel drei Stockwerke hat, die übrigen Seiten jedoch nur über zwei Geschosse verfügen. Der Bau geht auf das Jahr 1725 zurück. Es folgten große Um- und Erweiterungsbaumaßnahmen, die letzte 1912. Wirtschaftsgebäude umsäumen den Hofplatz. Das älteste ist die Scheune am Südrand, sie wurde um das Jahr 1630 errichtet. Die schöne Kulisse war schon mehrfach Schauplatz für Fernsehfilme. Im Osten des Gutsgeländes breiten sich 19 Fischteiche aus, hier – im tiefen Tal der Kossau – bekommt man leckere Forellen aus eigener Zucht. Und natürlich beschäftigt man sich auf dem Gut, ganz standesgemäß, sehr erfolgreich mit Pferdesport und Pferdezucht. Schautafeln rund um das Gut informieren über selbiges, den Wald sowie über die Land- und Fischwirtschaft Helmstorfs.

🐟 Forellenzucht Reese, Verkaufsladen im alten Speicher von Gut Helmstorf, verschiedene Speisefische und Räucherfisch aus der Region. Mo–Fr 9–17 Uhr, Sa 9–13 Uhr. ✆ 04381/404532. ■

Gut Kletkamp: Etwa auf halber Strecke zwischen Schönwalde und Lütjenburg und abseits aller größeren Straßen liegt in herrlichster holsteinischer Landschaft Gut Kletkamp. Eine prächtige Kastanienallee führt durch eine Teichlandschaft zum Anwesen, an dem der Besucher durch ein großes, reich ornamentiertes Backsteintorhaus (von 1773) mit Dachtürmchen begrüßt wird. Die weitläufige, 1838 in großem Umfang umgebaute Hofanlage (u. a. wurden zwei große Fachwerkscheunen abgetragen) wird beherrscht vom bis auf die Rückseite weiß verputzten und ursprünglich als Wasserschloss erbauten Herrenhaus mit seinem steilen Walmdach. Im Kern ist es ein Fachwerkbau aus dem späten 16. Jh., wovon heute aber nichts mehr zu erkennen ist. Die Fassade wird überragt von einem eindrucksvollen Vorbau von 1676. Gut Kletkamp wurde in den über 400 Jahren seines Bestehens nie an ein anderes Adelsgeschlecht verkauft und befindet sich im Besitz der Grafen von Brockdorff.

Man lebt von der Land- und Forstwirtschaft und hat außerdem große Fischteiche für die Karpfenzucht angelegt.

Langbett von Flehm: Kurz hinter dem Abzweig nach Kletkamp geht rechts (Schild) eine feldwegartige Straße ab, die nach 800 m an einem Grabhügel aus der Jungsteinzeit vorbeiführt. Die Grabanlage ist in ihrer ursprünglichen Findlingsanordnung noch vergleichsweise gut erhalten (→ Foto S. 29). Funde von Keramik, Schmuck und Pfeilspitzen deuten darauf hin, dass das Langbett etwa um 3000 v. Chr. errichtet und wahrscheinlich bis zur Bronzezeit benutzt wurde.

Gut Neuhaus: Das 6 km westlich von Lütjenburg in der Gemarkung Giekau gelegene Gut war einst ein Superlativ. Unvorstellbare 5335 ha gehörten bis 1923 zum Gutsbesitz, der heute immer noch 1335 ha Land und 450 ha Wasserfläche des Selenter Sees umfasst (dieser Teil des Sees ist heute weitgehend Naturschutzgebiet). Neuhaus war eher eine Herrschaft als ein herkömmlicher Guts-

Großartige holsteinische
Gutsarchitektur: Kletkamp

hof; im 16. Jh. war sogar die Stadt Lütjenburg an Neuhaus verpfändet. Die gewaltige Größe führte auch zu beeindruckenden Bauten: Fast ein Dutzend riesige reetgedeckte Scheunen und Ställe standen ursprünglich vor dem Herrenhaus.

Am 10. Februar 1943 kam es hier zur Katastrophe. Eine damals 17-jährige Hausgehilfin legte in den Abendstunden mit Absicht auf der Tenne des großen Kuhstalls Feuer. Da wegen der Verdunkelungsvorschriften des Krieges auch die Fenster der Ställe lichtsicher abgeschirmt waren, wurde das Feuer erst bemerkt, als es schon zu spät war. Über 100 Kühe verbrannten im Stall, zudem griff das Feuer auch auf die umliegenden reetgedeckten Scheunen und Ställe über. Sieben mächtige Hofgebäude wurden durch die Flammen zerstört. Das heute immer noch stark landwirtschaftlich geprägte Gut hat dadurch einiges von seiner ursprünglichen Schönheit eingebüßt.

Das dreiflügelige Herrenhaus wurde im 16. Jh. in wunderschöner Lage am Seeufer errichtet. Es wird von einem imposanten Turm flankiert, der noch von einem Vorgängerbau stammt (um 1500). Seine äußere Form bekam es nach Umbauten um 1740. In den gut 500 Jahren seines Bestehens wurde Neuhaus nie verkauft und ist nach wie vor ein nur aus der Ferne zu besichtigender Privatbesitz.

2 km südlich des Guts liegt direkt an der B 202 in Seekrug an der gleichnamigen Bucht des Selenter Sees eine nette Badestelle. Bei sommerlichen Temperaturen ist sie nicht nur für die Einheimischen ein beliebtes Ausflugsziel.

St.-Johannes-Kirche in Giekau: Innen ist der Bau viel schöner, prächtiger und v. a. älter, als dies von außen den Anschein hat, denn der 1812 erbaute Turm nimmt viel von der ursprünglichen Wirkung. Wer das um 1240 erbaute Gotteshaus betritt, ist deswegen geradezu überrascht vom harmonischen Innenraum mit den schräg gestellten Kirchenbänken und den gekalkten Feldsteinwänden. Sehr bemerkenswert ist der gotische Schnitzaltar (um 1500), der mit über 70 farbigen Einzelfiguren (!) im Mittelschrein die Passionsgeschichte darstellt. Die Kirche ist tagsüber im Regelfall geöffnet.

Essen & Trinken »» Mein Tipp: Seekrug, eine etwas abseits gelegene, reetgedeckte Fischkate in rustikalem Ambiente an der B 202 zwischen Lütjenburg und Selent. Man kann hier an den Holztischen (und auch auf der Terrasse) nicht nur leckeren See- und Süßwasserfisch (z. B. Maränen) oder holsteinische Küche genießen, sondern auch frischen Fisch kaufen. 11.30– 21 Uhr, Seekrug/Giekau, Mo Ruhetag. ✆ 04381/8488. «

Behrensdorf
(560 Einwohner)

Die kleine Gemeinde mit ihren fünf Ortsteilen liegt etwas versteckt nördlich von Lütjenburg, eingebettet in ein ursprüngliches und besonders schönes Stück ostholsteinischer Landschaft. Sie hat mit dem Gut Waterneverstorf, dem Hafen Lippe und dem Leuchtturm Neuland drei interessante Ausflugsziele zu bieten.

Wer auf Strandpromenade und nette Restaurants verzichten kann, wird sich hier wohl fühlen. Die großen Touristenströme ziehen an Behrensdorf vorbei, das begrenzt und umgeben wird von der Ostsee sowie dem Großen und Kleinen Binnensee. Bis in die 1950er-Jahre war Behrensdorf eine reine Bauerngemeinde, nur langsam bewirkte der Fremdenverkehr einen Strukturwandel. Auch wenn nach wie vor die Beschaulichkeit vorherrscht, gibt es auf dem Gemeindegebiet heute immerhin über 600 Gästebetten und drei Campingplätze mit insgesamt 840 Stellplätzen.

Der weiträumige, kurtaxenfreie Strand in Leuchtturmnähe ist etwas steinig. Steinmolen teilen hier das Wasser und schaffen so kleine Badebuchten. Um den nur durch einen Wall von der Ostsee getrennten Kleinen Binnensee liegt ein Naturschutzgebiet, in dessen Salzwiesen seltene Vogelarten brüten. Der Strand davor ist FKK-Bereich.

Folgt man von Hohwacht aus der kleinen Küstenstraße, kommt man zuerst nach **Lippe**, das wegen seines kleinen Yachthafens v. a. den Seglern ein Begriff ist (→ Karte S. 277). Das wunderschöne, nur aus dem Hafen und einigen reetgedeckten Katen sowie einem Campingplatz bestehende Örtchen liegt direkt am Zugang zum fischreichen Großen Binnensee, der sich bis fast nach Lütjenburg erstreckt. An der Westseite des Hafens (direkt neben dem Restaurant Klabautermann) erstreckt sich ein kleiner, unbewachter Badestrand mit ebenso kleinem Parkplatz. Der schöne Naturstrand zieht sich noch ein ganzes Stück die Küste entlang und wird im westlichen Teil zum FKK-Bereich.

Eine landschaftlich besonders reizvolle Gegend ist auch die Umgebung von **Stöfs**, das etwas erhöht liegt und herrliche Ausblicke über die knickbegrenzten Felder und den Binnensee bis hin zur Ostsee erlaubt (→ Karte S. 277). Nimmt man die übliche Route über Lütjenburg nach Behrensdorf, so kommt man hier zwangsläufig vorbei.

Information Gemeinde Behrensdorf, Ringstr. 2 a, 24321 Behrensdorf, ✆ 04381/ 4986, www.behrensdorf-ostsee.de; www. hohwachterbucht.de. Keine Kurtaxe.

Fahrradverleih Charly's Fahrradverleih, Hasensteg 1, ✆ 04381/9772 (mit Lieferservice).

FKK-Strand Zwischen dem Kleinen Binnensee und Lippe (mit WC).

Der kleine Hafen von Lippe

Übernachten **Camping Waldesruh**, modern ausgestatteter und immer gut besuchter Campingpark mit 330 Plätzen in der Nähe des Leuchtturms. Rustikal eingerichtetes Restaurant (Mo Ruhetag) und ein kleiner Laden auf dem Gelände. Erw. 5,20 €, Kinder 2,60 €, Stellplatz 6,30 €. Auch Mobilheime. ✆ 04381/8555, ✉ 04381/4575, www.camp-waldesruh.de.

Campingplatz Lippe, schöner, ruhiger Platz direkt hinterm Deich des idyllischen Hafens von Lippe. Kein Anmeldehäuschen, der Campingwart des Grafen von Waldersee kommt

4-mal am Tag vorbei. Auch Tagescamping möglich. Imbiss vor Ort. April bis Mitte Okt. geöffnet. ✆ 04381/4071-10, Campingwart: 0174/1685810 (mobil).

Essen & Trinken   **Klabautermann**, das Gasthaus hat einen tollen Platz am Hafen von Lippe. Holzbänke und Tische vor der kleinen, reetgedeckten Kate stehen auf einer Wiese fast direkt am Strand. Innen geht's im Holzpanelen-Look rustikal zu. Man isst gut, v. a. Deftiges, insbesondere frischen gebratenen Fisch (abends besser reservieren). Tägl. 11–21 Uhr, ✆ 04381/8250.

Sehenswertes

Leuchtturm Neuland: Mit 40 m Höhe ist er weithin sichtbar, bildet das Wahrzeichen des Feriengebietes und findet sich daher auch im Ortswappen wieder. Der backsteinerne Leuchtturm wurde 1916 gebaut und noch bis 1982 von einem Leuchtturmwärter gewartet. Heute dient er nur noch als Warnzeichen bei den Schießübungen im angrenzenden Bundeswehrschießplatz Todendorf. Der denkmalgeschützte Turm mit seinen 176 Stufen wird von der Bundeswehr zweimal im Jahr zur Besichtigung freigegeben. Wer nicht so lange warten will, muss nach Flügge auf Fehmarn fahren, dort steht nämlich ein baugleiches Leuchtfeuer. In der Nähe des Turms liegen die Campingplätze der Gemeinde, auch der kurtaxenfreie Badestrand ist nur einige Meter entfernt.

Gut Waterneverstorf: Das herrliche Anwesen der Grafen von Waldersee liegt gut erreichbar unterhalb der Straße von Lütjenburg nach Behrensdorf. Es ist parkartig eingebettet zwischen Baumgruppen und dem Großen Binnensee, der früher einmal „Waterneverstorfer See" hieß, womit schon anklingt, welch große Bedeutung dem Gut einstmals zukam. Das Herrenhaus steht auf den Fundamenten einer ehemaligen mittelalterlichen Wasserburg aus dem späten 15. Jh., wurde aber zuletzt 1852

Das prächtige Herrenhaus von Waterneverstorf

stark verändert und zeigt sich heute als prächtiger, weiß getünchter Backsteinbau. In seinem Seitenflügel sind mehrere Ferienwohnungen untergebracht. Die Landwirtschaft spielt auch hier noch eine bedeutende Rolle, was schon daran deutlich wird, dass auf dem Anwesen ein riesiges Getreidesilo steht. Leider sind die historischen Hofgebäude größtenteils verschwunden; sie fielen im Jahre 1965 einem Brand zum Opfer. Um das Gut herum liegen zahlreiche reetgedeckte Katen, einige davon wurden zu schicken Ferienhäusern umgebaut (www.neverstorf.de).

Mausoleum der Familie von Waldersee: Kein Hinweisschild deutet darauf hin, dass sich beim Ort Stöfs das Grabmal des Feldmarschalls von Waldersee befindet (→ Karte Wanderung 5, S. 277). Alfred von Waldersee (1832–1904) wurde im Jahre 1900 auf Betreiben von Kaiser Wilhelm II. zum Generalfeldmarschall und Oberbefehlshaber der vereinigten europäischen und japanischen Truppen bei der Niederwerfung des Boxeraufstandes in China ernannt. Das Grabmal liegt sehr ruhig und verlassen inmitten eines kleinen Privatfriedhofs der Grafen von Waldersee. Von hier aus hat man einen traumhaften Blick über die Gutsherrschaft und den Binnensee bis hin zur Ostsee.

Anfahrt: Unmittelbar beim Ortseingang von Stöfs (von Behrensdorf kommend) scharf rechts den Pflastersteinweg hochfahren. Nach wenigen Metern weitet sich der Weg platzähnlich (gute Parkmöglichkeit), hinter einem renovierten Reetdachhaus (Ferienwohnungen) im Wäldchen rechts liegt der Friedhof.

Panker   (1500 Einwohner)

Panker lebt von und mit seinem Gut, in dem früher Kaiser und Könige Europas zu Gast waren und das sich heute als eine der schönsten Gutsanlagen Schleswig-Holsteins präsentiert. Doch nicht nur das leuchtend weiße Schloss Panker, auch der einen phantastischen Rundblick bietende Aussichtturm Hessenstein lohnt den Besuch.

Die Landgemeinde Panker reicht vom an der Ostsee gelegenen Todendorf bis zum Örtchen Darry nahe Lütjenburg. Doch die Hälfte des Gemeindegebiets – fast unvorstellbare 1150 ha – gehört auch heute noch zum Hofgut und wird auch von diesem bewirtschaftet. Badetourismus bleibt der Gemeinde verwehrt, denn Todendorf ist ein

Stützpunkt der Bundesmarine. An der Ostsee ist lediglich ein kleines Stück Steilküste am Hubertsberg zugänglich, das sich aber gut für einen Spaziergang eignet.

Der Name „Panker" ist abgeleitet vom slawischen Wort *pan*, was so viel wie „Herr" bedeutet und darauf hindeutet, dass sich in der geschützten Niederung schon in wagrischer Zeit der Herrensitz eines Häuptlings befand.

Information Fremdenverkehrsverein Panker e. V., Haselbusch 4, 24321 Gadendorf, ✆ 04381/6969, keine Kurtaxe; www.ostsee urlaub-panker.de; www.hohwachterbucht.de.

Übernachten/Essen & Trinken Forsthaus Hessenstein in wunderschöner Lage kann man auch im alten Forsthaus vor dem Aussichtsturm ausgezeichnet speisen. Ein Teil des Hauses ist eher ein Pub, in einem anderen Teil isst man gemütlich bei Kerzenschein und das auf hohem Niveau. Peter Marxen ist bekannt dafür, dass bei ihm stets frische Speisen auf den Tisch kommen (kleine Karte, gute Weine). In der Woche ab 18 Uhr geöffnet, Sa ab 14 Uhr, So ab 12 Uhr, am Wochenende auch Kaffee und Kuchen (Juni–Okt.). Mo Ruhetag, ansonsten auch Di). Reservierung erbeten. ✆ 04381/9416.

≫ Mein Tipp: Ole Liese, eine Empfehlung für „sterne-nahes" (und damit hochpreisiges) Essen und/oder Wohnen im edlen Landhausstil eines historischen Anwesens auf Gut Panker, das Tradition, Noblesse und Romantik vereint. Die 20 individuell eingerichteten Zimmer und Suiten im Haupt- und Gästehaus sind jeweils nach einer Rebsorte benannt. Das weithin bekannte Restaurant „Ole Liese" hält, was es verspricht: gediegen-gemütliches Ambiente und bestes Essen. Allerdings sitzt man, vielleicht entgegen den Erwartungen, relativ einfach auf Holzbänken und -stühlen, was den Genuss jedoch nicht schmälert. Klassisch-französische Gourmetküche mit ausgesuchten Weinen bietet das gleichfalls im ehemaligen Jagdzimmer untergebrachte „Restaurant 1797". Mo (in der Nebensaison auch Di) Ruhetag, Reservierung empfohlen. DZ 115–205 €. Gut Panker, ✆ 04381/90690, www.oleliese.de. ≪

Landhaus Panker, bodenständige Speisewirtschaft mitten im Grünen. Sehr gemütliches Ambiente, große Terrasse mit Blick auf den Teich. Frische Landhausküche, aber auch Cafébetrieb. Knapp 4 km hinter Panker (an der B 502 Richtung Lütjenburg) führt rechts eine lange, ungeteerte Zufahrt zum Restaurant. ✆ 04385/232.

Sehenswertes

Gut Panker: Einige uralte Eichen säumen die Zufahrtsstraße dieser außergewöhnlichen Anlage. Der Gutshof ist so etwas wie ein kleiner Ort mit einem Gemeindehaus für die 80 Einwohner und einer separat gelegenen Kapelle (von 1890). Er präsentiert sich heute als eine Art Künstlerkolonie mit Galerie, Textilwerkstatt und mit Kunstläden (für Antiquitäten, Wohnaccessoires, Floristik und Wein). Hier gibt es zudem das bekannte Restaurant „Ole Liese" und natürlich Stallungen, ein Torhaus und das weiße Herrenhaus, welches nicht umsonst Schloss genannt wird.

Gut Panker ist Eigentum der *Kurhessischen Hausstiftung* und das Herrenhaus Wohnsitz des Prinzen von Hessen, daher kann man es auch nicht besichtigen. Im 17. Jh. wurde es errichtet, und im 18. Jh. erhielt es seine heutige äußere Gestalt. Nach dem Zweiten Weltkrieg musste es schließlich innen noch einmal komplett erneuert werden, weil es zwischenzeitlich als Flüchtlingslager gedient hatte, wobei die gesamte Einrichtung einschließlich der Wandvertäfelungen und des Parketts als Brennmaterial benutzt oder anderweitig zerstört worden war. Die Gutsresidenz ist von einem französischen Garten umgeben, der jedoch, wie auch der Schlosspark mit See, auch nur von außen zu betrachten ist. Im ehemaligen Torhaus aus dem späten 18. Jh., einem ebenfalls schlossähnlichen weißen Putzbau mit 17 Achsen und einem Mansardwalmdach, ist die Kunstgalerie untergebracht. Bis 1957 standen zwischen Schloss und Torhaus zwei riesige reetgedeckte Gebäude (Kuhhaus und Scheune), die beide durch Brandstiftung vernichtet wurden. Heute erstrecken

Sehenswert: Gut Panker

sich hier die Weiden für die berühmte Trakehnerzucht. In den übrigen Gebäuden der weitläufigen Gutsanlage befinden sich nicht nur herrliche Wohnungen, sondern auch einige geschmackvolle Läden (z. B. für Wohndesign) und das Restaurant Ole Liese.

Das Testament des Fürsten

Friedrich Wilhelm von Hessenstein (gest. 1808), der sogar zum Reichsfürsten ernannt wurde, war ein bemerkenswerter und hochangesehener Mann und der Alleinerbe von Panker wie auch der gesamten Herrschaft Hessenstein. Weil er unverheiratet war und kinderlos blieb, übertrug er seinen Besitz als unteilbares und unveräußerliches Vermögen der Hauptlinie der Landgrafen von Hessen-Cassel.

Seinem Rechtsnachfolger legte er im Testament die Verpflichtung auf, dass „alle Leibeigenen freigemacht werden müssen", eine Forderung, die für die damalige Zeit geradezu revolutionär war. In einem Nachtrag zum Testament verfügte er darüber hinaus, dass die Versorgung seiner Hunde, Katzen und Reitpferde – v. a. die seiner alten Stute Liese – sicherzustellen sei.

Dieser testamentarische Zusatz führte letztlich zur Gründung eines der berühmtesten Restaurants der Küste, des „Ole Liese", unser kulinarischer Tipp (s. o.). Unter der Voraussetzung, sich der Pflege Lieses anzunehmen, bekam ein verdienter Reitknecht des Fürsten die Schankwirtschaft mit Konzession und nannte sie demzufolge „Ole Liese". Die Balken über der Eingangstür des stolzen Backsteinbaus bekamen die einladende Inschrift: *„In de ole Liese, hier geit dat na de ole Wiese, De Wirt de süpt dat Beste, seggt: Prost mine lewen Gäste!"*

Hessenstein: Schnurgerade führt eine Allee zu dieser 2 km westlich von Panker gelegenen Erhebung. Diese ist mit 128 m Höhe für holsteinische Verhältnisse schon ein richtig hoher Berg, weshalb die Aussicht um so schöner und der 17 m hohe Turm ein lohnenswertes Ausflugsziel ist. Bei gutem Wetter hat man einen tollen Blick bis Kiel, über die Ostsee bis Fehmarn und hinüber zum Bungsberg. Allerdings müssen zuvor 111 Stufen bezwungen werden, und zwar über eine gusseiserne

Metalltreppe. Auf halber Höhe befindet sich ein Drehkreuz, bei dem man 1 € einwerfen muss (Drehtür bitte kräftig bewegen, sonst geht sie nicht weit genug auf). Wer kein passendes Kleingeld dabeihat, hat die vielen Stufen vergebens erklommen. Der Backsteinturm mit Zinnenkranz und acht filigran endenden Stützpfeilern wurde 1841 im Auftrag des Landgrafen Friedrich von Hessen im Stil der Neugotik als Aussichtsturm erbaut. Zwei einander gegenüberliegende Portalanbauten bilden so etwas wie eine kleine Eingangshalle.

Hohenfelde (950 Einwohner)

Der beschauliche Ort liegt 2 km von der Ostsee entfernt und ist umgeben von Feldern, Wiesen und Wäldern. Zum Gemeindegebiet gehört ein 4 km langer Naturstrand, der von einigen Campingplätzen umsäumt wird.

Der im Tal der Mühlenau, am Übergang zur Probstei gelegene Ort mit den alten Bauernhäusern und den großen Gärten verfügt zumindest teilweise noch über das, was man ländliche Idylle nennt. An dem von einer bizarren, aber niedrigen Steilküste gesäumten Naturstrand verzichtet man auf Kurtaxe und Parkgebühr; allerdings ist der Strand z. T. auch sehr steinig. Die Gemeinde bietet eben unverfälschte Natur rundherum. Noch immer hat die Landwirtschaft einen hohen Stellenwert, doch gewinnt der Tourismus auch hier stetig an Bedeutung. Für die notwendige Infrastruktur sorgen ein Multifunktionsgebäude (von 2011) am Hauptstrand, sechs gut ausgestattete Campingplätze und mehrere Wochenend- und Ferienhausareale in Strandnähe. Am Ufer hört man gelegentlich das Dröhnen der Granaten vom nahe gelegenen Truppenübungsplatz Todendorf.

Anziehungspunkt für Familien mit Kindern ist die in Ufernähe Richtung Hubertsberg gelegene **Straußenfarm-Ostseeblick** (Ostseering 11, ☎ 04385/907, www.straussenfarm-ostseeblick.de). Täglich von 10 bis 18 Uhr sind die riesigen Vögel und viele Straußenküken zu bewundern (Eintritt 2 €, Kinder unter 12 Jahren frei; Führung 1 €). Im Hofladen gibt's Kaffee und Kuchen, frisches Straußenfleisch und allerlei Produkte rund um den Strauß.

Information Fremdenverkehrsverein Hohenfelde e. V., Strandstr. 3, 24257 Hohenfelde, ☎ 04385/593842. Keine Kurtaxe. www.hohenfelde.de, www.hohwachterbucht.de.

Übernachten Zelt- und Campingplatz Hubertsberg, nur 50 Plätze, aber in schöner Landschaft sehr ruhig am kleinen Kiesstrand Hubertsberg neben dem Sperrgebiet Todendorf gelegen. Ostern bis Okt. geöffnet. Stellplatz 6 €, Erw. 3 €, Kinder 1 €, Pkw 1,50 €. ☎ 04385/1382.

Hohwachter Bucht und Probstei

Einsames Boot am Naturstrand von Hohenfelde

Schönberg
(6700 Einwohner)

Ein schönes Fleckchen Küste: das seit jeher den Mittelpunkt der Probstei bildende, etwas landeinwärts liegende Schönberg, davor der kilometerlange, durch einen Deich gesicherte feinsandige Schönberger Strand sowie die beiden Strandabschnitte mit den wohlklingenden Namen Brasilien und Kalifornien.

Die Küste bietet auf etwa 12 km ein einheitliches Bild: ein mächtiger Deich, der eben zum Strand hin abfällt, dahinter der nur 10–12 m breite und von den Molen in Badebuchten geteilte weiße Badestrand. Dieser ist meist mit Strandkörben belegt und geht – für Kinder ideal – sehr flach ins Wasser über. Auf der Deichkrone verläuft ein Weg, der gewissermaßen die längste Strandpromenade an der Küste ist. Alles wirkt sehr beschaulich und gepflegt. Begleitet wird der Deich von einem verkehrsberuhigten schmalen Fahrweg, an dem einige Geschäfte, Pensionen und v. a. Ferienwohnungen liegen. Dieser östliche Strandabschnitt bildet den Ortsteil Schönberger Strand. Ihn ziert eine 260 m lange Seebrücke, an der Motorschiffe zu Ausflugsfahrten einladen.

Weiter westlich liegen *Brasilien* und *Kalifornien*. Die Erklärung für die ungewöhnlichen Namen ist recht einfach: Als im Jahr 1735 in einem heftigen Sturm vor der Küste die Segelbark „California" strandete, baute sich ein Fischer aus den angeschwemmten Wrackteilen eine Hütte. Zu guter Letzt nagelte er daran die Planke mit der Aufschrift „California", und als mit der Zeit weitere Fischerhütten hinzukamen, war der Ort Kalifornien geboren. Ganz in der Nähe entstand bald ein weiterer Ort, dessen Erbauer zur Erinnerung an die in die schöne Neue Welt ausgewanderten Schönberger ebenfalls einen nach Ferne und Wärme klingenden Namen wählten: Brasilien. Von der alten Fischerortromantik ist allerdings nichts mehr übrig geblieben. Neuzeitliche Ferienwohnungen und Pensionen und natürlich der alles bestimmende Deich prägen das Bild.

Vom Schönberger Strand führt eine weithin bekannte Museumseisenbahn bis in den eigentlichen Zentralort Schönberg, wo eine kleine, ruhige Fußgängerzone zum Bummeln einlädt. Nur vergleichsweise wenig ist allerdings vom alten Dorf erhalten geblieben, historischen Charme hat Schönberg v. a. noch rund um die Kirche bewahrt. Interessante Schautafeln informieren über die markantesten Gebäude und deren Geschichte.

Zum Gemeindegebiet gehört auch das etwa 400 m zurückversetzt liegende Holm mit seinem weithin sichtbaren Hochhaus, in dem sich ein Hotel befindet. Holm ist zwar als Mineralheilbad anerkannt, fristet aber trotz einer bekannten Reha-Klinik eher ein Schattendasein.

Geschichte: Wie die umliegenden Ortschaften wurde das Gebiet von Schönberg vom damaligen Landesherren Graf Adolf IV. 1226 dem Kloster Preetz geschenkt.

Hohwachter Buch und Probstei

Schönberger Strand: weicher, weißer Sand

Das Dorf selbst wurde um 1250 gegründet. Sein Name, ursprünglich mittelnieder-
deutsch *Schoneberch* (aus *scone* = schön und *berch* = Berg), erklärt sich daraus, dass
der Ort auf so ziemlich dem einzigen Hügel in der Gegend liegt und man im
flachen Holstein schon kleine Erhebungen gerne überschwänglich als Berg bezeichnet. Nach der Loslösung Schleswig-Holsteins von Dänemark 1864 wurde
Schönberg Amtsgerichtsbezirk und ist bis heute Amtssitz der Region. Genau wie in
anderen Orten der Region richtete die große Sturmflut von 1872 auch in Schönberg erhebliche Schäden an. Der große Deich schützt seit dieser Zeit Dörfer und
Salzwiesen, die teilweise unter dem Meeresspiegel liegen und nur deshalb als
Weideland nutzbar sind, weil sie nach wie vor durch drei große Schöpfwerke
entwässert werden.

(Basis-Infos

Information/Zimmervermittlung Tourist-Service **Schönberger Strand**, Käptn's
Gang 1, 24217 Schönberger Strand,
✆ 04344/41410, und **Tourist-Service Kalifornien**, An der Kuhbrücksau 2, 24217 Kalifornien, ✆ 04344/1838. *ostseecard* 2,20 € (Nebensaison 1,10 €). www.probstei.de,
www.schoenberg.de.

Fahrradverleih G. Gnutzmann, Seesternweg 2, Kalifornien, ✆ 04344/2221; Zweirad-
Haus Probstei, Georg-Thorn-Str. 4, Schönberg, ✆ 04344/2810.

Hundestrand Je ein halbes Buhnenfeld
östlich von Buhne 26, 32 und 41.

Kerzenscheune Im 2 km südöstlich von
Schönberg gelegenen Krummbek kann jeder tägl. zwischen 10 und 18 Uhr eigene
Kerzen ziehen und in der Kerzenwerkstatt
erwerben. Parkstraße 4, ✆ 04344/414748.

Kino Blitz-Lichtspiele, Am Markt 1, Schönberg (im Schönberger Hof) ✆ 04344/1333.

Parken Der Parkraum in Strandnähe ist
sehr knapp und gebührenpflichtig (3 €/Tag).

Übernachten/Essen & Trinken

Übernachten/Essen & Trinken ***s Stadt Kiel, gediegenes, kleines Hotel mit 12 Zimmern, das auch schon mal von Radfahrern für nur eine Nacht genutzt wird. Im hauseigenen Restaurant mit breiter Terrasse, die sich zum Kirchenvorplatz hin öffnet, kann man recht gut essen (z. B. Gänsekeule süß-sauer). Das Haus verfügt auch über einen wunderschönen historischen Festsaal (von 1897). DZ 79 €. Am Markt 8, ✆ 04344/30510, ✉ 04344/305151, www.hotel stadtkiel.de.

Ostseehotel Holm, die hellen und komfortabel eingerichteten 45 Zimmer befinden sich in den oberen Stockwerken des weithin sichtbaren Hochhauses von Holm (18 Etagen). Natürlich hat man hier eine tolle Aussicht, es sind aber gut 300 m bis zum Strand. Bistro mit gutem Preis-Leistungs-Verhältnis im Haus. DZ 87–92,50 €. Osterwisch 2, Schönberg/Holm, ✆ 04344/940, ✉ 04344/94100, www.ostseehotel-holm.de.

》》 Mein Tipp: Seestern, das Hotel und wirklich gute Fischrestaurant liegt direkt hinterm Deich am Strand von Kalifornien. 16 komfortable Zimmer, überwiegend mit Meerblick; kinderfreundliches Haus (mit Kegelbahn). Im Panoramarestaurant gibt es v. a. frische Köstlichkeiten der eigenen Kutterfischerei. Nachmittags Café mit Ostseeblick im Flachdachanbau; zudem gibt es eine kleine windgeschützte Deichterrasse. DZ 72–80 €. Seesternweg 9, Kalifornien, ✆ 04344/1465, ✉ 04344/415286, www.seesternkalifornien.de. 《《

Essen & Trinken Oma's Kaffeestuuv, gemütliches Café in einer kleinen Fachwerkkate am Schönberger Strand direkt am Deich. Hausgemachter Kuchen, Waffeln und Pfannkuchen, aber auch andere kleine Speisen sind im Angebot. Schöne Gartenterrasse hinterm Haus. Zudem ein windgeschützter Freisitz auf dem Deich vor dem Haus. Tägl. 11–18 Uhr. Promenade 15, ✆ 04344/415102.

Sehenswertes

Museumsbahnhof und Museumseisenbahn: Wirklich etwas ganz Besonderes, denn vom Bahnhof Schönberger Strand kann man eine Reise durch die Zeit antreten in einem der etwa 50 historischen Schienenfahrzeuge, die hier versammelt sind und vom *Verein Verkehrsamateure und Museumsbahn* gepflegt und betriebsfähig

Eine Rarität: Museumsbahn in Schönberg

gehalten werden. Man nimmt Platz auf roten Plüschsesseln im Luxuswagen eines alten dampfbetriebenen Zuges oder auf einfachen Holzlattenbänken – je nachdem, welcher Zug gerade im Einsatz ist und in welcher Klasse man sich befindet – und fährt die knapp 5 km lange Strecke von Schönberger Strand nach Schönberg. Als zusätzliches Schmankerl verkehrt vor dem Bahnhof eine Straßenbahn von anno dazumal (11–17 Uhr). Zudem fährt ein Kaffee-Express nach Probsteierhagen (Sa 15.40 Uhr). An den Sonntagen der Hauptsaison fahren sogar wieder Triebwagen von und nach Kiel Hbf. (Fahrradmitnahme kostenlos). Fazit: Eisenbahnromantik pur.

Adresse/Öffnungszeiten   Am Schierbek 1, Schönberger Strand, ✆ 04344/2323 u. 41410. Bahnbetrieb nur von Ende Mai bis Anfang Sept. samstags und sonntags 8.10–18 Uhr sowie zu unregelmäßigen Sonderterminen.

Rückfahrkarte Schönberger Strand – Schönberg oder nach Probsteierhagen Erw. in allen Wagenklassen 4,60 €, Kinder die Hälfte, Familienkarte 9,50 €. Rückfahrkarte von und nach Kiel 13 €, Kinder die Hälfte, Familien 32 € (Fahrradmitnahme möglich). Samstags kann man sogar eine Strecke mit dem Schiff fahren (ab Kiel 9.30 Uhr, ab Schönberger Strand 17 Uhr). Hierfür gibt's ein Kombiticket für 15 €, Kinder die Hälfte, Familien 35 €. Straßenbahn am Bahnhof Schönberger Strand (Fahrtzeit 10 Min.) 1,40 € (Kinder 0,70 €). Fahrpläne unter www. vvm-museumsbahn.de. Parken 2 €/Tag.

Probsteier Heimatmuseum: Das Museum wurde Ende der 1980er-Jahre auf dem Gelände eines ehemaligen reetgedeckten Bauernhofs eingerichtet. Für das Haupthaus, Durchfahrtsscheune und den Bohlenspeicher mit Backhaus war dies Rettung in letzter Minute, sollte doch ursprünglich alles dem Abrissbagger zum Opfer fallen. Zu sehen gibt es eine landwirtschaftliche Geräte- und Maschinensammlung, eine Ausstellung zu den bäuerlichen Wohn- und Lebensverhältnissen des 19. Jh. sowie eine Dokumentation über den besonderen Status der Probstei als einstigen Klosterverwaltungsbezirk. Wer wissen möchte, was beispielsweise ein *Möschenpott* oder ein *Emer* ist, sollte dem Museum einen Besuch abstatten.

Ostseestr. 8. Mai–Okt. tägl. außer Mo 14–17 Uhr, Do auch 10–12 Uhr (Vor- und Nachsaison nur So 14–17 Uhr). Eintritt 2 €, Kinder 1 €. Das ganze Jahr über bietet das Museum zahlreiche Veranstaltungen wie z. B. Museumsfeste und historische Radwanderungen an. ✆ 04344/3174, www.probstei-museum.de.

Kindheitsmuseum: Ein Schild mit Kreisel und Schaukelpferd kündigt es an, das ungewöhnliche kleine Museum im alten Amtsgericht in der heutigen Fußgängerzone. Man darf allerdings kein Spielzeugmuseum erwarten, obwohl natürlich jede Menge altes Spielzeug zu sehen

Die Saalkirche in Schönberg

ist, weil dies ja zu jeder Kindheit gehört. Thema ist vielmehr die Kindheit in verschiedenen Regionen und sozialen Schichten von ca. 1890 bis heute. Dazu gehört auch eine Schulausstellung mit einem Dorfschulraum von anno dazumal. Das ehrenamtlich betriebene Museum ist kindgerecht aufgebaut; die Kinder dürfen in den Ausstellungsräumen oder gleich vor der Tür auch alte Spiele wie Seilspringen oder Kreisel ausprobieren.

Knüllgasse 16. Mai nur So 14–17 Uhr, Juni–Okt. Di–So 14–17 Uhr, Do auch 10–12 Uhr. Eintritt 2 €, Kinder bis 14 J. 1 €. ℡ 04344/6865, www.kindheitsmuseum.de.

Evangelische Kirche: Nachdem der mittelalterliche Vorgängerbau 1779 abgebrannt war, wurde das Gotteshaus als spätbarocke Saalkirche wiederaufgebaut. Gut 1000 Personen finden in dem hellen und hohen Innenraum mit seiner hufeisenförmigen Empore Platz. Die Inneneinrichtung ist schlicht und einheitlich in Grau-Weiß gehalten. Auf einer kleinen Tafel am Altaraufsatz sieht man die Kopie des berühmten „Abendmahls" von Leonardo da Vinci. Ungewöhnlich, aber erklärlich ist der Umstand, dass die Wetterfahne auf dem Kirchturm die Gestalt eines Barsches hat, denn drei Barsche sind die Wappentiere der Herren von Barsbek aus dem gleichnamigen Nachbarort, die den Bau der Kirche vermutlich finanziell unterstützt haben.

Di–Fr 9–17 Uhr.

Umgebung von Schönberg

Zwar werben die umliegenden Ortschaften gemeinsam mit Schönberg und Laboe unter dem Markenzeichen „Probstei", sie sind aber verwaltungstechnisch größtenteils selbstständig.

Stakendorf: Der Badespaß am 12 km langen Küstenstreifen, dessen touristischen Mittelpunkt der Schöneberger Strand bildet, beginnt schon 500 m weiter östlich am Stakendorfer Strand, wo ganz romantisch noch ein paar kleine Fischerboote auf dem Sand liegen. Davor erstrecken sich einige hölzerne Fischimbissbuden, in denen wegen der zahlreichen Touristen deutlich mehr als nur die eigenen Fänge vermarktet werden. Dieser Strandabschnitt gehört – wie der Name andeutet – zur nur 2 km landeinwärts gelegenen selbständigen Gemeinde Stakendorf, die sich als beschauliches kleines 450-Einwohner-Dorf mit liebevoll restaurierten Häusern und hübschem Dorfteich präsentiert. Ein unscheinbarer Gedenkstein mitten im Ort erinnert an den Dorfschullehrer Peter Platt, der hier von 1801 bis 1823 lebte und

Fischerboote am Stakendorfer Strand

bereits 1791 und damit fünf Jahre vor dem englischen Arzt Edward Jenner ein Verfahren zur Pockenschutzimpfung entwickelt hatte. Es beruhte auf der Beobachtung, dass Menschen, die sich beim Melken mit Kuhpocken infiziert hatten (was lediglich vergleichsweise harmlose gesundheitliche Irritationen auslöste), gegen Menschenpocken immun waren. Um diesen Effekt künstlich hervorzurufen, nahm er infizierten Kühen befallenes Gewebematerial ab, ritzte zwischen Daumen und Zeigefinger seiner Patienten eine kleine Wunde ein und bestrich sie mit dem infektiösen Material. In seiner Stakendorfer Zeit führte er dann auch entsprechende Impfungen an der Dorfbevölkerung durch.

Wisch/Heidkate: Von Kalifornien weiter Richtung Westen gelangt man – zunächst an großen Campingplätzen vorbei – zum Strand der Ostsee-Siedlung Heidkate, die zur Gemeinde Wisch gehört. Der gut 3 km lange Naturstrand ist schon dünenbewehrt, doch auch hier schützt der 4,5 m hohe Ostseedeich die tief gelegenen Häuser und Äcker. Im nahen Wisch gibt es übrigens noch ein bewohntes Storchennest (an der Dorfstraße Richtung Heidkate auf dem Dach eines schönen alten Fachwerk-Bauernhofs).

Information/Zimmervermittlung Tourist-Info Wisch/Heidkate, Dorfstr. 23, 24217 Wisch, ℡ 04344/5007; www.wisch-heidkate.de. Keine Kurtaxe.
Übernachten Camping Heidkoppel, der von einem Waldstück geschützte Platz liegt direkt hinterm Deich in Heidkate. Dahinter befindet sich der durch Buhnen gesicherte feinsandige und kurtaxenfreie Strand. Jeglicher Campingkomfort ist auf dem 700 Stellplätze großen Gelände vorhanden. Erw. 5 €, Kinder 2 €, Stellplatz 12 €. Mittelweg 114, ℡ 04344/9098, ℻ 04344/4257, www.heidkoppel.de.

Krokauer Windmühle: 2 km westlich von Schönberg steht unübersehbar an der Bundesstraße ein restaurierter Erdholländer aus dem Jahr 1872. Ein Mühlenverein bemüht sich um seine Erhaltung und betreibt hier ein technisches Museum, das man im Rahmen von Führungen erkunden kann.
Pfingsten bis Oktober sonntags 14–17 Uhr, ℡ 04344/1470, www.muehle-krokau.de.

Wendtorf und Stein (2000 Einwohner)

Die beiden ganz nah beieinander liegenden selbständigen Orte an der Küste könnten unterschiedlicher kaum sein. Wendtorf wird dominiert vom alles überragenden modernen Yachthafen, während sich Stein als ein kleiner, idyllischer und kinderfreundlicher Badeort mit sehr flachem Wasser um einen Badesteg herum präsentiert.

Wendtorfs Küstenabschnitt ist geprägt vom Naturschutzgebiet Bottsand, das dem Ort und Hafen wie ein schützender Nehrungshaken vorgelagert ist. Dort befindet sich ein ruhig gelegener Strand, der z. T. FKK-Bereich ist (Parken am Campingplatz Bonanza, 2 €/Tag). Auf der anderen Seite des Naturschutzgebietes hat sich der große Yachthafen mit 850 Liegeplätzen und seinem weithin sichtbaren Hochhaus-Ferienzentrum (von 1972) breit gemacht. Das historische Wendtorf befindet sich etwa einen Kilometer weiter im Hinterland und verfügt mit dem **Kinderabenteuerland** über einen Spielplatz der Extraklasse (Eintritt frei).

Das fernab von allem Verkehrslärm liegende ehemalige Bauern- und Fischerdorf *Stein* ist v. a. für Familien mit Kindern ein kleines Paradies. Um eine begehbare Bademole herum erstreckt sich ein weitläufiger Flachwasserbereich mit Sandbänken, der kleine Strand ist feinsandig und mit Strandkörben belegt. Die hinter dem

Strand liegende Deichwiese weicht nach Westen hin einem Stück natürlicher Steilküste, auf der die obligatorischen Campingplätze ihre Gäste begrüßen. Beiden Orten gemeinsam ist der Blick auf die Außenförde und deren regen Schiffsverkehr.

Zwischen Stein und Laboe macht die kleine Verbindungsstraße einen Schlenker zum Wasser (bei Neustein). Hier befindet sich ein schöner, kleiner Naturbadestrand, der von zwei netten Cafés/Restaurants flankiert wird.

Information/Zimmervermittlung Tourist-Info, Im Sportzentrum, 24235 Wendtorf, ✆ 04343/499563, www.wendtorf-ostsee.de. **Fremdenverkehrsverein Stein e. V.**, Dorfring 20 a, 24235 Stein, ✆ 04343/9299, www.stein-ostseebad.de.

Übernachten Ostsee-Camp Kliff, zwischen Stein und Laboe liegt dieses große Campingareal mit 3 Plätzen oberhalb der Steilküste (nur die beiden Plätze Ellernbrook und Neustein gehören zum Ostsee-Camp). Man genießt einen schönen Blick auf die Kieler Bucht und hat gute Bademöglichkeiten unten am kleinen Strand. Geöffnet April–Sept. Erw. 5,50 €, Kinder 2,50 €, Stellplatz 12–14 €. ✆ 04343/6222, ✉ 04343/499330, www.ostsee-camp.de.

Essen & Trinken Kaffeeklatsch, kleines Café im Ortskern von Stein; rustikale Holztische, kuschelig eng und oft gut besucht. Draußen Selbstbedienung; leckere Torten, aber auch warme Kleinigkeiten. Dorfring 24, ✆ 04343/494910.

»» Mein Tipp: Lutterbeker, Szenekneipe im gleichnamigen Ort (3 km südl. von Stein). Der Lutterbeker ist eine Institution in der Gegend. In dunklem Holz und hellem Wintergartenambiente gehalten, ist er Speisegaststätte, Galerie, Kino, Kulturtreff, Veranstaltungslokal, Theater, Kabarett, Appartementvermietung und Laden in einem. Im Restaurant gibt's für jeden Geldbeutel und jeden Hunger etwas: Suppen, Salate, Fladen, Pizza oder Fleisch- und Fischgerichte. Di–Sa 17–1 Uhr, So 11–1 Uhr, Mo Ruhetag (nicht im Juli und Aug.). ✆ 04343/9442, www.lutterbeker.de. **«««**

Buurs's Kaffeestuuv, das Bauernhof-Café im 2 km südlich von Lutterbek gelegenen Prasdorf eignet sich als (Fahrrad-)Ausflugsziel und gefällt durch seine gemütliche Holzeinrichtung ebenso wie durch seine nette Terrasse. Natürlich gibt's hier selbst gebackenen Kuchen. 15–18 Uhr geöffnet, So ab 14 Uhr. Kirchenweg 1, Prasdorf, ✆ 04344/414532.

Laboe (5200 Einwohner)

Schon von Weitem grüßt das beeindruckende Marine-Ehrenmal als Wahrzeichen der Stadt. Beim Näherkommen eröffnet sich dann der Blick auf die Förde und den feinsandigen Badestrand. Der Fischerei- und Yachthafen vervollständigt das Bild eines malerischen Ostseebades.

Der Blick auf die Seeleuchtfeuer und die vielen Schiffe macht deutlich, dass sich Laboe an ganz exponierter Lage am Übergang der schmalen Förde zur offenen See befindet. Am Scheitelpunkt zwischen Förde und See steht seit etwa 75 Jahren das Marine-Ehrenmal mit seiner Aussichtsplattform in atemberaubender Höhe. Auf dem Strand davor liegt das U-Boot 995 aus dem Zweiten Weltkrieg, das als Mahnmal und technisches Museum fungiert. Eine von Bäumen gesäumte Promenade führt von hier aus am Strand entlang zum Meerwasser-Hallenbad. Der Strand selbst wird zum Hallenbad hin immer breiter und ist mit reichlich Strandkörben belegt. Das flache Wasser und die dem Strand vorgelagerten Sandbänke sorgen für ein vergleichsweise ungefährliches Badevergnügen auch für Kinder.

Zentrale Anlaufstelle im Ort ist und bleibt jedoch der Hafen, noch heute offizieller Hafen der Probstei (→ Foto S. 31). Hier legen die Fördedampfer aus Kiel an, und hier kann man gelegentlich auch noch fangfrischen Fisch vom Kutter kaufen oder einfach nur von der Terrasse einer Bratfischkneipe dem regen Treiben zusehen. Ein schöner Anblick sind auch die im Hafenbecken vertäuten ehemaligen Arbeitssegler des Museumshafenvereins Probstei. Erhöht hinter dem Hafen liegt die Windmühle von Laboe, bis zur Errichtung des Marine-Ehrenmals das Wahrzeichen des Ortes. Sie stammt aus dem Jahr 1923, die Vorgängerbauten brannten mehrmals ab.

Geschichte: 1240 wurde Laboe als deutsches Dorf gegründet, allerdings vermutlich auf dem Boden eines vorher slawischen Fischerdorfs namens *Lubodne*. Übersetzt bedeutet das „Schwanenort", was auch erklärt, warum der Schwan noch heute das Ortswappen ziert. Der lange Zeit noch dichte Wald, die Viehhaltung und der fruchtbare Ackerboden bildeten bis weit ins 18. Jh. hinein die wirtschaftliche Existenzgrundlage der Ortsbewohner, vom Fischfang lebten dagegen zunächst nur wenige. Erst zu Beginn des 19. Jh. errichtete man eine Landungsbrücke, die von der inzwischen wachsenden Zahl der Fischer intensiv genutzt wurde. Mit der Unterstützung des Klosters Preetz konnte 1854 schließlich ein Hafen gebaut werden, über den schon bald fast der gesamte

Laboe: Blick vom Marine-Ehrenmal
über die Förde

Güterverkehr der Probstei abgewickelt wurde. Nach dem Ersten Weltkrieg und mit dem Anschluss der Probstei an das Schienennetz kam der Warenhandel allerdings fast vollständig zum Erliegen. Die Schiffer suchten nach anderen Einkunftsmöglichkeiten und mähten Seegras, um es getrocknet als Matratzenfüllung nach Hamburg zu verkaufen. Gleichzeitig verzeichnete der Fremdenverkehr einen Aufschwung, v. a. für die Kieler Bürger wurde Laboe zum bevorzugten Badeort. Zu den olympischen Segelwettbewerben 1936 und 1972 wurde – wie zuletzt auch in den 1990er-Jahren – der Yachthafen weiter ausgebaut.

Information/Zimmervermittlung Touristinformation Laboe, Börn 2 (am Hafen), 24235 Laboe, ✆ 04343/427553, www.laboe.de. *ostseecard* 2 € (Nebensaison 1 €).

Fahrradverleih Fahrradverleih-Laboe, Wiesenweg 4 und Strandstr. 28 (vor dem Schwimmbad), ✆ 04343/7002; **Hörster**, Strandstr. 14, ✆ 04343/494735.

Fördedampfer Mehrmals täglich verkehren die Personenfähren nach Kiel und zurück, ✆ 0431/594-1263.

Hundestrand Nördlicher Strandabschnitt (beim Ehrenmal).

Parken Mehrere gebührenpflichtige Plätze im Ort und am Ehrenmal (1 €/Std.).

Schwimmbad/Sauna Meerwasserschwimmhalle mit 28 °C Wassertemperatur, Wasserrutsche, Planschbecken. Saunalandschaft mit direktem Strandzugang. Meist 10–18 Uhr geöffnet, Mi bis 22 Uhr. Erw. 3,80 € (Sauna 12 €), Kinder ab 10 J. 3,30 €. Strandstr. 25, ✆ 04343/1249, www.mwsh-laboe.de.

Theater Lachmöwen Theater, zwei verschiedene Inszenierungen pro Jahr auf Plattdeutsch; Karte 9 €, Katzbek 4; ✆ 04343/4946440; www.lachmoewen.de.

U-Boot am Strand von Laboe

Wochenmarkt Immer donnerstags 8–13 Uhr vor dem Rathaus.

Übernachten Hotel Seeterrassen, eines der letzten Hotels im Ort, das selbstverständlich direkt am Strand liegt. Die Hälfte der 40 Zimmer verfügt daher über einen wirklich schönen Fördeblick. Sauna und Dampfbad vor Ort. Im Haus auch ein Restaurant mit gutbürgerlicher Küche (z. B. schmackhafte Fischplatte). DZ 72–92 €. Strandstr. 84, ✆ 04343/6070, ✉ 04343/60770, www.seeterrassen-laboe.de.

Essen & Trinken ≫ Mein Tipp: Fischküche Laboe, ein SB-Restaurant der anderen Art. Restaurantatmosphäre statt zugiger Fischimbiss; es gibt ebenso ofenfrische Fischbrötchen wie warme, herzhafte Gerichte mit fangfrischem Ostseefisch. Tische und Bänke (mit Wärmestrahlern) vor dem Haus mit schönem Blick auf den unmittelbar angrenzenden Hafen. Im Sommer oft gut besucht, daher mitunter Wartezeiten. Tägl. 11.30–21 Uhr geöffnet. Strandstr. 11, ✆ 04343/499172. ≪

Sehenswertes

Marine-Ehrenmal: Das Ehrenmal wurde zwischen 1927 und 1936 ursprünglich zum Gedenken an die Gefallenen der Kaiserlichen Marine im Ersten Weltkrieg gebaut. Inzwischen ist der weithin sichtbare, in Form eines Schiffsstevens gestaltete, 85 m aufragende Turm eine weltweit anerkannte Gedenkstätte für die auf See Gebliebenen aller Nationen. Zwei Fahrstühle (oder 341 Treppenstufen) führen hinauf zu einer Aussichtsplattform, von der man bei gutem Wetter eine grandiose Aussicht genießt.

Innen ist das Ehrenmal in verschiedene Hallen unterteilt. In der Eingangshalle wird daran erinnert, dass die Gedenkstätte auch Mahnmal für eine friedliche Seefahrt auf allen Meeren sein will. In der Ehrenhalle erblickt man die Schattenrisse aller in beiden Weltkriegen gesunkenen Schiffe der deutschen Marine. Eine Gangtreppe führt hinunter zur kreisrunden Gedenkhalle im Zentrum unter dem Ehrenhof, in der noch heute immer wieder Kranzniederlegungen in- und ausländischer Delegationen stattfinden. Auf der anderen Seite des Ehrenhofes liegt die Historische Halle, in der die Geschichte der Seeschifffahrt und der Seekriege anhand vieler originalgetreuer Schiffsmodelle dargestellt wird. Hinzu kommen u. a. noch ein Gedenkraum an die

Skagerrakschlacht und ein Flaggenraum. Auch die Außenanlage ist gigantisch: Sie umfasst 5,7 ha und ist damit annähernd acht Fußballfelder groß.

Strandstr. 92. Tägl. 9.30–18 Uhr (im Winterhalbjahr nur bis 16 Uhr). Erw. 5 €, Kinder 3 €, Familienkarte 14 €, Kombikarte mit U 995 (s. u.). Museumsshop im Eingangsbereich. ✆ 04343/427030, www.deutscher-marinebund.de.

U 995: Das auf dem Strand gegenüber dem Marine-Ehrenmal liegende U-Boot wurde 1943 gebaut und mit einer Besatzung von etwa 50 Mann in Norwegen stationiert. Nach Kriegsende verrichtete es als Kriegsbeute bei der norwegischen Marine noch bis 1962 seinen Dienst. Dann wurde es an Deutschland zurückgegeben, allerdings mit der Auflage, es zu Dokumentationszwecken zu verwenden. Seit 1972 ist das Boot in Laboe aufgestellt und kann auch von innen besichtigt werden. Es dient einerseits als eine Art technisches Museum, das Aufschluss über das Innenleben eines U-Bootes gibt, anderseits aber auch als Mahnmal, das eindrucksvoll demonstriert, welchen immensen physischen und v. a. psychischen Belastungen die Besatzung in der beklemmenden Enge ausgesetzt war.

Tägl. 9.30–18 Uhr (im Winterhalbjahr nur bis 16 Uhr). Erw. 3,50 €, Kinder 2,30 €, Familienkarte 10,20 €, Kombikarte mit Ehrenmal (s. o.) 7,50 €, Kinder 4,50 €, Familien 21 €.

Meeresbiologische Station: Fast unscheinbar liegt die private Station in einem barackenähnlichen Flachbau ganz am nördlichen Strand von Laboe. Sie bietet mit ihren 30 kleinen Aquarien einen hautnahen Einblick in die Unterwasserwelt der Ostsee. Krebse können in die Hand genommen und Hummer gefüttert werden. Man erfährt, was ein Seestern frisst und warum die Scholle beide Augen auf einer Körperseite trägt.

Strand 1; April–Okt. 11–18 Uhr, Mo geschlossen; Nov.–März nur Do–So 11–18 Uhr. Gerade auch für Kinder werden interessante Führungen angeboten. Eintritt inkl. Führung Erw. 6 €, Kinder 3,50 €. ✆ 04343/429321, www.meeresbiologie-laboe.de.

Heikendorf (Möltenort) (8500 Einwohner)

Das touristische Zentrum der Großgemeinde Heikendorf ist der an der engsten Stelle der Förde gelegene Ortsteil Möltenort mit seinem U-Boot-Ehrenmal, seinem Hafen und v. a. seinem schönen kleinen Strand. „Sehleute" haben hier gewissermaßen einen Logenplatz zur Beobachtung der vorüberziehenden kleinen und großen Schiffe, darunter viele Fähren und Kreuzfahrtschiffe.

Der breite Kurstrand nördlich des Ehrenmals bildet eine kleine, feinsandige Bucht. Von den Strandkörben aus kann man fast hautnah die großen Pötte sehen, die aus dem Kieler Hafen oder gegenüber aus dem Nord-Ostsee-Kanal kommen, der ja immerhin die meistbefahrene künstliche Wasserstraße der Welt ist. Immer im Blick hat man auch den gegenüberliegenden Friedrichsorter Leuchtturm, der die an dieser Stelle schmale Förde bewacht.

Weiter südwärts bis zum Hafen breitet sich zudem ein schmaler Freistrand aus; wie der Name schon sagt, ebenso kurtaxenfrei wie der Kurstrand, jedoch ohne Strandkörbe. Noch eine Bucht weiter findet sich der Badestrand Altheikendorf. Er wird mehr von Einheimischen besucht, die direkt am Heikendorfer Dampferanleger die Gelegenheit zum Baden nutzen. Wer keinen Sand an den Füßen oder der Badehose mag, kann auch direkt nebenan eine klassische Seebadeanstalt nutzen (gebührenpflichtig). Diese besteht im Wesentlichen aus einem u-förmigen Badesteg und Umkleidekabinen, die von einem Verein vor dem Abriss gerettet wurden.

Nicht nur bei der Kieler Woche fahren hier die Schiffe fast hautnah vorbei: Möltenorter Strand

Ansonsten besticht in dem traditionsreichen und schönen Urlaubsort an der Förde v. a. der große Hafen. Auch hier wird fangfrischer Fisch noch immer direkt vom Kutter verkauft, auch hier legt regelmäßig der Fördedampfer an, und auch hier herrscht im Yachthafen mit seinen zahllosen Segel- und Motorschiffen reges Treiben. Heikendorf hat alles in allem eine maritim-freundliche und familiäre Atmosphäre; der Ehrgeiz, ein mondänes Seebad sein zu wollen, fehlt hier völlig.

Wer sich noch weiter am Ostufer der Förde entlang Richtung Kiel bewegt, kommt zunächst am erhöht liegenden, waldbestandenen Villengebiet Kitzeberg vorbei. Für wohlhabende Kieler gilt dieser Ortsteil Heikendorfs seit jeher als begehrte Wohnlage. Dahinter folgt die kleine Gemeinde **Mönkeberg** mit ihrem engen Zugang zur Förde: Dampferanleger, Yachthafen, chinesisches Restaurant und ein sehr schmaler, unbewachter Badestrand – das war's hier schon.

Geschichte: 1233 wurde die Ansiedlung erstmals urkundlich erwähnt, ab dem 16. Jh. unterstand sie dem Adelsgut Schrevenborn. Heikendorf gehörte damit nicht zu den dem Kloster Preetz unterstellten freien Dörfern der Probstei. Ab 1870 entdecken die Kieler, begünstigt durch die gute Verkehrsanbindung mit den Fördedampfern, Altheikendorf und Möltenort als Sommerfrische. Die Nähe zu Kiel brachte jedoch auch Unheil, denn im Zweiten Weltkrieg wurde Heikendorf durch Luftangriffe fast vollständig zerstört. In der Nachkriegszeit fanden viele heimatvertriebene Fischer hier ein neues Zuhause. Damals lagen über 90 Fischkutter im Möltenorter Hafen.

Information/Zimmervermittlung Touristinformation, Strandweg 2, 24226 Heikendorf, ℡ 0431/241120, www.ostseebad-heikendorf.de. Keine Kurtaxe!

Fahrradverleih Familie Barg, Hafenstr. 18, ℡ 0431/241037.

Fördedampfer Mehrmals tägl. verkehren die Personenfähren zwischen Kiel und den Fördebädern, ℡ 0431/594-1263.

Schwimmen Seebadeanstalt an der Förde, tägl. 13–18 Uhr, in den Sommerferien ab 10 Uhr geöffnet; Erw. 1,80 €, Kinder 0,60 €, ℡ 0431/243825.

Übernachten Strandhotel Seeblick, herrliche Lage mit Fördeblick direkt am Möltenorter Strand, 12 Zimmer in gediegen-gepflegtem Ambiente (Boutique-Hotel); Sauna. Seeblickterrasse mit Strandcafé im Haus. DZ 110–150 € (Parkplatz 8 €). Uferweg 2, ☎ 0431/5332180, ✆ 0431/53321820, www.strandhotel-seeblick.de.

Essen & Trinken Das kleine Strandhaus, tolle Lage zwischen Kurstrand und Ehrenmal von Möltenort. Sitzen kann man nicht nur im galerieartigen Gastraum, es sind v. a. auch reichlich Sitzplätze draußen vorhanden – mit garantiertem Fördeblick natürlich. Nicht nur Café-, sondern auch Restaurantbetrieb mit kleiner, aber feiner Karte. Uferweg 1 a, ☎ 0431/24987.

Ostseewelle, Restaurant am Hafen von Möltenort (gegenüber der Tourist-Info) mit klarer Linie in Weiß- und Brauntönen. Auch einige Tische vor dem Haus. Keine große Karte, dafür aber stets frische Zutaten. Zwar wird vorwiegend Fisch gegessen, aber es gibt auch schmackhafte Fleischgerichte (auch leckere Vorspeisen und Suppen). Strandweg 8, ☎ 0431/2590090.

Galerie-Café Roehrskroog, das kleine Café liegt in einer schönen, alten, reetgedeckten und mit Rosen bewachsenen Kate direkt am Möltenorter Yachthafen. Auch im Garten stehen ein paar Tische. Es gibt keine herkömmliche Karte, man bestellt das momentane Angebot einfach am Büfett und bekommt dann leckeren Kaffee und Kuchen geliefert. Die ausgestellten maritimen Bilder können erworben werden. 14–19 Uhr geöffnet, So schon ab 12 Uhr. Möltenorter Weg 1, ☎ 0431/241747.

Sehenswertes

U-Boot-Ehrenmal: Das bereits 1930 zum Gedenken an die gefallenen U-Boot-Fahrer des ersten Weltkriegs eingeweihte (und wegen Baumängeln 1938 in seiner heutigen Form errichtete) Wahrzeichen der Gemeinde – ein weithin sichtbarer, auf einem gut 15 m hohen roten Sandsteinpfeiler platzierter, 4,60 m hoher heroischer Bronze-Adler (exakter Neuguss vor 2001) – befindet sich an der engsten Stelle der Förde. Das Ehrenmal wird umspannt von einem beeindruckenden halbkreisförmigen, in die Erde eingelassenen Rundgang, an dessen Wänden auf 117 Bronzetafeln alle 35.000 Namen der deutschen U-Boot-Gefallenen beider Weltkriege verzeichnet sind. Tägl. 9–18 Uhr (im Winterhalbjahr bis 16 Uhr), Eintritt frei.

Künstlermuseum: Im Ortszentrum von Altheikendorf werden in einem historischen Atelierhaus Werke namhafter Maler der Heikendorfer Künstlerkolonie zur Zeit des Expressionismus ausgestellt. Zudem gibt es jährlich eine Sonderausstellung. Das Museum mit seinem schönen Garten geht zurück auf den Nachlass des Künstlers Heinrich Blunck (1891–1963). Teichtor 9 (an der Hauptstraße nach Mönkeberg). Di–Sa 14–17 Uhr, So 11–17 Uhr. Eintritt 3 €, Kinder 2 €. ☎ 0431/248093, www.kuenstlermuseumheikendorf.de.

Probsteierhagen/Passader See (1900 Einwohner)

Mehr als nur ein Durchgangsort. Einige alte Bauernhäuser gruppieren sich um die auf einen Hügel gebaute Kirche. Auch der nahe gelegene Passader See lohnt einen Abstecher.

Eine v. a. in der Urlaubszeit recht viel befahrene Landstraße durchschneidet den Ort. Die etwas erhöht liegende **St.-Katharinen-Kirche** stammt ursprünglich aus dem 13. Jh., wurde aber mehrmals umgebaut. Der Chorraum der ansonsten ungewöhnlich schlichten Kirche wurde 1717 prächtig stuckiert. In jenem Jahr wurde auf der Nordseite auch die Gruft Otto Graf Blomes angebaut, der in Selent die prächtige Blomenburg errichten ließ (→ S. 197). Der Schnitzaltar mit dem kunstvollen schmiedeeisernen Altargitter und die stattliche Holzkanzel stammen aus etwa der gleichen Zeit.

Hohwachter Buch und Probstei

Über Jahrhunderte war das Handwerkerdorf Probsteierhagen eng mit dem **Gut Hagen** verbunden und wurde um 1930 mit dem ehemaligen Gutsbezirk zu einer Gemeinde vereint. Das schlossartige, dreiflügelige Herrenhaus aus dem Jahre 1649 gelangte in den Besitz der Gemeinde und wird heute u. a. als Kulturzentrum genutzt.

Ganz idyllisch liegt keine 2 km östlich von Probstereihagen der kleine und verwaltungstechnisch selbstständige Ort **Passade** am gleichnamigen See, in dem im Sommer die Läufer des Kieler Wasserskiclubs trainieren. Der See hat eine schöne kleine Badestelle und ist darüber hinaus für sein reiches Fischvorkommen bekannt: Man kann sich entweder bei Fischermeister Schnoor mit frischem Süßwasserfisch eindecken oder – mit einem Erlaubnisschein ausgestattet – vom Mini-Hafen aus mit einem Ruderboot selbst auf Angeltour gehen.

Nur über kleine Sträßchen ist der im Osten des Passader Sees in herrlicher Landschaft gelegene Ort **Fahren** zu erreichen. Nach wie vor prägen stattliche Höfe mit

altem Baumbestand das Ortsbild. In der benachbarten, ebenfalls noch landwirtschaftlich geprägten Gemeinde **Stoltenberg** befindet sich der zweite Badestrand des Sees (an einer Sackgasse namens Broock).

Information   Tourist-Info, im MarktTreff, Alte Dorfstr. 53, 24253 Probsteierhagen, ☎ 04348/919533, www.probsteierhagen.de oder www.passade.de.

Essen & Trinken   Altes Probsteier **Café**, gegenüber der Kirche liegt dieses schöne Kaffeehaus aus der Gründerzeit. Im backsteinernen, mit Rosen berank en Haus gibt's auch einen alten Gewölbekeller mit allerlei Hausgemachtem (Marmelade, Essig, aber auch Weine). Bei schönem Wetter kann man auch auf der Terrasse sitzen und dort die täglich frischen Butterwaffeln mit heißen Kirschen und Vanilleeis oder Kuchen nach alten Probsteier Rezepten genießen. 13.30–18 Uhr, Mo Ruhetag. Alte Dorfstr. 50, ☎ 04348/7999. ■

Selent: die Blomenburg

Selent/Selenter See   (1300 Einwohner)

Selent mit seiner uralten Kirche und der eigenwilligen Blomenburg bildet den Mittelpunkt der Gemeinden um den gleichnamigen See, den zweitgrößten Schleswig-Holsteins. Seine Ufer sind wildromantisch von Wäldern und Wiesen umgeben, aber auch durch einige Badestellen erschlossen. Bedeutende Gutshöfe liegen in der Nähe des Sees. Unvergleichlich ist das größte Herrenhaus des Landes, Schloss Salzau.

Der Selenter See wurde v. a. durch seinen Fischreichtum bekannt. Er besticht durch sehr sauberes Wasser, da er weitgehend unterirdisch gespeist wird. Selent verfügt über eine größere schöne Badestelle mit Liegewiese, Kiosk und Parkplatz, man folgt einfach der Beschilderung mit der Aufschrift „Strand" (1,5 km von Ortsmitte).

Kirche St.-Servatius in Selent

Im Ort herrscht rund um die viel befahrene Bundesstraße die Betriebsamkeit eines kleinen Einkaufs- und Verwaltungszentrums. Ruhe hingegen findet man in der sehenswerten **St.-Servatius-Kirche** (im Sommer täglich außer Montag von 7 bis 18 Uhr geöffnet). Sie ist als eines der ältesten Gotteshäuser Holsteins bereits seit 1197 urkundlich erwähnt. Natürlich wurde sie in ihrer Geschichte mehrmals umgebaut, hat aber noch in Teilen eine alte Feldsteinmauerung aufzuweisen. Der gedrungene, wuchtige Turm wurde im 15. Jh. angefügt. Das bildschöne Innere mit seinen rankenbemalten Gewölben betritt man durch einen vertäfelten Eingang, in dem man dem geruhsamen Pendeln der Turmuhr lauschen kann. Vor allem der geschnitzte spätgotische Flügelaltar (um 1470) und das vom holländischen Maler Pieter Aertsen (1566) stammende Gemälde „Anbetung der Hirten" gelten als bedeutende Kunstwerke.

Eigentliche Besonderheit von Selent ist aber die strahlend weiße **Blomenburg**, die in exponierter Lage am südlichen Ortsrand zwischen 1842 und 1855 erbaut wurde. Sie wirkt wie ein Märchenschloss und ist eines der seltsamsten Bauwerke im ganzen Land. Ihre Entstehung verdankt sie einem persönlichen Konkurrenzkampf zwischen ihrem vermögenden Bauherren Otto Graf Blome und seinem Freund, dem Landgrafen Friedrich Wilhelm von Hessen. Dieser hatte nämlich bei Panker den Aussichtsturm Hessenstein errichten lassen (→ S. 182), den Graf Blome unbedingt übertrumpfen wollte. Das Ergebnis war eine eigenwillige Burg aus kubischen Formen mit runden und vieleckigen Türmen, angelehnt an den britischen Tudor-Stil. Alles, was zu einer echten Burg gehört, war damals noch vorhanden: eine Zugbrücke über einen tiefen Graben, Bergfried, Kavaliershaus, Stallungen und Gesindewohnungen. Ein Gebäudeteil wurde dem Zeitgeschmack entsprechend gleich als Ruine erbaut, und natürlich durfte ein gepflegter Park nicht fehlen. Finanznöte zwangen die Erben des Grafen schon in den 1920er-Jahren zum Verkauf der Anlage an das Land Schleswig-Holstein. In jüngster Zeit gestaltete eine Investmentgesellschaft das Anwesen völlig um. In der Burg entstanden Wohnungen, und Teile des ehemals riesigen Parks wurden Baugrund für Häuser und ein Technologiezentrum.

Hohwachter Buch und Probstei

Information/Zimmervermittlung Tourist-Information Selenter See, Kieler Str. 18, ✆ 04384/670, www.selentersee.de, www.hohwachterbucht.de. Keine Kurtaxe.

Fahrradverleih Ulf-Ingo van Bruinehsen, Lütjenburger Str. 5, Selent, ✆ 04384/1477.

Übernachten Krohnprinzenhof, absolut stilvoller, 150 Jahre alter Reetdachhof mit gepflegter Außenanlage, auch innen in schönstem Landhausambiente, 12 nette Zimmer mit Frühstück, 2 Ferienwohnungen. Gelegentlich auch Cafébetrieb. DZ 85 €. Der Hof liegt im nördlich des Sees gelegenen Dorf Pratjau, Haus Nr. 20, ✆ 04303/92840, ✆ 04303/928475, www.krohnprinzenhof.de.

Essen & Trinken Selenter Hof, gegenüber der Kirche an der Hauptstraße. Teils antik, teils modern eingerichtet. Schmackhafte, gutbürgerliche Küche mit frischen Zutaten, auch Mittagstisch. Kieler Str. 24, ✆ 04384/1800.

Café Graf Blome, edles und nettes Café im Torhaus der Blomenburg. Alles ist in nordischem Rot und strahlendem Weiß gehalten, neben hausgemachtem Kuchen und feinen Tee- und Kaffeesorten gibt es auch kleine Speisen. Nur Fr–So 12–18 Uhr geöffnet. ✆ 04384/5091260.

Orte und Sehenswertes rund um den Selenter See

Gut Lammershagen: 2 km südlich des Selenter Sees liegt der ehemals bedeutende Gutshof, zu dessen Besitz jahrhundertelang nicht nur Selent, sondern auch einige umliegende Ortschaften und weite Teile des Gewässers gehörten. Das Gut ist nach wie vor in Privatbesitz, ein Blick durchs prächtige Torhaus (von 1743) ist aber gestattet. Das für diese Zeit vergleichsweise bescheidene Herrenhaus wurde im Jahre 1748 errichtet. Fast gleichzeitig entstanden auch die beiden großen reetgedeckten Fachwerk-Hofgebäude sowie Kuhhaus und Scheune. Die hinter dem Anwesen liegenden, z. T. sehr großen Teiche (Richtung Muchein) werden für die Fischzucht, besonders die Karpfenzucht, genutzt.

Bellin: Ebenfalls zur kleinen Gemeinde Lammershagen gehört auch dieser keine 3 km westlich von Selent gelegene malerische Fischerort. Leider zieht sich die belebte Bundesstraße durch den Ort, aber dennoch hat sich gerade in Bellin mit seinen vielen fast ausschließlich reetgedeckten Fachwerkkaten in Seenähe die Ursprünglichkeit eines Fischerdorfes noch weitgehend erhalten. Der Ort verfügt außerdem über einen kleinen Strandabschnitt.

Schloss Salzau: In ganz Schleswig-Holstein gibt es wohl kein prächtigeres Herrenhaus, nicht zu Unrecht wird es Schloss genannt. Otto Graf Blome, der vorher schon die Blomenburg hatte errichten lassen (→ S. 197), entschloss sich 1882 im hohen Alter von 86 Jahren, dieses riesige Gebäude mit seinen über 90 Räumen in Auftrag zu geben (hinzu kamen ein Torhaus, Scheunen und das Kavaliershaus, in dem heute übrigens die Erben der Familie Blome wohnen). Das alte Schloss war im Jahr davor abgebrannt. Der Mittelbau tritt etwas zurück und wird vom überdimensionalen Familienwappen gekrönt, die Seitenflügel werden von zwei identischen Türmen flankiert. Hinter dem Herrenhaus erstreckt sich ein schon im 18. Jh. angelegter englischer Garten mit prächtigem Baumbestand und einem künstlichen See, in dem sich die Südfassade spiegelt (→ Foto S. 27). Lange war das Schloss Landeskulturzentrum und Mittelpunkt des *Schleswig-Holstein Musik-Festivals*. Die zukünftige Nutzung der Landesimmobilie ist derzeit ungewiss.

Fargau-Pratjau: Die beschaulichen Weiler und Dörfer von Fargau und Pratjau haben sich 1974 zu einer Gemeinde zusammengeschlossen und begrenzen das nordwestliche Ufer des Selenter Sees. Fargau, direkt am See gelegen, verfügt über eine

Idylle in Bellin am Selenter See

Hohwachter Buch und Probstei

nette kleine Badestelle mit herrlichem Blick über den gesamten See. Auch ein ehemaliges Schulgebäude aus dem 18. Jh. ist heute noch erhalten.

Grabensee: Vom an der Südwestseite des Selenter Sees gelegenen Weiler Grabensee aus hat man einen besonders schönen Blick über das gesamte Gewässer. Hier befindet sich auch ein kleines, kostenfreies Strandbad (gegenüber ist eine Töpferei).

Pülsen: Am Nordufer des Sees liegt der kleine Ort Pülsen (schon zur Gemeinde Köhn gehörend), an dessen wenig frequentierten, sehr seichten Badebucht (mit WC) auch Kinder gefahrlos planschen können. Der übrige Nord- und Westteil des Selenter Sees ist heute nicht zugängliches Naturschutzgebiet.

Dobersdorfer See/Gut Dobersdorf: Nur 4 km westlich des Selenter Sees liegt der herrlich von Wäldern und Wiesen umrahmte Dobersdorfer See. Ein schöner Wander- und Radweg (etwa 10 km) führt um ihn herum. Badestellen in Tökendorf am Nordwestufer und in Schlesen am Ostufer laden an diesem von Touristen nur wenig frequentierten See im Sommer zur Erfrischung ein.

Das private Gut Dobersdorf befindet sich am Westufer des Sees. Eine Kastanienallee, neben der einige Esel grasen, führt zum Gut. Torhaus und einige Nebengebäude sind nicht mehr erhalten. Die große Scheune (1728) besitzt noch ihre schöne Giebelfront, hat jedoch kein Reetdach mehr. Das elfachsige backsteinerne Rokoko-Herrenhaus (1770) ist jedoch in aller Pracht erhalten geblieben.

Gut Wittenberg: Der zur Gemeinde Martensrade gehörende Herrensitz liegt 5 km südwestlich von Selent. Das schon 1299 erwähnte Gut ist im Privatbesitz der Grafen von Reventlow und nicht näher zu besichtigen. Viele der Grafen waren in den letzten Jahrhunderten bis in die jüngste Vergangenheit hinein Pröpste des Klosters Preetz. Das heutige, weiß verputzte Herrenhaus wurde 1868 etwas entfernt von den Wirtschaftsgebäuden auf einem von Wald umgebenen Hügel erbaut und erinnert ein wenig an einen französischen Landsitz.

Preetz

Die inmitten einer Seenlandschaft gelegene alte Schusterstadt versteht sich als Tor zur Holsteinischen Schweiz. Preetz ist heute einerseits eine moderne Einkaufsstadt – immerhin die größte im Kreis Plön – und andererseits eine Kultur- und Klosterstadt mit z. T. alter Bausubstanz und bemerkenswerter Geschichte. Das hiesige Kloster ist das wohl bedeutendste in Schleswig-Holstein und unbedingt einen Besuch wert.

Rund um den Markt ist noch ein wenig von der alten kleinstädtischen Architektur erhalten geblieben. Hier laden Geschäfte und Cafés zum Einkaufen und Bummeln ein.

Preetzer Caféstuben

Eines der schönsten Häuser der Stadt ist ein zweigeschossiges Giebelhaus aus dem 17. Jh. mit Rokoko-Oberlichttür. In diesem sog. *Heß'schen Haus* in der Langen Brückenstraße 22 (Nähe Markt) befinden sich heute die Preetzer Caféstuben. Südwärts führt die Kirchenstraße mit einigen historischen Gebäuden zur Stadtkirche, nordwärts gelangt man über die Mühlenstraße (mit dem Heimatmuseum) zum Klosterbezirk.

Auf dem Marktplatz und dem Feldmannsplatz südlich der Stadtkirche erinnern Bronzestatuen daran, dass Preetz einmal eine weithin bekannte Schusterstadt war, v. a. Holzschuhe wurden produziert. Um 1850 gab es hier 160 Schuhmachermeister, 360 Gesellen und 160 Lehrlinge. Im Volksmund hieß es damals: „In Preetz, da steit een Kloster, all Nees lang wohnt een Schoster." Heute ist nur noch die kleine Holzschuhmacherei von Lorenz Hamann in der Wakendorfer Straße 17 übrig geblieben (jenseits der Schwentine, sehenswerte Werkstatt im Hinterhof, Verkauf nur Mo–Sa 9–13 Uhr, ✆ 04342/81217). Doch auch Hamanns Werkstatt wird wohl in einigen Jahren nur noch im Freilichtmuseum Kiel-Molfsee zu besichtigen sein.

Wenig bekannt ist, dass 1948 der Preetzer Schuster Albert Bünn die auswechselbaren Schraubstollen für Fußballschuhe erfand – eine Kopie der Patenturkunde findet sich im Heimatmuseum des Ortes. Obwohl die beiden Weltkonzerne Adidas und Puma jene bahnbrechende Erfindung für sich reklamieren, gebührt diese Ehre doch in Wirklichkeit einem Preetzer Schuhmachermeister.

Im Süden der Stadt, am **Lanker See**, befindet sich ein schönes Freibad (mit Kneipe), und am Postsee im Westen der Stadt gehen die Wiesen ebenfalls sanft ins Wasser über; auch gibt es eine kleine Badesstelle.

Geschichte: Der Name Preetz rührt von der Lage am Fluss her (slawisch: *po rece*). Hier am historischen Schwentineübergang befand sich seit alters her eine slawische Siedlung, die Handelsplatz für Waren der Sachsen, Holsten und Slawen war. 1211 wurde in Preetz das Benediktinerinnenkloster gegründet, dem bald große

Landesteile übereignet wurden. Dies waren der damals *Poretz* genannte Ort selbst und 20 Dörfer an der Küste, die sog. Probstei. Später waren sogar mehr als 40 Dörfer dem Kloster unterstellt und mussten (moderate) Abgaben leisten, teilweise noch bis Ende des 19. Jh. Aber unter der Führung der Kirche ließ es sich in Preetz und der gesamten Probstei recht gut leben, denn anders als in den umliegenden Güterdistrikten galt hier das Erbpachtrecht, bei dem übrigens der jüngste und nicht der älteste Sohn Haupterbe des Hofes war. Leibeigenschaft gab es in der Probstei demnach nie – die Bewohner des Gebietes waren nur zu moderaten Abgaben an die Klosterfrauen verpflichtet, aber persönlich absolut frei, weshalb sie es im Laufe der Zeit auch zu beachtlichem Wohlstand brachten. Nach und nach entwickelten sich eigene Bauerndynastien, deren Mitglieder selbstverständlich (fast) ausschließlich untereinander heirateten und so ihren Wohlstand mehrten. Stattliche Bauernhäuser, spezielle Trachten und sogar eine eigene plattdeutsche Dialektvariante sind heute noch Merkmale dieser Eigenständigkeit. Für Jahrhunderte waren damit Priorin, Konvent und der Propst die höchste Verwaltungsinstanz der gesamten Region; bis 1867 übten sie auch die Rechtspflege aus. Nachdem Schleswig-Holstein preußische Provinz geworden war, wurde die rechtliche Trennung vom Kloster vollzogen. 1870 bekam Preetz endlich auch sein Stadtrecht, also etwa 600 Jahre später als die meisten anderen holsteinischen Städte.

Aufnahme im Kloster fanden die ledigen Töchter des holsteinischen Adels und zunächst auch Lübecker Bürgertöchter. Nach der Reformation wurde das Kloster zwar aufgelöst, es bestand jedoch weiterhin als Damenstift. Die ledig gebliebenen Adelstöchter entflohen aber nach und nach den engen (später weitgehend abgerissenen) Klosterzellen und ließen im ruhigen Klosterhof eine Anzahl von kleinen Wohnhäusern bauen.

Basis-Infos

Information/Zimmervermittlung Tourist-Information Preetz, Kirchenstr. 9, 24211 Preetz, ☎ 04342/2207, www.preetz-tourismus.de. Keine Kurtaxe.

Fahrradverleih Kanucenter Plön, Mietstation Preetz, Kahlbrook 25a (Campingplatz), ☎ 04342/309549.

Kino Capitol Cine Center, Kirchenstr. 1, ☎ 04342/2241, www.capitol-cine-center.de.

Naturschutzgebiet Am Strandbad Lanker See gibt's eine Infohütte zum Naturschutzgebiet Lanker See/Kührener Teich, ☎ 04342/789453.

Parken Alle Parkplätze in Preetz sind kostenfrei (Parkscheibe).

Schwimmbad/Sauna Schwimmhalle Preetz (am Postsee), variable Öffnungszeiten, in der Woche aber meist bis 22 Uhr, Sa/So nur bis 17 Uhr. Erw. 4 € (Sauna 13 €), Kinder 2 €. Johannes-Gutenberg-Str. 10, ☎ 04342/84659.

Saunabad Preetz, modernes Saunabad mit Innen- und Außenpool. Handwerkerweg 4 (im Gewerbegebiet Wakendorf), ☎ 04342/81060.

Freibad Lanker See, unbewachtes, aber schön gepflegtes Freibad mit reetgedeckter Schwimmbadkneipe. Castöhlenweg (Nähe Schiller-Gymnasium), ☎ 04342/5755.

Stadtführungen In der Saison Mi 10 Uhr, (2-stündig) und Fr 19 Uhr Nachtwächterführung (1 Std.), Treffpunkt jeweils am Marktbrunnen.

Veranstaltungen Am letzten Samstag im Mai findet das traditionelle **Preetzer Schusterfest** statt. Gefeiert wird mit künstlerischen Vorführungen und viel Musik.

Am dritten Samstag im August hat sich seit einigen Jahren der **Kunsthandwerkermarkt** etabliert, bei dem v. a. Hobbykünstler ihre Erzeugnisse präsentieren und verkaufen.

Weitere Besonderheit ist das seit 1988 stattfindende **Papiertheatertreffen** im September, die größte internationale Zusammenkunft von Papiertheaterspielern Europas.

Wochenmarkt Mi und Sa 9–13 Uhr auf dem Marktplatz.

Übernachten/Essen & Trinken

Übernachten/Essen & Trinken Preetzer **Caféstuben 2**, kleines Fachwerkhotel mit täglichem Cafébetrieb im Zentrum der Stadt, die Hotelappartements sind behaglich. Das im wahrsten Sinne des Wortes als Stube eingerichtete Café im Erdgeschoss (mit schönem Gastgarten) ist mit zahlreichen alten Musikinstrumenten dekoriert und bietet leckere, selbst gemachte Kuchen und Torten. Jeden Sonntag Brunch. Im Sommer Cafébetrieb auch im idyllischen Garten an der Schwentine. DZ ab 70 €. Lange Brückstr. 22, ✆/✉ 04342/9821, www.hotel-cafe-preetz.de.

Schützenhof 3, am Preetzer Gildeplatz (noch ein ganzes Stück südl. der Stadtkirche) gelegener und 2011 wieder eröffneter Gasthof mit fast 200-jähriger Tradition. Hier gibt's gutbürgerliche Küche zu akzeptablen Preisen. Di, Do und Sa abends verwandelt sich der Festsaal zum Saalrestaurant mit besonderen kulinarischen Angeboten. Mi Ruhetag. Am Schützenplatz 2, ✆ 04342/2380

***s Hotel Neeth 1, 2 km nordöstlich von Preetz im kleinen Dammdorf gelegenes Flair-Hotel mit gepflegten und gemütlichen, komfortablen Gästezimmern im rustikalen Landhaus-Ambiente. Sauna und Dapfbad. Auch Restaurant mit schleswig-holsteinischer Küche und gut sortiertem Weinkeller. DZ 82–98 €. Preetzer Str. 1, Lehmkuhlen/ Dammdorf, ✆ 04342/82374, ✉ 04342/84749, www.neeth.de.

Campingplatz Lanker See 4, an einer Bucht des Sees gelegene, ruhige Anlage mit 300 Plätzen und allem, was dazugehört: SB-Markt, Kinderspielplatz, kleine Gaststätte usw. Geöffnet 1.4.–31.10. Erw. 4 €, Kinder 3 €, Stellplatz ab 11 €. Gläserkoppel 3 (B 76 Richtung Plön, nach 4 km bei der Abfahrt Preetz-Schellhorn rechts ab), ✆ 04342/81513, ✉ 04342/789939, www.campingplatz-am-lanker-see.de.

Sehenswertes

Kloster Preetz: In der parkartigen Klosteranlage – wohl der ansehnlichsten im Lande – gruppieren sich die alten Häuser der Stiftsdamen (Konventualinnenhäuser) rund um die hohe Klosterkirche. Das Ensemble strahlt eine andächtige Stille aus. Kloster Preetz, schon als Nonnenkloster erbaut, überstand die Reformation, und zwar als Damenstift. Allerdings wird es seit dem Tode der letzten Stiftsdame

Sehenswerte Klosteranlage: Preetz

Essen & Trinken

1 Restaurant Neeth
2 Preetzer Caféstuben
3 Schützenhof

Übernachten

1 Hotel Neeth
2 Hotel Preetzer Caféstuben
4 Campingplatz Lanker See

❸ *Wegpunkt für Wanderung/ Fahrradtour 6 (siehe S. 277)*

Preetz

300 m

⑦

vor einigen Jahren gegenwärtig nicht mehr als solches genutzt und hat wohl auch eine ungewisse Zukunft, weil es an Nachwuchs mangelt. Man muss nämlich der adeligen Ritterschaft Schleswig-Holsteins angehören, um hier aufgenommen zu werden, und aus diesem Kreis kommen seit Jahren kaum Anfragen unverheirateter Töchter. Eine Immobilienverwaltung führt die Geschäfte, die sich heute im Wesentlichen in der Erhaltung der Gebäude und der Vermietung der wunderschönen Häuser erschöpfen.

Ganz ruhig wird es, wenn man die zwischen 1325 und 1340 errichtete backsteinerne *Klosterkirche* betritt, auf deren weit heruntergezogenem Dach nur ein zierliches Türmchen thront. Das Innere der spätgotischen (und von innen erstaunlich hellen) Basilika ist im Großen und Ganzen noch original erhalten. Auffallend ist der große Nonnenchor in der Mitte, der mit hohen, geweißten Backsteinmauern von den übrigen Teilen der Kirche getrennt ist. Er wirkt fast wie eine Kirche in der Kirche. Das darin befindliche geschnitzte und mit 70 Sitzen in Hufeisenform aufgestellte Nonnengestühl ist eine wahre Rarität. Es stammt ursprünglich aus der Zeit um 1335. Die etwa 140 biblischen Darstellungen auf den Rückseiten des Gestühls kamen erst später hinzu: ein Teil entstand um 1490, der andere im 17. Jh. Die Logen wurden sogar erst im 18. Jh. angefügt. Der spätbarocke Altar (1743) mit seinen überlebensgroßen Heiligenfiguren und der Stuhl der Vorsängerinnen (1704) sind ebenfalls hervorragende Schnitzarbeiten. Weitere Besonderheiten sind die prächtige Orgel (1573) und das den Chor abschließende Eisengitter mit seinem Mittelportal, das im Jahre 1738 geschmiedet wurde.

Klosterkirche Preetz

Auch die *Klosteranlage* selbst, die man durch ein Torhaus (von 1707) betritt, lohnt wegen der vielen backsteinernen Stiftsbauten (meist aus dem 18. und 19. Jh.) unbedingt einen kleinen Spaziergang. An das stattliche ehemalige Pastorat (Haus Nr. 3) schließen sich die einstigen Beamtenhäuser an (Nr. 4–5), kurz darauf folgt das prachtbauartige klassizistische Propstenhaus (Nr. 8), und ebenfalls nur ein kurze Stück entfernt steht man vor dem verputzten Priorinnenhaus mit seinem stuckverzierten Giebel (Nr. 26). Das Konventhaus (Nr. 19) ist noch Teil des ehemaligen Nordflügels der spätmittelalterlichen Klausurgebäude, wurde aber neugotisch umgestaltet. Von den Häusern der Stiftsdamen ist das Thienenhaus (Nr. 11) das älteste (schön verzierter Fachwerkbau von 1592, Anbau aus dem 18. Jh.). Der ehemalige Wirtschaftshof mit prächtigen Gutsscheunen im

Süden der Klosteranlage fiel 1959 einer Brandstiftung zum Opfer. Heute steht hier ein Altenheim.

Klosterstraße. Die Basilika ist nur im Rahmen von knapp einstündigen Führungen durchs Kloster zugänglich (Erw. 3 €). In der Saison tägl. um 15 Uhr und zusätzlich Di/Mi u. Fr um 11 Uhr. Infos unter ☎ 04342/80968.

Heimatmuseum: Preetz war nicht nur Schusterstadt, sondern im 17. und 18. Jh. auch Standort eines florierenden Töpfer- bzw. Gold- und Silberschmiedehandwerks. Diese traditionellen Betätigungsfelder der Stadtbewohner sowie die Preetzer Vor- und Frühgeschichte bilden die Schwerpunkte der geräumigen, liebevoll arrangierten Ausstellung.

Mühlenstr. 14. Mi u. Sa 15–17 Uhr, So 10–12 und 15–17 Uhr. Eintritt 1 €, Kinder 0,50 €. ☎ 04342/1888, www.museum-preetz.de.

Papiertheater: Alljährlich im September findet in Preetz ein internationales Papiertheatertreffen statt, bei dem es natürlich auch Aufführungen gibt. Wer zu dieser Zeit nicht vor Ort ist, kann sich im Papier(spielzeug)geschäft *Pollidor's Papier Curiosa* umsehen, in dem es Papiertheater aus dem 19. und 20. Jh. zu sehen gibt. Außerdem kann man u. a. seltenes Papierspielzeug (auch Hampelmänner), Masken und Bilderbögen kaufen.

Bahnhofstr. 10. Zu den üblichen Geschäftszeiten geöffnet, d. h. Mo–Fr 9–13 und 14.30–18 Uhr, Sa 8.30–13 Uhr. ☎ 04342/719932, www.papiertheater-pollidor.de.

Stadtkirche: Erhöht am Ufer des Kirchsees liegt die spätbarocke Saalkirche (um 1729), die noch den alten Feldsteinchor ihres Vorgängerbaus besitzt (um 1200, heute Kapelle). Im fast durchgängig in zartem Weiß gehaltenen Kircheninneren fällt besonders die prächtige barocke Westempore auf, die, auf Säulen gestützt, fünf Logen und eine Orgel trägt. Weitere Logen aus dem frühen 18. Jh. befinden sich an der Nordwand. Die Messingkronleuchter stammen aus dem 17. Jh., das älteste Ausstattungsstück ist eine schlichte Granittaufe aus dem 13. Jh.

Kirchenstraße. Tagsüber geöffnet, Führungen in der Saison jeden Sa um 12 Uhr.

> 🏃 **Wanderung/Fahrradtour 6: Rund um den Lanker See bei Preetz** → S. 277
> Einmal um den Lanker See bis Gut Walstorf und zurück.

Umgebung von Preetz

Schloss Bredeneek: Das gut 2 km nördlich von Preetz (Richtung Rastorf) gelegene Gebäude ist natürlich kein Schloss im herkömmlichen Sinne, sondern ein besonders pompöses Herrenhaus. Erbauen ließ es 1898–1902 der in den preußischen Adelsstand erhobene Bankier und Großkaufmann Conrad Hinrich von Donner inmitten einer ausgedehnten Parklandschaft (etwas versteckte Zufahrt gegenüber der Mauer). Der prächtige sandfarbene Bau im neoklassizistischen Stil besteht aus Haupt- und zwei identischen Seitenflügeln. In der Mitte sticht ein klassizistischer Tempelgiebel mit vier hohen korinthischen Säulen hervor. Die Ausstattung des Gebäudes ist sehr solide, nicht nur die Jugendstilhalle und den prächtig ausgemalten Kaulbachsaal betreffend. Alle Fenster sind mit Mahagoniholz ausgeschlagen, alle Türen aus massivem Teakholz oder Pidgepine. Sämtliche Fußböden, auch im Keller, sind mit Parkett belegt, alle Wirtschaftsräume sind vollständig gekachelt (z. T. mit Delfter Kacheln).

Pompöses Herrenhaus: Schloss Bredeneek

Nach dem Zweiten Weltkrieg kamen Überlegungen auf, den in die Jahre gekommenen Prachtbau abzureißen. Wegen der Verarbeitung massivster Materialien wäre
dies aber unmöglich gewesen: Man hätte alles wegsprengen müssen, also ließ man
renovieren. Heute ist das denkmalgeschützte Kulturgut über die Stiftung *Bürger-
schloss Bredeneek e. V.* der Öffentlichkeit für Veranstaltungen und nach Rückspra-
che auch innerhalb von Führungen wieder zugänglich (✆ 04342/788763).

Gut Rastorf: Das schöne, nach wie vor landwirtschaftlich genutzte Anwesen liegt
nur 2 km nördlich von Bredeneek idyllisch an der Schwentine. Man betritt Gut
Rastorf durch ein außergewöhnlich breites Torhaus (fast 130 m). Der Blick fällt zunächst auf das vornehm verputzte Herrenhaus, das im Kern uralt ist, aber 1803
klassizistisch umgebaut wurde. Das Besondere ist aber, dass die übrigen Hofgebäude ein vollkommen harmonisches Ensemble bilden, denn sie sind alle nahezu
gleichzeitig um 1725 nach einem Brand neu entstanden. Die Satteldächer von
Scheune und Kuhhaus werden durch mächtige backsteinern-ornamentierte Giebel
begrenzt. Seit nahezu 600 Jahren ist das Gut im Besitz des alten holsteinischen Rit-
tergeschlechts der Grafen zu Rantzau und als solches Privatbesitz. Ein Blick durchs
Torhaus ist aber gestattet.

Gut Wahlstorf: Am Südufer des Lanker Sees liegt abseits des gleichnamigen Dorfes
das bereits 1224 erstmals erwähnte Anwesen. Schon die wasserschlossartige Lage
auf einer von zwei Armen der Schwentine umschlossenen Insel ist bemerkenswert.
Ohne Torhaus führt eine lange Zufahrt zum wuchtig-backsteinernen Herrenhaus,
das von vier alten Scheunen flankiert wird. Vor allem die beiden rechts liegenden
großen reetgedeckten Scheunen sind interessant. Die erste ist eine der besterhaltenen und ältesten des Landes, sie stammt aus dem Jahr 1584 (Anbau von 1694). Das
Herrenhaus selbst, in dem ein Baron von Plesen wohnt, wurde zu großen Teilen
schon im 15. Jh. errichtet, nur die beiden Vorbauten links und rechts des Treppen-
turmes kamen später hinzu (1613 und 1924). Mit seinem Doppelhaus-Charakter
(nur von der Seite zu erkennen) ist es trotzdem wohl das einzige noch erhaltene

So wie man sich ein holsteinisches Gut vorstellt: Wahlstorf

Beispiel dafür, wie im späten Mittelalter die großen Herrenhäuser ausgesehen haben, bevor sie durch stattlichere Bauten ersetzt oder zu diesen umgebaut wurden.
Wahlstorfer Mühle, 200 m vom Gut entfernt gibt es bei der Fischerei Helmut Bock etwas versteckt gelegen einen idyllischen Rastplatz mit Terrasse (am Fuhlensee). Kaffee und Kuchen, aber auch Fischbrötchen sind im Angebot. Geöffnet bei schönem Wetter, ☎ 04362/81273.

Kapelle Sophienhof: Direkt an der B 76 (Preetz/Plön) steht etwas verdeckt von einer steinalten Buche die bemerkenswerte Kapelle im byzantinischen Rundbogenstil (von 1873). Der Besitzer des benachbarten Guts Sophienhof ließ die aus sandfarbenen Backsteinen errichtete Kapelle von einem befreundeten Architekten konzipieren, der einige Jahre in Riga zugebracht und sich dort mit der russisch-orthodoxen Sakralbauweise vertraut gemacht hatte.

Was haben Sie entdeckt?

Haben Sie ein gemütliches Hotel, ein uriges Lokal, einen empfehlenswerten Strand oder aber einen schönen Wander- oder Radweg gefunden?

Wenn Sie Ergänzungen, Tipps, Anregungen oder Kritik zu diesem Buch haben, lassen Sie es uns bitte wissen.

Dr. Dieter Katz
Stichwort „Ostseeküste"
c/o Michael Müller Verlag
Gerberei 19
91054 Erlangen
dieter.katz@michael-mueller-verlag.de

Hohwachter Buch und Probstei

Ein Traum in gelb: Rapsblüte vor dem Plöner Schloss

Holsteinische Schweiz

Nicht alles, was Schweiz heißt, hat hohe Berge: Der Bungsberg, der gerade einmal 168 m in den Himmel ragt, ist schon der höchste Berg weit und breit. Das eigentlich Typische an der Holsteinischen Schweiz ist jedoch die sanfthügelige, waldreiche Landschaft, die von grünen Weiden und Feldern und von fast 200 Seen durchzogen ist. Inmitten dieser Seenlandschaft liegen beschauliche Städte mit großer Tradition wie Plön oder Eutin.

Man glaubt es kaum: 63 deutsche Landstriche tragen wegen ihrer reizvollen Natur den Beinamen „Schweiz". Die Idee, auch die hiesige Landschaft mit diesem Adelstitel zu schmücken, hatte in den 1860er-Jahren zunächst der findige Wirt der Gremsmühle, der in einer Zeitungsanzeige für seine „in der Schweiz Holsteins" gelegene Herberge warb. Einen Schritt weiter ging 1885 Johannes Janus, der seine hoch über dem Kellersee gelegene, neu erbaute Nobelherberge *Hotel Holsteinische Schweiz* nannte. Danach dauerte es dann nicht mehr lange, bis die ganze Gegend so bezeichnet wurde.

Grob gesagt liegt die Holsteinische Schweiz zwischen Lübeck und Kiel. Genauer betrachtet wird das Gebiet begrenzt von Schönwalde mit dem Bungsberg im Osten, von Lütjenburg und Preetz im Norden, von Ascheberg im Westen und Ahrensbök im Süden. Dies ist auch die Region, die den 1986 gegründeten *Naturpark Holsteinische Schweiz* bildet, in dem auf fast 600 km² in 23 Gemeinden gut 60.000 Menschen leben. Wir beziehen darüber hinaus das westlich und südlich gelegene Gebiet von Wankendorf über Bad Segeberg bis Ahrensbök mit ein, das dem Tourismusverband Holsteinische Schweiz angeschlossen ist.

Wiesen, Wald und Wasser bestimmen die Landschaft. Im Ganzen gibt es hier fast 200 Seen, 70 davon messen über einen Hektar Wasserfläche, der größte ist der Plöner See (über 30 km²). Im Rahmen der traditionellen und beliebten *Großen Plöner See-Rundfahrt* und der *Fünf-Seen-Fahrt* kann man die großen Seen zwischen Malente und Plön mit dem Ausflugsdampfer erkunden; beide gelten gewissermaßen als Pflichtprogramm für Besucher der Holsteinischen Schweiz. Reizvoll sind neben schönen Wanderwegen auch die zahllosen alleeartigen oder mit Knicks begleiteten Nebenstraßen abseits der touristischen Pfade, welche die ganze Holsteinische Schweiz durchziehen. Einige dieser kleinen und sehr verkehrsarmen öffentlichen Straßen sind bis heute nicht geteert. Fahrradfahrer können auf ihnen gefahrlos die ostholsteinische Hügel- und Seenlandschaft in ihren satten Farben entdecken.

Schönwalde am Bungsberg (2500 Einwohner)

Keine Frage, man muss ihn gesehen haben, den höchsten Berg Schleswig-Holsteins. Der Blick von der Aussichtsplattform des Fernsehturms ist grandios.

Der Name des Ortes sagt eigentlich schon alles: Das ansonsten eher unspektakuläre Dorf liegt herrlich inmitten waldreicher, hügeliger Landschaft – alle etwas größeren Straßen der Umgebung führen hierher.

Beinahe sämtliche Sehenswürdigkeiten findet man rund um den Teich im Dorfzentrum, so z. B. das Dorfmuseum und die Ruhsalkate (ein ehemaliges Armenhaus von 1830). Dort stand auch das sog. Organistenhaus, ein stattlicher, reetgedeckter Fachwerkbau aus dem Jahr 1786, der jedoch bei einem Großbrand im Jahr 2003 zerstört wurde. Heute steht an dieser Stelle ein Alten- und Pflegeheim.

Eine wenig bekannte historische Besonderheit ist die Wegegeldhebestelle ganz am Beginn der Eutiner Straße (links hinter dem Lachsbach). Das Backsteinhaus von 1870 (Haus Nr. 16) gilt als eines der ersten dachpappengedeckten Häuser im Lande

168 m ü. NN: Schleswig-Hoslteins höchster Punkt auf dem Bungsberg

und wurde errichtet, um für die vom Herzog von Oldenburg neu gebaute Chaus-
seestrecke von Eutin nach Schönwalde Maut zu kassieren. Das Amt des Wegegeld-
einnehmers wurde seinerzeit samt Haus verpachtet.

Schön, auch für Radfahrer, ist die von idyllischen Wegen und Straßen durchzogene
Landschaft um den Nachbarort **Kasseedorf.** Herrlich ist z. B. die kleine Straße von
Kasseedorf Richtung Eutin, die am **Stendorfer See** und dem gleichnamigen prächtigen Gutshof mit seiner von Feldsteinmauern und alten Bäumen begrenzten Zufahrt
vorbeiführt. Zum idyllischen Bild passen auch die von mächtigen Eichen gesäumten Gutskaten an der gewundenen, von Knicks begleiteten Straße, die weiter durchs
weitläufige **Sagau** mit seinen schönen, teils reetgedeckten Wohnkaten führt.

Geschichte: Das schon vor über 760 Jahren urkundlich erwähnte Schönwalde gehörte wie das übrige Land um den Bungsberg lange zum Kloster Cismar. Um 1460
wurde das Gebiet durch Landtausch der Mönche einem adeligen Gut (Sierhagen)
zugeschlagen. Die neuen Eigentümer errichteten 4 km nördlich von Schönwalde einen heute nicht mehr vorhandenen wasserburgartigen Gutshof namens Mönchneversdorf, der 1640 zusammen mit den umliegenden Ansiedlungen an Bischof Hans
von Lübeck überging. Heute ist Mönchneversdorf Ortsteil der Gemeinde Schönwalde, die in Deutschland fünf Namensvettern hat und deswegen 1954 den Namenszusatz „am Bungsberg" erhielt.

Information　　Fremdenverkehrsverein/
Touristinformation, Mönchbusch 14, 23744
Schönwalde am Bungsberg, ☎ 04528/916063,
www.schoenwalde-ostsee.de. Keine Kurtaxe.

Schwimmen　Kleine Badestellen befinden
sich an den jeweiligen Südenden des Stendorfer und des Griebeler Sees, die beide
zum Nachbarort Kasseedorf gehören.

Übernachten/Essen & Trinken　　Landhaus Schönwalde, saubere und vergleichsweise neuwertig eingerichtete Zimmer
(gerne auch für eine einzige Nacht) mitten
im Ortskern. Das Landhaus ist v. a. ein gutbürgerlicher Gasthof, in dem es nicht nur
eine große Karte mit verschiedenen Fisch-
und Fleischgerichten gibt (auch Salate),
sondern auch ebenso große Portionen. Das
Preis-Leistungs-Verhältnis stimmt. Kinder-
karte und Kinderspielecke vorhanden. Mi
Ruhetag. DZ ab 69 €. Eutiner Str. 4,
☎/≋ 04528/9727,
www.landhausschoenwalde.de.

Zur Hörn, kleines, schlicht eingerichtetes Café-Restaurant am Dorfteich. Einfache, aber dennoch recht schmackhafte Küche, z. B. pikante Fischpfanne, aber auch kleine Gerichte zu 5 €, kleine Terrasse vorm Haus. Mo Ruhetag, ✆ 04528/911555.

Sehenswertes

Kirche zu Schönwalde: Was man von außen nicht erahnt: Die Feldsteinkirche ist sehr alt, stammt sie doch aus dem Jahr 1240. Sie hat jedoch im Laufe der Zeit einige Umbauten erfahren, am markantesten war sicherlich die Ersetzung des baufälligen hölzernen Turms durch den backsteinernen Glockenturm im Jahr 1857. Das älteste Inventar der Kirche ist heute die sehr kunstvoll aus Eichenholz geschnitzte Kanzel aus dem Jahr 1647. Auffällig ist ein von der Decke hängender überdimensionaler Taufengel (1759), der eine in einem Lorbeerkranz eingelassene Taufschale in der Hand hält. Leider nur unregelmäßig geöffnet.

Dorfmuseum: Das Museum ist aus einer heimatkundlichen Sammlung des ehemaligen Dorfschulrektors hervorgegangen und im 1823 errichteten Schulgebäude untergebracht. Deshalb gibt es natürlich auch einen Dorfschulraum zu sehen sowie das, was man gemeinhin in einem Heimatmuseum erwartet, nämlich Gerätschaften aus dem dörflichen Leben sowie historische Fotos. Die Exponate aus Haus, Hof, Handwerk, Jagd und Forst stammen mehrheitlich aus dem 19. und 20. Jh. Am Ruhsal. Mitte Mai bis Ende Sept. Di und Fr 16–18 Uhr, im Juli und Aug. auch So 16–18 Uhr. Eintritt 1,50 €, Kinder 1 €. ✆ 04528/737 u. 388, www.dorfmuseum-schoenwalde.de.

Bungsberg: Eine ungeteerte Einbahnstraße führt direkt hinauf zum Funkturm, der weithin sichtbar auf der höchsten Erhebung Schleswig-Holsteins steht. Der eigentliche „Gipfel" auf 168 m Höhe wird durch einen großen Stein inmitten einer Wiese markiert, die bei Schnee als Ski- und Rodelpiste genutzt wird. Meist währt das Vergnügen allerdings nicht lange, und auch der Lift ist eher ein Seil, an dem man sich einige Meter hochziehen lässt. Aber dennoch sind die Schönwalder stolz darauf, den nördlichsten Skilift Deutschlands auf ihrem Gemeindegebiet zu haben.

Leider ist die größte Attraktion des Bungsbergs derzeit geschlossen. Wer die 217 Stufen des Fernmeldeturms überwunden hatte, konnte von der Aussichtsplattform in 42 m Höhe einen einzigartigen Ausblick auf ganz Ostholstein genießen (→ Foto S. 279). Dieser Blick bleibt den Besuchern bis auf Weiteres verwehrt.

Wenige Meter entfernt steht der alte, von Bäumen umrahmte Elisabethenturm (nicht zu besichtigen). Der Großherzog von Oldenburg ließ ihn 1863 als Aussichtsturm errichten und benannte ihn nach seiner Gemahlin. Allerdings wuchsen die umstehenden Bäume so rasch, dass der Turm schon 1875 auf 22 m aufgestockt werden musste. Hier oben am Südwesthang entspringt übrigens aus mehreren Quellen in den Wiesen und Feldern der größte Fluss des Landes, die Schwentine, den die Slawen den „heiligen Fluss" (= Sventana) nannten.

Der Bungsberg präsentiert sich derzeit in einem verwahrlosten Zustand. Das alte Ausflugslokal ist dem Verfall preisgegeben. Eine baldige Umgestaltung und Wiedereröffnung der Aussichtsplattform ist allerdings geplant. Dann soll auch der Fernsehturm wieder zugänglich sein. Wintersportinfos unter www.ski-bungsberg.de.

Holsteinische Schweiz

🏃 **Wanderung 7: Von Schönwalde zum Bungsberg und zurück**   → S. 278
Waldreiche Wanderung zum höchsten Punkt Schleswig-Holsteins

Das höchstgelegene Gotteshaus Schleswig-Holsteins: Kirchnüchel

Kirchnüchel   (180 Einwohner)

Der knapp 4 km vom Bungsberg entfernte landwirtschaftlich geprägte Ort inmitten der schönen holsteinischen Moränenlandschaft besteht aus wenigen Wohnhäusern, einem Gasthaus, dem Pfarrhaus und natürlich der alles beherrschenden Kirche.

Die wurde um 1230 erbaut und ist mit nur 116 m über NN schon das höchstgelegene Gotteshaus Schleswig-Holsteins (tagsüber geöffnet). Im Mittelalter war sie eine berühmte, der Muttergottes geweihte Wallfahrtskirche. Besondere Bedeutung hatten eine heilkräftige Quelle und die noch heute zu besichtigende, nur 7 cm große Madonnenfigur aus Elfenbein, der ebenfalls Wunderkräfte zugeschrieben wurden (sie ist hinter Panzerglas in den linken Chorpfeiler eingelassen). Noch bis weit nach der Reformation kamen die Wallfahrer in Scharen.

Mit ihren sorgfältig behauenen Feldsteinen wirkt die weiß getünchte Marienkirche von außen ein wenig trutzig. Beim Eintreten überraschen die modernen Fenster mit ihren kräftigen Farben, die in Anlehnung an den Stil Marc Chagalls 1971 gestaltet wurden. Vom Chor aus betritt man das durch einen Vorhang abgetrennte barocke Mausoleum der Grafen von Brockdorff (Gut Kletkamp, → S. 176), die seit 1635 das Patronatsrecht in Kirchnüchel innehaben. Unwillkürlich steht man vor der offenen Gruft mit den Steinsärgen und blickt auf ein kunstvolles Relief an der altarhaften Rückwand, das den Grafen Cai Lorenz von Brockdorff darstellt. Das Grabmal gilt als eines der bedeutendsten im Lande, passt aber so gar nicht zum Rest der Kirche. Heute werden die Grafen wie auch die Kirchnücheler Bürger auf dem hinter der Kirche gelegenen Friedhof begraben, von dem man einen besonders schönen Blick auf das Bungsberggebiet hat.

Stolz ist man darauf, dass ein so kleiner Ort eine große Persönlichkeit hervorgebracht hat. Als Sohn des Pastors wurde hier 1742 Christian Cay Lorenz Hirschfeld geboren, der als angesehener Professor in Kiel zum Wegbereiter der englischen Garten- und Parkkultur wurde

Die selbständige Gemeinde Kirchnüchel ragt wie ein Keil in den Naturpark Holsteinische Schweiz, gehört aber verwaltungstechnisch noch zum Amt Lütjenburg-Land. Auch in dieser Gegend gibt es – wie so oft in Ostholstein – wunderschöne Alleen. Eine besonders lange führt vom 2 km westlich liegenden Ort Nüchel in 8 km im großen Bogen bis nach Sieversdorf.

Marienquelle, im Restaurant-Café gegenüber der Kirche verbindet sich freundliches Ambiente mit guter Küche, die Produkte und Gerichte aus der Region bietet. Kleine, aber feine Karte mit saisonalen Menüfolgen. Gartenterrasse hinterm Haus. Nur Do–So ab 11.30 Uhr geöffnet, Kirchnüchel, Hausnr. 2, ✆ 04528/913613.

Eutin

(19.000 Einwohner)

Für die Kreisstadt, seit 1993 heilklimatischer Kurort, gibt es nur schmeichelhafte Namen. „Weimar des Nordens" wurde Eutin genannt oder auch „Rosenstadt im Herzen der Holsteinischen Schweiz".

Der Vergleich mit Weimar erinnert daran, dass die Stadt wie ihre berühmte thüringische „Verwandte" einst viele Künstler- und Intellektuelle angezogen hat. Und was es mit dem Attribut „Rosenstadt" auf sich hat, wird sofort deutlich, wenn man sich zu einem Streifzug durch die Eutiner Straßen aufmacht. Die nämlich werden nach jahrhundertealter Eutiner Tradition von unzähligen Rosenstöcken geschmückt. Vor allem im Frühling und Sommer strahlt die duftende Blumenpracht in kräftigen Farben. Es gibt sogar eine Rose, die den Namen der Stadt trägt, die *Eutin Floribunda*.

Eutins rosenberankte Stolbergstraße

Holsteinische Schweiz

Schiefer Turm: die Michaelis-Kirche am Marktplatz

Zentrum ist – wie kann es anders sein – der Marktplatz, dessen Häuser eine breite Stilvielfalt aufweisen. Hier steht auch das alte Rathaus (1791), seinerzeit der erste klassizistische Putzbau der Stadt. Mit seinen Geschäften und Cafés präsentiert sich der Marktplatz natürlich autofrei und lädt wie auch die angrenzende Fußgängerzone als Flaniermeile zum Bummeln ein. Besonders bunt und geschäftig geht's hier mittwochs und samstags zu, dann nämlich ist Markttag. Mitten in diesem Trubel auf dem Marktplatz und nicht – wie heute bei vergleichbaren karitativen Einrichtungen üblich – in einsamer Stadtrandlage ließ man 1786 in vollendet schlichter spätbarocker Baukunst das herzogliche Witwenpalais errichten.

Ganz im Stile einer kleinen Residenzstadt liegen in Eutin alle Sehenswürdigkeiten dicht beieinander. Über die Stolbergstraße, mit ihren Fachwerkhäusern und Rosenstöcken wohl die schönste der Stadt, gelangt man zum Schloss, das als Museum zugänglich ist. Dahinter grenzt die Altstadt an den Großen Eutiner See. Die Stadtbucht wird hier von einer Seepromenade umgeben. An zentraler Stelle grüßt die Skulptur „Die Schauende" (von 1994); ähnlich der Kopenhagener kleinen Meerjungfrau wurde sie einige Meter abseits der Promenade im See platziert. Ein Spazierweg führt um das Schloss herum am Ufer des Sees entlang zum Schlossgarten, der als eines der bedeutendsten Gartenkunstwerke Schleswig-Holsteins unter Denkmalschutz steht. Eindrucksvoll ist eine 335 m lange, alte Lindenallee, die in den Schlossgarten führt. Dort befindet sich auch die Freilichtbühne für die Eutiner Festspiele mit ihren Opernaufführungen, für die Eutin weit über die Stadtgrenzen hinaus bekannt ist.

Geschichte: Vor rund tausend Jahren herrschte ein slawischer Häuptling auf einer Inselburg am Großen Eutiner See. Im 12. Jh. ließen sich holländische Siedler hier nieder und übernahmen den slawischen Namen der Festung: *Utin*. 1257 verlieh der Bischof von Lübeck dem mittlerweile zum Marktflecken gewachsenen Ort das Stadtrecht und schaffte damit die Voraussetzungen für eine bürgerliche Selbstverwaltung. Noch heute zeigt das Stadtwappen das rosenberankte Bischofskreuz, dessen Enden zu Lilien auslaufen (die Rose stand im Mittelalter für Gerechtigkeit, die Lilie für Reinheit). Schon um 1300 zerstritt sich der Bischof mit dem Rat der aufstrebenden Hansestadt Lübeck und musste nach Eutin ins Exil ziehen, wo er sogleich einen ständigen Bischofssitz einrichtete. Die Wasserburg wurde zu seinem Wohnsitz ausgebaut, jedoch gingen die Besitzungen nach der Reformation an die Landesherren über, und die stammten ab 1586 aus dem Hause Holstein-Gottorf. Seit dem Jahre 1607 wurde der (nun evangelische) Bischofsstuhl von Lübeck mit einem nachgeborenen Prinzen aus eben jenem Hause besetzt. Somit war Eutin nun als Residenz der „Fürstbischöfe von Lübeck-Eutin" ein kleines, aber durchaus einflussreiches Fürstbistum.

Vor allem der kunstbegeisterte Bischof Friedrich August, der ab 1773 auch Herzog von Oldenburg wurde, holte viele Kulturschaffende an seinen Hof und begründete damit den Ruf Eutins als „Weimar des Nordens". So wirkte etwa der bekannte Homer-Übersetzer und Dichter Johann Heinrich Voß (1751–1826) über 20 Jahre lang in der fürstbischöflichen Residenzstadt als Rektor der Lateinschule. Sein historisches Wohnhaus blieb lange erhalten (Voßplatz 6), ist jedoch im Jahr 2006 einer Brandstiftung zum Opfer gefallen. Auch Johann Heinrich Wilhelm Tischbein (1751–1829) wurde – als Hofmaler und Galeriedirektor – nach Eutin geholt und blieb, anders als Voß, bis zu seinem Tod in der Stadt. Als Goethe-Freund malte Tischbein u. a. das berühmte Gemälde „Goethe in der Campagna". Doch Eutins größter Sohn heißt Carl Maria von Weber (1786–1826), dessen Geburtshaus in der Lübecker Straße 48 heute ein Café ist. Mit Stolz wurden die oben erwähnten Sommerfestspiele zu seinem 125. Todestag 1951 ins Leben gerufen und jahrzehntelang nach ihm benannt – und das, obwohl Weber lediglich die ersten sechs Monate seines Lebens in Eutin verbrachte. Heute heißen sie treffender „Eutiner Festspiele".

Eutin lockte zu jener Zeit noch zahlreiche andere Persönlichkeiten für kürzere oder längere Aufenthalte in die Stadt (z. B. die Hofbaumeister Dallin und Greggenhofer, aber auch Herder, Klopstock, Wilhelm von Humboldt, Graf Stolberg und andere). Zweimal, mittlerweile als angesehener Komponist, besuchte auch Carl Maria von Weber seine Geburtsstadt und soll von der Schönheit der hiesigen Landschaft begeistert gewesen sein.

Um 1800 wurde die Residenz des Hauses Holstein-Gottorf nach Oldenburg (in Niedersachsen) verlegt. Eutin blieb aber Regierungssitz eines fürstbischöflichen Territoriums, das sich *Fürstentum Lübeck* nannte. Als die Stadt 1866 ans Eisenbahnnetz angeschlossen wurde, setzte ein wirtschaftlicher Aufschwung ein, im Rahmen dessen auch die Einwohnerzahlen stiegen. Noch beträchtlicher fiel das Wachstum nach dem Zweiten Weltkrieg aus, als sich die Stadtbevölkerung durch den Zuzug von Heimatvertriebenen schlagartig verdoppelte.

Holsteinische Schweiz

Basis-Infos

Information Tourist-Info Eutin, Markt 19, 23701 Eutin, ✆ 04521/70970, www.eutin.de. Stadtführungen, auch Karten für die Festspiele. *ostseecard* 2,20 € (Nebensaison 1,10 €).

Festspiele Karten für die Festspiele gibt es unter ✆ 04521/80010, Infos: www.eutiner-festspiele.de.

Kino Cinema-Center, Königstr. 1, (Passage), ✆ 04521/72600; **Binchen-Filmkunsttheater**, Albert-Mahlstedt-Str. 2, ✆ 04521/1260.

Parken Parkleitsystem zu den meist gebührenpflichtigen Parkplätzen, aber in den Geschäften gibt's einen Teil der Parkgebühr zurück; samstags sind die Innenstadtparkplätze kostenlos.

Schiffstouren Große Eutiner Seenrundfahrt, tägl. 11–16 Uhr, stündl. Abfahrt an der Stadtbucht, Erw. 6 €, Kinder (bis 15 J.) 4 €, ✆ 04521/3344, www.eutiner-seerundfahrt.de; **Kellerseefahrt**, ab 10.40 Uhr alle 2 Std. ab Fissau; Erw. 9 €, Kinder (bis 15 J.) 4,50 €, ✆ 04523/2201, www.5-seen-fahrt.de.

Schwimmen/Sauna Schwimmhalle Eutin, am Seepark gelegen, großes Schwimmbad, Sprungturm, meist ab 10 Uhr geöffnet (Mo Ruhetag), Erw. 4 €,

Kinder 2,50 €. ✆ 04521/705-590. Darüber hinaus ist das Baden in den fünf sauberen Eutiner Seen erlaubt.

Stadtführungen Im Sommerhalbjahr Nachtwächter-Rundgang, Mo 19 Uhr; **Schlossgarten-Führung**, Mi 14.30 Uhr; **Altstadtführung**, Fr 14.30; **Anekdoten-Rundgang** zur Festspielzeit, Sa 14.30 Uhr. Treffpunkt/Karten bei der Tourist-Info, Anmeldung unter ✆ 04521/70970.

Wochenmarkt Mittwoch und Samstag.

Übernachten/Essen & Trinken

Übernachten EUT-IN Hotel **8**, Gästehaus mit noblen und sehr geschmackvollen Romantik-Zimmern, leider am Ortsrand von Eutin an einer belebten Ausfallstraße gelegen. Auf dem Gelände befindet sich auch das Restaurant TAC **8**. Hier gibt's in mediterraner Atmosphäre internationale Küche mit österreichischen und badischen Einflüssen. DZ 79–99 €. Lübecker Landstr. 55, ✆ 04521/778810, 🖷 04521/778820, www.eut-in-hotel.de.

››› Mein Tipp: Das kleine Hotel **3**, in einer alten Villa in Eutin hat Julia Puig ihren Traum verwirklicht und eine kleine Oase inmitten der Stadt eröffnet. Im ganzen Haus wurden die alten Holzdielen abgeschliffen, die Räume renoviert und die Zimmer teilweise mit zusammen-getrödelten und geschmackvoll renovierten Antiquitäten sehr individuell eingerichtet. Gutes Frühstücksbüfett mit Obst und leckeren Marmeladen. Im Erdgeschoss das Café Adore **3** mit leckeren Torten und Kuchen (tägl. außer Mo geöffnet). Man sitzt im Sommer im kleinen Gastgarten oder im Wintergarten und im Winter rustikal gemütlich im Kaminraum. DZ 100–130 €. Albert-Mahlstedt-Str. 6, ✆ 04521/8580441, www.daskleinehotel-eutin.de. **‹‹‹**

***** Naturpark-Camping Prinzenholz **1**, mit zahlreichen Auszeichnungen bedacht, gilt er als einer der besten Campingplätze Europas. Er liegt an der südlichen Einbuchtung des Kellersees in Fissau und bietet 150 terrassenförmige Plätze. Erw. 6 €, Kinder 3 €, Stellplatz 11,50–13,50 €. Prinzenholzweg 20, ✆ 04521/5281, 🖷 04521/790693, www.nc-prinzenholz.de.

Essen & Trinken La Scala **5**, noble und wirklich gute regionale und mediterrane Kü-

che, natürlich gibt es auch hausgemachte Pasta und Pizza; selbst am Markt im 1. Stock gelegen; innen gediegenes Fachwerkambiente. Tolle Dachterrasse mit Blick auf die Kirche, täglich 11.30–14.30 und 17.30–22 Uhr. Markt 12, ✆ 04521/4016387.

Brauhaus Eutin **4**, am Markt gelegen, nicht alt, aber natürlich rustikal eingerichtet, zwei Gärkessel stehen im Gastraum, weshalb man bei der Herstellung des St.-Michaelis-Bräus zusehen kann. Bei schönem Wetter empfehlen sich die Tische auf dem Marktplatz. Die Speisekarte bietet die übliche rustikale, aber ordentliche Küche (gebratenes Zanderfilet, Braumeistersteak). Markt 11, ✆ 04521/766777.

Alte Mühle **6**, die reetgedeckte, 150 Jahre alte Holländermühle *Moder Grau* thront über der westlichen Altstadt (Bahnhofsnähe, im Mühlenweg 5; Auffahrt zur Mühle: Plöner Str.). Sie beherbergt heute eine gemütliche Bierkneipe, in der es auch noch spätabends rustikale Speisen gibt (z. B Mühlenpfanne). Ab 18 Uhr geöffnet, warme Küche bis Mitternacht. ✆ 04521/5042.

Markt 17 **7**, der Name ist Programm. Hauptsächlich Kaffeehaus mit gemütlichen Tischen auf dem großen Markplatz, aber auch Trattoria (Schnitzel, Antipasti) und abends Weinstube. Ein gemütliches Hinterzimmer in Kaffeehausatmosphäre fungiert als Raucherzimmer. Mo–Sa ab 9.30 Uhr, So ab 11 Uhr. ✆ 04521/830837.

Fissauer Fährhaus **2**, traditionelles, großes Ausflugslokal und Café an der südlichen Kellerseebucht, direkte Seelage mit großer Terrasse, schmackhafte und frische Fischspezialitäten (z. B Kellerseemaräne). Di Ruhetag. Fissau. ✆ 04521/2383.

Übernachten

1 Camping Prinzenholz
3 Das kleine Hotel
8 EUT-IN Hotel

Essen & Trinken

2 Fissauer Fährhaus
3 Café Adore
4 Brauhaus Eutin
5 La Scala
6 Alte Mühle
7 Markt 17
8 Restaurant TAC

Sehenswertes

Schloss Eutin: Markant springt der Eingangsturm aus dem Vierflügelbau hervor; durch ihn hindurch betritt man einen trapezförmigen, mediterran anmutenden Innenhof. Der stattliche dreigeschossige Backsteinbau ist von einem Wassergraben umgeben und besteht in seiner jetzigen Form etwa seit 200 Jahren. Doch bereits im 12. Jh. stand hier eine Burg, die später als Residenz der Fürstbischöfe und Herzöge immer wieder um- und ausgebaut wurde.

In dicken Filzpantoffeln wandelt man durch Salons und den Rittersaal und bekommt auch die einzigartig ausgestattete zweigeschossige Schlosskapelle zu sehen. Die Räume im ehemaligen Wohnschloss sind teilweise original mit kostbaren Möbeln, Gemälden und Kunsthandwerk ausgestattet. Eine Besonderheit sind die großen Schiffsmodelle, Geschenke der mit dem Hause Holstein-Gottorf verwandtschaftlich verbundenen russischen Zaren.

Schlossbesichtigung nur mit einstündiger Führung (April–Okt.). Im Juli/Aug. tägl. 11–17 Uhr (stündl. Führungen). In der Nebensaison Führungen um 11, 12 u. 15 Uhr (dann Mo geschlossen). Eintritt inkl. Führung: Erw. 5 €, Kinder ab 7 J. 1,50 €, Familien 10 €. ☎ 04521/70950. Im hellen Innenhof lädt ein Café/Restaurant zum Verweilen ein. www.schloss-eutin.de.

🚶 **Wanderung 8: Rund um den Großen Eutiner See**   → S. 279
Ein langer Spaziergang rund um den naturbelassenen See.

Ostholstein-Museum: Das im ehemaligen Marstall des Schlosses untergebrachte Museum präsentiert als Schwerpunkt eine ständige Ausstellung mit dem Thema „Eutin zur Goethezeit". Diese Epoche um 1800 war fraglos Eutins Blütezeit. Daneben gibt es eine breite Palette anderer Ausstellungen zu sehen: Landschaftsmalerei aus dem 17. und 18. Jh., die Geschichte der Eutin-Lübecker Eisenbahn, eine Sammlung zum Thema „Maße und Gewichte" und eine über den historischen Brandschutz (mit originaler Feuerspritze von 1848). Zudem sind Arbeiten der Eutiner Gold- und Silberschmiede, aber auch der Zinngießer und Tischlermeister zu bewundern. Darüber hinaus wird dem Museumsnamen entsprechend die historische Entwicklung des Kreises Ostholstein dargestellt.

Schlossplatz 1; April–Sept. Di–Fr 10–13 und 14–17 Uhr, Sa/So 10–17.30 Uhr, Mo Ruhetag, Okt.–März Mi–Fr 15–17 Uhr, Sa/So 11–17 Uhr; Feb. geschlossen. Erw. 3 €, Kinder ab 14 J. 1 €, Familien 6 €. Wechselnde Sonderausstellungen, dann Preisaufschlag. ✆ 04521/70180, www.oh-museum.de.

St.-Michaelis-Kirche: Als Zeichen der Missionierung wurde vor über 750 Jahren die unübersehbar im Zentrum stehende Kirche dem kämpferischen Erzengel Michael geweiht. Der mächtige, die Stadt überragende Turm ist übrigens etwas schief, was man vom Marktplatz aus gut erkennt. Die dreischiffige Basilika präsentiert sich im Inneren mit ihren hellen, kahlen Wänden und dem neuen Kirchengestühl und Altar als vergleichsweise einfach eingerichtetes Gotteshaus, das dennoch einige alte Kunstschätze beherbergt. Am Triumphkreuz etwa trägt Christus in seiner Brust einen Bergkristall, unter dem der Legende nach ein Splitter vom Kreuz Jesu verwahrt wird. Bischof Burkhard brachte ihn 1279 von einer Italienreise mit. Sehr kostbar ist der 1322 geschnitzte Marienleuchter, der in der Südkapelle hängt. Ebenfalls sehenswert sind der kunstvolle Bronzetaufkessel aus dem Jahr 1511 und ein 2,20 m hoher, siebenarmiger Bronzeleuchter aus dem Jahr 1444 neben dem Altar, der wohl extra für die Michaeliskirche geschaffen wurde. Sein Fuß steht – als Zeichen der Macht und Stärke – auf drei Löwen.

Mo–Sa 10–18 Uhr (im Winterhalbjahr 10–16 Uhr).

Beeindruckender Vierflügelbau:
Schloß Eutin

Wasserturm: Mit seinem spitzen Kegeldach und einem schönen Zinnenkranz steht er weithin sichtbar auf dem höchsten Punkt der Stadt in der Wilhelmstraße. Nachts ist der Wasserturm hell erleuchtet und auch dann als ein Wahrzeichen der Stadt von Weitem zu erkennen. 156 Stufen führen als Wendeltreppe hinauf. Der 1909 erbaute und 38 m hohe Turm diente noch bis 2006 der Wasserversorgung. Oben angelangt, hat man einen lohnenswerten Blick über die Stadt und ihr von Seen durchzogenes, hügeliges Umland.

Mitte Mai bis Mitte Sept. Di–So 11–16 Uhr. Eintritt 1,50 €. Ferngläser können ausgeliehen werden.

Die Bräutigamseiche

Ein Erlebnis und damit einen Besuch wert ist die 500 Jahre alte Eiche im Dodauer Forst. Sie ist der einzige Baum Deutschlands mit einer eigenen Postadresse: *Bräutigamseiche, Dodauer Forst, 23701 Eutin.* Tatsächlich kommt bereits seit 1927 fast täglich Post, die der Briefträger als *Postillon d'Amour* in ein auf gut drei Metern Höhe befindliches kleines Astloch steckt, das über eine Leiter erreichbar ist. Darin finden sich Briefe aus aller Welt, die von jedermann geöffnet und natürlich auch beantwortet werden dürfen, denn das Postgeheimnis ist hier aufgehoben.

Der Sage nach wurde die nun fünf Meter dicke Eiche von einem keltischen Fürstensohn aus Dankbarkeit gepflanzt, der hier im Forst von Feinden gefesselt, aber von einem Mädchen entdeckt und gerettet worden war. Der Name *Bräutigamseiche* geht auf das Jahr 1891 zurück, als sich die Tochter des Oberförsters mit einem Fabrikantensohn unter dem Baum trauen ließ. Beide hatten ihre Liebesbriefe ein Jahr lang im Astloch der Eiche deponiert. Heute finden sich nicht nur Liebesbriefe darin, oft wollen die Schreiber nur wissen, ob es diesen sagenumwobenen Baum wirklich gibt. Dennoch hat der Baum nachweislich schon über 100 Ehen zusammengeführt – er wird seinem Namen damit mehr als gerecht.

An der B 76 nach Plön etwa 3 km hinter Eutin bei einem Obsthof (mit eigener Obstbrennerei) rechts ab in den Dodauer Forst (kleines Schild mit der Aufschrift „Bräutigamseiche"). Nach einigen Metern kommt rechts ein Waldparkplatz, halb links im Wald steht die Eiche (die schön geschwungene Straße führt übrigens weiter bis fast zum Riesenfindling von Malente).

Holsteinische Schweiz

Umgebung von Eutin

Ukleisee/Jagdschlösschen: Der Ukleisee nördlich von Eutin ist ein kleines, dunkles, aber auch faszinierendes Gewässer. Ein schöner Wanderweg führt in etwa einer Stunde um den mit dichten Buchenwäldern und hohen Ufern umgebenen See herum. Die einzige Bebauung bilden ein Forsthaus und das ehemalige herzogliche Jagdschlösschen. 1776 ließ es Herzog Friedrich August von seinem Baumeister Georg Greggenhofer errichten. Heute wird es vornehmlich für Konzerte und andere kulturelle Veranstaltungen genutzt. Der Sage nach entstand der See durch ein fürchterliches Unwetter, das der Geist einer von ihrem Liebsten, dem Ritter Albrecht, betrogenen Bauerntochter entfachte.

Mai–Sept. tägl. 11–16 Uhr. Anfahrt über Fissau und Sielbeck. Vom Parkplatz (und Waldspielplatz) läuft man ein kurzes Stück hinunter zum Jagdschlösschen. Samstags um 14.30 Uhr finden geführte Rundgänge durch das Schloss und um den See statt.

Bad Malente-Gremsmühlen   (7500 Einwohner)

Das aus zwei Ortschaften zusammengewachsene Kneipp-Heilbad zwischen Diek- und Kellersee bildet seit jeher das Herz der Holsteinischen Schweiz.

Malente wurde bundesweit bekannt durch die Sportschule, in der die deutsche Fußball-Nationalmannschaft inmitten der Holsteinischen Schweiz im Jahr 1974 ihr WM-Quartier bezog (und bekanntlich Weltmeister wurde). Die Sportschule gibt es zwar immer noch, heute strahlt der Ort aufgrund seiner zahlreichen Kurkliniken allerdings nur noch wenig jugendlich-sportliche Betriebsamkeit aus, sondern eher die Gediegenheit eines alten, vornehmen Luftkurortes.

Am Kellersee befinden sich eine begehbare Sonnenuhr (direkt am Bootsanleger Janusallee) und eine bekannte Glasbläserei. Den Glasbläsern kann man bei ihrer

Das Bootshaus an der Diekseepromenade

Übernachten

1 Villa im Steinbusch
3 Hotel Dieksee
4 Fährhaus Niederkleveez

Essen & Trinken

2 Boots-Haus am Dieksee
4 Fährhaus Niederkleveez

schweißtreibenden Arbeit zusehen und die zerbrechlichen Kostbarkeiten natürlich an Ort und Stelle erwerben. Nicht weit entfernt steht als Mittelpunkt Malentes die Maria-Magdalena-Kirche. Von dort aus führt die Bahnhofstraße weiter, die sich als der geschäftige Kern Malentes hinunter zum Dieksee zieht und als Hindenburgdamm endet. Hier finden sich die meisten Geschäfte, Boutiquen, Cafés, aber auch Rathaus und Kurverwaltung. Die angrenzende Diekseepromenade ist seit jeher die Flaniermeile der Kurgäste; an ihrem Nordende befindet sich die Anlegestelle für die Fünf-Seen-Fahrt. Man schlendert vorbei an der Malenter Seejungfrau (von 2000), die wie ihr „Vorbild" in Kopenhagen von einem Stein aus dem Wasser heraus grüßt.

Ganz in der Nähe liegt an der Schwentine auch der Flecken, an dem alles begann, nämlich die Gremsmühle (heute ein kleines Restaurant).

Geschichte: Das Kirchdorf Malente ist schon im Mittelalter bezeugt, blieb aber bis ins 19. Jh. hinein ein eher unauffälliger Ort. Der Name ist vermutlich vom Slawenfürsten Malenta abgeleitet und bedeutet so viel wie „Dorf des Kleinen". Gremsmühle wurde schon 1280 als bischöflicher Besitz erwähnt. Wie die Ortsbezeichnung andeutet, stand hier seit alters her eine Wassermühle mit ein paar Höfen, die günstig an der Durchgangsstraße zwischen Diek- und Kellersee lag. Die Schwentine, die beide Seen verbindet, hieß an dieser Stelle noch im 19. Jh. Gremsau, daher der Name.

Schon um 1800 entwickelte sich die Gremsmühle mit ihrer Schankwirtschaft zum beliebten Ausflugsziel. Mit der Eisenbahn, die 1866 bis nach Eutin gebaut wurde, erfolgte der endgültige Aufschwung zum ersten Ferienort der Holsteinischen Schweiz. Zunächst kamen Tagesausflügler aus Kiel oder Lübeck in die idyllische

Landschaft, bald wurde die Gremsmühle zum Hotel ausgebaut. Kurz darauf entstand über dem Kellersee das mondäne Hotel *Holsteinische Schweiz* (heute Landesfinanzschule). Als für Gremsmühlen ein neuer Bahnhaltepunkt gebaut wurde, wollte auch das benachbarte Malente auf dem Stationsschild erscheinen. Kurzerhand nannte man den Bahnhof Malente-Gremsmühlen. Schon 1905 schlossen sich beide Orte dann auch offiziell zusammen. Nun war es mit der ländlichen Idylle im kleinen Malente vorbei. Denn für die bessere Gesellschaft im fernen Berlin wurde es geradezu zur Mode, in dieser Gegend Urlaub zu machen. Bereits 1925 wurde die Kommune als Kurort anerkannt, seit 1996 darf sie endlich auch den Zusatz „Bad" im Namen führen.

Information Tourismus-Service Malente, Bahnhofstr. 3, 23714 Malente-Gremsmühlen, ☏ 0800/2020080 und ☏ 04523/98990, www.bad-malente.de. Gästekarte 2 € (im Winter 1 €), Kinder frei.

Fahrradverleih Mannis Verleih, Bahnhofstr. 2, ☏ 04523/202969; **Wöllert**, Markt 1, ☏ 04523/1642.

Glasbläserei Glasgalerie Malente GmbH, Janusallee 18 (am Kellersee), ☏ 04523/4955. Mo–Sa 9–18 Uhr, So 10–17 Uhr.

Hochseilgarten und Bauernhofcafé An der Straße nach Grebin gelegen, urige Zufahrt auf gewundener Piste zum Hof Radlandsichten. Nettes Café. Klettern nur mit Voranmeldung. ☏ 04523/984705, www.hochseilgarten-malente.de.

Schiffstouren Fünf-Seen-Fahrt (12 km lange Strecke über den Diek-, Langen-, Behler-, Höft- und Edebergsee; Dauer 2 Std.; Abfahrt tägl. 10–17 Uhr); **Kellerseefahrt** (ab 10 Uhr alle 2. Std. ab Janusallee). Erw. 9 €, Kinder unter 15 J. 4,50 €, Familien 22 €. Infos unter ☏ 04523/2201, www.5-seen-fahrt.de.

Schwimmen Freibad Dieksee, Nordostufer des Sees in Gremsmühlen. ☏ 04523/1633. Nur zu Fuß (10 Min. vom Bahnhof) oder per Fahrrad erreichbar.

Übernachten Wie an einer Perlenschnur liegen an der Diekseepromenade verschiedene Hotels, die fast alle ein nicht mehr ganz so junges Publikum anlocken. Das größte von ihnen ist das

Hotel Dieksee ■3, traditionell, mit 70 komfortablen Zimmern, großem Schwimmbad mit Whirlpool, Sauna und Dampfbad. Reichhaltiges Frühstück, ruhige, gediegene Atmosphäre. Gutes Restaurant „Precise Dieksee" im Haus. DZ 99–119 €. Diekseepromenade 13–15, ☏ 04523/9950, ✆ 04523/995200, www.precisehotels.de.

Villa im Steinbusch ■1, das kleine Hotel in der alten Jugendstilvilla liegt ganz zentral, aber dennoch ruhig am Wildpark. Die 11 Zimmer sind vergleichsweise einfach eingerichtet. Das Wirtsehepaar hat ein Herz für Fahrradfahrer oder Paddler. Auf Wunsch gibt's auch Abendessen. DZ 71 €. ☏ 04523/2637, ✆ 04523/7695, www.villa-im-steinbusch.de.

*** Fährhaus Niederkleveez (Fährhaus Dieksee) ■4, Hotel und Restaurant in schöner, ruhiger Lage direkt am Dieksee, 5 km westl. von Gremsmühlen. Idealer Standort für Radtouren, Wanderungen oder einen Schiffsausflug. 20 helle, modern-zweckmäßig eingerichtete Zimmer (3 Suiten), schöne Liegewiese mit Strandkörben und der Seeanleger vor dem Haus. Prima Frühstücksbüfett und Restaurant mit guter Küche und großer Sonnenterrasse. DZ 80 €, Suite 140 €. Am Dieksee 6, 24306 Niederkleveez, ☏ 04523/995929, ✆ 04523/995955, www.faehrhaus-dieksee.de.

Essen & Trinken Boots-Haus am Dieksee ■2, man sitzt sehr schön auf dem großen Bootssteg oder in sehr rustikalem Ambiente in der Fischerhütte. Es gibt leckere Bratkartoffelgerichte, aber auch gutes Zanderfilet. Diekseepromenade 4 (keine Parkplätze), ☏ 04523/3104.

Sehenswertes

Maria-Magdalenen-Kirche: Das ein wenig unscheinbar wirkende frühgotische Gotteshaus wurde ursprünglich (im 13. Jh.) ganz aus Feldsteinen erbaut. Um 1900 wurde der alte Holzturm abgebrochen und durch einen wenig schönen Backsteinturm ersetzt, der den Gesamteindruck stark beeinträchtigt. Innen ist die Kirche konsequent neugotisch und stilvoll mit viel Holz gestaltet. Dazu passt auch die hölzerne Kanzel, die von 1629 stammt. Auffallend sind die langen, schmalen Fenster.

Bahnhofstraße/Ecke Janusallee. April–Okt. Di u. Do 10–12 Uhr, Sa 17.30–18.30 Uhr.

Tews-Kate: 1634 gebaut und damit eine der ältesten Räucherkaten des Landes. Ende der 1960er-Jahre sollte sie abgerissen werden, wurde dann aber 1969 von Malentes Ortszentrum hierher versetzt und zu einem kleinen Heimatmuseum umgewandelt.

Sebastian-Kneipp-Straße (etwa 300 m vom Bahnhof entfernt). Ostern bis Okt. Di–So 14–17 Uhr. Eintritt frei.

Wildgehege/Arboretum: Gegenüber der Tews-Kate führt ein Weg hinauf in den kostenfreien Tierpark. Auf etwa 20 ha sind v. a. die heimischen Waldtiere zu beobachten: Rotwild, Damwild und natürlich Wildschweine. Das an den Wildpark angeschlossene Arboretum (ebenfalls Eintritt frei) präsentiert 120 verschiedene Baumarten aus aller Welt. Ganzjährig frei zugänglich.

Umgebung von Bad Malente-Gremsmühlen

Riesenfindling: An der Verbindungsstraße nach Plön liegt gut 2 km hinter Gremsmühlen rechts ein Kieswerk und an dessen Eingang ein Steingarten. Dort befinden sich verschiedene Findlinge, darunter der knapp zwei Milliarden Jahre alte Wandhoff-Riesenfindling, der satte 126 Tonnen wiegt. Eiszeitliche Gletscher haben ihn, ursprünglich aus dem heutigen Schweden kommend, gut 600 km bis in die Holsteinische Schweiz getragen.

Aussichtsturm: Keine 2 km nordwestlich von Malente steht auf dem 90 m hohen Holzberg bei Neversfelde ein Aussichtssturm der besonderen Art. Dort, wo bis 1919 schon einmal ein hölzerner sog. Bismarckturm stand, wurde im Jahr 2005 aus Lärchenholz der 28,5 m hohe Holzbergturm erbaut. 141 Stufen führen über eine stählerne Treppe zu zwei Plattformen in luftiger Höhe. Der Lohn des Aufstiegs ist

Zwei Milliarden Jahre alt: der Riesenfindling bei Malente-Gremsmühlen

Holsteinische Schweiz

ein schöner Panoramablick über die Baumwipfel in die hügelige und seenreiche Holsteinische Schweiz.

Von der Ortsmitte Malente am Heimat-museum Tews-Kate vorbei 2 km Richtung Timmdorf/Neversfelde (beschildert). Vom schönen Waldparkplatz führen zwei Wege in 5 Min. nach oben. Zudem gibt es von Malente aus einen Wanderweg zum Turm. Ganzjährig kostenlos begehbar (Spendenbox).

Timmdorf: 4 km westlich von Bad Malente liegt eines der schönsten Dörfer der Holsteinischen Schweiz etwas versteckt auf einer Halbinsel, eingebettet zwischen Behler See und Dieksee (Bootsanleger der Fünf-Seen-Fahrt). Einige Zufahrtsstra-ßen sind noch nicht geteert. Am Ufer des Behler See gibt's einen kleinen, auch für Kinder geeigneten Badestrand (Birkenweg, dann rechts die Sandkoppel bis zum Ende durchfahren).

Landgasthof Kasch, der reetgedeckte Gasthof verarbeitet nicht nur das Fleisch aus der eigenen Gallowayzucht (z. B. Rou-lade), sondern bietet auch täglich frischen Süßwasserfisch aus den umliegenden Seen an (z. B. gedünstete Edelmaräne). Die besonders ruhige Lage, eine riesige Wiese (Kinderspielplatz) und eine Terrasse ma-chen den Hof zu einem beliebten Aus-flugsziel für Radwanderer. Auch der Fähr-anleger der 5-Seen-Fahrt ist ganz in der Nähe. Zudem werden 12 nette Zimmer an-geboten. DZ 76 €. Dorfstr. 60, Timmdorf, ✆ 04523/3383, 🖷 04523/1545, www.landgast hof-kasch.de. ∎

St.-Johannis-Kirche in Neukirchen: In Neukirchen, 4 km nördlich von Malente, ragt der markante, 40 m hohe Rundturm der St.-Johannis-Kirche in die Höhe. Die vermutlich um das Jahr 1160 erbaute und äußerlich fast unverändert gebliebene Feldsteinkirche zählt zu den schönsten und besterhaltenen Gotteshäusern der Re-gion – von außen präsentiert sie sich jedoch beeindruckender als von innen. In der Turmhalle, die als Kapelle genutzt wird, steht das wohl noch ursprüngliche Gra-nittaufbecken aus dem 12. Jh. Im Kirchenschiff mit seiner hohen Holzbalkendecke haben natürlich mittlerweile, dem jeweiligen Zeitgeschmack entsprechend,

Meterstarke Feldsteinmauern: Rundturmkirche von Neukirchen

Umbauten stattgefunden. Das gotische Triumphkreuz mit dem hageren Corpus stammt aus dem 14. Jh., die Kanzel mit plattdeutscher Inschrift wurde 1626 von zwei Neukirchener Handwerkern geschaffen. An der Südwand wurde Anfang des 16. Jh. eine lebensgroße Heiligenfigur aufgemalt, die – wenn auch schwach – noch zu erkennen ist.

Öffnungszeiten Mo–Fr 8–16 Uhr.

Übernachten/Essen & Trinken Neukirchener Hof, Familie Hink bietet in dem einfachen Hotel mit Gasthofambiente v. a. für Familien mit Kindern eine Attraktion: Jeden Tag ist kostenloses Ponyreiten angesagt. Bis zu 70 Personen können aufgenommen werden, teilweise in Appartements. Die DZ sind etwa 20 m² groß, auch Fahrradtouristen sind gerne gesehen. Im Gasthof gibt's einfache Küche (z. B. Heringstopf). DZ 68–75 €. Neukirchen, Hauptstr. 10, ☏ 04523/3362, ✆ 04523/6022, www.neukirchener-hof.de.

Plön

Die Stadt liegt malerisch inmitten einer Seenlandschaft und verführt geradezu zum Wandern, Radfahren oder zum Wassersport. Über allem thront das weithin sichtbare weiße Schloss, das einst die Königlich-Dänische Sommerresidenz war.

Neben dem imposanten Schloss hoch über dem größten See Schleswig-Holsteins beeindruckt die malerische Altstadt mit ihren zu den Seen führenden engen Gassen, den sog. *Twieten*. Es lohnt sich, durch die Einkaufsmeile und über den Markt, vorbei an historischen Häusern, bis hinauf zum Schlossberg zu schlendern.

Die Fußgängerzone beginnt in der Lübecker Straße, hier befindet sich auch der schmale Durchfluss der Schwentine vom Großen in den Kleinen Plöner See. Die Geschäftsstraße führt weiter über den Markt (Dienstag und Freitag Wochenmarkt) und durch die Lange Straße bis zur kleinen Johanniskirche. Hinauf zum Schloss

Auf dem Weg zum Plöner Schloss

Holsteinische Schweiz

geht's schon von der Stadtkirche aus, man passiert dabei zunächst das klassizistische Rathaus und den Gänselieselbrunnen. Der Blick vom gepflegten Schlossvorplatz hinaus auf den Großen Plöner See ist besonders schön. Hinter den ehemaligen Nebengebäuden des Schlosses wie dem Marstall und dem Prinzenpalais (wieder den Hügel hinab) breitet sich der von 200 Jahre alten Lindenalleen flankierte Schlossgarten aus, der zu einer weiteren Berühmtheit Plöns führt, der ein Stückchen entfernt liegenden Prinzeninsel.

Doch nicht nur hier bestimmt das Wasser den Lebensrhythmus der fast vollständig von Seen umgebenen Stadt. An den Wochenenden fahren die Einheimischen mit Jolle, Surfbrett und Paddelboot hinaus auf den See, oder sie suchen Abkühlung an einem der kostenlosen Badestrände. Beliebt ist nicht nur die Badestelle auf der Prinzeninsel, sondern auch das Strandbad Fegetasche auf der schmalen Landverbindung zwischen dem Großen Plöner See und dem Höftsee/Behler See. (Nomen est omen: In der nicht umgehbaren Zollstelle Fegetasche wurden den Durchreisenden einst „die Taschen leergefegt".)

Geschichte: Auf der heute *Olsborg* genannten kleinen Insel im nördlichen Plöner See lag seit alters her die slawische Holzburg *Plune*. Der Name bedeutet übersetzt so viel wie „eisfreie Wasserfläche". Als die Grafen von Schauenburg die Landesherrschaft übernahmen, wurde am Seeufer eine Siedlung angelegt, die ab 1173 nicht mehr von der Inselbefestigung, sondern von einer auf der Anhöhe gelegenen Burg geschützt wurde. Es entwickelte sich ein Marktflecken, der schon 1236 lübisches Stadtrecht erhielt. Doch erst im 17. Jh. kam die große Zeit des kleinen Plön. Es wurde Residenzstadt des Hauses Schleswig-Holstein-Sonderburg-Plön und damit zum Zentrum eines neuen Zwergstaates. Ein prunkvolles Schloss und zahlreiche andere Bauten wurden errichtet. Der weltgewandte Herzog Hans Adolf (1671–1704) erweiterte die Stadt im Jahre 1685 um eine Vorstadt und nahm dort verfolgte Calvinisten auf, wohl auch um neue Steuerzahler für den in Finanznöten steckenden kleinen Staat zu finden. Doch schon 1761 starb die Linie mangels männlicher Erben aus, und die kleine Residenz fiel an das dänische Königshaus zurück. Mit dem Bau der Eisenbahn im Jahr 1866 war auch Plön endgültig mit der großen weiten Welt verbunden.

Basis-Infos

Information Tourist-Info Plön & Großer Plöner See, Bahnhofstr. 5, 24306 Plön, ☎ 04522/50950, www.touristinfo-ploen.de. Kurabgabe Juni bis Mitte Sept. 1 € (für Kinder frei).

Fahrradverleih Linde, Brückenstr. 22, ☎ 04522/4379; Schmidt, Koppelsberg, Hinterste Wache 4, ☎ 04522/2891; **Wittich**, Lange Str. 39, ☎ 04522/2748.

Kino Astra-Filmtheater, Lange Str. 17, ☎ 04522/2406.

Schiffstouren Große-Plöner-See-Rundfahrt, um 10, 12, 14 und 16 Uhr ab Plön-Fegetasche (ab Seebrücke 10 Min. später). Erw. (schon ab 12 J.) 9 €, Kinder 4,50 € (ab 4 J.), Familien 20 €. Bosau-Fahrt, um 11, 13, 15 und 17 Uhr ab Fegetasche (ab Plön See-

brücke 10 Min., ab Prinzeninsel 25 Min später). Hin- und Rückfahrt: Erw. (ab 12 J.) 7,50 €, Kinder 4 €, Familien 20 €. Fahrradmitnahme bei einfacher Fahrt für 1,50 € möglich. Plöner Motorschifffahrt, ☎ 04522/6766, www.grosseploenersee-rundfahrt.de. Fahrkartenverkauf nur an Bord.

Schwimmen Plönbad (mit Mineralwasser), Ölmühlenallee, Erw. 4 €, Kinder 2,50 €. ☎ 04522/8565.

Badestellen im Stadtgebiet: Großer Plöner See (Strandbad Fegetasche und Badestelle Prinzeninsel), Kleiner Plöner See (Preetzer Landstraße), Trammer See (Am Schiffssthal, hinter der Schule), Schöhsee (Steinbergweg).

Wochenmarkt Di und Fr an der Stadtkirche.

Übernachten
1 Hotel-Pension altes Fährhaus
3 Hotel-Rest. Stolz

Essen & Trinken
1 Rest. altes Fährhaus
2 Eisenpfanne
3 Restaurant Stolz
4 See-Pavillon
5 Rest. Schwimmhalle
6 Niedersächsisches Bauernhaus

Plön

200 m

Übernachten/Essen & Trinken

Übernachten/Essen & Trinken Hotel-Pension altes Fährhaus **1**, nur 4 Zimmer im historischen und auf den ersten Blick etwas renovierungsbedürftigen Backsteinhaus von 1892 mit Blick auf den Großen Plöner See. Zentral direkt am Bootshafen gelegen. Restaurantbetrieb mit empfehlenswerter regionaltypischer deutscher Kü-

che zu angemessenen Preisen. DZ 65–85 €. Eutiner Str. 4, ☎ 04522/76790, 🖷 04522/60214, www.altes-faehrhaus.de.

» Mein Tipp: Hotel Restaurant Stolz **3**, mit nur 5 liebevoll eingerichteten Zimmern bietet das Hotel im ehemaligen Pastorat (von 1900) inmitten der Altstadt von Plön historischen Charme und verfügt über einen schönen See- und Gartenblick. Innen sind die drei Restaurant-Räume in freundlich-eleganten Pastelltönen gehalten, zudem gibt es eine überdachte Sonnenterrasse. Die gehobene, überwiegend regionale und damit saisonal wechselnde Küche hält, was sie verspricht (à la carte; Tagesmenüs, aber auch Mittagstisch). Di–So 18–24 Uhr, So auch 12–14 Uhr. DZ 133 €. Markt 24, ☎ 04522/50320, 🖂 04522/503210, www.hotel-restaurant-stolz.de. ◀◀◀

Restaurant Schwimmhalle 5, im Souterrain der im Jugendstil für die Hohenzollernprinzen erbauten Schwimmhalle (1906) gelegen, davor eine schöne Gartenterrasse, stilvolles Ambiente. Musikinstrumente an der Wand unterstreichen, dass hier regelmäßig Musikabende stattfinden (Kulturforum). Wechselnde Karte je nach Saison (z. B. Fischroulade), hervorragende Suppen; hier stimmt das Preis-Leistungs-Verhältnis, weil die schmackhaften Speisen stets frisch zubereitet werden (weshalb man sich Zeit nehmen muss). Auch relativ günstiger, aber qualitativ hochwertiger Mittagstisch. Täglich ab 12 Uhr (in der Saison, sonst Di Ruhetag). Schlossgebiet, ☎ 04522/593640.

Eisenpfanne 2, in dem immer gut besuchten Lokal inmitten der Fußgängerzone sitzt man in rustikalen Tischnischen. Deftig, aber schmackhaft ist das Essen (z. B. Aufläufe oder Pizza aus dem Holzbackofen). 12–22.30 Uhr geöffnet, kein Ruhetag. Lange Str. 47, ☎ 04522/2290.

See-Pavillon 4, Café in traumhafter Lage unterhalb der Altstadt – man sitzt fast im See. Kleine Terrasse, es gibt auch einen einfachen gutbürgerlichen Mittagstisch. Strandweg 1, ☎ 04522/744632.

Niedersächsisches Bauernhaus 6, berühmtes, reetgedecktes Ausflugslokal mit Pavillon, Gartenterrasse und Kinderspielplatz am Ende der Prinzeninsel. Nur zu Fuß, per Rad oder mit dem Ausflugsschiff zu erreichen (Schiffsanlegestelle). Man zieht hier Gänse auf und bringt sie dann (z. B. als Braten im Winter) unter die Leute; im Sommer mittags und abends warme Küche, vorwiegend aber Cafépublikum. Mai–Aug. 11.30–21 Uhr (Nebensaison andere Öffnungszeiten). ☎ 04522/508700.

Sehenswertes

Stadtkirche St. Nikolai: Die zentral am Markt gelegene Kirche wirkt hell und freundlich, was wohl auch von den weißen Kirchenbänken herrührt, die in den Seitenschiffen tribünenartig erhöht angeordnet sind. Auch die Runddecke, 1985 in dezenten Farben wie ein Sternenhimmel mit kleinen Drei- und Vierecken bemalt, und die pastellfarbenen schlichten Fenster tragen zur Atmosphäre bei. Nur im Chor werden die Fenster etwas bunter. Die Kirche wurde ursprünglich unter Herzog Hans Adolf um 1690 errichtet, später durch Blitzschlag zerstört und 1866 auf altem Grundriss im ursprünglichen Stil wiederaufgebaut.
Ganzjährig 9–17 Uhr geöffnet. Häufig Orgelkonzerte.

Schloss: Das einzige auf einem Berg liegende Schloss Schleswig-Holsteins thront als Wahrzeichen Plöns erhaben über Stadt und See. Mitten im Dreißigjährigen Krieg (1638) ließ es Herzog Joachim Ernst auf Wunsch seiner wohlhabenden, aus dem Hause Gottorf stammenden Frau Dorothea Augusta an Stelle eines viel kleineren Vorgängerbaus im Stil der italienischen Spätrenaissance errichten. Was folgte, war eine äußerst wechselvolle Geschichte: Als das kleine Plön 1761 an das dänische Königshaus fiel, wurde das Schloss zum Wohnsitz des Plöner Statthalters degradiert. Aber aufgrund seiner schönen Lage machte es der dänische König Christian VIII. 1840 zu seiner Sommerresidenz und verpasste dem Bau nach dänischer Sitte seinen weißen, weithin leuchtenden Anstrich. Mit dem Sieg Preußens über Dänemark im Jahre 1867 wurde das Schloss alsbald preußische Kadettenanstalt, in der auch alle sechs Söhne Kaiser Wilhelms II. ausgebildet wurden. Schon im zarten Alter von zehn Jahren mussten sie hier einrücken, wohnten aber im benachbarten Prinzenpalais. Seitdem blieb das Schloss den Pädagogen und ihren Schutzbefohle-

Schloss Plön: heute Akademie der Augenoptik

nen verbunden, die prachtvolle Ausstattung im Inneren verschwand weitgehend. Nach einem Zwischenspiel als nationalsozialistische Erziehungsanstalt wurde das Gebäude schließlich staatliches Internat. Im Jahr 2001 verkaufte das Land Plöns Wahrzeichen für 3,5 Mio. Euro an den Brillenfabrikanten Fielmann. Heute erstrahlt das Schloss wieder in neuem Glanz und wird für die Optikerausbildung genutzt, nachdem seine aufwendige Sanierung 23 Mio. Euro verschlungen hat. Die herzoglichen Prunkräume, der Rittersaal und die rekonstruierte Kapelle sind nun für die Öffentlichkeit wieder zugänglich.

Unterhalb des Schlosses liegen weitläufig verteilt die großen, um 1746 erbauten Nebengebäude wie der Marstall und das Uhrenhaus (→ *Naturparkhaus*). Um 1900 kamen dann eine Kommandeursvilla, das Inspektorenhaus und eine lichtdurchflutete Jugendstil-Schwimmhalle hinzu. Letztere wurde v. a. für den kaiserlichen Nachwuchs erbaut. Heute finden hier Kunst- und Musikveranstaltungen statt (Kulturforum). Ein kleines Stück entfernt im Park liegt das von außen eher unscheinbar wirkende, aber im Inneren prachtvoll im Stil des Rokoko ausgestaltete *Prinzenhaus* (ehemals herzogliches Gartenhaus von 1744).

Führungen im **Schloss** nur nach Voranmeldung. Führungen: Do u. Sa/So 16.30–18.30 Uhr halbstündig, Mi 19–21 Uhr; Eintritt frei. Anmeldung unter ✆ 04522/8010, www.fielmann-akademie.de. Auch das **Prinzen-** haus ist nur im Rahmen einer Führung zu besichtigen: Sommerhalbjahr Mi 11.30 Uhr und Sa/So 15 Uhr; Winterhalbjahr So 11.30 Uhr. Anmeldung unter ✆ 04522/50950 (Tourist-Info); www.prinzenhausploen.de.

Naturparkhaus: In der ehemaligen Reithalle des Plöner Schlosses, dem sog. Uhrenhaus, befindet sich die Naturerlebnisausstellung des Naturparks Holsteinische Schweiz. Vor allem mit Kindern lohnt sich der Besuch, weil alles angefasst und ausprobiert werden darf. Ein „sprechender Stein", ein Seeadlerflugsimulator, Planktontiere „ganz groß" und vieles mehr machen die Natur zum Erlebnis.
Naturpark Holsteinische Schweiz e. V., Schlossgebiet 9; Di–So 10–17 Uhr. Erw. 1 €, Kinder 0,50 €, Familien 2 €. ✆ 04522/749380, www.naturpark-holsteinische-schweiz.de.

Prinzeninsel: Nur 4 m trennen die den Fußgängern und Radfahrern vorbehaltene, sehr schmale, aber fast 2 km lange Insel vom „Festland", von dem natürlich eine Brücke hinüberführt (Autofahrer parken am besten am Ortsausgang Richtung

Holsteinische Schweiz

Ascheberg, direkt hinter dem Bahnübergang links). Wald mit Naturlehrpfaden ziert den Weg bis zum reetgedeckten *Niedersächsischen Bauernhaus* von 1693, heute eine gemütliche Ausflugsgaststätte (Kinderspielplatz). Benannt ist die Insel nach den sechs Söhnen Kaiser Wilhelms II., die hier nach preußischer Sitte auch eine solide landwirtschaftliche Ausbildung erhielten. Auch heute noch ist die Insel Eigentum des Hauses Hohenzollern. Nach wie vor beschäftigt man sich im Bauernhaus mit Landwirtschaft, genauer gesagt mit der Heidschnucken- und Gänsehaltung. Diese werden hier gezüchtet, um dann – im Herbst bzw. Winter – im Ausflugslokal auf dem Teller zu landen (→ *Essen & Trinken*, S. 228). Am südwestlichen Ufer liegt auch eine beliebte und sehr schöne Badestelle.

Museum des Kreises Plön: Das unterhalb des Schlosses am Ende der Fußgängerzone gelegene Museum widmet sich u. a. der Vor- und Frühgeschichte, präsentiert frühneuzeitliche Bodenfunde und stellt darüber hinaus schöne Glas- und Porzellansammlungen aus. Auch große Teile der Plöner Hofapotheke von 1840 sind zu bewundern, schließlich war die Apotheke lange Zeit in diesem Gebäude untergebracht. Bemerkenswert ist auch eine vor 7000 Jahren durch Menschenhand (mit Hilfe von Brandlöchern) gefällte Eiche, die in einem Moorloch die Zeit überdauert hat.

Johannisstr. 1; 15.5.–30.9. Di–So 10–12 und 14–17 Uhr; 1.10.–14.5. Di–Sa 14–17 Uhr. Erw. 1,50 €, erm. 1 €, Kinder bis einschließlich 14 J. frei. 📞 04522/744391, www.kreismuseum-ploen.de.

Der „Schwarze Trompeter"

Herzog Hans Adolf war Soldat mit Leib und Seele und kämpfte auf vielen Kriegsschauplätzen Europas als verwegener Reiterführer. Gleiches galt für seinen Nachbarn, Graf Bertram von Rantzau aus Ascheberg, der von seinen Feldzügen einen Afrikaner als Feldtrompeter mit nach Hause brachte. Dieser trat bald als Hof- und Feldtrompeter in die Dienste Herzogs Hans Adolf und wurde auf den für einen Schwarzafrikaner höchst ungewöhnlichen Namen „Christian Gottlieb" getauft. Es wird berichtet, dass der „Mohr von Plön" tapfer, klug und höchst angesehen war. Einer der Gründe dafür war, dass er den Sohn des Bürgermeisters vor dem Ertrinken gerettet haben soll, als dieser ins Eis des Sees einbrach. Später heiratete er sogar die Tochter des Bürgermeisters, ein weiteres Indiz für seine tadellose Reputation.

Doch bereits ein Jahr nach der Eheschließung starb der Mohr, die Ehe blieb kinderlos. Der Fürst ließ ihn 1690 als Ersten in der damals neu erbauten Kirche bestatten. Sein großer Grabstein steht heute an der Ostwand der Johanniskirche und mahnt mit der folgenden Inschrift: *„Bedenk das End, der du dies liest, weil du gleich ihm auch sterblich bist."*

Johanniskirche: Die kleine Fachwerkkirche neben dem Museum ist v. a. für Taufen und Hochzeiten sehr beliebt. Herzog Hans Adolf ließ sie 1685 hauptsächlich für die neu angesiedelten Calvinisten in der Vorstadt erbauen. Das Bankgestühl mit den verschließbaren Türen stammt noch aus der Gründerzeit. Drei Besonderheiten hat das Kirchlein aufzuweisen: Erstens hängen in der Kirche sechs schöne Blaker aus Messing (Wandleuchter von 1910 mit Rußschutz für die Kerzen). Kaiserin Auguste Viktoria ließ sie für jeden ihrer sechs Prinzen nach deren Plöner Schulausbildung mit individueller Gravur anbringen. An ihre Tochter und an die Kaiserin selbst erinnern dort zudem zwei kleinere Blaker. Zweitens hat die Turmuhr lediglich einen Stundenzeiger, und drittens verweist eine Grabplatte an der Außenwand des Chores auf einen berühmten Plöner, den „Schwarzen Trompeter".

In der Saison i. d. R. 15–17 Uhr geöffnet.

Parnaß-Aussichtsturm: 1888 beschloss der örtliche Verschönerungsverein, auf dem Berg im Norden der Stadt einen Aussichtsturm zu bauen. Die Plattform der offenen Stahlkonstruktion befindet sich 85 m über NN, was an dieser Stelle 20 m über dem Erdboden entspricht. Natürlich lässt sich von hier oben die von Seen umgebene Stadt gut überblicken. Die südliche Außenwand des Turmsockels wurde als Gedenkstätte für die Gefallenen der Kriege des 19. Jh. gestaltet. „Up ewig ungedeelt (ungeteilt)" hieß es 1848–51, und „Das ganze Deutschland soll es sein" war die Parole 1870/71, für die auch Soldaten aus dem Kreis Plön ihr Leben ließen.

Im Sommer tägl. 9–19 Uhr. Eintritt frei. Auf der B 76 bis zur Kreuzung Rodomstorstraße, dort hinauf zum Parnaß (Tempo-30-Zone), Parkplatz neben dem Seniorenwohnheim am Turm.

Umgebung von Plön

Grebin: Der zersiedelte, ruhige Ort im Nordosten Plöns liegt in wunderschöner hügeliger Seenlandschaft und ist beliebt als Altersruhesitz. Auffallend ist die weithin sichtbare Windmühle *Wagria*, ein reetgedeckter, achtkantiger Erdholländer von 1851. Der Mahlbetrieb wurde allerdings schon im Ersten Weltkrieg eingestellt. Hinter der Mühle befinden sich eine Boulebahn und ein neu angelegter Weinberg (!).

Weithin sichtbar: Grebiner Mühle

Essen & Trinken Mühlen-Café-Restaurant, man sitzt nett im nicht mehr ganz taufrischen, aber gemütlichen Gastraum oder auf der Gartenterrasse an der Mühle. Täglich gibt's einen leckeren hausgemachten Kuchen, aber auch kleine Gerichte. 11–18 Uhr, Di Ruhetag, ✆ 04383/233.

Einkaufen Gutskäserei Behl, im kleinen, kühlhausartigen Hofladen gibt es nicht nur selbst produzierte Käsespezialitäten (z. B. „Fünf-Seen-Käse"), sondern auch Eier und Marmelade. Etwas versteckt zwischen Plön und Grebin gelegen. 1 km nördlich von Plön hinter der B 430 (am Baumarkt) rechts in den Behler Weg abbiegen und diesem 2 km bis Gut Behl folgen. Di/Mi u. Sa 9–12.30 Uhr; Do/Fr 9–17 Uhr; ✆ 04522/749490. ■

Gut Rixdorf: Das sehenswerte Gut der Grafen von Westphalen liegt 5 km nördlich von Plön (bei Lebrade) und ist von einer Mauer und Hofgebäuden umgeben, aber auch von außen gut zu erkennen. Mit 4600 ha Landfläche war es ursprünglich eines der größten Güter Holsteins, doch auch die heutigen Ausmaße

(1500 ha) sind noch beachtlich. Die riesigen Reetdächer der ab 1730 erbauten back-steinernen Wirtschaftsgebäude machen den besonderen Charme der Anlage aus. Der ganze Gutshof mit den ihn flankierenden Katen ist über die Jahrhunderte na-hezu original erhalten geblieben, nur das Herrenhaus ist neueren Datums. Die (private) Zufahrt befindet sich in einem 99 m langen Torhaus an der kopfsteingepflasterten Landstraße.

Fahrradtour 9: Rund um den Plöner See   → S. 280
Abwechslungsreicher Klassiker aller Holsteinische-Schweiz-Fahrradtouren

Bosau   (850 Einwohner)

Schon wegen der alten Vicelinkirche ist das am südöstlichen Ufer des Gro-ßen Plöner Sees gelegene Bosau beliebter Ausflugsort per Schiff, Fahrrad oder Auto. Die landschaftlich besonders schöne Lage und die Ruhe laden zu Radtouren und Wanderungen ein.

Die Geschichte der einst slawischen Siedlung *Bozowe* ist eng mit der **St.-Petri-Kir-che** verbunden. Die weiß getünchte Feldsteinkirche grüßt von einer Landzunge am

Die älteste Kirche Ostholsteins:
Bosau

See und ist fast kreisrund von Bäumen umgeben. Im Kern ist diese Basilika die älteste Kirche Ostholsteins (1152); ge-baut wurde sie unter dem Slawenmis-sionar Bischof Vicelin. Zwar hat die Kirche im Laufe der Zeit viele Umbau-ten erfahren (quadratischer Turm von 1664), doch durch den Mörtel und den Verputz mit Segeberger Gips erstrahlt sie seit jeher in marmornem Weiß.

Der Blick im Inneren fällt zunächst auf das große und sehr ausdrucksstarke Triumphkreuz (um 1470): Aus dem Haupt des Gekreuzigten wachsen drei Lilien als Zeichen für seine Reinheit und Unschuld, und als Symbole des neuen Lebens sprießen grüne Blätter aus den Balken des Todeskreuzes. Zudem wird Christus umschwebt von vier Engeln, die sein Blut mit Kelchen auffangen. Die vier Enden des Kreuzes tragen die Symbole der vier Evange-listen. Der Chor mit seinem erst im 19. Jh. eingebauten Gewölbe wird durch moderne Fenster in ein unnatürliches Gelb gehüllt. Der gotische Flügelaltar darin gilt als einer der ältesten und be-deutendsten Altäre im Lande; er wurde um 1350 aus Eichenholz geschnitzt. Das uralte Granittaufbecken in Kelchform stammt vielleicht schon aus der Zeit vor dem Kirchenbau. Die Kanzel wurde 1636 gefertigt. Auffallend ist auch die Empore an der Nordwand (um 1656). Sie ist mit 20 volkstümlich bemalten Bildern aus dem Leben und Sterben Jesu geschmückt, über denen noch heute die Namen der Sponsoren, damals Stifter genannt, mit den entsprechenden Geldbeträgen (z. B. *zwölff Marck*) aufgeführt sind. 1952 wurden im unteren Chor Reste einer Rankenmalerei freigelegt, die ebenso wie ein allerdings nicht mehr vollständig erhaltenes Bild an der Wand die Zeit überdauert haben.

Zur gleichen Zeit wie Vicelin und dessen Nachfolger Gerold lebte in der Stadt Helmold von Bosau (1120–1177), der hier seine bedeutende „Slawenchronik" niederschrieb. Ein Großteil dessen, was heute über die Kolonisationskämpfe mit den Slawen bekannt ist, weiß man aus diesem berühmten Buch. Vor der Kirche liegt das reetgedeckte, von einem schönen Garten umgebene Pastorat.

Südlich der Kirche geht es zunächst hinunter zur im 17. Jh. errichteten und heute für Kunstausstellungen genutzten *Dunkerschen Kate* und weiter zum kostenlosen Badestrand, vor dem sich ein Campingplatz ausbreitet. Nördlich der Halbinsel, auf der die Kirche steht, befinden sich der Bootsanleger des beschaulichen Ortes, einige Hotels und Restaurants sowie ein etwa halbstündiger Naturlehrpfad über die Landzunge *Kleines Warder*.

Information Touristinformation, Bischof-Vicelin-Damm 11, 23715 Bosau, ☏ 04527/97044, www.luftkurort-bosau.de. Kurtaxe 1 € (nur im Sommerhalbjahr).

Fahrradverleih STAR-Tankstelle Gustav Harm, Achter de Mur 24, ☏ 04527/97007.

Schwimmen Toller Badestrand (Ortsmitte, westlich der Kirche), DLRG-beaufsichtigt. ☏ 04527/1836.

Windsurfen Am Badestrand erlaubt.

Übernachten/Essen & Trinken *** Haus Schwanensee/Café Lohse, es ist alles in einem: Hotel garni, Café, Ferienwohnung und Bäckerei. Das Hotel mit schönem Garten am See wurde zweckmäßigerweise immer mal wieder aus- und umgebaut. Hinter dem Haus befindet sich ein großer Spielplatz, drinnen eine Kinderspielecke. Im Café gibt's leckere Buchweizentorte mit Eierlikör. DZ 70–86 €. Plöner Str. 15–19, ☏ 04527/99700, ✆ 04527/997071, www.schwanensee.com.

Gasthaus zum Frohsinn/Gästehaus Seefrieden, traditioneller Landgasthof in ruhiger Lage am Kirchplatz mit schmackhaftem Essen. Im benachbarten Gästehaus Seefrieden gibt es ordentliche Zimmer, auch für Biker und Radler. DZ 71–76 €. Bischof-Vicelin-Damm 16, ☏ 04527/269, ✆ 04527/1703, www.zum-frohsinn.de.

Brook's Café, feines Bauernhofcafé mitten in Bosau versteckt hinter hohen Hecken mit schönem Blumengarten (Nähe Dunkersche Kate). Es gibt nicht nur selbst gemachte Kuchen und große Tortenstücke, sondern auch kleine Speisen. Tägl. ab 12 Uhr geöffnet. Achter de Mur 2, ☏ 04527/202.

Campingplatz Bosau, kleiner, schöner und relativ einfacher Platz in schönster Lage am Großen Plöner See, direkt am Badestrand von Bosau. Erw. 4,80 €, Kinder 1,80 €, Stellplatz 6 €. Strandweg, ☏ 04522/9490, ✆ 04522/800200, www.camping-bosau.de.

Campingpark Augstfelde, hier gibt's allen erdenklichen Komfort: 1 km eigenes Seeufer mit Sandstrand, überaus vielfältige Sportmöglichkeiten, Fahrradverleih, Golfplatz in unmittelbarer Nähe. 300 Dauercamper und 200 Touristenplätze, Gästebetreuung, großzügige Sanitäranlagen, sogar eine Hundedusche ist vorhanden. Erw. 4,90 €, Kinder 1,80 €, Stellplatz 8 €. 24306 Augstfelde, ☏ 04522/8128, ✆ 04522/9528, www.augstfelde.de.

Holsteinische Schweiz

Wanderung/Fahrradtour 10: Rund um den Vierersee → S. 280
Wanderung an dem von hügeliger Moränenlandschaft umgebenen See.

Ascheberg am Großen Plöner See

Dersau

(900 Einwohner)

Der kleine Luftkurort im Westen des Großen Plöner Sees liegt abseits vom Massentourismus. Nicht nur das gepflegte Strandbad, v. a. die hügelig-waldreiche Umgebung im Südwesten des Großen Sees bis hinüber zum Gut Nehmten und zum Stocksee sind für Naturliebhaber eine Augenweide.

Viel los ist nicht in Dersau, das aber ist die Stärke des Ortes. Um den Dorfplatz mit einem kleinen Lindenkranz gruppieren sich Gasthäuser und der Fremdenverkehrsverein. Vom Dorfplatz aus geht es hinab zum eigentlichen touristischen Zentrum des Ortes, nämlich zum See mit kleinem Segelhafen, Freibad und dem Campingplatz.

Das 5 km entfernte, ebenfalls am Plöner See gelegene und schon im 13. Jh. beurkundete **Gut Nehmten** ist heute v. a. durch sein Gestüt weithin bekannt. Schon der Weg über eine großartige Allee und die Fachwerkkaten im kleinen Weiler Sande (am Stocksee) künden von einer bedeutenden Gutsanlage in schönster Umgebung. Das prächtige, weiße, um 1820 erbaute Herrenhaus ist eher ein klassizistisches Schloss, vor dem zur Linken und zur Rechten durch zwei alte Lindenreihen abgeschirmte, große Scheunen mit Reetdach stehen. Eine Besichtigung ist nicht möglich, aber vom Brunnen auf dem Gestüt lässt sich die ganze Anlage überblicken.

Information Fremdenverkehrsverein Dersau e. V., Dorfstr. 67, 24236 Dersau, ☎ 04526/680, www.dersau.de. Kein Kurbeitrag.

🌿 **Einkaufen** Käsehof Biss, hausgemachte Käsespezialitäten im Hofladen des alten Bauernhofs (Mo–Sa 8–19 Uhr, Sa 14–19 Uhr); direkt an der B 430 südl. von Dersau. ☎ 04526/1597. ◾

Schwimmen Schöner Badestrand mit Liegewiese direkt im Ort.

Übernachten/Essen & Trinken Appel's **Gasthof Seeblick**, sehr große, durch Schie-

bewände unterteilte und mit Teppichboden ausgelegte Gasträume, freundliche Bedienung und jeden Tag ein vergleichsweise preiswerter Hausteller. Das Restaurant bietet zudem eine überaus reiche Auswahl an weiteren Gerichten (auch vegetarisch). Großer Kaffeegarten mit reichlich Kuchenauswahl. In dem 56-Betten-Haus wohnen vorwiegend nicht ganz so junge Gäste in komfortablen Zimmern. Liegestuhl, Sauna und sogar Ruderboot inklusive. DZ 68–88 €. Dorfstr. 65, ☎ 04526/30030, 📠 04526/300398, appelhotel@t-online.de, www.appel-hotel-seeblick.de.

Gut **Stockseehof,** riesiges (Obsthof-) Gut mit Plantagen zum Selbstpflücken von Kirschen und Erdbeeren und einem großen Park im Stil eines englischen Landschafts-gartens. Im Park tägl. 11–18 Uhr großer Cafébetrieb. Sehenswert sind die liebevoll angelegten Schaugärten. 3 km südlich von Dersau. ☎ 04526/309716. ∎

Ascheberg (2500 Einwohner)

Mit einem netten Badestrand, einer Anlegestelle und einem kleinen Segelhafen liegt Ascheberg am Nordwestufer des Großen Plöner Sees. Die Gemeinde lebt von der Nähe zu Plön, aber zumindest eine historische Besonderheit kann der Ort ganz für sich alleine verbuchen: Nirgendwo sonst in Norddeutschland wurde die Leibeigenschaft früher aufgehoben (1739).

Auf den ersten Blick ist Ascheberg so etwas wie ein Durchgangsort, da Bundesstraße und Bahn den Ort vom See etwas abtrennen. Das touristische Leben spielt sich in erster Linie am schönen Badestrand mit seiner Liegewiese und auf dem Campingplatz daneben ab. Das 2 km südlich des Ortes auf einer Landzunge gelegene **Gut Ascheberg** mit seinen großen, alten Scheunen, eine davon reetgedeckt (1725), wird immer noch landwirtschaftlich genutzt. Im zentralen ehemaligen Verwalterhaus wohnt heute die gräfliche Familie. Eine Lindenallee führt zum ehemaligen Herrenhaus, das heute „Schloss Ascheberg" genannt wird. Es ist für Besucher zugänglich, denn das mit beigefarbenen Backsteinen und weiß abgesetzten Fenstern und Friesen im Jahr 1870 errichtete Gebäude ist heute eine christliche Jugendfreizeitstätte. Allerdings fehlt der andernorts übliche Prunk hier ein wenig.

2 km nördlich von Ascheberg liegt als schönes Ausflugsziel die **Windmühle von Langenrade.** Sie trägt den Namen „Sventana", wurde 1860 erbaut und ist noch voll funktionsfähig. Hier wird gelegentlich wieder Korn gemahlen.

Geschichte: Ein Adelssitz der holsteinischen Ritter von *Askeberghe* wird bereits 1190 erwähnt; im 15. Jh. kam Ascheberg dann in Besitz derer von Rantzau. 1739 hob Graf Hans von Rantzau als erster Feudalherr Norddeutschlands die Leibeigenschaft auf (es gibt allerdings Berichte über einen Freibrief des Christoph Rantzau auf Gut Schmoel/Hohenfelde von 1688). Allerdings verfolgte er damit wohl auch wirtschaftliche Interessen, denn er wollte durch die Parzellierung seines gesamten Hoflandes in selbständige Bauernstellen (in Erbpacht) auch die Erträge des Gutes steigern.

Information Tourist Information Ascheberg, Langenrade 18, 24326 Ascheberg/H., ☎ 04526/380200, www.urlaub-ascheberg-holstein.de.

Übernachten/Essen & Trinken Camping **Musbergwiese**, sehr gepflegter Platz mit 170 Stellplätzen und allem Komfort direkt am Badestrand von Ascheberg. Die Betreiberfamilie führt auch das reetgedeckte Restaurant „Am See" gleich daneben – herrliche Lage am Wasser und Fähranleger. Erw. 5,50 €, Kinder 2 €, Stellplatz 9 €. ☎ 04526/445, ☎ 04526/339449, www.camping-ascheberg.de.

Wankendorfer Seengebiet (8900 Einwohner)

Sechs Ortschaften inmitten einer herrlichen Landschaft mit sechs kleinen Seen am Rande der Holsteinischen Schweiz haben sich touristisch unter dem Label „Wankendorfer Seengebiet" zusammengeschlossen: Stolpe, der Namensgeber Wankendorf, Ruhwinkel, Bornhöved, Schmalensee und Belau. Der historisch bedeutsamste Ort ist **Bornhöved,** das durch zwei Schlachten bekannt wurde: 789 schlugen auf dem nahe gelegenen Schwentinefeld die mit den Slawen verbündeten Franken die nord-

Holsteinische Schweiz

elbischen Sachsen, und 1227 rang Graf Adolf IV. mit seinen Verbündeten den Dänenkönig Waldemar II. nieder und befreite Holstein (vorübergehend) von der Dänenherrschaft. Seitdem freilich ist in Bornhöved nichts Spektakuläres mehr geschehen, und es ist auch nicht zu erwarten, dass sich daran in absehbarer Zeit etwas ändern wird. Einen Besuch wert ist neben der kleinen, weiß verputzten romanischen Feldsteinkirche von 1149 (leider nur unregelmäßig geöffnet) der 4 km weiter südlich gelegene *Erlebniswald Trappenkamp* . Geboten werden u. a. mehrere Lehrpfade, Wildgehege, ein Schmetterlingsgarten, ein Waldladen, eine Holzspielhalle und ein riesiger Abenteuerspielplatz (Info: siehe unten).

Die touristische Infrastruktur im landwirtschaftlich geprägten Wankendorfer Seengebiet ist noch vergleichsweise bescheiden entwickelt. Im Übernachtungsangebot sind v. a. Ferienwohnungen, über die man sich im Internet informieren kann (s. u.). Die öffentlichen Badestellen an den kleinen und z. T. sehr malerischen Seen sind i. d. R. mit Liegewiesen und WCs ausgestattet, am Belauer See und am Schiersensee (Wankendorf) bietet im Sommer jeweils ein Kiosk Erfrischungen an. Besonders idyllisch ist es am nördlichen Ufer des Belauer Sees bei der Perdoeler Mühle. Am (ungeteerten) schmalen Fahrweg zwischen Mühle und dem Gut Perdoel steht die Eiche mit dem dicksten Stamm Deutschlands. Die sog. Kattholzeiche hat einen Stammumfang von stolzen 13 m; Stürme und Blitzeinschläge haben dem imposanten Baum im Laufe seiner 500–600 Lebensjahre allerdings stark zugesetzt.

Information Fremdenverkehrsverein Wankendorfer Seengebiet e. V., T. Behrens, Dorfstr. 2 24619 Tarbe, ☎ 04326/2233 oder ☎ 04323/900860, www.holsteinseen.de.

Einkaufen Früchtemeer, kleine, aber feine Konfitürenmanufaktur mit schön dekoriertem Laden (Mo–Fr 9–12 und 14–18 Uhr, Mi nachmittags geschlossen). Bornhöveder Landstr. 42, Wankendorf, ☎ 04323/980562. ∎

Erlebniswald Trappenkamp Täglich ganzjährig ab 9 Uhr bis zum Eintritt der Dunkelheit geöffnet (an den Winterwochenenden nur 11–17 Uhr). Erw. 4 €, Kinder 3 €, Familienkarte 10 €. Daldorf (Tannenhof), ☎ 04328/170480. (Zufahrt über die A 21, Abfahrt Daldorf).

Kräuterpark Die Gartenbaufirma re-natur hat auf einem alten Hof in Stolpe Interessantes zu Heilkräutern, Liebesdrogen und Rauschpflanzen zusammengetragen. Zu sehen ist ein Botanischer Garten und ein kleines Museum über die Geschichte der Heilkräuter. Zudem gibt's einen Kräuterladen und ein kleines Café mit frisch gebackenem Kuchen. Ganz nahe der Autobahn gelegen. Eintritt 3 €, Kinder kostenlos. Di–So 10–18 Uhr (Café Mi–So 13–18 Uhr, Nebensaison nur Fr–So). Am Pfeifenkopf 9, Stolpe, ☎ 04326/289390, www.kraeuterpark.de. ∎

Übernachten Campingplatz Perdoeler Mühle, sehr ruhig in wunderschöner Lage im Grünen am Belauer See bei der Perdoeler Mühle. Nur im Sommer geöffnet. Wohnwagen mit 2 Pers. 14 €. ☎ 04326/1246, ✆ 04326/288444.

Bad Segeberg (15.000 Einwohner)

Geprägt wird die Stadt durch den 91 m hohen Kalkberg, der einen herrlichen Rundblick über die historische Altstadt und das sehenswerte Umland erlaubt und zudem die Kulisse für die berühmten Karl-May-Spiele bildet.

Die Kreisstadt gehört streng genommen nicht mehr zur Holsteinischen Schweiz, wirbt aber in einem gemeinsamen Tourismusverbund mit diesem Namen. Eine Fußgängerzone rund um den Markt lädt zum Bummeln ein. Ganz in der Nähe steht die sehenswerte Marienkirche. Das 300 m weiter östlich (in der schmalen Lübecker Straße) gelegene neue Rathaus im klassizistischen Stil stammt von 1826. Hier heiratete Theodor Storm 1846 die Tochter des hiesigen Bürgermeisters.

Immer ein Erlebnis: Karl-May-Spiele in Bad Segeberg

Nebenan befindet sich das Heimatmuseum, von dem aus sich in einer sanften Kurve die Lübecker Straße mit ihren zumeist eingeschossigen Giebelhäusern um den bemerkenswerten, auf 91 m Höhe abgetragenen Kalkberg zieht.

Auf diesem einst 110 m hohen Berg wurde 1134 die Siegesburg errichtet, daher der Name Segeberg. Die Burg wurde gegen Ende des Dreißigjährigen Krieges von den Schweden zerstört und nie wieder aufgebaut. Wegen des tollen Rundblicks (auf die Freilichtbühne und die Stadt) lohnt ein Spaziergang auf den Berg (fünf Minuten vom Festspielplatz aus). Als Überbleibsel der einst mächtigen Siegesburg ist (neben dem Aussichtspunkt) der beindruckende, ursprünglich 84 m tiefe Brunnenschacht erhalten geblieben. Er ist Norddeutschlands einziger in Fels gehauener Brunnen. Eigentlich müsste der Berg nicht Kalk-, sondern Gipsberg heißen, denn er besteht größtenteils aus Anhydrit, das sich beim Kontakt mit Wasser in Gips verwandelt. Anhydrit wurde hier fast 1000 Jahre (bis 1931) lang abgebaut und fand als *Segeberger Kalk* v. a. in Hamburg Verwendung. Für den Transport wurden die Bauern der Umgebung 325 Jahre lang (bis 1790) zwangsverpflichtet. Unter dem Berg verbirgt sich ein einzigartiges Höhlensystem, das ein europaweit bedeutendes Fledermausquartier ist.

Nach der Entdeckung einer 28-prozentigen Solequelle im Kalkberg wurde dem schon seit 1244 mit Stadtrechten ausgestatteten Ort 1924 das Prädikat „Bad" verliehen. Die Kurkliniken befinden sich heute am nördlichen Stadtrand in Seenähe.

Information   Tourist-Info, Oldesloer Str. 20, 23795 Bad Segeberg, ☎ 04551/96490, www.bad-segeberg.de. Keine Kurtaxe.

Kino   Cine-Planet, 5 Kinos in einem Komplex, Oldesloerstr. 34, ☎ 04551/7100.

Schwimmen   Städtisches Hallenbad, Theodor-Storm-Str. 12, ☎ 04551/968909; Strand-bad Großer Segeberger See (Nähe Jugendherberge), Juni–Aug., ☎ 04551/4991; Strandbad Ihlsee, Juni–Aug., ☎ 04551/82336.

Übernachten/Essen & Trinken   Central Gasthof, mitten in der Fußgängerzone gelegen. Hier gibt's v. a. Fleischgerichte, aber z. B. auch Matjes und einen passablen Mittagstisch. Draußen stehen die Tische in

Holsteinische Schweiz

der Fußgängerzone, drinnen ist es freund-
lich-gediegen. Zimmer mit allem Komfort.
DZ 75 €, mit Etagen-WC 52 €. Kirchstr. 32,
℡ 04551/95700, 📠 04551/957095, www.central
gasthof.de.

Bürgerstuben, gegenüber dem Rathaus in
der Altstadt, etwas abseits der Fußgängerzone; 9 stilvoll renovierte Zimmer im
denkmalgeschützten Gebäude, die gerne
auch für eine einzige Nacht vermietet werden. Im Restaurant gutbürgerliche Küche.

DZ ab 72–80 €. Lübecker Str. 12 a,
℡ 04551/7475, 📠 04551/2065, www.buerger
stuben-segeberg.de.

Bergschlösschen, Ausflugslokalambiente
mit Biergarten und schönem Blick über die
Stadt, unmittelbar auf dem Kalkberg. Café
sowie Restaurant mit relativ kleiner Karte
und gutbürgerlichem Essen (von der Pizza
bis zum Holsteiner Sauerfleisch). Do–So ab
12 Uhr, Di/Mi ab 18 Uhr. Oberbergstr. 31,
℡ 04551/999540.

Sehenswertes

Karl-May-Spiele: Seit über 60 Jahren finden im Juli und August in einem der
schönsten Freilichttheater Europas am Kalkberg die Karl-May-Spiele statt, die bis
heute von etwa sieben Millionen Menschen besucht worden sind. Man spürt den
Hauch des Wilden Westens, wenn Cowboys und Indianer durch die Zuschauerreihen
galoppieren und sich die Guten mit den Bösen actionreiche Gefechte liefern. Das
7500 Plätze fassende Freilichttheater ist umrahmt vom *Indian Village*, einer Wild-
weststadt mit Blockhäusern, einer Goldwaschanlage und Tipis sowie dem *Nebraska-
Haus*, das eine (eher für Erwachsene interessante) Indianistik-Ausstellung beherbergt sowie Bilder und Werke von jungen Künstlern aus dem Staat Nebraska zeigt.

Eintritt für die Vorstellung während der
Spielzeit von Ende Juni bis Anfang Sept.
(Do–Sa 15 u. 20 Uhr, So 15 Uhr): Kinder 11–
19,50 €, Erw. 14,50–25,50 €, Familien 10–12 €/

Pers. Auskunft und Kartenbestellung unter
℡ 0180/5952111. Infos im Internet unter
www.karl-may-spiele.de.

Kalkberghöhlen/Noctalis: Unter dem Kalkberg entstand durch natürliche Auswa-
schungen ein einzigartiges Höhlensystem, das spielende Kinder erst 1913 entdeckten. Über 20.000 Fledermäuse verschiedener Arten kommen jedes Jahr hierher und
machen die Höhlen v. a. im Winterhalbjahr zum größten natürlichen Fledermausquartier Mitteleuropas. In den Höhlen lebt zudem der etwa 0,5 cm große *Segeberger Höhlenkäfer (Choleva holsatica)*, den es sonst nirgendwo auf der Welt gibt (!)
und der sich von toten Fledermäusen und Fledermauskot ernährt.

Der Besuch der Erlebnisausstellung Noctalis in einem Besucherzentrum am Höh-
leneingang bedeutet auf vier Ebenen ein Eintauchen in die Welt der Fledermäuse
(mit der Taschenlampe in der Hand). Man beginnt im Keller mit dem Thema
„Vampir" und einem informativen Film über das Leben der Fledermäuse. Zudem
bekommt man viele Infos über die frostfreien Winterquartiere der kleinen Säuger
und anderer heimischer Tiere. Höhepunkt der Ausstellung ist das Vivarium im
Obergeschoss. Hier sind die winzigen Tiere hinter Glas zu beobachten. Wenn man
sich ruhig hinsetzt und die Augen sich an die Dunkelheit gewöhnt haben, kann man
einige der ca. 100 kleinen Säuger in unterschiedlichen Aktivitätsphasen entdecken.

Adresse/Öffnungszeiten   Oberbergstr. 27 (am Kalkberg, Parken am Karl-May-
Platz (5 Min. Fußweg), ℡ 04551/808211,
www.noctalis.de.

Expedition Kalkberghöhle Zugang zur
bizarren Höhlenlandschaft nur mit Führung,
die 35 Min. dauert. Erw. 6 €, Kinder (4–14 J.)
4 €. Tägl. 10–18 Uhr. Von Okt. bis März blei-

ben die Höhlen aufgrund des Fledermaus-
schutzes ganz geschlossen.

Ausstellung Noctalis Ganzjährig Mo–Fr
9–18 Uhr, Sa/So 10–18 Uhr (an Tagen der
Karl-May-Spiele-Spätvorstellung bis 19.30 Uhr).
Fütterung der Tiere tägl. 10.30 Uhr. Erw. 8 €,
Kinder (4–14 J.) 5 € (Kombiticket Ausstellung
Noctalis und Höhle 11 €, Kinder 7 €).

Marienkirche: Außen im neuromanischen Stil umgestaltet, konnte innen viel vom Originalzustand bewahrt werden. So gilt das ab 1156 über 60 Jahre hinweg errichtete Gotteshaus als eines der bedeutendsten romanischen Bauwerke Norddeutschlands und weltweit als erste Kirche, in der das Gewölbe mit Backsteinen errichtet wurde. Die wertvollen Erkenntnisse, die bei diesem frühen Kirchenbau gewonnen wurden, verbreiteten sich im gesamten Ostseeraum. Im Inneren lohnt nicht nur der schöne, mit Gold überzogene Schnitzaltar (um 1515) einen Blick, auch die mitten im Kreuzgewölbe stehende Bronzetaufe (von 1447), die unter dem spätgotischen Kruzifix (um 1500) ihren Platz gefunden hat, ist bemerkenswert.
Täglich 9–16 Uhr.

Alt-Segeberger Bürgerhaus – Heimatmuseum: Im ältesten Haus der Stadt, einem Fachwerkgiebelhaus von 1560/1606, ist schon 1964 ein Heimatmuseum eröffnet worden, das im Wesentlichen aus historisch eingerichteten Räumlichkeiten besteht: Stube, Küche und Stall. In der Diele hängt ein mächtiges Hirschgeweih von 1886.
Lübecker Str. 15; April–Okt. Di–Fr 10–17 Uhr, Sa/So 14.30–17 Uhr. Erw. 1 €, Kinder 0,50 €, Familien 2,50 €. ☎ 04551/964204.

Kunsthalle Otto Flath: Gezeigt werden die Werkstatt und die Arbeiten des Bildhauers (1906–1987), der über 50 Jahre in Bad Segeberg gelebt und dabei 3000 Holzskulpturen, 10000 Aquarelle und etwa 40 Altäre geschaffen hat. Die angrenzende Villa Flath präsentiert wechselnde Kunstausstellungen.
Bismarckallee 5 (neben der Ärztekammer am Kurpark). April–Okt. Fr–So 15–18 Uhr. Erw. 1,50 €, Kinder 1 €, Familien 3,50 €. ☎ 04551/879900.

Umgebung von Bad Segeberg

Rund um den 8 km nordöstlich von Bad Segeberg gelegenen **Wardersee** liegen außer der alten Kirche zu Warder die ehemals bedeutenden Gutshöfe Wensin, Rohlstorf und Pronstorf.

Kirche zu Warder: Eine im Laufe der Geschichte stark veränderte, wuchtige Kirche, die in ihren Ursprüngen auf die Zeit um 1200 zurückgeht. Der aus Feldsteinen gebaute Rundturm wurde im 19. Jh. mit Backsteinen viereckig ummantelt. Im vergleichsweise schlichten Inneren besticht der schöne Altarschrein mit einer Kreuzigungsgruppe (15. Jh.). Die Kirche ist tagsüber meistens geöffnet.

Gut Wensin: Das spätmittelalterlich aussehende, am Wasser gelegene Herrenhaus wurde nach alter Bauweise aus zwei traufenseitig aneinander gefügten Backsteinhäusern 1642 errichtet. Als repräsentativer Eingang dieses zweigeteilten Hauses mit Doppeldach und Treppengiebel wurde im 18. Jh. ein sandsteinernes Rokokoportal eingefügt. Zum Gut gehören auch das Kavaliershaus von 1721 und ein schöner backsteinerner Getreidespeicher von 1902. Mehrfach schon war das Ensemble Kulisse für deutsche Fernsehproduktionen.

Schloss Rohlstorf: Von Wensin aus genau auf der gegenüberliegenden Seite des schmalen Wardersees liegt das heute als Internat genutzte, backsteinerne, im Neobarock erbaute und durch Wandpfeiler (Pilaster) gegliederte Herrenhaus von 1912. Weil das Gut Rohlstorf ehemals im Besitz des dänischen Königshauses war, wird das prächtige Herrenhaus auch „Schloss" genannt. Interessant ist zudem ein ehemaliges Wirtschaftsgebäude mit schönem Stufengiebel. Zur Gutsland- und Forstwirtschaft gehören noch etwa 1100 ha Wald- und Ackerfläche (Zufahrt zum Schlossinternat nur über die ungeteerte Allee möglich).

Holsteinische Schweiz

Pronstorf: Der aus dem Gutshof hervorgegangene, weitläufige und sehenswerte Ort am Südende des Wardersees besteht einheitlich aus schönen Backsteinhäusern, die hauptsächlich aus dem 19. Jh. stammen und früher sämtlich als Funktionsgebäude oder Arbeiterhäuschen zu dem im 13. Jh. gegründeten Gut gehörten. Das repräsentative Herrenhaus wurde 1728 errichtet und gilt wegen seiner Proportionen und der Mischung der verwendeten Materialien (Ziegel und Sandstein) als besonders gelungen. Nach wie vor wird das Anwesen der Grafen zu Rantzau vorwiegend landwirtschaftlich genutzt. Kuh- und Kutschhaus werden aber für Veranstaltungen vermietet. Das Torhaus aus dem Jahr 1914 wurde als Gästehaus umgebaut. An den vier Adventswochenenden findet auf dem Gutsgelände ein stilvoller Weihnachtsmarkt statt (11–18 Uhr; Eintritt 4 €).

Auf einer Anhöhe steht eine *Feldsteinkirche* mit mächtigem Rundturm von fast 10 m Durchmesser. Sie wurde 1198 erstmals urkundlich erwähnt und in dieser Zeit aus unbehauenen Feldsteinen erbaut. Der Turm wurde später teilweise mit Backsteinen ausgebessert und mit Eisenankern versehen. Im 14. Jh. erfolgte eine Chorerweiterung im gotischen Stil. Innen fallen besonders die mit 28 biblischen Szenen derb bemalte Balkendecke sowie die spätbarocke Chorausstattung mit Kanzel und schwebendem Taufengel auf. Die Kirche ist im Regelfall tagsüber geöffnet.

Gut Seedorf: das stattlichste aller holsteinischen Torhäuser

Übernachten Pronstorfer Torhaus, exquisit-geschmackvolle Zimmer im zum Gästehaus des adeligen Gutes umgebauten Torhaus. Hervorragendes Frühstück. DZ 150–190 €. Gutshof 1, Pronstorf, ℘ 04553/9959500, ℡ 04553/9959529, www.pronstorfertorhaus.de.

***s Strengliner Mühle, in Strenglin (3 km nördl. von Pronstorf) liegt das traditionelle Hotel-Restaurant mit hellem, freundlichem Ambiente und komfortablen Zimmern (im Haupt- und Gästehaus). Auch gibt es ein Schwimmbad und einen 250 m² großen Wellnessbereich mit Sauna. Im Wintergarten-Restaurant werden vorwiegend schmackhafte Holsteiner Spezialitäten serviert (Fisch und Lamm); gutes Frühstücksbüfett. DZ 85–120 €. Mühlenstr. 2, Strenglin, ℘ 04556/997099, ℡ 04556/997016, www.strenglinermuehle.de.

Gut Seedorf: Von allen Seiten führen lange Alleen zum 18 km nordöstlich von Bad Segeberg gelegenen Gut, besonders schön vom nordwestlich gelegenen Hornsdorf aus. Sie enden vor dem stattlichsten aller erhaltenen holsteinischen Torhäuser (von 1583). Früher befanden sich in den unteren Räumen Gefängniszellen und Folterkammern. Heute ist das Torhaus im Besitz der Gemeinde und beherbergt ein kleines Heimatmuseum. Bis ins 18. Jh. war das Gut eine wehrhafte Anlage, umgeben von hohen Wällen und einem Wassergraben mit Zugbrücke. Heute ist Seedorf keine geschlossene Gutsanlage mehr, eine kleine Straße führt ums Torhaus herum mitten über den ehemaligen Gutshof, dessen Gebäude unterschiedliche Eigentümer haben. Das Herrenhaus stammt von 1697/ 1750, wurde aber im Jahr 1820 klassizistisch umgebaut (innen ist es nach wie vor kunstvoll stuckiert); der alte Gewölbekeller ist noch erhalten.

Das **Torhausmuseum** ist nur nach vorheriger Anmeldung beim Bürgermeister der Gemeinde Seedorf zu besuchen, ✆ 04555/600.

Berlin: Ganz in der Nähe von Seedorf gelegen, pflegt das Dorf seine Namensgleichheit mit der Bundeshauptstadt durch Straßennamen („Unter den Linden", „Potsdamer Platz", „Kurfürstendamm" ...) und berlintypische Straßenschilder. 2 km südwestlich von Berlin liegt eher unscheinbar das ebenfalls zur Gemeinde Travenhorst gehörende und ökologisch bewirtschaftete *Gut Kamp*. Hier ist Pferdeland, denn hier wurde durch das unermüdliche Engagement der Familie Isenberg das *Schleswiger Kaltblutpferd* vor dem Aussterben bewahrt. Diese schwergewichtigen Kaltblutpferde – im Volksmund auch „Brauereigäule" genannt – werden heute wieder als Rückepferde in der alternativen Forstwirtschaft geschätzt.

Ahrensbök   (4250 Einwohner)

Das Gebiet um Ahrensbök bildet den wenig beachteten und damit touristisch kaum erschlossenen Süden der Holsteinischen Schweiz. In der Nähe entspringt die Trave, und auf vielen verschlungenen Wegen gilt es eine herrliche Landschaft zu entdecken. Ahrensbök selber ist ein eher unspektakulärer kleinstädtischer Durchgangs- und Einkaufsort.

Das war nicht immer so. Im späten Mittelalter war Ahrensbök aufgrund eines wundertätigen Marienbildes ein berühmter Wallfahrtsort. Einem Pilger, so die Legende, erschien auf dem Weg von Lübeck nach Plön im Wipfel einer riesigen Buche die heilige Jungfrau Maria. In dieser Buche wiederum befand sich ein Adlernest, was Aufschluss über die Entstehung des Ortsnamens gibt. Zunächst entstand hier eine kleine Kapelle, später ein Kloster.

Die **Marienkirche** erinnert noch heute an die Wallfahrtsvergangenheit. Die auch von innen backsteinerne Kirche mit ihrem neugotischen Holzgestühl ist leider nur zu Gottesdienstzeiten geöffnet. Durch die rückwärtigen Fenster lässt sich der Kirchenraum aber recht gut überblicken. Der rechteckige Westturm wurde 1760 angebaut. Auf dem Kirchhof finden sich zwei spätklassizistische Grüfte (um 1855).

Eine Tour über die kleinen Straßen durch die hügelige Landschaft rund um das große Gemeindegebiet von Ahrensbök mit seinen 19 Dörfern ist lohnenswert, beispielsweise ins 5 km nordöstlich gelegenen **Gießelrade**. Hier entspringt die **Trave**, eine Boje vor einer unscheinbaren Grünanlage erinnert daran. Gießelrade liegt nur 10 km Luftlinie von der Ostsee entfernt, aber die Trave macht hier einen weiten Bogen und erreicht erst nach 124 Kilometern in Travemünde das Meer. Wenn man sich am Travequellenparkplatz herumdreht, entdeckt man den Schornstein der ehemaligen Meierei, der heute einem Storchenpaar als Nest dient.

Touristinformation, Poststr. 1 (Rathaus), ✆ 04525/4950, www.ahrensboek.de.

Holsteinische Schweiz

Die Stadt an der Förde: Kiel

Kiel

(240.000 Einwohner)

In Kiel liegt das Fernweh vor Anker, Mammutfähren und Kreuzfahrtschiffe beherrschen das Stadtbild. Die Förde drückt einer Landeshauptstadt ihren Stempel auf, die aber nicht nur durch die Schifffahrt geprägt ist, sondern darüber hinaus erstklassige Museen und beste Einkaufsmöglichkeiten bietet.

Dass Kiel einmal eine malerische Hafenstadt war, kann man heute nur noch erahnen. Die Bomben des Zweiten Weltkriegs machten der Idylle ein Ende. Die wenigen historischen Sehenswürdigkeiten und das kulturelle Zentrum der Stadt liegen ganz in der Nähe der alles überragenden Nikolaikirche am *Alten Markt*, der allerdings nach seiner umfangreichen Neugestaltung in den 1970er Jahren ein moderner Platz geworden ist. Durch Glaspavillons mit heruntergezogenen Kupferdächern, in denen kleine Läden und Cafés untergebracht sind, hat er an Breite verloren; die Platzmitte ist abgesenkt und über Treppen und Rampen zugänglich. Nur die angrenzende Dänische Straße kann noch mit einigen historischen Häusern aufwarten. Am Ende dieser Straße (gegenüber dem Schloss) grüßt die *Kilia*, die bronzene Stadtgöttin mit Lorbeerkranz und Ruder als Symbol kluger Staatsführung.

Keine 100 m hinter dem Alten Markt in nordwestlicher Richtung liegen etwas versteckt an der Falckstraße die wenigen Reste des ebenfalls dem Krieg zum Opfer gefallenen ehemaligen Franziskanerklosters (mit dem Grabstein Graf Adolfs IV., des Begründers der Stadt, gest. 1261). Heute befindet sich hier – im Turm der ehemaligen Klosterkirche – eine Seltenheit, nämlich eines der größten Musikinstrumente der Welt: ein 1999 von den Bürgern der Stadt gespendetes Glockenspiel, auch *Carillon* genannt. Täglich um kurz nach 12, 15 und 18 Uhr ertönen hier die 50 bespielbaren Bronzeglocken.

Vom Markt aus lohnt sich ein Spaziergang in nordöstlicher Richtung bis zur *Kiellinie*, wie die sehenswerte Uferpromenade hinter dem Ostseekai heißt. Man kommt vorbei an den Museumsschiffen und dem als modernen Zweckbau neu errichteten Schloss. In der Nachbarschaft befinden sich das Aquarium mit dem Seehundbecken, die Kunsthalle mit der Antikensammlung, das Zoologische Museum und die Medizin- und Pharmaziehistorische Sammlung, die alle einen Besuch wert sind.

Wer auf Shoppingtour ist, sollte vom Alten Markt aus in entgegengesetzter Richtung durch die Einkaufsmeile (Holstenstraße) schlendern. Die Holstenstraße, Deutschlands erste Fußgängerzone (von 1953), mündet per Rolltreppe in den *Sophienhof*, eine beeindruckend große Ladenpassage. An die Fußgängerzone grenzt nach Westen hin der von Wasserspielen gekrönte Europaplatz mit Kiels berühmter Ostseehalle, die aus einer ehemaligen Flugzeughalle entstanden ist. Bekannt ist die Halle durch die dort stattfindenden Musik- und Sportveranstaltungen.

Ganz in der Nähe liegen die *Oper* und das mächtige *Rathaus*, beides Jugendstil-backsteingebäude, die nach den Kriegszerstörungen wiederaufgebaut wurden. Der frei stehende, 106 m hohe *Uhrenturm*, der den repräsentativen Rathausplatz beherrscht, erinnert ein wenig an den Kampanile der Markuskirche von Venedig. Von oben hat man einen sensationellen Blick über die ganze Stadt bis weit hinaus auf die Ostsee (Turmbesichtigung per Fahrstuhl, Mai–Sept. Mi und Sa 12.30 Uhr, Vorverkauf Tourist-Info Kiel; Erw. 3,50 €, Kinder 1,50 €).

In Kiel gehören auch die großen *Ostseefähren*, die täglich nach Skandinavien auslaufen, fest zum Stadtbild. Zudem laufen viele Kreuzfahrtschiffe die Stadt an. Mitten in der Landeshauptstadt befindet sich Deutschlands größter Passagierhafen. Schweden- und Norwegenkai liegen einander gegenüber im innersten Stück der Förde, das „Hörn" genannt wird. Über die Hörn gelangt man als Fußgänger vom Bahnhofsvorplatz aus auf einer gut 100 m langen *Dreifeld-Klappbrücke*, deren Mechanismus in Aktion ein wirklich faszinierender Anblick ist. Zwischen Schwedenkai und Schifffahrtsmuseum breitet sich das für eine Hafenstadt obligatorische Rotlichtviertel aus, und im Hintergrund ragen die mächtigen Krananlagen der HDW-Werft in den Himmel. Die Werft ist nach wie vor Kiels größter Arbeitgeber.

Überall spürt man den Duft des nahen Meeres. Tatsächlich ist Kiels eigentliche Perle die gut 16 km lange *Förde* mit ihrem grünen, leicht hügeligen Ufer. Im Norden weitet sie sich und gibt im Sommer den Blick auf die so zahlreichen Freizeitsegler frei. Anlässlich der Kieler Woche (→ S. 251) scheinen sich sämtliche Segelboote der Ostseeküste in der Förde zu tummeln. Aber auch wenn man nicht zu den stolzen Segelbootbesitzern gehört, steht einem Fördeausflug nichts entgegen. Ständig fahren die Fördedampfer bis nach Falckenstein und Laboe. Dann kommt man kurz vor den Holtenauer Schleusen auch am Tirpitzhafen vorbei, dem Stützpunkt der Bundesmarine. Hier liegen nicht nur die mit grauem Tarnanstrich versehenen Kriegsschiffe, sondern auch das Segelschulschiff „Gorch Fock", wenn es nicht gerade auf großer Fahrt ist.

Geschichte

Der mittelalterliche Name *tom kyle* beschreibt die Lage Kiels an der Förde, die sich wie ein Keil in das Land schneidet und für die Errichtung eines sturmsicheren Hafens geradezu prädestiniert war. Der heutige Innenstadtsee, *Kleiner Kiel* genannt, der sich halbkreisförmig vom Rathausplatz bis zum Schlossplatz zieht, hatte ursprünglich einen Zugang zur Förde und begrenzte mit dieser eine natürliche Halbinsel, auf der ab 1233 die Stadt erbaut wurde.

Stadtgründer war wie bei vielen anderen Orten an der Küste auch der Schauenburger Graf Adolf IV. Im Alter beschloss er, sein Leben als Mönch zu beschließen und trat in das von ihm erbaute Kieler Franziskanerkloster ein.

Matrosen gehören seit jeher zum Kieler Stadtbild

Schon 1242 erhielt der Ort Stadtrechte. Von 1284 bis 1518 war Kiel Mitglied der Hanse, konnte jedoch im Wettbewerb mit Lübeck und Hamburg nicht mithalten und verarmte mit der Zeit, sodass es 1469 sogar an Lübeck verpfändet wurde. Der langsame Aufschwung begann, als Herzog Christian Albrecht 1665 in Kiel (und nicht etwa in Lübeck) in den Räumen des ehemaligen Franziskanerklosters die erste Universität im Norden gründete und hier das geistige Zentrum des Landes entstand. Höfische Pracht kam jedoch erst in die Stadt, als Herzog Friedrich von Holstein-Gottorf Kiel 1727 zu seiner Residenzstadt wählte. Friedrich war mit der Tochter Zar Peters des Großen verheiratet, und sein 1728 in Kiel geborener Sohn bestieg später als Zar Peter III. den russischen Thron.

Mit der ziemlich gemächlichen Entwicklung der Stadt war es ab Mitte des 19. Jh. schlagartig vorbei. Kiel wurde zur Industriestadt, es entstanden Fabriken und v. a. Werften, und es wurden bedeutende Erfindungen rund um die Schifffahrt gemacht. So gelang Wilhelm Bauer (1822–1875) im Jahr 1850 der Bau des ersten deutschen U-Boots, und zu Beginn des 20. Jh. entwickelten Alexander Behm (1880–1952) das Echolot und Hermann Anschütz-Kaempfe (1872–1931) den Kreiselkompass. Später entstand in Kiel der erste Heckfänger für den Hochseefischfang und der erste europäische Atomfrachter, die „Otto Hahn". Dass Prinz Heinrich von Preußen, Bruder des Kaisers, in Kiel 1908 das Patent für den Scheibenwischer anmeldete, hat zwar auch etwas mit Wasser zu tun, darf aber als Anekdote verbucht werden, wenngleich dies den Kieler Erfindungen im wahrsten Sinne des Wortes die Krone aufsetzt.

Das nach den Freiheitskämpfen mit Dänemark preußisch gewordene Kiel wurde 1871 als Mittelpunkt der Kaiserlichen Flotte Reichskriegshafen. Für den bedeutenden Flottenstützpunkt wurden gleich vor Ort die Schlachtschiffe gebaut. Weitere Arbeitsplätze entstanden für die übrige aufblühende Werftindustrie, und aus ganz Schleswig-Holstein strömten die Menschen in die Stadt. Als 1895 der *Kaiser-Wilhelm-Kanal* von seiner Majestät höchstselbst feierlich eröffnet wurde, war die Kaiser- und Kiel-Euphorie perfekt, und der Aufschwung der Stadt schien unaufhaltsam. Doch das Ende nahte schon 1918. Nach den verlorenen Schlachten des Ersten Weltkriegs brach auf einem der Kriegsschiffe im Kieler Hafen eine Meuterei aus, die einen Flächenbrand auslöste, der im November des gleichen Jahres schließlich zur Abdankung von Wilhelm II. führte.

Im Zweiten Weltkrieg war Kiel ebenfalls Marinestützpunkt. Doch Militäranlagen sind Angriffsziele, und so wurde die Stadt in über 90 Bombenangriffen weitgehend zerstört. Im Rahmen des Wiederaufbaus nach dem Krieg entstand ein neues Kiel, in dem aber nach wie vor dem Hafen mit mehr als 1,2 Millionen Passagieren im Fährverkehr und 6 Millionen Tonnen Güterumschlag eine zentrale Rolle zukommt.

1946 wurde Kiel die Landeshauptstadt des neu geschaffenen nördlichsten Bundeslandes. Damit erhielt Kiel eine führende politische Stellung, die es in seiner Geschichte bis dahin nie eingenommen hatte.

Vergleichsweise wenig erinnert in Kiel an den wohl berühmtesten Sohn der Stadt, an Max Planck (1858–1947). Der spätere Nobelpreisträger für Physik wurde am Kleinen Kiel in der Küterstraße 17 (Ecke Jensendamm) geboren. Vor dem dortigen Hochhaus der Landesbank erinnert ein Gedenkstein an Planck, der 1885 in seiner Heimatstadt zum Professor für Physik berufen wurde, später aber nach Berlin ging.

Kiel → Karte S. 246/247

Kieler Umschlag

Jedes Jahr am letzten Wochenende im Februar wird im Kieler Stadtmuseum der legendäre Bürgermeister Asmus Bremer „geweckt". Anschließend wird die Stadtfahne aus Eisenblech am Turm der Nikolaikirche gehisst, und der Kieler Umschlag, heute ein volksfestartiger Warenmarkt, kann beginnen. Schon seit 1482 wurde dieser größte Tausch- und Geldmarkt des Nordens hier abgehalten. Erst die immer häufiger werdenden Bankengründungen im späten 18. Jh. beendeten das Kerngeschäft des Kieler Umschlags, nämlich die Abwicklung der Geld- und Immobiliengeschäfte des holsteinischen Adels.

Botanische Garten, Geologisches
und Minerologisches Museum

7 Botanischer Garten

8 Jungmannstr.

1 2

Universitätskliniken

Annen-

Lehmberg

Jahnstr.

Knooper

Weg

Holtenauer

Str.

Gerhardstr.

Feldstraße

Breiter Weg

Kolpingstr.

Preußerstr.

Arnold-Heller-Str.

Hospitalstr.

Zoologisches
Völkerkund
museum

M

Medizin- und
Pharmazie-
historische
Sammlung

M

Alte
Schwimmhalle

Lessing-
platz

Mittelstr.

Teichstr.

Jägersberg

Dreiecks-
platz

Brunswiker

straße

Baustr.

Blocksberg

Dahlmann-
str.

Wilhelminenstraße

Legienstraße

Muhlius-

Bergstraße

str.

Lorentzen-

damm

Ratsdiener-
garten

Schloßgarten

Prinze
garten

9

Gartenstraße

Muhliusstraße

Lorentzendamm

Kleiner Kiel

Jensendamm

Warleberger Hof
(Stadtmuseum)

Falckstr.

M

Burgstr.

Schloss

Knooper

Weg

Fleethörn

Kleiner
Kiel

Hiroshima-
park

Martensdamm

Küterstr.

Haßstr.

Dänische

10

Schloßstr.

Mus
sch

Waisenhofstraße

Fleethörn

str.

Oper

Rathaus-
platz

Kehdenstr.

12

11

Alter
Markt

Nikolai-
kirche

Eggerstedtstr.

Flämische
Str.

Schuhmann-
str.

Wall

Schiff
muse

M

Damm

Rathausstraße

Rathaus

Treppenstr.

Holsten-

Holstenstr.

Berliner
Platz

Wall

Boots-
hafen

Kleiner

Kuhberg

Exerzier-
platz

14 13

Ostsee-
halle

Europa-
platz

Hafen-

str.

15

Andreas-

Gayk-

Str.

str.

Kaistraße

Boots-
hafen

brücke

Schwedenkai

Ziegelteich

Prüne

Sandkuhle

Schulpehaum

Walkerdamm

Holsten-
platz

16

Holsten-

Stadtgalerie

i

M

Neues
Rathaus

Norwegenkai

Herzog- Friedrich- Str.

Kirchhofallee

Hopfenstraße

Sophienhof

Sophien-

blatt

Stresemann-
platz

Auguste- Viktoria- Str.

Kaistraße

Die
Hörn

Königsweg

17

Lerchenstraße

Sophien-

Zur
Fähre

Werftstra

Ringstraße

Haupt-
bahnhof

Hörnbrücke

Basis-Infos

Information Kiel-Marketing e. V., Neues Rathaus, Andreas-Gayk-Str. 31, ✆ 0431/679100, www.kurskiel.de. Hotelreservierung: ✆ 0431/67910-17.

Hafenrundfahrt Mit dem Fördeschiff ab Ableger Bahnhofsbrücke. Mai–Okt. täglich außer Fr 11, 13 und 15 Uhr. Dauer 2 Std. Erw. 11 €, Kinder (6–14 J.) 5,50 €, Kleinkinder frei. Tickets am Anleger oder in der Tourist-Information.

Kinos Cinemaxx, Kaistr. 54, ✆ 0431/6618188; Metro-Kino im Schloßhof, Holtenauer Str. 162, ✆ 0431/2207890; Studio Filmtheater, Wilhelminenstr. 10, ✆ 0431/9828101; Kommunales Kino („Die Pumpe"), Haßstr. 22, ✆ 0431/96303; Traum-Kino, Grasweg 15, ✆ 0431/544450.

Schiffsausflüge Förededampfer (im Sommer auch Wochenend-Fahrradfähre), Schlepp- und Fährgesellschaft Kiel (SFK), ✆ 0431/594-1266; Fahrpläne unter www.sfk-kiel.de. Raddampferfahrt mit der „Freya" (Baujahr 1905) durch die Förde oder den Nord-Ostsee-Kanal, ✆ 01805/123344, www.adlerschiffe.de. Schwentinetalfahrt ab Kiel-Wellingdorf (60 Min.), Erw. 5 €, Kinder 3 €, ✆ 0431/722428; www.schwentinetalfahrt.de.

Spielbank KieLounge, modernes, kleines Kasino ganz in der Nähe des Schwedenkais (am Bootshafen mit Blick auf das Wasser). Großes Spiel ab 18 Uhr (Wochenende ab 15 Uhr); Automatenspiel ab 10 Uhr. Eintritt 1,50 €. Holstenbrücke 30, ✆ 0431/987000.

Stadtrundfahrten Mit dem Bus (inkl. HDW-Werft und Holtenauer Schleusen) jeden Sa 14 Uhr, Haltestelle Andreas-Gayk-Straße, Dauer 2 Std., Erw. 15 €, Jugendliche 7,50 €, Kinder unter 15 J. frei. Mit dem Taxi durch Kiel, ab 2 Erw., Fahrtzeit 1 Std. Erw. 15 €, Kinder bis 12 J. 5 €. Jederzeit in der Tourist Information buchbar.

Stadtrundgang Mai–Sept. jeden Mi 14 Uhr (90 Min. Dauer). Treffpunkt vor der Tourist Information. Abschluss in der Kieler Brauerei bei Brotzeit und Bier (im Preis inbegriffen). 9 €/Pers.

Theater Großes Theater der Landeshauptstadt Kiel, Aufführungen an verschiedenen Spielorten wie dem Opernhaus, Schauspielhaus, Neuen Schloss und dem Werftpark. In der Spielzeit fast täglich Aufführungen. Theaterkasse ✆ 0431/901901,

Infos unter www.theater-kiel.de. Am Theater am Wilhelmsplatz spielt zudem sehr intensiv die **Niederdeutsche Bühne Kiel** e. V. jährlich 8 Inszenierungen mit etwa 150 Aufführungen in plattdeutscher Sprache. ℡ 0431/17704, www.nbkiel.de.

Übernachten (→ Karte S. 246/247)

****s Romantikhotel Kieler Kaufmann** 🔳, eine der ersten Adressen in Kiel. Das im englischen Landhausstil renovierte Haus in einer ehem. Bankiersvilla mit weitläufigem Garten versprüht aristokratischen Charme. Legerer Luxus, wohin man blickt, 43 geräumige Zimmer. Das anspruchsvolle Parkrestaurant bietet exquisite Kochkunst. Schöne Terrassenplätze mit Fördeblick. Im nördl. Teil der Stadt auf einem Hügel nahe am Hindenburgufer gelegen. DZ 165–185 €. Niemannsweg 102, ℡ 0431/8811-0, 🖂 0431/8811-135, www.kieler-kaufmann.de.

🌿 **** Hotel Birke** 🔳, Business- und Wellness-Hotel im Westen der Stadt. Das Potenzial des gut geführten Hotels erkennt man von außen nicht auf den ersten Blick. Von innen präsentiert sich das Ringhotel überall im 4-Sterne-Komfort. Aufmerksames Personal, großzügiger Wellness-Bereich, sogar mit Kamin am Schwimmbad. Komfortable, frisch renovierte Zimmer, abwechslungsreiches Frühstück im eleganten Speisesaal. Empfehlenswertes Restaurant „Fischers Fritz" mit offener Küche. Verarbeitet werden hier v. a. Produkte aus der Region, im Angebot sind daher viele norddeutsche Spezialitäten. DZ 134–163 €. Martenshofweg 2–8 (Autobahnkreuz Kiel-West, Beschilderung nach Hasseldieksdamm folgen), ℡ 0431/53310, 🖂 0431/5331333, www.hotel-birke.de. ■

Hotel Kieler Yacht Club 🔳, wer nobel und in etwas maritimer Atmosphäre übernachten oder speisen möchte, ist hier richtig und hat am Ufer der Förde in vielen der 21 modern-eleganten Zimmer einen tollen Blick auf den Yachthafen. Alles wirkt gediegen und großräumig. Das Restaurant im großen Glaspavillon bietet schmackhafte Fleisch- und Fischspezialitäten. DZ 165–215 €. Hindenburgufer 70, ℡ 0431/88130, 🖂 0431/8813-444, www.hotel-kyc.de.

*** Nordic Hotel am Kieler Schloss** 🔳, vergleichsweise preiswertes Innenstadthotel mit 40 einfach möblierten, kleinen Zimmern (viele DZ daher mit französischem Bett), nur 400 m vom Schwedenkai entfernt. Gutes Frühstücksbüfett. Ladenpassage im Erdgeschoss. DZ 62–150 €. Dänische Str. 12–16, ℡ 0431/5341620, 🖂 0431/5341621, www.nordic-hotels.com.

** Basic-Hotel Sophienhof** 🔳, vergleichsweise günstiges Touristenhotel mit 42 größtenteils geräumigen und nett eingerichteten Zimmern im Zentrum der Stadt. DZ 62–135 €. Königsweg 13, ℡ 0431/62678, 🖂 0431/674134, www.nordic-hotels.com.

Bekpek Kiel 🔳, erstes Rucksackhotel der Stadt (30 Betten) und damit preiswerte Alternative zum übrigen Angebot. Im 4. Stock eines Hochhauses, 20 Min. Fußweg zur Innenstadt (Bushaltestelle Dehnkestraße, Linie 34, 100 und 101). Fahrradverleih (5 €/Tag). DZ 52 €, 6-Bett-Zimmer 21 €/Pers. Kronshagener Weg 130 a, ℡ 0431/8888009, www.bekpek-kiel.de.

Essen & Trinken (→ Karte S. 246/247)

Einen sehr informativen Gastronomie-Führer für Kiel kann man sich im Internet unter www.kielometer.de ansehen.

Kieler Brauerei 🔳, seit 1988 gibt's in urigem Kellergewölbe-Ambiente am Alten Markt selbst gebraute Bierspezialitäten. An den Holztischen und -bänken werden dazu selbst gebackenes Brot und deftige Speisen aller Art gereicht, beispielsweise Räucherfisch oder Grillschinken. An der Kneipe scheiden sich die Geister: Für die einen ist es ein gemütlich-kerniges Wirtshaus und für die anderen die Touristenfalle Kiels schlechthin. Alter Markt 9, täglich ab 10 Uhr geöffnet, ℡ 0431/906290.

Lüneburg-Haus 🔳, sehr gediegenes Ambiente in den stilvoll-schlicht eingerichteten historischen Räumen eines ehemaligen Ladengeschäfts für Eisenwaren und Schusswaffen von 1881. Feinschmeckerküche mit kleiner Karte, natürlich nur frische Speisen, v. a. Fleischgerichte wie Filetsteak oder Entenkeule. Auch Mittagstisch. Mo–Sa ab 12 Uhr geöffnet. So Ruhetag. In der Fußgängerzone gelegen. Dänische Str. 22, ✆ 0431/9826000.

Ruffini , kleines, modern gestyltes Restaurant mit guter Küche (besser reservieren). Je nach Saison variieren die Gerichte (z. B. Dorade oder Rind), vorweg wird selbst gebackenes Brot gereicht. Große Weinkarte. Mo–Fr 11.30–14.30 und 17.30–22.30 Uhr, Sa/So 17.30–22.30 Uhr. Blücherplatz 14, ✆ 0431/82595.

Quam ▣, klein und etwas versteckt in einem efeubewachsenen Altbau untergebracht, elegant-geradlinig eingerichtet, kleine, aber feine gehobene Küche, 3- bis 4-Gänge-Menü, aber z. B. auch gepflegte Pasta. Im Sommer stehen ein paar Tische vor dem Haus, das durch eine große Hecke geschützt ist. Mo–Sa ab 18 Uhr, Düppelstr. 60 (Ecke Feldstraße), ✆ 0431/85195.

Der Bauch von Kiel ▣, hier geht man der mediterranen Küche wegen hin; Interieur im Bistrostil: kleine Tische, dunkles Holz, Parkettboden. Doch das Essen und die ausgesuchten Weine sind gut und das Preis-Leistungs-Verhältnis betreffend noch akzeptabel. Auch Mittagstisch. Mo–Fr ab 11.30 Uhr, Sa/So ab 18 Uhr geöffnet. Legienstr. 16, ✆ 0431/51215.

El Paso ▣, immer gut besuchtes amerikanisch-mexikanisches Restaurant auf 2 Ebenen, einige Tische vor dem Haus. Abends auch Cocktailbar zum Wohlfühlen. Variantenreiche Speisekarte, natürlich gibt's Chili con Carne, Chicken, Tortillas usw., aber auch Spareribs und American Pizza. Mittagstisch, tägl. ab 11.30 Uhr geöffnet. Kleiner Kuhberg 2 (Ecke Kurze Straße), ✆ 0431/970879.

》》 Mein Tipp: Forstbaumschule ▣, das Ambiente macht dem Namen alle Ehre. In einem ehemaligen Forstaufseherhäuschen gibt es seit weit über 100 Jahren ein (v. a. bei Einheimischen) beliebtes und sehr geräumiges, rustikales Ausflugslokal mit großem, teilweise überdachtem Biergarten (Gartenausschank); innen urig. Hier ist immer Betrieb und es gibt so ziemlich alles vom Frühstück bis zu Fischgerichten oder Pizza. Geöffnet bis spätabends, dann als Bierkneipe. Am nördlichen Stadtrand an der Grenze zum Stadtteil Wik gelegen (im waldartigen Park neben der katholischen Heinrichskirche, Nähe Tirpitzhafen). Mo–Sa 10–1 Uhr, So bis 23 Uhr. Düvelsbeker Weg 46, ✆ 0431/333496. 《《

Louf ▣, schon die Lage direkt an der Kiellinie (Nähe Aquarium) lohnt den Besuch, die windgeschützte Terrasse gibt den Blick auf Promenade und Förde mit ihren ein- und auslaufenden Schiffen frei. Das Louf ist alles: Café, Restaurant und Bar – je nach Tageszeit. Das Interieur ist sozusagen ein-

Windjammer an der Kiellinie

heitlich uneinheitlich, das Publikum ist ebenso bunt wie das Angebot, das vom großen Kuchenbüfett über knackige Salate bis zu Fisch oder Lamm, Rumpsteak, ja sogar Pizza reicht. In dieser Mischung gibt's in Kiel nichts Vergleichbares. Mo–Sa ab 11.30 Uhr, So u. feiertags ab 10 Uhr. Reventloualle 2, ℘ 0431/551178.

Taktlos 🔳, Café-Bar, typische Studentenkneipe mit kleinen runden Tischen. Das Besondere ist hier das Frühstück, denn das stellt man sich selbst zusammen. Auf einem Zettel werden einfach die gewünschten Zutaten angekreuzt, und die werden dann serviert. Mo–So 9–1 Uhr. Hansastr. 26, ℘ 0431/577577.

Exlex 🔳, süditalienisch angehauchtes (Szene-)Café und Bar (auch Frühstück/Bistro), wo man dem Einkaufsstress des nahen Sophienhofs entgehen kann. Das Exlex verfügt über eine versteckte, modern gestylte Raucher-Lounge. Auch abends ist was los. Mo–Sa 10–1 Uhr, So 10–17 Uhr. Ziegelteich 14 (Ecke Lose Reihe), ℘ 0431/9795586.

Peaberries 🔳, Café mit eigener Kaffeerösterei. Leckerer Kaffee in allen Variationen, dazu Gebäck oder frisch belegte Bagels. Helles Ambiente, kleine Tische und Bänke draußen an der belebten Straße und drinnen (mit Kaffeesacksitzecke im Neben-

Bronzeplastik von Ernst Barlach: Der „Geistkämpfer" vor der Nikolaikirche

raum). Holtenauer Str. 47 (etwas versteckt, nahe den Arkaden, direkt neben dem Friseur), ℘ 0431/5601830.

Sehenswertes

Nikolaikirche

Diese dreischiffige gotische Backsteinhallenkirche aus dem 13. Jh. bildet seit jeher den Mittelpunkt der Altstadt. Sie wurde durch die Bombenangriffe fast vollständig zerstört, aber teilweise im alten Stil wiederaufgebaut. Nur direkt am Eingang der Kirche, und zwar im Durchgang zwischen der Turmhalle und der Seitenkapelle, sind einige Freskenreste aus dem frühen 15. Jh. erhalten geblieben. Von innen wirkt St. Nikolai eher sachlich und schlicht, beherbergt aber einige bemerkenswerte Kunstschätze. Der Blick fällt zunächst auf den wertvollen spätgotischen Schnitz- und Gemäldealtar eines unbekannten Meisters von 1460. Aufgeklappt zeigt er prächtig geschnitzte Szenen aus dem Leben Jesu. Im Chor hängt ein monumentales, 6 m hohes Triumphkreuz von 1490. Die vier Enden der Kreuzbalken zieren die Evangelisten-Symbole Engel, Löwe, Adler und Stier. Den Sieg des Lebens über den Tod symbolisieren die aus dem Kreuz sprießenden Blumen. Die reich beschnitzte Kanzel am rechten Seitenschiff stammt aus dem Jahr 1705. Sie wird getragen von einer lebensgroßen Holzfigur des Moses, der die Gesetzestafeln in den Händen hält. Ein weiteres Meisterwerk ist die Bronzetaufe von 1344. Sie gilt als eines der vollkommensten Werke des monumentalen Bronzegusses und wird von vier sitzenden Löwen getragen. Über dem Mittelgang und im Seitenschiff hängen zwei Messingkronleuchter aus dem 17. Jh. Bei näherer Betrachtung sind in der Mitte die Figuren der zwölf Apostel und eine bekrönte Pelikangruppe zu erkennen. Der Pelikan, der sich für das Leben seiner Kinder opfert, indem er sie mit seinem eigenen Blut ernährt, ist Sinnbild für den Opfertod Jesu.

Vor der Kirche befindet sich eine große Bronzeplastik von Ernst Barlach (1870–1939). Sie heißt „Geistkämpfer" und zeigt einen schwerttragenden Engel, der als Symbol für den Sieg des Guten über das Böse ruhig und gefasst auf dem Rücken einer Bestie steht.
Mo–Sa 10–18 Uhr geöffnet.

Kieler Schloss

Darüber, ob das Schloss wirklich sehenswert ist, kann man streiten. An der Stelle einer 1260 erstmals erwähnten Burg und auf dem Fundament des im Zweiten Weltkrieg zerstörten Renaissance-Schlosses von 1568 steht der Neubau aus den 1960er-Jahren. Lediglich der *Rantzaubau,* ein vergleichsweise schmuckloser Westflügel der Schlosserweiterung von 1697, hat dem Bombardement getrotzt. 2003 verkaufte das Land Schleswig-Holstein das Schloss, das seither hauptsächlich als Veranstaltungssaal für Konzerte genutzt wird. Im Schlossgarten, heute ein kleiner Stadtpark, stehen drei Denkmäler. Zwei davon stammen aus der Kaiserzeit. Eines zeigt Kaiser Wilhelm I. zu Pferde, ein anderes aus Naturstein erinnert an den Sieg über Frankreich im Krieg von 1870/71. Das dritte, etwas modernere Denkmal liegt ein wenig versteckt auf einer Anhöhe (Nähe Kunsthalle) und ist den Gefallenen des Ersten Weltkriegs gewidmet.

Die Kieler Woche

Sie ist das größte Segelsportereignis der Welt und wird schon seit 1882 ausgetragen. Alljährlich Ende Juni kämpfen für neun Tage über 5000 Aktive aus 50 Nationen um Seglerehren in 40 Disziplinen mit 400 Regatten. Der Segelmarathon ist mit jährlich etwa 3 Mio. Besuchern zugleich das größte Volksfest in Nordeuropa. Kiel befindet sich dann gewissermaßen im Ausnahmezustand. Die Uferpromenade Kiellinie verwandelt sich mit zahlreichen Straßenveranstaltungen in eine „Spiellinie", auf der ein Querschnitt des kulturellen Schaffens im Ostseeraum dargeboten wird. Im Stadtzentrum werden auf dem *Internationalen Markt* Kunstgewerbeprodukte und kulinarische Spezialitäten aus aller Herren Länder angeboten. Alles ist übervoll, fast im ganzen Innenstadtbereich steht eine Bude neben der anderen. Seinen Höhepunkt findet die Kieler Woche in der großen Windjammerparade am letzten Junisamstag und natürlich mit dem großen Feuerwerk, das sonntags kurz vor Mitternacht gezündet wird. Die beste Sicht auf das Segelspektakel hat man vom Hindenburgufer aus.

Infos unter www.kieler-woche.de.

Gorch Fock

Der weltbekannte Windjammer ist Nationalsymbol und Sympathieträger zugleich. Seit seinem Stapellauf 1958 ist er Segelschulschiff der Bundesmarine und hat seitdem 700.000 Seemeilen zurückgelegt. 14.000 Offiziere und Unteroffiziere

Kiel → Karte S. 246/247

Tirpitzhafen: Heimathafen der Gorch Fock

wurden dabei bislang ausgebildet. Die Dreimastbark von knapp 90 m Länge und mit fast 2000 m² Segelfläche zierte sogar einst den alten 10-DM-Schein der Bundesrepublik, um so etwas wie Weltoffenheit zu symbolisieren. Das stolze Schiff verdankt seinen Namen dem Hamburger Schriftsteller Johann Kinau (1880–1916), dessen Künstlername *Gorch Fock* war und der im Ersten Weltkrieg in einer Seeschlacht am Skagerrak starb. Etwa 300 Tage im Jahr ist die „Gorch Fock" mit 69 Mann Stammbesatzung und 200 Offiziers- und Unteroffiziersanwärtern als Botschafterin der Bundesrepublik auf den Weltmeeren unterwegs. In der übrigen Zeit liegt sie an der Außenmole des Kieler Tirpitzhafens und ist vom Hindenburgdamm aus gut zu sehen. Eine Besichtigung ist nur bei besonderen Ereignissen möglich, beispielsweise anlässlich der Kieler Woche.

Museen und Ausstellungen

Kiel kann eine erstaunliche Vielfalt an sehenswerten Ausstellungen präsentieren. Dies hat die Stadt v. a. der Christian-Albrechts-Universität zu verdanken, die einen großen Teil der Museen betreut.

Kieler Schifffahrtsmuseum mit Museumsbrücke

Es gibt wohl keinen besseren Ort, um die maritime Geschichte einer Stadt darzustellen, denn das Museum befindet sich unmittelbar am Kieler Hafen in der markanten alten Fischmarkthalle mit ihrem Spitzbogendach von 1910. Wo früher fangfrischer Fisch verkauft wurde, informieren heute Schiffsmodelle, Galionsfiguren und nautische Instrumente über die Geschichte der Seefahrt. Zu sehen gibt's auch Modelle der „Gorch Fock" und des „Brandtauchers", des ersten deutschen U-Boots (1850), welches allerdings beim Probetauchen in der Förde sank. Ein Modell des (sehr geheimen) U-Boots der Klasse 212 A zeugt davon, dass der U-Boot-Bau in der Stadt Tradition hat (diese von außenluftunabhängigen Wasserstoff-Brennstoffzellen angetriebene U-Boot-Klasse wurde auf der gegenüberliegenden Seite des Museums in der HDW-Werft gebaut). Origineller Blickfang im Museum ist auch ein Nachbau des sog. Kaiserpanoramas mit Fotos von der Eröffnung des Kaiser-Wilhelm-Kanals 1895.

An der benachbarten Museumsbrücke sind drei *Oldtimerschiffe* vertäut und zu besichtigen: Der schon 1905 gebaute Dampfeisbrecher und Tonnenleger „Bussard" ist mit 40 m Länge das größte Schiff der kleinen Museumsflotte. Wer die steile Leiter unter Deck hinabsteigt, hat den Eindruck, als habe die Mannschaft soeben erst das Schiff verlassen. Das daneben vertäute Feuerlöschboot „Kiel" lief im Kriegsjahr 1941 vom Stapel und war immerhin bis 1985 im Einsatz. Nicht zu übersehen ist auch der Seenotrettungskreuzer „Hindenburg", der ebenfalls im Zweiten Weltkrieg,

Kiels Wappen:
Stadtmuseum Warleberger Hof

nämlich 1944, gebaut wurde und bis zu seiner Außerdienststellung Ende der 1970er Jahre mehr als 800 Menschen das Leben rettete. Zudem liegt am Kai ein interessanter Nachbau einer Kieler Hansekogge von 1380.

Wall 65. Tägl. 10–18 Uhr (wegen Umbau bis voraussichtlich Mai 2012 geschlossen), im Winterhalbjahr (15.10.–15.4.) Di–So 10–17 Uhr. Eintritt 3 €, erm. 1,50 €, Familien 6 €. Die Museumsbrücke kostet 1 € Eintritt, im Winterhalbjahr geschlossen. ☎ 0431/901-3428. Die Hansekogge wird von einem eigenen Förderverein betreut (www.hansekogge.de).

Stadtmuseum Warleberger Hof

100 m entfernt vom Alten Markt in Richtung Schloss ist in den historischen Räumen des ältesten noch erhaltenen Adelshauses das Stadtmuseum untergebracht. Das Haus wurde 1616 erbaut, aber mehrfach verändert. Es besitzt noch sein ursprüngliches Kellergewölbe, in dem der mittelalterliche Herd und ein Zisternenbrunnen komplett erhalten geblieben sind. Im Keller ist eine ständige Ausstellung zur Kieler Stadtarchäologie zu sehen. In den beiden übrigen Geschossen werden in teilweise stuckverzierten Salonräumen Wechselausstellungen zur Stadt- und Kulturgeschichte des 19. und 20. Jh. gezeigt.

Dänische Str. 19. Tägl. 10–18 Uhr, im Winterhalbjahr (15.10.–15.4.) Di–So 10–17 Uhr. Eintritt 3 €, erm. 1 €. ☎ 0431/901-3425.

Stadtgalerie Kiel

In den Räumlichkeiten des neuen Rathauses gelegen (ehemalige Oberpostdirektion), versteht sich die 1988 gegründete Stadtgalerie mit wechselnden Ausstellungen als Forum für Gegenwartskunst. Lediglich die Bilder Heinrich Ehmsens (1886–1964), eines in Kiel geborenen Malers der zweiten expressionistischen

Kiel → Karte S. 246/247

Generation, werden ständig präsentiert, denn eine nach ihm benannte Stiftung ist der Stadtgalerie angeschlossen. Eine Besonderheit ist die in der Stadtgalerie unter-gebrachte *Stadtbilderei*. Unter dem Motto „Warum Kunst immer nur im Museum erleben?" können hier etwa 1000 zeitgenössische Werke von Kunstinteressierten gegen eine geringe Gebühr für einige Wochen oder Monate ausgeliehen werden.

Andreas-Gayk-Str. 31. Di–Fr 10–17 Uhr, Do bis 19 Uhr, Sa/So 11–17 Uhr. Eintritt 3 €, erm. 1,50 €, Familien 6 €. ✆ 0431/901-3400 u. 901-3412 (Stadtbilderei), www.stadtgalerie-kiel.de.

Kunsthalle zu Kiel

Das am Schlossgarten gelegene Gebäude aus dem Jahr 1909 mit dem Treppenhaus aus den 1950er Jahren und dem lichtdurchfluteten Erweiterungsbau von 1986 gibt der Ausstellung einen angemessenen Rahmen und ist mit 1300 m² Ausstellungs-fläche das größte Museum der Landeshauptstadt. Die Kunsthalle präsentiert Gemälde, Skulpturen und Objektkunst, aber auch Foto- und Videoarbeiten. Ein Höhepunkt der bereits 1854 begründeten Sammlung sind die expressionistischen Werke verschiedener *Brücke*-Künstler (Kirchner, Heckel, Schmidt-Rottluff, Pech-stein) und natürlich die Arbeiten Emil Noldes (geb. 1867–1956). Von dessen leuchtend farbigen, kontrastreichen Arbeiten sind gleich acht im Original zu sehen. Außerdem im Programm: Kunst des 19. Jahrhunderts mit romantischer Malerei und Gemälden der russischen „Wandermaler", Werke der klassischen Moderne und nicht zuletzt internationale moderne Kunst seit 1945. Des Weiteren präsentiert die Galerie eine Sammlung mit mehr als 30.000 Zeichnungen, Aquarellen und druck-graphischen Blättern von der Dürerzeit bis heute. Zahlreiche Wechselausstellungen sowie eine Präsenzbibliothek ergänzen das außergewöhnliche Programm.

Düsternbrooker Weg 1; Di–So 10–18 Uhr, Mi 10–20 Uhr. Erw. 7 €, erm. 4 €. ✆ 0431/880-5756, www.kunsthalle-kiel.de.

Antikensammlung

Die im gleichen Gebäude wie die Kunsthalle untergebrachte Antikensammlung gewährt Einblicke in die Kunst- und Kulturgeschichte der Antike vom 2. Jahrtau-send v. Chr. bis in die römische Kaiserzeit. Die schon 1843 eröffnete Ausstellung verdankt ihre Entstehung dem Kieler Professor für Altertumskunde Peter Wilhelm Forchhammer (1801–1894), der weniger eine akademische Lehrsammlung als vielmehr eine öffentliche Schausammlung und Stätte der Kunst schaffen wollte. Der Professor hält im Übrigen einen kaum schlagbaren Rekord, hat er doch stolze 65 Jahre an der Christian-Albrecht-Universität gelehrt.

Wer das Museum betritt, mag angesichts der eindrucksvollen Ansammlung der be-deutendsten antiken Skulpturen zunächst seinen Augen kaum trauen. Es handelt sich allerdings um Gipsabdrücke, die gleichwohl einen umfassenden Einblick in die antike Kulturwelt geben. Der dokumentarische Wert der teilweise schon sehr alten Abgüsse steigt ständig, denn sie zeigen den Zustand der Kulturdenkmäler vor ihrer Beschädigung durch die starken Umwelteinflüsse, die beispielsweise den Skulptu-ren vom Parthenon auf der Athener Akropolis stark zugesetzt hat.

Original hingegen und weiterer Schwerpunkt der Sammlung sind die zahlreichen antiken Tongefäße aus dem 6.–4. Jh. v. Chr., die mit ihren lebendigen Darstellun-gen von den griechischen Göttern und Helden berichten.

Düsternbrooker Weg 1. Di–So 10–18 Uhr, Mi 10–20 Uhr. Eintritt frei. Die Sammlung wird betreut vom Verein Freunde der Antike, der sehr lehrreiche Vortragsabende organisiert (meist Do 20 Uhr) und häufig sonntags um 11 Uhr besonders interessante Führungen zu wechselnden Themen veranstaltet. ✆ 0431/880-5758, www.antikensammlung-kiel.de.

Innerstädtische Verbindung: Kiels Fördedampfer an der Bahnhofsbrücke

Aquarium Kiel

Das, was anderswo „SEA LIFE" oder „Meereszentrum" heißt und mit hohem Werbeaufwand Hunderttausende von Besuchern anlockt, wird in Kiel schlicht „Aquarium im Leibniz-Institut für Meereswissenschaften" genannt. Es ist weit weniger kommerziell ausgerichtet, mit mehr als 30 Schaubecken aber mindestens ebenso interessant. Das an der Uferpromenade gelegene Aquarium der Kieler Universität ist v. a. ein Schaufenster für die Lebensräume von Nord- und Ostsee. Empfangen wird der Besucher, ohne bereits Eintritt zahlen zu müssen, von zwei Seehundbecken, in denen die Robben durch Glasscheiben auch bei ihren Tauchgängen beobachtet werden können. Bei der Fütterung täglich um 10 und 14.30 Uhr kann ebenfalls jeder zuschauen (außer freitags, da müssen die Seehunde fasten). Im Gebäude selbst sind in zwei großen, offenen Schaubecken und einigen weiteren Aquarien die häufigsten Fischarten und wirbellosen Tiere der heimischen Meere zu sehen. Auf umfangreiche Erklärungen mittels Schautafeln wird aber weniger Wert gelegt. Einen farbigen Kontrast zu den Fischen der kalten Meere bieten Aquarien des Mittelmeeres und kleine Tropenbecken mit ihrer bunten Vielfalt. Ein Höhepunkt des Aquariums ist das Rundbecken, in dem ein Heringsschwarm unentwegt über den im Sand eingegrabenen Schollen und Seezungen seine Kreise zieht. Auf diese Weise legt der Schwarm im Jahr etwa 10.000 km zurück, also mehr als einen Kilometer in der Stunde.

An der Pier gegenüber dem Aquarium liegt die Flotte der vier blau-weiß-orangenen Forschungsschiffe des Instituts für Meereskunde, sofern die Schiffe nicht gerade auf den Meeren dieser Welt im Einsatz sind.

Kiellinie (Düsternbrooker Weg 20), hier gibt es leider kaum Parkmöglichkeiten. Sommerhalbjahr tägl. 9–19 Uhr, im Winterhalbjahr 9–17 Uhr. Erw. 3 €, Kinder ab 6 J. 2 €, Familien 9 €. ☎ 0431/6001637, www.aquarium-kiel.de.

Kiel → Karte S. 246/247

Zoologisches Museum und Museum für Völkerkunde

Das am Schlossgarten gelegene Museum ist in einem von dem Berliner Architekten Martin Gropius (1824–1880) entworfenen Gebäude mit z. T. galerieartigen Rundgängen untergebracht. Schon zur Gründungszeit konnte das auch für Kinder interessante Museum nur einen kleinen Teil der in drei Jahrhunderten zusammengetragenen Tierpräparate präsentieren (heute 200.000 Stücke). Die Ausstellung liefert einen Querschnitt durch die Vielfalt der Tierarten und deren Evolution. Die bunte Auswahl der Exponate reicht vom Bandwurm über ausgestopfte Raubkatzen bis hin zum Skelett eines jungen, vor Sylt gestrandeten Blauwals und dem Skelett eines Pottwals, der 1908 bei Büsum an Land gespült wurde. Eine zoologische Kostbarkeit ist ein Exemplar des um 1850 ausgestorbenen *Riesenalkes*, den man auch „Pinguin der Nordhalbkugel" nannte. Das Museum zeigt überdies Hunderte von weiteren Vogelpräparaten und eine interessante Schmetterlingssammlung.

Unter dem gleichem Dach ist das Museum für Völkerkunde untergebracht. Die Ausstellung besteht in erster Linie aus „Mitbringseln", die einst deutsche Forschungsreisende und Kaufleute vornehmlich aus den ehemaligen deutschen Kolonien in der Südsee mit nach Hause gebracht haben. Zu sehen sind Statuen und Masken, Schmuck und bemalte Menschenschädel, aber auch ein originales, von einer kleinen Südseeinsel stammendes Auslegerboot. Als Rarität gilt ein *Häuptlingsschmuck aus Menschenhaar* mit einem Pottwalzahn-Anhänger, den Prinz Heinrich von Preußen (Bruder von Kaiser Wilhelm II.) im Jahre 1879 als 17-jähriger Seekadett von Hawaii mitbrachte. Der auf den ersten Blick eher unscheinbare Schmuckanhänger besteht aus einem Flechtwerk von über 500 m Menschenhaar.
Hegewischstr. 3. Di–Sa 10–17 Uhr, So 10–13 Uhr. Erw. 2 €, Kinder 1 €. ✆ 0431/880-5180, www.zoologisches-museum-kiel.de.

Medizin- und Pharmaziehistorische Sammlung

Die bemerkenswerte Sammlung ist in einem zweiten Gropius-Bau gleich neben dem Zoologischen Museum untergebracht. Man taucht ein in ein Gewirr aus vielen verwinkelten Räumlichkeiten, durch das man teilweise vom Personal (meist studentische Hilfskräfte) fachkundig begleitet wird. Die Ausstellungsstücke, die einen zeitlichen Bogen von der römischen Kaiserzeit bis zum 20. Jahrhundert schlagen, sind allesamt noch funktionstüchtig und illustrieren auf prägnante Weise den raschen Wandel in Medizin und Pharmazie. Ausgestellt ist beispielsweise die berühmte „Eiserne Lunge", die 1929 vom amerikanischen Ingenieur Philip Drinker entwickelt wurde und die Beatmung vollständig gelähmter Patienten ermöglichte. Sie besteht aus einer Metallkammer, die den Körper des Kranken bis zum Hals einschließt. Rhythmisch abwechselnder Über- und Unterdruck presst die Lunge zusammen bzw. dehnt sie auseinander.

Zu den eher makaberen Attraktionen zählt eine geburtshilfliche Lehrsammlung krankhafter Beckendeformationen aus dem 19. Jh. und v. a. ein Sektionsraum mit Hunderten von pathologischen Feuchtpräparaten, darunter so Delikates wie Hauttätowierungen. Darüber hinaus gibt es zu bewundern: ein Kräuterbuch von 1684, die Ausstattung von Apotheken-Arbeitsräumen aus vorindustrieller Zeit, die Ausstattung von Arztpraxen im Zeitraum von 1890 bis 1960, eine Bestrahlungsapparatur zur Röntgentiefentherapie von Tumoren (1931) und ein komplett installiertes Elektronenmikroskop (1951).
Brunswiker Str. 2. Di–Fr 10–16 Uhr, So 12–16 Uhr. Eintritt 3 €, erm. 1 €. Kinder unter 12 J. frei. ✆ 0431/880-5721, www.med-hist.uni-kiel.de.

Geologisches und Mineralogisches Museum

Warum sind Minerale bunt, welchen Ursprung haben die Mineralnamen, welche Auswirkungen auf die Lebewelt haben Vulkanausbrüche? Das sind nur drei der Fragen, auf die das vom Institut für Geowissenschaften betreute Museum auf dem Universitätsgelände eine Antwort zu geben versucht. In den Vitrinen liegen Goldnuggets, künstliche Edelsteine, Silikate und Kristalle, und diverse Fühlkästen stehen bereit, in denen die Besucher ihren Tastsinn erproben können. Zu sehen gibt es darüber hinaus Teile eines Korallenriffs aus Gotland (Schweden), versteinertes Holz aus Arizona oder Saurierspuren in Buntsandstein und natürlich den 737 Gramm schweren Kieler Steinmeteoriten, der am 26. April 1962 durch das Dach eines Hauses im Kieler Stadtteil Pries sauste.

Ludewig-Meyn-Str. 12 (Universitätsgelände, Parkplatz am Studentenhaus bei der Uni-Kirche, zweites Backsteingebäude hinter dem großen Uni-Hochhaus, der Pförtner lässt Besucher parken). Mo–Do 9–16 Uhr, Fr 9–14 Uhr. Eintritt frei. ℡ 0431/880-2693.

Botanischer Garten

Der ebenfalls auf dem Universitätsgelände und deshalb nicht ganz im Zentrum gelegene botanische Garten der Universität (über den Westring erreichbar) ist so gästefreundlich und ereignisreich gestaltet wie kaum ein anderer. Kein Wunder, wurde er doch erst 1985 neu angelegt. Es ist seit 1669 bereits der fünfte Standort einer derartigen Anlage in Kiel. Auf 8 ha beherbergt er rund 14.000 Pflanzenarten aus aller Welt. Vorbei an einem nordamerikanischen Wäldchen führt der Rundweg durch Moor, Heide und durch Dünenlandschaft hin zur Vegetationszone des Mittelmeerraumes. Ein 10 m hoher Hügel aus Kalksteinfelsen bildet einen Steingarten mit Pflanzen aus allen Gebirgsregionen dieser Welt, von hier aus gelangt man hinein in ein chinesisches Gehölz. Besonders attraktiv ist die größte öffentlich zugängliche Gewächshausanlage Schleswig-Holsteins, in der es mal tropisch warm und feucht, mal wüstenhaft heiß ist. Im Afrikahaus stehen beispielsweise verknöcherte, über 500 Jahre alte Flaschenbäume, die nur eine kurze Zeit im Jahr Blätter tragen und deswegen meistens kahl sind. Zahlreiche Schautafeln und gelegentliche Sonderausstellungen informieren über Bemerkenswertes, beispielsweise darüber, dass die Vanille die einzige Orchideenart ist, die von den Menschen kulinarisch genutzt wird.

Am Botanischen Garten 1 (Leibnizstraße). Ganzjährig ab 9 Uhr geöffnet, Schließzeiten: April–Sept. 18 Uhr, März u. Okt. 17 Uhr, Nov.–Feb. 15 Uhr; Gewächshäuser 11.45–12.45 Uhr geschlossen. Eintritt frei. Im Sommerhalbjahr an jedem 1. So im Monat kostenlose Führungen. Der Weg zum botanischen Garten ist beschildert, ein großer Parkplatz ist vorhanden; der Pförtner lässt auch während des Semesters Touristen kostenlos einfahren. ℡ 0431/880-4275.

Mediendom der Fachhochschule Kiel

In einem digitalen Theater auf dem Gelände der Fachhochschule wird v. a. den Geheimnissen des Weltalls unterhaltsam, aber gleichzeitig wissenschaftlich fundiert nachgegangen. Ein künstlicher Sternenhimmel im Mediendom sorgt für die entsprechende Atmosphäre. Die Kuppel mit einem Durchmesser von 9 m verfügt über 64 Sitzplätze; hier werden zahlreiche Vorführungen wie „Planeten – wunderbare Welten" oder „Das Abenteuer der Raumfahrt" präsentiert. Es gibt aber auch ein reichhaltiges Kultur- und Unterhaltungsprogramm (360-Grad-Multimedia-Choreografie) sowie ein Kinderprogramm. Ohne das Engagement vieler ehrenamtlicher Helferinnen und Helfer wären die kurzweiligen Veranstaltungen nicht möglich. Die Eintrittskarten sind durchaus begehrt, deshalb besser Karten reservieren.

Kiel → Karte S. 246/247

Campus Kiel-Dietrichsdorf (am Förde-Ost-ufer Richtung Heikendorf; gut beschildert), Sokratesplatz 6. Vorführungstermine Mi–So 15, 16.30, 18, 19.30 und 21 Uhr (Sa/So auch vormittags). Eintritt je nach Veranstaltung 7–9 €. Programm und Onlinereservierung unter www.mediendom.de (📞 0431/210-1741; Telefonservice nur Di–Fr 8.30–11 Uhr).

Computermuseum Kiel

Alte Computer sind nicht zwangsläufig Schrott. Der Schätzwert der europaweit einmaligen Sammlung mit ihren 1500 Exponaten beträgt sagenhafte 25 Mio. Euro. Hier wird seit dem Jahr 2011 in einem ehemaligen Bunker auf 800 m² die Entwicklung des Computerzeitalters dokumentiert. Als besondere Kostbarkeit besitzt das Museum programmgesteuerte Rechenmaschinen des deutschen EDV-Pioniers Konrad Zuse (1919–1995).

Campus Dietrichsdorf, Eichbergskamp 8. Das gegenüber dem Mediendom gelegene Computermuseum ist nur Fr 17–20 Uhr und Sa 15–20 Uhr geöffnet. Eintritt 6 €, erm. 4,50 € (es gibt ein Kombiticket mit dem Mediendom, Aufpreis 3 €, erm. 1,50 €). 📞 0431/210-1723, www.computermuseum.fh-kiel.de.

Industriemuseum Howaldtsche Metallgießerei e. V.

Ganz in der Nähe der Fachhochschule am Ostufer der Förde ist die an der Schwentinemündung erbaute Gießerei das älteste noch erhaltene Gebäude der gründerzeitlichen Werftindustrieentwicklung. In der 1884 erbauten und knapp 100 Jahre später stillgelegten Werkstatt wurden v. a. jene Gegenstände der Schiffsausrüstung hergestellt, die aus Kupfer, Bronze oder Messing bestanden, also beispielsweise Bullaugen, Armaturen, Schalttafeln, Hebel und Beschläge. Seit 2007 ist in der denkmalgeschützten quadratischen Produktionshalle ein Museum eingerichtet. Anhand von Dokumenten und Schautafeln werden Industrie- und Sozialgeschichte der Werft und des Industrievororts Dietrichsdorf aufgezeigt. Zum Teil wurden die alten Arbeitsplätze wieder hergerichtet, außerdem wird mit einer modernen Kleingussanlage der Gussvorgang wieder anschaulich gemacht.

Grenzstr. 1 (Kiel-Dietrichsdorf). Museumsbetrieb nur So 14–17 Uhr (im Sommerhalbjahr). Extra Gruppenführungen möglich, Eintritt 2 €, Kinder 1 €. 📞 0431/3877439, www.altegiesserei-kiel.de.

Außerhalb des Zentrums

Holtenauer Schleusen/Schleusenausstellung: Auf der Nordseite der Schleusen im schönen Vorort Kiel-Holtenau ist die Ausstellung des Wasser- und Schifffahrtsamts gut beschildert. Bevor man zum Pförtnerhäuschen auf der Schleuseninsel geht, überquert man den alten Eiderkanal, auf dem viele zusammengebundene Holzstämme im Wasser liegen, die ein wenig an die Flöße von Holzfällern erinnern. Die Stämme kommen aus Süddeutschland und finden als Dalben (Pfähle) im gesamten Kanal Verwendung. Viele Holzarten und auch Eisenpfähle hat man ausprobiert und festgestellt, dass Kiefernholz am besten geeignet ist. Nun liegen die Kiefern zwecks Sauerstoffentzugs bis zu einem halben Jahr neben der Schleuse im Wasser; dann geben sie am besten nach, um das Anlegen der Schiffe ohne Schäden zu ermöglichen.

Beim Besuch der Ausstellung wird neben Wissenswertem zur Kanalgeschichte im Rahmen einer obligatorischen 90-minütigen Führung die gesamte Schleusengruppe gezeigt. Wer nicht so viel Zeit hat, kann die weniger spektakuläre Aussichtsplattform auf der Südseite der Schleuse (beschildert von Kiel-Wik aus) besuchen, auf der Schautafeln über Geschichte und Funktionsweise der Schleusen informieren. Auch zu Fuß kann man auf die andere Seite gelangen, denn ein paar hundert Meter vor der Schleuse fährt eine Personen- und Fahrradfähre über den Kanal. Die Fähre ist kostenlos und verkehrt alle sieben Minuten.

Augenschmaus im Maschinenmuseum: Lokomobile

Nordseite (Holtenau): Führungen (1:30 Std.) tägl. um 11, 13 und 15 Uhr, Erw. 2,30 €, Kinder 1,50 €; Schleuseninsel 2, ☎ 0431/3603-472. **Südseite** (Wik): der Aussichtspunkt ist tägl. von Sonnenauf- bis Sonnenuntergang geöffnet, Eintritt (am Automaten) 1 €, Kinder 0,50 €.

Tipp: Am nördl. Ende der Holtenauer Schleusen ist meist morgens bis 10.30 Uhr der Kutter eines Kanalfischers vertäut, der hier **fangfrischen Fisch** verkauft.

Maschinenmuseum Kiel-Wik: An der Südseite der Schleuse des Nord-Ostsee-Kanals präsentieren Technikliebhaber im Lokschuppen und einem weiteren Industriegebäude des ehemaligen Kieler Gaswerks mehr als ein Jahrhundert Maschinenbaugeschichte. Zu sehen gibt es ein breites Sammelsurium an funktionstüchtigen Motoren und Maschinen wie beispielsweise den Nachbau des ersten Dieselmotors der Welt, einen Wankelmotor oder einen großen U-Boot-Motor. Höhepunkt ist eine aufwendig restaurierte Lokomobile, eine große, zischende Dampfmaschine auf Rädern (Baujahr 1954), die seinerzeit bei der Rodung afrikanischer Urwälder zum Antrieb mobiler Sägegatter genutzt wurde.

Am Kiel-Kanal 44. Mo–Fr 10–16 Uhr, Betrieb jeden 3. So im Monat 11–17 Uhr. Eintritt frei, Spende erbeten. ☎ 0431/580309, www.maschinenmuseum-kiel-wik.de.

Leuchtturm Kiel-Holtenau: In der Nähe der nördlichen Schleuse markiert dieser 1895 gebaute Turm auch heute noch die Einfahrt zum Nord-Ostsee-Kanal. Der runde Turm mit dem achteckigen Unterbau ist zugleich Denkmal des Kanalbaus und ein typisches Bauwerk des preußischen Geistes: Über dem schmiedeeisernen Eingangsportal, das eine Eiche darstellt, reichen sich im bronzenen Relief zwei Meeresgöttinnen, die Nord- und Ostsee darstellen, die Hand. In der kleinen Halle erinnern Bildnisse und heroische Gedenktafeln an die drei Hohenzollernkaiser, unter denen der Kanal von 1885 bis 1887 entstand.

≫ Mein Tipp: Das **Schiffercafé**, einfaches, aber kultiges Hafencafé, das eher einer Hafenkneipe gleicht (und So ab 16 Uhr zur Tangobar wird) und in den Räumen des ehemaligen Schiffsausrüsters „Thiessen" untergebracht ist. Einzigartige Lage an der Kanaleinfahrt zum Nord-Ostsee-Kanal in der Nähe des Holtenauer Leuchtturms. Man sitzt allerdings an sehr spartanischen Tischen oder auf Biergarnituren vor dem Haus (daher ein Schönwettertipp). Dafür ist es hier wesentlich günstiger und uriger als im bekannten, durchaus stilvollen Restaurant „Fördeblick" in der Nähe. Tägl. ab 10 Uhr (kleines Frühstück) bis Sonnenuntergang (auch kleine Speisen) geöffnet. Tiessenkai 9, ☎ 0431/9089676. **≪**

Kiel → Karte S. 246/247

Friedrichsort: Der am Westufer der Förde liegende Kieler Stadtteil ist ein historischer Ort mit eigenem Zentrum und sogar einer kleinen Fußgängerzone. Im
17. Jh. stand hier eine Festung des dänischen Königs Christian IV. zum Schutz vor
den Schweden. Heute erinnern daran noch einige Gräben und Wallanlagen sowie
die Kasematten, die zukünftig wieder der Öffentlichkeit zugänglich gemacht
werden sollen. Ab 1871 war die zwischenzeitlich stark verfallene Festung Stützpunkt der Marine. Erhalten geblieben ist die kleine, holzverkleidete Bethlehem-
Kirche, die 1875 als Garnisonskirche erbaut wurde (an der Schanze, jenseits des
Bahnübergangs links, Möhrkestr. 9). Die Offiziershäuser in den kopfsteingepflasterten Straßen des ehemaligen Garnisonsgeländes rund um die Kirche bilden heute
ein schönes Wohnviertel inmitten industriell geprägter Umgebung. Friedrichsort
ist heute eher ein Industrievorort geworden, der allerdings auch einen kleinen
Yachthafen besitzt.

Vor den Festungsanlagen erstreckt sich der feinsandige **Falckensteiner Strand**
(südlich der Fördedampfer-Anlegestelle Falkenstein). Mit dem Pkw erreicht man
diesen nur von Norden her über einen Fahrweg, der von der Fördestraße (B 503)
abzweigt (Sackgasse; eingeschränkte Parkmöglichkeiten). Ganz flach geht am
Strand das Wasser in die Förde über und bietet gefahrlosen Badespaß für Kinder.
Alles ist naturbelassen, man hat einen schönen Panoramablick über die Förde,
Strandkörbe sucht man vergebens. Markant ist der im Wasser stehende, grün-weiß
gestrichene Leuchtturm, der die engste Stelle der Förde markiert.

Landgasthof Falkenhorst, Ausflugslokal
auf dem „Falkenhorst" genannten hohen
Ufer; toller Blick auf den weiten Falckensteiner Strand, die Außenförde und das
gegenüberliegende Laboe. Behaglich-medi-
terrane Atmosphäre in Terrakotta-Farben.
Kaffee und hausgemachter Kuchen, aber
auch gutbürgerliche Küche (von Bratkar-
toffelgerichten über Fisch/Fleisch bis hin zu
einer großen Auswahl an Weinen). Große
Terrasse, im Winter Kaminfeuer, Minigolfanlage. Mo/Di (im Winter auch Mi/Do) geschlossen. Falkenhorst 20, ✆ 0431/57983999.

Schilksee: Schon 1936 fanden hier die Olympischen Segelwettbewerbe statt. Aber
erst zur Olympiade 1972 wurde ein Teil des ehemaligen Dorfes an der Außenförde
zu einem mustergültigen Segelhafen umgewandelt, ganz im Stil der Zeit, das heißt
mit Hochhäusern und ähnlichen Wohnkomplexen. Wassersportler schätzen die
Förde seit jeher als eines der weltweit besten Segelreviere. Deshalb hat Schilksee
nichts von seiner seglerischen Bedeutung verloren, zumal es jedes Jahr im Juni das
Mekka der größten Segelregatta der Welt ist, der Kieler Woche. Schilksee besitzt
(im Süden) auch einen gepflegten, von Steindämmen geschützten und kurtaxenfrei-
en Sandstrand, der von schmucken Häuschen mit schönem Fördeblick gesäumt ist.

Strande: Das Tor zur Kieler Förde entwickelte sich zu Beginn des 20. Jh. ähnlich
wie Schilksee zum Ausflugsziel für wohlhabende Städter. Noch heute sind die beiden Orte so etwas wie die Badewanne Kiels, obwohl Strande streng genommen
nicht mehr zu Kiel gehört und ein eigenständiges Ostseebad ist. Der schmale, südöstlich ausgerichtete Kurstrand verlockt mit reichlich Strandkörben zum Sonnenbaden oder Verweilen in einem der Cafés oder Restaurants mit Fördeblick. Ein Bummel zum Hafen, in dem neben den Sportschiffen auch noch ein paar Fischerboote
herumdümpeln, lässt auch für Wochenendbesucher Urlaubsgefühle aufkommen.

Tourist Information, Strandstr. 12, 24229
Strande. Gästekarte 1 €/Tag. Relativ wenige
Parkplätze im Ort (Automat 2 Std. 1 €, Tageskarte 3 €), aber Großparkplatz südlich
des Hafens. ✆ 04349/290, www.strande.de.

Übernachten/Essen & Trinken Strandhotel, erste Adresse in Strande, stilvolles
Haus mit 29 Zimmern, teils mit schönem
Blick auf die Außenförde. Nahe an Strand
und Yachthafen gelegen. Restaurant mit
guter Küche, Kamin und Wintergarten. DZ
144–210 €.   Strandstr. 21,   ☎ 04349/91790,
📠 04349/919840, www.strandhotel.de.

Haus am Meer, Hotel garni mit 10 Zimmern
in allerbester Lage am nördl. Ortsrand von
Strande. Reichhaltiges Frühstücksbüfett, das
im Pavillon mit Aussichtsterrasse eingenommen wird. DZ 74–88 €. Bülker Weg 47,
☎ 04349/330, 📠 04349/1544, www.hotelgarni-
haus-am-meer.de.

Bülker Leuchtturm: Der mit Platten verkleidete, schwarz-weiß geringelte Leuchtturm von 1865 markiert die westliche Einfahrt zur Förde und ist ein beliebtes Ausflugsziel (gepflegter Imbiss-Pavillon mit reichlich Sitzgelegenheiten vor Ort). Er ist zu
Fuß von Strande aus über einen schönen Panorama-Weg in weniger als einer halben
Stunde erreichbar, aber auch mit dem Auto gelangt man problemlos dorthin. 97 Stufen führen zur ersten Plattform in 22 m Höhe, von der man einen tollen, aber auch
zugigen Weitblick über Bucht und Förde hat. Diese Ecke ist wegen ihrer Winde bei
Surfern sehr beliebt, das Baden ist allerdings nicht empfehlenswert, da ausgerechnet
hier das Kieler Klärwerk seine Abwässer einleitet. Nach Nordwesten schließt sich die
Steilküste des Stohler Kliffs an, die sich für ausgedehnte Spaziergänge bestens eignet.
Ganzjährig 10–17 Uhr, Mo geschlossen. Eintritt 2 €, Kinder 1 €. Parkplatz vorhanden
(Automat 2 Std. 1 €, Tageskarte 3 €). ☎ 04349/9264, www.leuchtturm-buelk.de.

Schleswig-Holsteinisches Freilichtmuseum Molfsee: Von den Freilichtmuseen
Deutschlands ist dieses wohl eines der schönsten. Vor den Toren der Landeshauptstadt gelegen, wurde hier ein Stück alter Heimat bewahrt. Mehr als 70 meist reetgedeckte Bauernhäuser, Katen, Scheunen, Werkstätten und Mühlen aus den verschie-
densten Regionen Schleswig-Holsteins sind in jahrzehntelanger Arbeit wiederaufgebaut worden. Noch heute raucht es hier aus alten Schornsteinen, und aus den
Werkstätten erklingt das Klappern alter Gerätschaften. Regelmäßig wird in der We-
berei, Korbflechterei, Töpferei, Meierei, den Schmieden und dem Backhaus nach
alter Tradition gearbeitet, und natürlich sind die hergestellten Produkte auch zu erwerben. Alte Nutztierrassen wie Kaltblutpferde, Kühe, Schafe (Moorschnucken),
die robusten Angler Sattelschweine, Gänse und Hühner bevölkern die Wiesen und
Wege. Dies alles ist eingepasst in eine 60 ha große Hügellandschaft mit Seen und
Feldern. Besonders bei Kindern beliebt ist ein dörflicher Jahrmarkt mit Karussell,
Schiffschaukel und Schießbude. Höhepunkte für die Erwachsenen könnten sein:
das älteste Bauernhaus Schleswig-Holsteins von 1569 (aus Grube/Ostholstein), die
besonders reich ausgestatteten Häuser aus den Elbmarschen oder eine vollständig
eingerichtete ländliche Apotheke (um 1840) mit angrenzendem Kräutergarten. In
vielen Bauernhäusern sind Einzelsammlungen untergebracht: landwirtschaftliche
Geräte, Spielzeug, Darstellungen zur Geschichte des Mühlenwesens oder auch eine
komplette Ausrüstung und Dokumentation zum Walfang.

Adresse/Öffnungszeiten Hamburger
Landstr. 97, Kiel-Molfsee (südl. der Stadt
gelegen, auch von der nahen A 7 aus gut
beschildert). 1.4.–31.10. tägl. 9–18 Uhr, 1.11.–
31.3. nur an Sonn- und Feiertagen 11–
16 Uhr. Erw. 7 €, Schüler 2 €, Familienkarte
14 €. Im Eintrittspreis ist die kostenfreie
Nutzung der Museumsbahn und der Ka-
russells am historischen Jahrmarkt enthalten (Bollerwagenverleih 3 €). ☎ 0431/659660,
www.freilichtmuseum-sh.de.

Essen & Trinken Restaurant Drathenhof,
der vor dem Freilichtmuseum liegende,
prächtige Hof von 1794 ist selber ein Mu-
seumsstück und wurde 1968 an dieser Stelle wiederaufgebaut. In den alten Räumen
werden selbstverständlich holsteinische
Spezialitäten und Fischgerichte von Nord-
und Ostsee, aber auch internationale Gerichte serviert. Mo Ruhetag, ☎ 0431/650889.

Der Nord-Ostsee-Kanal

1895 erfüllte sich ein lange gehegter Traum: Kaiser Wilhelm II. eröffnete feierlich den damals noch nach seinem Großvater Wilhelm I. benannten Wasserweg zwischen der deutschen Nord- und Ostsee. Er führt von den Holtenauer Schleusen in Kiel bis nach Brunsbüttel, wo die Schiffe nach dem Ausschleusen in die Elbe ihren Weg in die Nordsee finden. Die Zahlen sind beeindruckend: Mehr als 37.000 Frachtschiffe jährlich, die bis zu 235 m lang, 32,5 m breit und 40 m hoch sein dürfen, passieren den Kanal von Kiel bis zur Elbmündung. Hinzu kommen etwa 17.000 Boote der Sportschifffahrt. Auch wenn das Schiffsaufkommen in den letzten Jahren deutlich abgenommen hat, so ist der 99 km lange, 162 m breite (Sohlbreite 90 m) und 11 m tiefe *Kiel-Canal,* wie er international heißt, doch immer noch die meistbefahrene künstliche Wasserstraße der Welt. Er spart den Umweg um Jütland und den großen Belt, das sind im Mittel immerhin 460 km. Für die aus Hamburg kommenden Schiffe ist der Vorteil noch größer. So spart man beispielsweise auf dem Seeweg von Hamburg nach Rostock rund 800 km (432 Seemeilen) und damit Treibstoff. Der Zeitgewinn ist weniger groß, als man auf den ersten Blick denkt, denn auf dem Kanal gilt ein Tempolimit von 15 km/h, weshalb die Durchfahrt je nach Verkehrsdichte und Schiffsgröße 6,5–8,5 Stunden dauert. Um angesichts der immer größer und schneller werdenden Schiffe die Attraktivität der Wasserstraße dennoch zu erhalten, subventioniert der Staat kräftig. Die Gebühren decken die Kosten nicht einmal zur Hälfte, aber immerhin beschäftigt der Kanal etwa 450 Menschen, und etwa 3000 weitere Arbeitsplätze sind von ihm indirekt abhängig.

Von der Schleuseninsel aus (von der Nord- und Südseite des Kanals erreichbar; → S. 258) lässt sich das Aus- und Einschleusen der Schiffe hautnah miterleben.

In den vier Schleusenkammern werden die Schiffe in 30–45 Minuten je nach Wasserstand häufig nur um weniger als einen Meter gehoben oder gesenkt, weil der Wasserstand des Kanals in etwa dem mittleren Wasserstand der Kieler Förde entspricht. In den großen Schleusen drängeln sich oft mehrere Schiffe. Damit hier keine Unfälle passieren, müssen Schiffe von mehr als 100 m Länge zusätzlich zum Lotsen, der bereits ab 300 Bruttoregistertonnen auf dem Kanal Pflicht ist, auch noch einen Schleusen-Schiffssteuerer mit an Bord nehmen.

Auch die Geschichte des Kanals ist bemerkenswert. Schon zwischen 1777 und 1784 wurde der Traum vom Wasserweg das erste Mal verwirklicht, als zwischen Kiel und Rendsburg der 43 km lange Eiderkanal entstand und die Schiffe von hier aus auf einer etwas nördlicheren Route über die Eider zur Nordsee gelangten. Als nach langen Auseinandersetzungen und Kriegen mit Dänemark 1864 die Herzogtümer Schleswig und Holstein an Preußen fielen, nahmen die Pläne für einen neuen, auch aus militärischen Gründen wichtigen Kanal konkretere Formen an. Ab 1887 bewegten 8000 Arbeiter acht Jahre lang 80 Millionen Kubikmeter Erde, um das Bauwerk zu schaffen.

Was nur wenig bekannt ist: Das Privileg der ersten Verbindung zwischen Nord- und Ostsee genießt eine andere Wasserstraße, nämlich der schon im Mittelalter entstandene Stecknitzkanal. Er wurde bereits 1381–98 auf Anregung Lübecks gebaut und verlief viel weiter südlich zwischen der Trave bei Lübeck und der Elbe bei Lauenburg (östlich von Hamburg). Seit 1900 ersetzt der 62 km lange Elbe-Trave-Kanal diese mittelalterliche Verbindung.

Nord-Ostsee-Kanal: Holtenauer Schleuse

Ostseeküste: ideal für Fahrradtouren

Kleiner (Rad-)Wanderführer

Kleiner (Rad-)Wanderführer
für die Ostseeküste

Wer die Ostseeküste näher kennenlernen will, sollte eine Fahrradtour oder Wanderung unbedingt in Erwägung ziehen. Die Radrouten, aber auch einige Wanderwege sind gut beschildert und schweißtreibende Steigungen selten. Je nach Anspruch und Kondition ist für jeden etwas dabei.

Wenn Sie länger als ein paar Tage an der Ostseeküste urlauben, ist eine Radtour sicher ein Erlebnis. Weil das Fahrrad auch für die täglichen Besorgungen oder für den Weg zu Strand ungemein praktisch ist, haben viele Urlauber ihren Drahtesel ohnehin an die Küste mitgenommen oder nutzen einen der Fahrradverleihe vor Ort (Adressen finden Sie im Reiseteil dieses Buchs).

Das beschilderte Wegenetz an der Ostseeküste umfasst etwa 1500 km; an den meisten Straßen findet man Schilder mit dem grünen Fahrradsymbol und der

Entfernungsangabe des jeweiligen Ziels. Reine Radwege gibt es allerdings recht selten, allenfalls neben größeren Straßen. Mit etwas Verkehr müssen Sie also auch auf Nebenstrecken immer rechnen, es sei denn, Sie sind auf einem der Wirtschaftswege unterwegs.

Wer einfach an der Küste entlang radeln möchten, dem empfehlen wir den (in der Umschlagkarte eingezeichneten) Ostseeküsten-Radweg, den man auch in Teilstücken befahren oder bewandern kann (→ S. 32). Das etwa 20 km lange Teilstück am Ostufer der Kieler Förde von Kiel-Dietrichsdorf (dorthin mit Buslinie 100 oder 101, Haltestelle Hasselfelde) bis Schönberg ist sogar als Förde-Wanderweg ausgewiesen. Der promenadenartig ausgebaute Weg eignet sich bestens für eine Wanderung an der abwechslungsreichen Küste und ist bei Radlern ebenso beliebt. Den Rückweg können Sie dann mit dem regelmäßig verkehrenden Fördedampfer antreten.

Auch Mehrtagestouren sind kein Problem: z.B. auf dem Ostseeküstenradweg

Zwar ist das Radeln die weitaus beliebteste Möglichkeit die Küste zu erkunden, doch ebenso schön ist es, die herrliche Landschaft per pedes zu entdecken – auf besonders markierten Wanderwegen. Besonders gut erschlossen und dazu landschaftlich ungemein reizvoll ist das Wanderwegenetz im Naturpark Holsteinische Schweiz.

Zehn der schönsten Radtouren und Wanderungen haben wir in diesem Buch detailliert beschrieben. Es sind ausschließlich Rundtouren, Sie können also an jedem beliebigen Punkt der Tour starten. Die am Weg liegenden Sehenswürdigkeiten erwähnen wir hier nur kurz, ausführliche Infos dazu finden Sie im Reiseteil des Buchs.

Fahrradtour 1: Rund um den Hemmelsdorfer See

Charakteristik: Wenig anstrengende Tour ohne nennenswerte Steigungen; die Tour führt auf gemütlich-ruhigen Wegen – fast ausschließlich Fahrradwege – um das Gewässer und bietet immer wieder schöne Seeblicke. **Länge/Dauer:** 19 km, ca. 1½–2 Std. **Einkehrmöglichkeit:** vor allem in Offendorf und Warnsdorf. **Ausgangspunkt:** Parkplatz am Vogelpark Niendorf.

Wegbeschreibung: Vom Ausgangspunkt **1** (Parken frei) der Beschilderung in südlicher Richtung folgen zum etwa 1 km entfernten **Hermann-Löns-Blick 2**. Der hölzerne Ausguck mit Blick über den ganzen See lohnt einen ersten Stopp. Von hier aus

Kleiner (Rad-)Wanderführer

Strandrast

wird über eine lange Holzbrücke das Flüsschen Aalbeek überquert. Dann folgt man dem anfangs etwas holprigen, landschaftlich sehr schönen Weg in einem 2,5 km langen linksseitigen Rundbogen nach Hemmelsdorf (im Zweifel immer links halten).

Auf dem Radweg der Hauptstraße angelangt, wird (links ab) bald **Hemmelsdorf 3** durchfahren. Hier bleibt man auf dem leicht ansteigenden Radweg an der relativ stark befahrenen Straße, bis es nach wiederum 2,5 km durch eine alleeartige Straße hinab nach **Offendorf** geht. Dort führt links eine Einbahnstraße zum See (vorbei am Café Seeblick), wo eine gepflegte Badeanstalt zur Abkühlung einlädt (Erw. 2 €, Kinder 1,50 €). Direkt am Eingang der Badeanstalt vorbei **4** kann man etwa 1 km den schmalen, dicht bewachsenen Weg am See entlangfahren, der kurz vor Kreuzkamp wieder auf die Straße führt (Achtung: Fußgänger). Gemütlicher geht's allerdings voran, wenn man ab Offendorf gleich auf dem Fahrradweg neben der Hauptstraße bleibt. Bald zweigt eine Nebenstraße links ab nach **Grammersdorf 5** (der Radweg neben der Straße bietet gelegentlich Ausblicke auf den See). Etwa 500 m hinter dem Abzweig Wilmsdorf am Ende der Kurve biegt man links in einen Feldweg ein, der nur anfangs geteert, aber gut befahrbar ist. Am Wäldchen entlang (sich rechts haltend) geht's am Schloss Warnsdorf (heute Kurklinik, dahinter ein Golfplatz) vorbei in den Ort **Warnsdorf 6**, der einige Einkehrmöglichkeiten bietet. Beim Bauernhof hinter dem Dorf kann man mitunter noch „glückliche" Schweine antreffen, die sich auf einer großen Wiese suhlen dürfen.

Der Radweg führt nun nach **Häven**. Dort fährt man links einen nicht geteerten Weg hinab **7** (Hinweisschild: Burg Räuberkuhle). Der schön geschwungene Weg führt nach 1 km zu einem archäologischen Hügel, auf dem im Mittelalter ein Turm stand und heute eine alte Eiche den Hang hinabzustürzen droht **8**. Dahinter führt der Weg links zurück zum Vogelpark.

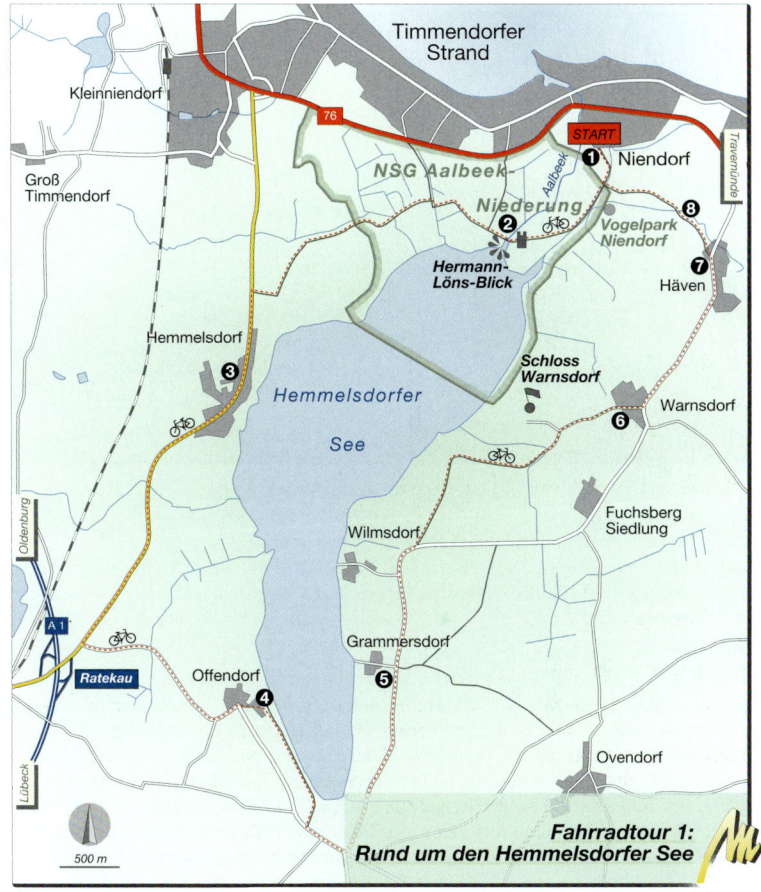

Fahrradtour 2:
Von Grömitz nach Neustadt und Altenkrempe

Charakteristik: Schöne Rundtour, zunächst an der Steilküste entlang auf etwas holprigen Wegen, von Rettin bis Neustadt aber sehr komfortabel zu fahren. Zurück geht es nach einem Besuch der Altenkremper Basilika durch sanft-hügelige Landschaft auf kleinen Wegen und Straßen. **Länge/Dauer:** 36 km, knapp 3 Std. (mit Aufenthalt an den Sehenswürdigkeiten mind. 5 Std.). **Einkehrmöglichkeit:** Vor allem auf der ersten Hälfte der Tour viele Möglichkeiten, hervorragende Einkaufsmöglichkeiten in Neustadt. **Ausgangspunkt:** Seebrücke Grömitz.

Wegbeschreibung: Von der **Seebrücke in Grömitz** ❶ geht es zunächst parallel zur Kurpromenade zum westlich gelegenen Yachthafen. Kurz vor dem Hafen darf man ein kleines Stück die Promenade entlangfahren bis zur Straße, dann rechts und

Lohnenswerter Abstecher: Gut Hasselburg bei Altenkrempe

gleich wieder links in den Steilküstenweg (grünes Schild), damit man auf der Steilküste oberhalb des Hafens weiterradeln kann. Dort bietet sich ein wunderbarer Blick hinunter zum Sportboothafen. In der Ferne ist die mecklenburgische Küste zu erkennen.

Nun beginnt ein schöner, aber auch sehr schmaler und holpriger Streckenabschnitt (Vorsicht: Steilufer ist ungesichert). Auf dem etwas hubbeligen Weg hält man sich im Wäldchen „Kagelbusch" immer geradeaus (bzw. nimmt stets den breitesten Pfad) und kommt nach 1,8 km ins Feriengebiet **Bliesdorfer Strand 2**. Quer durchs Feriengebiet geht es bis zur Gaststätte Seeräubernest, dann wieder etwas holperig unmittelbar an der Küste entlang Richtung Rettin. Auf diesem Weg durchquert man den direkt an der Steilküste gelegenen Ruheforst Ostseeküste, in dem Waldbestattungen stattfinden. Von hier aus (oder über Rettin die Straße hinauf) unbedingt ein Abstecher zum malerisch auf einer Insel gelegenen **Gut Brodau 3**.

Ab dem **Rettiner Strand 4** fahren Sie immer den bald geteerten Weg am Strand entlang bis nach **Pelzerhaken 5**. An der dortigen Seebrücke geht es durch die Strandallee in den Ort hinein und dann links die Hauptstraße (zunächst leicht bergauf) bis **Neustadt** (Radweg). Am Ortseingang (Klinikum) biegt man links ab und fährt wiederum links um das Klinikum herum bis zum **Cap Arcona Denkmal 6** (→ Kasten S. 96). Nun radelt man am Wasser entlang bis in die Innenstadt **7** – eine Besichtigung der Stadt lohnt sich. Der Pagodenspeicher am Hafen weist den Weg weiter geradeaus am östlichen Ufer des Binnenwassers entlang bis nach **Altenkrempe**. Die sehenswerte Basilika sollte man unbedingt anschauen (und evtl einen Abstecher zum Gut Hasselburg in Erwägung ziehen).

Direkt neben der Kirche **8** nehmen Sie den holprigen Weg hinunter in die Wiesen (Kirchsteig). Nach 1 km geht es kurz an der Autobahn entlang, dann quert man diese über eine Brücke und gelangt nach **Logeberg**. Dort orientieren Sie sich halblinks Richtung Ortskern, überqueren die Kreisstraße, um auf der gegenüberliegenden Seite des Restaurants Aalscheune rechts die kleine Straße **Richtung**

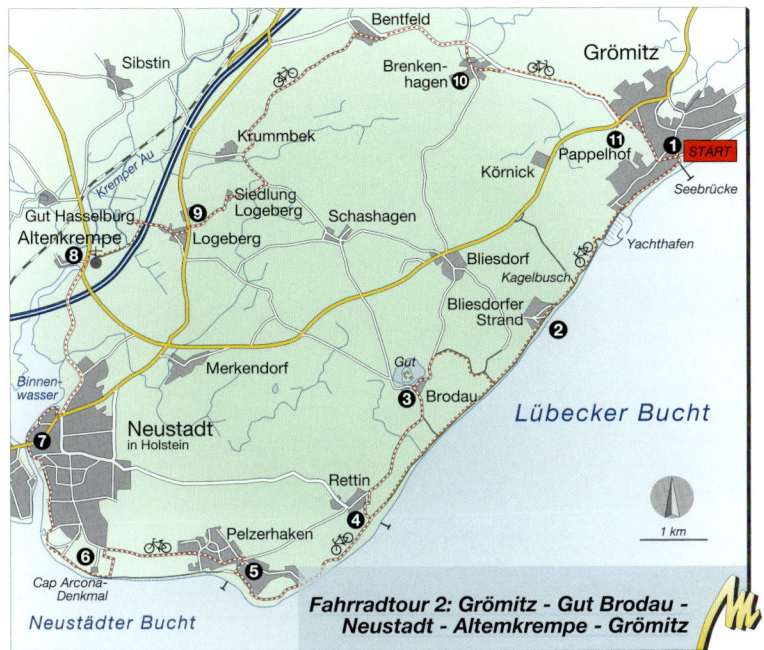

Fahrradtour 2: Grömitz - Gut Brodau - Neustadt - Altemkrempe - Grömitz

Hermannshof zu nehmen (Hermannshofer Weg) **9**. Im kleinen Wäldchen halten Sie sich bald wieder links **Richtung Krummbek** und erreichen dann, (rechts) an zahlreichen Windanlagen vorbei, das etwa 3 km entfernte **Bentfeld**. Dort geht es rechts ab an der Kreisstraße entlang (2 km) bis in das idyllische Dorf **Brenkenhagen**. Hier können Sie einen kurzen Schlenker durch den Ort machen, indem Sie rechts ab in die Grömitzer Straße einbiegen **10**. Schon nach 50 m geht es wieder links ab und weiter auf dem (Rad-)Weg in **Richtung Grömitz** (Schild).

Wer sich zuvor noch eine Belohnung gönnen will, fährt nach der Überquerung der Bundesstraße vor der Tankstelle rechts ab zum Pappelhof **11** und besucht den **Obsthof Schneekloth**. Täglich gibt es hier frischen Erdbeer- und Himbeerkuchen oder Eis mit frischen Beeren.

Wanderung/Fahrradtour 3:
Von Dahme über Grube zum Rosenfelder Strand

Charakteristik: Kurze, leichte Rundtour zwischen Oldenburger Graben und Seedeich. Unterwegs kommen Sie an einem Storchennest und an der sehenswerten Gruber Kirche vorbei. Dann geht es zu den sehr idyllischen Landarbeiterkaten des ehemaligen Gutes Rosenhof und weiter zum Naturstrand Rosenfelde. Von dort aus beginnt direkt am Deich der Rückweg nach Dahme. **Länge/Dauer:** 14 km, Rundwanderung ca. 3½–4 Std., als kurze Radtour 1½ Std. **Ausgangspunkt:** Seebrückenvorplatz von Dahme.

Kleiner (Rad-)Wanderführer

Sehenswertes Kleinod: das malerische Siggeneben

Wegbeschreibung: Vom **Seebrückenvorplatz von Dahme 1** geht es zunächst ins Landesinnere die Saarstraße ganz hindurch, dann hinter der Tankstelle halbrechts und kurz darauf wieder rechts **Richtung Grube** (Fahrrad-/Fußweg). Nach 2 km erscheint halbrechts eine Straße, die in den Ort hineinführt **2**. Dort geht's weiter (an der Grundschule vorbei), bis man auf die Durchgangsstraße (B 501) trifft. Diese wird halbrechts überquert, und sofort nach der Kurve geht es links in die mit Feldsteinen gepflasterte Straße *Bei der Kirche* hinein. (Alternative: Wanderer können von Dahme aus auch am nordwestlichen Ortsrand in den Brookweg laufen und kommen dann über schöne Feldwege ebenfalls zur aus Grube hinausführenden B 501.)

Vorbei am **Storchennest 3** und der sehenswerten Kirche führt die Straße zum **Paasch-Eyler-Platz 4**. Hier biegen Sie rechts ab mitten über den baumbewachsenen Platz der Bürgergilde, der bis zum Mittelalter ein Burgplatz auf einer Halbinsel im ehemaligen Gruber See war. Der Weg führt nun ab dem Drehkreuz ein kurzes, holperiges Stück durch die Wiesen wieder zur B 501. Dann geht's links ab auf dem Radweg neben der Bundesstraße bis nach Gut Rosenhof. 200 m weiter **5** führt ein Sträßlein rechts ab ins malerische **Siggeneben**, das sind 15 denkmalgeschützte ehemalige Landarbeiterkaten des Gutes Rosenhof. An Ortsende dieses Weilers gelangen Sie auf ungeteertem Weg rechts Richtung Ostsee. An der bald folgenden Wegkreuzung **6** sollten sich Radler links halten; sie kommen so quer über einen großen Bauernhof und weiter auf dem Sträßlein (nach rechts) zum Rosenfelder Strand **7**. (Wanderer können an der Wegkreuzung auch rechts gehen und bleiben dann immer auf dem Weg, der halbkreisförmig hinter dem Campingplatz entlang nach 1,5 km ebenfalls zum Deich führt; das kürzt die Strecke etwas ab.)

Nun geht es fast 4 km auf dem Weg hinter dem Deich – zum Teil über das Gebiet des Campingplatzes – zurück bis zum Ausgangspunkt Dahme. (Wanderer gehen besser und vor allem landschaftlich schöner oben auf der – allerdings etwas holprigen – Deichkrone.)

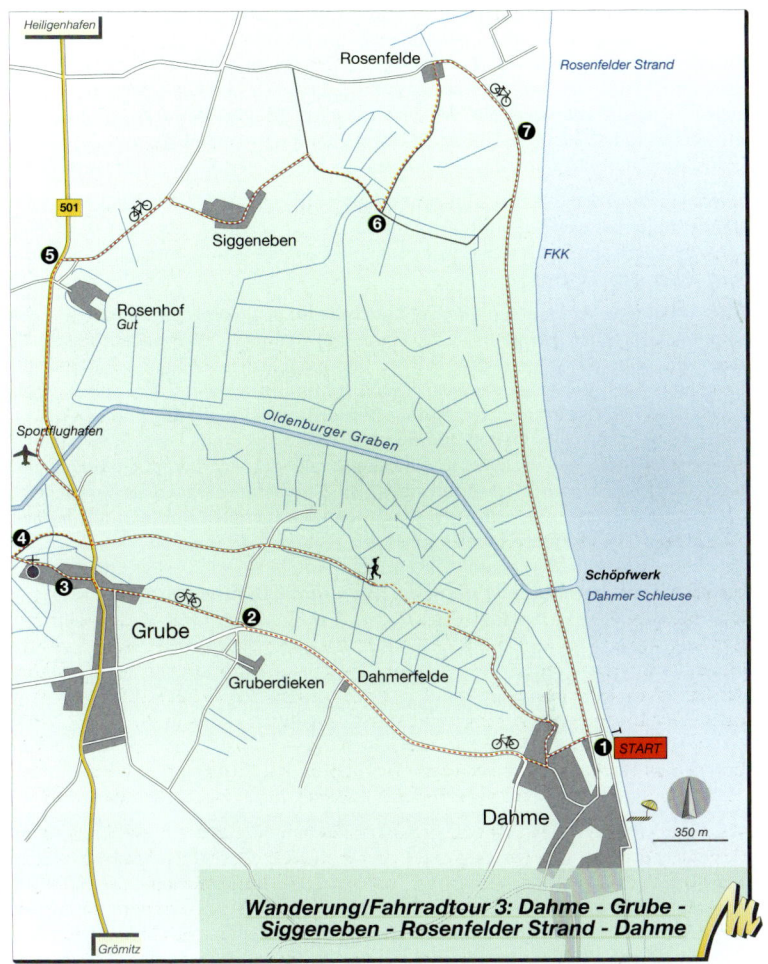

Wanderung/Fahrradtour 3: Dahme - Grube - Siggeneben - Rosenfelder Strand - Dahme

Fahrradtour 4: Der Südwesten Fehmarns

Charakteristik: Auf dieser Rundtour lernen Sie Fehmarns charakteristische Seiten kennen. Sie führt von Fehmarns geographischem Mittelpunkt Landkirchen über Lemkenhafen mit der alten Segelwindmühle und über den Hafen von Orth durch das Naturschutzgebiet bis zum Flügger Leuchtturm. Weiter geht es durch Fehmarns schöne Kulturlandschaft zum Kirchdorf Petersdorf und über Bisdorf zum Ausgangspunkt zurück. **Länge/Dauer:** 28 km, ca. 2½ Std. Wegen der vielen Sehenswürdigkeiten kann sie auch zur Tagestour ausgedehnt werden. **Ausgangspunkt:** St.-Petri-Kirche in Landkirchen/Fehmarn.

Kleiner (Rad-)Wanderführer

Wegbeschreibung: Am südlichen Ortsrand von **Landkirchen** 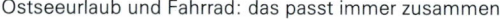 fahren Sie rechts auf einer wenig befahrenen, gewundenen Straße in das knapp 2 km entfernte **Teschendorf** und weiter ins ebenfalls etwa 2 km entfernte **Westerbergen** ■. Von dort fährt man gut 1 km am Wasser entlang bis nach **Lemkenhafen** mit seinem sehenswerten Mühlenmuseum. Ab dem Ortsende ■ führt der Weg autofrei über die unbefestigte Deichkrone direkt an der Orther Reede entlang bis ins knapp 3 km entfernte malerische **Orth,** das sich mit seinem alten Hafen für eine Rast anbietet.

Vorbei an der Kneipe Piratennest geht's links weiter auf den Deich ■. (Im Zweifel immer links halten. Bei feuchtem Wetter ist der schmale Weg allerdings eher schlecht, dann empfiehlt sich eine Routenänderung die Straße entlang bis Sulsdorf und weiter nach Püttsee.)

Nach 3 km erreicht man den **Flügger Leuchtturm**, den Sie besteigen sollten – der Rundblick von oben ist traumhaft. Kurz vor dem weithin sichtbaren Leuchtturm ■ führt ein geteerter Weg an den Flügger Campingplätzen vorbei bis **Püttsee.** Im Dorf folgt man geradeaus der zum Strand führenden Straße. Schon 200 m nach dem Ort geht's rechts hoch ein Stück auf dem Deich entlang ■ (grünes Gatter). Nach 1 km (erneut ein Gatter) nimmt man den rechts vom Deich beginnenden geteerten Weg ■, der, nachdem er die Hauptstraße gekreuzt hat, in großem Bogen ins typisch fehmarnsche **Kopendorf** führt. Von Kopendorf nehmen Sie besser nicht die belebte Hauptstraße nach Petersdorf, sondern überqueren diese noch einmal und biegen 200 m später hinter dem Dorf rechts ab ■, um die etwa 2 km bis Petersdorf auf einem ruhigeren Sträßchen zurückzulegen. In Petersdorf geht's rechts und sofort wieder links zur *St.-Johannis-Kirche* (Neustadtstraße).

Von der sehenswerten Kirche aus fährt man hinunter zur Kreisstraße ■. Nun folgen Sie dem einige Meter neben der Hauptstraße verlaufenden Radweg bis zum Ortkern von **Lemkendorf** (2 km). Kurz vor dem Dorfteich biegt man links in die Straße „Am Soll" ein ■ und fährt diese bis zum Ortsende. Dann geht es 3 km geradeaus weiter auf dem geteerten Weg bis nach **Bisdorf**, der an einem kleinen Bach

Ostseeurlaub und Fahrrad: das passt immer zusammen

namens **Kopendorfer Au** vorbeiführt. Bisdorf ist ein nettes Örtchen (Bauernhof-café und Restaurant) und lohnt einen Besuch. Ein neben der Straße verlaufender Fahrradweg 🔟 führt von hier aus die letzten 2 km zurück nach Landkirchen.

Wanderung/Fahrradtour 5:
Rund um den Großen Binnensee bei Hohwacht

Charakteristik: Rundtour in traumhafter Landschaft, zunächst zwischen Dünen und Meer, dann in herrlich einsamer Natur zwischen Binnensee und alten Buchenwäldern. Wegen der teils sehr matschigen Wege im zweiten Teil der Tour sollten Sie diese Wege nur bei anhaltend trockenem Wetter begehen bzw. befahren. **Länge/Dauer:** 17,5 km, zu Fuß gut 5 Std., als Radtour 2 Std. (Mountain-oder Trekkingbike für den unebenen letzten Teil der Tour empfohlen). **Ausgangspunkt:** Parkplatz Seestraße Hohwacht (Parkgebühr) oder im kleinen Ort Haßberg.

Wegbeschreibung: Von Hohwacht aus 🔟 geht es zunächst 2–3 km die Küste entlang bis zum kleinen **Hafen Lippe.** Wahlweise kann man am Strand entlang-gehen oder den Weg auf dem Deich nehmen. Auf jeden Fall hat man die Ostsee immer im Blick und meist eine steife Brise im Gesicht. Am **Gasthaus Klabauter-mann** in Lippe (einzige Möglichkeit zur Einkehr auf der Tour) immer geradeaus den kleinen Weg zwischen zwei Reetdachkaten hindurch 🔟 (nicht Richtung Fahr-radweg links abbiegen!), dann durch das Gitter und weiter den Strandweg Richtung Behrensdorf/Leuchtturm. Dieser schöne Weg führt 3 km durch die Dünen. Zwi-schendurch gibt es immer wieder hölzerne Übergänge zum Strand, so dass Wan-derer auch direkt auf dem steinigen Naturstrand laufen können.

Lädt zur Rast ein: der Hafen von Lippe

Am Strand von **Behrensdorf** links ab über den Deich **3** und 1 km am Camping-
platz vorbei in den Ort hinein **4**. Dort wieder links Richtung Stöfs und Gut
Waterneversdorf, das schon von weitem am hohen Getreidesilo erkennbar ist
(nicht Richtung Lippe). Nach 2 km führt auf der Anhöhe links eine von alten
Bäumen flankierte Straße **5** hinunter zum sehenswerten **Gut Waterneversdorf**.
Von hier aus geht es weiter geradeaus durch die Allee mit den schönen Katen zum
See. Der Hauptweg ist anfangs noch sehr breit, wird mit der Zeit immer schmaler
(bei den Feldern links am See entlang) **6** und bei feuchtem Wetter sehr matschig
(festes Schuhwerk bzw. Geländefahrrad empfohlen!).

Wegen des schlechten Weges beginnt nun ein kleines Abenteuer in herrlich einsamer Natur. Nach knapp 2 km passiert man einen kleinen Abzweig nach Stöfs
(hier geradeaus), wenig später erreicht man den Wald, in dem der Weg einen
Rechtsknick macht **7**. Nach wenigen Metern teilt sich der Weg. Beide Wege führen
zum Ziel, besser den Weg halblinks nehmen, der sich dann in einem weiten Links-
bogen ganz nach oben zieht (immer links auf diesem Weg bleiben, bis über den
Hügel hinweg). Nach 1,2 km aufpassen: Dort führt rechts hinab ein kleiner Weg
nach Haßberg **8** (kein Hinweisschild; geradeaus führt der Weg nur auf das steile
Seeufer, das heute Seeadlerschutzgebiet ist; der Überlieferung nach lag hier einmal
ein Schlupfwinkel von Klaus Störtebeker –bis etwa 1880 war der heutige Binnensee
eine schiffbare Lagune zur Ostsee).

Der nur 500 m lange Weg hinab zur Straße wird immer enger und ist teils dicht mit
Brennnesseln bewuchert. Wenn der Weg bald über eine kleine Brücke führt, dann
ist man richtig. Kurz darauf folgt man 1,3 km der Straße nach **Hassberg 9**, auf der
nach einem weiteren Kilometer wieder Hohwacht erreicht ist. Etwa 300 m vor dem
Ortsschild führt links an einer Eiche ein schattiger Weg **10** durch den dichten Wald
hinunter zurück zum Strand.

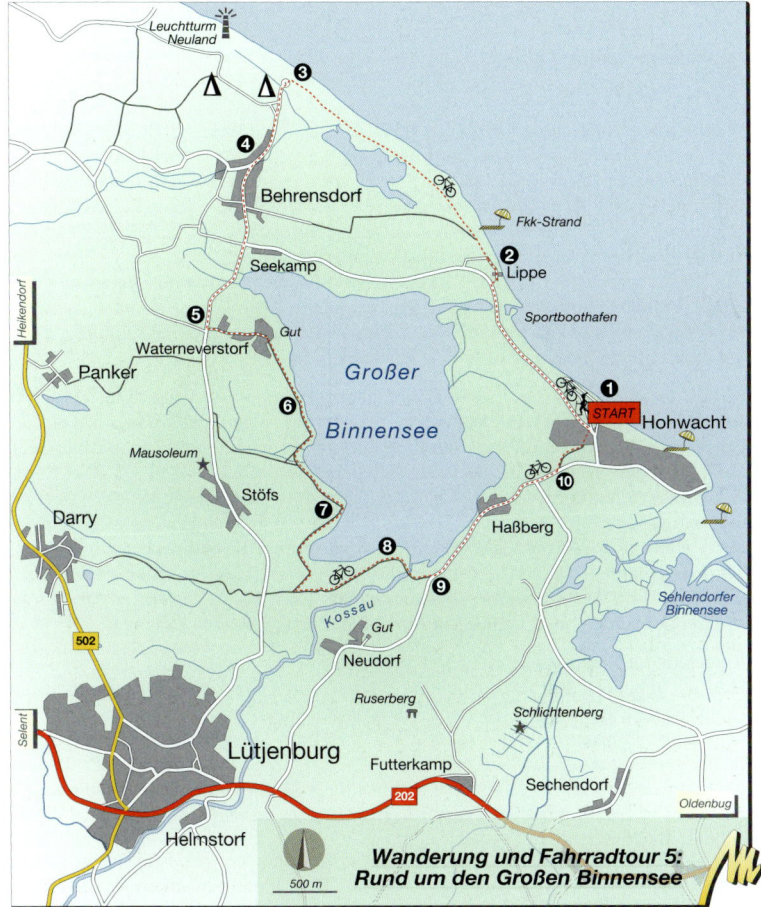

**Wanderung und Fahrradtour 5:
Rund um den Großen Binnensee**

Wanderung/Fahrradtour 6:
Rund um den Lanker See bei Preetz

Charakteristik: Von der Schusterstadt Preetz führt die Tour durch herrliche Land-schaft einmal um den Lanker See bis zum Gut Walstorf und wieder zurück. Sieht man von einer Brückenquerung zu Fuß und einer Steigung am Mühlenberg ab, gibt es für Radler relativ wenige Schwierigkeiten. Wegen der wenigen Einkehr-möglichkeiten kann für Wanderer die Strecke allerdings recht lang werden.
Länge/Dauer: 16 km; als Wanderung 4 Std., als Radtour 1½ Std. **Ausgangspunkt:** Marktplatz Preetz.

Kleiner (Rad-)Wanderführer

Wanderung/Fahrradtour 6: Rund um den Lanker See bei Preetz → Karte S. 203

Wegbeschreibung: Vom Ortszentrum **1** geht es in südlicher Richtung (Kirchenstr.) an der Stadtkirche vorbei zum Restaurant Schützenhof. Dort halblinks in die Straße *Ihlsol* **2**, dann weiter an der Schule vorbei zum **Strandbad Lanker See 3**. Nun nach rechts über die Bahnbrücke (Fahrräder über die hohe Treppenbrücke tragen oder gleich am Schützenhof auf der Hauptstraße bis zur Straße namens Waldweg bleiben), dahinter links ab (zunächst *Birkenweg*, dann *Am Lanker See*). Am Wegende links in die Straße namens *Waldweg* **4**. Dann immer geradeaus und etwas versteckt vor dem Pirolweg in die Flur hinein (sehr schmaler, hügeliger Weg). Immer weiter geradeaus diesem Weg folgen (einen Spurbahnweg überqueren, dann am Waldrand vorbei) ins **Waldstück Schweding.**

Mitten im Wald an einer Linde **5** erscheint ein erstes Hinweisschild, das nach halblinks die Richtung nach **Wahlstorf** anzeigt. Der Weg – inzwischen breiter geworden – führt zum Kührener Bahnhof; dort zweigt nach rechts ein Spurbahnweg ab **6**, von dem bald scharf links die alte (ungeteerte) Straße nach Walstorf führt. Auf wunderschöner Strecke geht es hier durch Wiesen und Felder und vorbei an den naturgeschützten **Kührener Teichen** (schöne Beobachtungshütte). Dann überquert man die Bahnlinie (Schranke öffnet sich nur auf Knopfdruck) und fährt auf der Straße namens *Filzhut* hinunter zum sehenswerten Gut (Einkehrmöglichkeit in der Wirtschaft *Zur Alten Schule* oder am Kiosk der 200 m entfernten *Walstorfer Mühle*). Am Hofgut geht's geradeaus den breiten Spurbahnweg entlang **7**.

Nachdem der Weg nach etwa 1,5 km eine Kehre hinauf gemacht hat, führt im Wald links ein schmaler (mitunter feuchter) Fußweg durch Wald und Koppeln Richtung Campingplatz und Straße **8** (mit *X* markiert). Radfahrer bleiben unbedingt auf dem Spurbahnweg, der etwas später als Teerstraße links **Richtung Preetz** führt (*nicht* hinunter zum Campingplatz fahren!). Im Ortsteil Schellhorn geht's links in die unscheinbare Straße *Am Wiesengrund* hinein **9**. Bald führt ein schöner, ungeteerter Weg immer geradeaus zum Kirchsee und an diesem entlang bis fast direkt auf den Marktplatz.

Wanderung 7:
Von Schönwalde zum Bungsberg und zurück

Charakteristik: Waldreiche Wanderung hinauf zum höchsten Punkt Schleswig-Holsteins. Zwischendurch können Sie immer wieder herrliche Ausblicke genießen. **Länge/Dauer:** 8 km, 2 Std. **Einkehrmöglichkeit:** keine. **Ausgangspunkt:** Kirche in Schönwalde.

Wegbeschreibung: Von der Dorfmitte in Schönwalde laufen Sie zunächst einige Meter die Eutiner Straße (Hauptstraße) hinab über den Lachsbach und ein Stück dahinter halbrechts in die Bergfelder Straße. Bis hinauf auf den Bungsberg befindet man sich nun auf einem Teilstück des Europäischen Fernwanderwegs (mit weißem *X* markiert). Dieser führt weiter halbrechts, dem breiten ungeteerten Fahrweg folgend, nach 700 m an einem wunderschönen Ausguck über ein renaturiertes Feuchtgebiet vorbei (Naturschutzstiftung Bekmissen).

Blick vom Bungsberg auf die hügelige Moränenlandschaft

Dann laufen Sie auf ein weiteres Feuchtbiotop zu, schließlich gelangen Sie nach weiteren 700 m zur Kreisstraße, die halbrechts in einen Waldweg hinein überquert wird. Nun geht's einen guten Kilometer durch den Wald (im Zweifel links halten), dann wird wiederum eine kleine Straße überquert. Nach nochmals einem knappen Kilometer bergauf auf einem sehr schönen Pfad am Waldrand entlang sind Sie am Ziel.

Leider ist der Fernmeldeturm ist derzeit nicht begehbar; Sie sollten stattdessen ein kurzes Stück geradeaus am Turm vorbei auf die Weide (Skipiste) laufen. Von dem Gipfelstein aus haben Sie ebenfalls einen schönen (Rundum-)Blick. Auf dem gleichen Weg geht es wieder zurück nach Schönwalde.

Wanderung 8: Rund um den Großen Eutiner See

Charakteristik: Eher ein langer Spaziergang als eine Wanderung, aber auch für Fahrradfahrer geeignet. Dennoch (vor allem für Kinder) auch als kleine Radtour möglich. Der gut erschlossene Weg führt fast ohne Steigung einmal rund um den See. **Länge/Dauer:** gut 8 km, 2 Std. Sie können die Wanderung um die Hälfte abkürzen, wenn Sie ab der bzw. bis zur Anlegestelle Redderkrug mit dem Ausflugsschiff fahren (alle 1¼ Std.; Erw. 4 €, Kinder 2 €). **Einkehrmöglichkeit:** an der Anlegestelle Redderkrug. **Ausgangspunkt:** Schlosspark Eutin.

Wegbeschreibung: Der Große Eutiner See, dessen Ufer nur wenig bebaut und damit recht ursprünglich ist, wird von einem sehr schönen Wanderweg umrundet. Am Schloss vorbei durch die Lindenallee führt der Weg immer direkt am Wasser entlang bis zur östlichen Ausflugsdampferanlegestelle Redderkrug, die nach knapp der Hälfte des Wegs (4 km) erreicht ist (kleine Badestelle).

Nördlich des Sees geht es 200 m weiter auf dem ungeteerten Fahrweg, dann vor der Schranke links ab. Der Weg führt hier für etwa 3 km vor allem im Wald, lässt aber immer wieder Blicke auf den See zu. Hinter der Minigolfanlage links, dann über eine kleine Brücke und durch den Seepark kommen Sie zurück zur Stadtbucht von Eutin.

Kleiner (Rad-)Wanderführer

Fahrradtour 9: Rund um den Plöner See

Charakteristik: Vielleicht der Klassiker der Fahrradtouren in der Holsteinischen Schweiz – eine abwechslungsreiche Tour, die meist auf abgelegenen Wegen, dann auch wieder neben einer belebten Bundesstraße entlang führt. Sie können die teils etwas hügelige Strecke auch stark abkürzen, indem Sie ab Bosau mit dem Schiff zurückfahren. **Länge/Dauer:** 41 km, 3 Std. **Ausgangspunkt:** Bahnhofsvorplatz Plön.

Wegbeschreibung: Vom Bahnhof **Plön** **1** geht es zunächst den Fahrradweg in Richtung Eutin (Bahnunterführung), dann nach ein paar hundert Metern (Rosenstraße rechts ab) an den Seevillen vorbei und durch den Wald am See bis **Fegetasche** (den Strandweg Richtung Freibad). Am Schiffsanleger links wieder zurück zur Hauptstraße (Radweg) und an der Kaserne vorbei (etwa 1 km), dahinter rechts ab bis zum Altenpflegeheim Ruhleben (Missionsweg) **2**.

Am Altenpflegeheim Gut Ruhleben geht es dann links durch den Wald um das Gut herum und an der nächsten Weggabelung nach rechts Richtung Bosau **3**. Nun folgt ein landschaftlich besonders schönes Stück durch Felder und Koppeln auf dem schmalen Landstreifen zwischen dem Großen Plöner See und dem Vierersee. Am Südende des Vierersees biegt man rechts ab **4** über den unteren Rundweg Richtung Bosau/Bischofsee (Von Bosau aus fährt ein Schiff zurück nach Plön: 12, 14, 16 und 18 Uhr. Erw. 5 €, Kinder 2,50 €, Fahrrad 2 €; Ticketverkauf an Bord).

Weiter geht es durch den Ort **Bosau** (empfehlenswerter Abstecher zur Kirche mit Blick über den Bischofsee und das Plöner Schloss!). Am Ortsende **5** fahren Sie rechts ab (Stadtbeker Straße) über eine 5 km lange und teilweise recht enge Straße (etwas Verkehr), die zunächst parallel zum See nach **Bredenbek** führt. Dort geht es am *Dörpskroog* wiederum auf der Straße rechts ab und nach gut 1 km vor dem Teich erneut nach rechts (kleines Hinweisschild) **6** auf einem ungeteerten Sandweg bis zum 2 km entfernten **Gut Nehmten** (→ S. 234).

Am Gestüt vorbei führt ein Sträßlein weiter bis **Godau** (Badestelle). Dort an der Linde **7** führt links die schöne, aber hügelige Straße 4 km ins Zentrum von **Dersau** (alternativ kann ab der Linde auch geradeaus der Feldweg bis nach Sepel gefahren werden; ein kleiner, aber schöner Umweg, der teilweise über Koppel führt).

500 m hinter dem Campingplatz in Dersau **8** fahren Sie rechts ab (Seebrook), bald geht es autofrei durch den Wald bis **Gut Ascheberg**. Nun führt der Weg links auf die B 430 **9**. Hier ist die Straße zu queren (starker Verkehr). Auf dem Fahrradweg direkt neben der Bundesstraße geht es durch Ascheberg weiter bis kurz vor Plön (gut 6 km). An der dritten Bahnschranke erscheint rechts ein brauner Wegweiser mit der Aufschrift „Niedersächsischen Bauernhaus – Prinzeninsel", dem man zunächst folgt **10**. Den letzten Teil der Tour geht's diesen schönen Weg (links Richtung Zentrum) am Ufer des Sees entlang zurück zum Bahnhof, es sei denn, Sie wollen der Gaststätte Niedersächsisches Bauernhaus (rechts) auf der Prinzeninsel vorher noch einen Besuch abstatten.

Wanderung/Radtour 10: Rund um den Vierersee

Charakteristik: Die kurze Alternative zur Rundfahrt um den Plöner See. Eine Wanderung um den langgestreckten, etwa 3,2 km langen und nur 500 m breiten und waldreichen Vierersee ist etwas für Naturliebhaber, die die Ruhe schätzen. **Länge/Dauer:** 13 km, zu Fuß 3½ Std., als ruhige Fahrradtour 1 Std. **Einkehrmöglichkeit:** im Restaurant des Campingparks Augstfelde. **Ausgangspunkt:** Schiffsanleger Bosau.

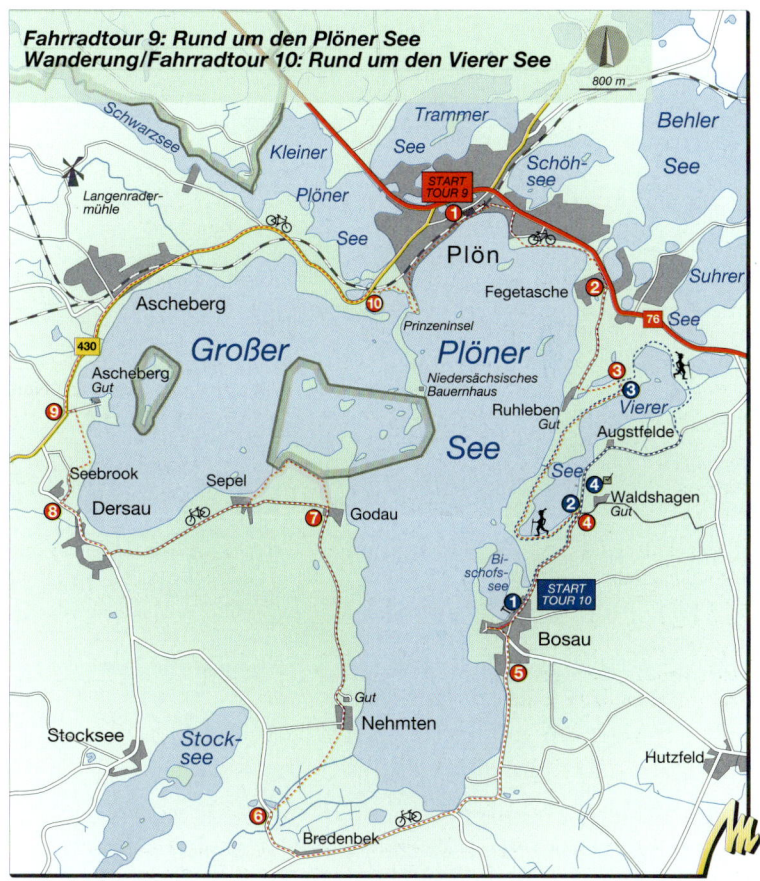

Fahrradtour 9: Rund um den Plöner See
Wanderung/Fahrradtour 10: Rund um den Vierer See

Wegbeschreibung: Vom Schiffsanleger Bosau **1** führt die Route zunächst in entgegengesetzter Richtung eines Teilstücks von Tour 9 am nördlichen Ortsende neben der kleinen Straße aus Bosau hinaus. Nach knapp 1 km kreuzt der Weg diese Straße und führt geradeaus (Sandweg) in Richtung Plön-Ruhleben. Wiederum knapp 1 km später geht es in einer Senke scharf links auf den See zu **2**.

Es folgt ein sehr schöner Wegabschnitt durch Wiesen und über den schmalen Landstreifen zwischen Vierer- und Plöner See, der einen schönen Blick quer übers Wasser zum Plöner Schloss freigibt. Nach etwa 3 km kommt eine Weggabelung, an der es rechts ab geht **3**. Die Route führt dann Richtung Augstfelde 2,5 km durch den Wald um das nördliche Seeende bis zur Teerstraße (immer auf dem Hauptweg bleiben). Parallel zur Straße Plön – Bosau führt der Radweg über Augstfelde (Campingplatz) bis Gut Waldshagen (heute Golfplatz) **4**.

Im Weiler Waldshagen geht es scharf rechts den ungeteerten Weg 2,5 km zurück nach Bosau.

Abruzzen • Ägypten • Algarve • Allgäu • Allgäuer Alpen *MM-Wandern* • Altmühltal & Fränk. Seenland • Amsterdam *MM-City* • Andalusien • Andalusien *MM-Wandern* • Apulien • Athen & Attika • Australien – der Osten • Azoren • Bali & Lombok • Baltische Länder • Bamberg *MM-City* • Barcelona *MM-City* • Bayerischer Wald • Bayerischer Wald *MM-Wandern* • Berlin *MM-City* • Berlin & Umgebung • Bodensee • Bretagne • Brüssel *MM-City* • Budapest *MM-City* • Bulgarien – Schwarzmeerküste • Chalkidiki • Cilento • Cornwall & Devon • Dresden *MM-City* • Dublin *MM-City* • Comer See • Costa Brava • Costa de la Luz • Côte d'Azur • Cuba • Dolomiten – Südtirol Ost • Dominikanische Republik • Ecuador • Elba • Elsass • Elsass *MM-Wandern* • England • Fehmarn • Franken • Fränkische Schweiz • Fränkische Schweiz *MM-Wandern* • Friaul-Julisch Venetien • Gardasee • Gardasee *MM-Wandern* • Genferseeregion • Golf von Neapel • Gomera • Gomera *MM-Wandern* • Gran Canaria • Graubünden • Griechenland • Griechische Inseln • Hamburg *MM-City* • Harz • Haute-Provence • Havanna *MM-City* • Ibiza • Irland • Island • Istanbul *MM-City* • Istrien • Italien • Italienische Adriaküste • Kalabrien & Basilikata • Kanada – Atlantische Provinzen • Kanada – der Westen • Karpathos • Katalonien • Kefalonia & Ithaka • Köln *MM-City* • Kopenhagen *MM-City* • Korfu • Korsika • Korsika Fernwanderwege *MM-Wandern* • Korsika *MM-Wandern* • Kos • Krakau *MM-City* • Kreta • Kreta *MM-Wandern* • Kroatische Inseln & Küstenstädte • Kykladen • Lago Maggiore • La Palma • La Palma *MM-Wandern* • Languedoc-Roussillon • Lanzarote • Lesbos • Ligurien – Italienische Riviera, Genua, Cinque Terre • Ligurien & Cinque Terre *MM-Wandern* • Liparische Inseln • Lissabon & Umgebung • Lissabon *MM-City* • London *MM-City* • Lübeck *MM-City* • Madeira • Madeira *MM-Wandern* • Madrid *MM-City* • Mainfranken • Mallorca • Mallorca *MM-Wandern* • Malta, Gozo, Comino • Marken • Mecklenburgische Seenplatte • Mecklenburg-Vorpommern • Menorca • Mittel- und Süddalmatien • Mittelitalien • Montenegro • Moskau *MM-City* • München *MM-City* • Münchner Ausflugsberge *MM-Wandern* • Naxos • Neuseeland • New York *MM-City* • Niederlande • Niltal • Nord- u. Mittelgriechenland • Nordkroatien – Zagreb & Kvarner Bucht • Nördliche Sporaden – Skiathos, Skopelos, Alonnisos, Skyros • Nordportugal • Nordspanien • Normandie • Norwegen • Nürnberg, Fürth, Erlangen • Oberbayerische Seen • Oberitalien • Oberitalienische Seen • Odenwald • Ostfriesland & Ostfriesische Inseln • Ostseeküste – Mecklenburg-Vorpommern • Ostseeküste – von Lübeck bis Kiel • Östliche Allgäuer Alpen *MM-Wandern* • Paris *MM-City* • Peloponnes • Pfalz • Pfalz *MM-Wandern* • Piemont & Aostatal • Piemont *MM-Wandern* • Polnische Ostseeküste • Portugal • Prag *MM-City* • Provence & Côte d'Azur • Provence *MM-Wandern* • Rhodos • Rom & Latium • Rom *MM-City* • Rügen, Stralsund, Hiddensee • Rumänien • Rund um Meran *MM-Wandern* • Sächsische Schweiz *MM-Wandern* • Salzburg & Salzkammergut • Samos • Santorini • Sardinien • Sardinien *MM-Wandern* • Schleswig-Holstein – Nordseeküste • Schottland • Schwarzwald Mitte/Nord *MM-Wandern* • Schwäbische Alb • Shanghai *MM-City* • Sinai & Rotes Meer • Sizilien • Sizilien *MM-Wandern* • Slowakei • Slowenien • Spanien • Span. Jakobsweg *MM-Wandern* • St. Petersburg *MM-City* • Südböhmen • Südengland • Südfrankreich • Südmarokko • Südnorwegen • Südschwarzwald • Südschwarzwald *MM-Wandern* • Südschweden • Südtirol • Südtoscana • Südwestfrankreich • Sylt • Teneriffa • Teneriffa *MM-Wandern* • Thassos & Samothraki • Toscana • Toscana *MM-Wandern* • Tschechien • Tunesien • Türkei • Türkei – Lykische Küste • Türkei – Mittelmeerküste • Türkei – Südägäis • Türkische Riviera – Kappadokien • Umbrien • Usedom • Venedig *MM-City* • Venetien • Wachau, Wald- u. Weinviertel • Westböhmen & Bäderdreieck • Warschau *MM-City* • Westliche Allgäuer Alpen und Kleinwalsertal *MM-Wandern* • Westungarn, Budapest, Pécs, Plattensee • Wien *MM-City* • Zakynthos • Zentrale Allgäuer Alpen *MM-Wandern* • Zypern

MM-Wandern

Die Wanderführer-Reihe aus dem Michael Müller Verlag

Lieferbare Titel (Stand 2012)

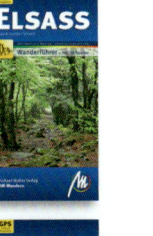

MM-Wandern
gibt es auch als App für
iPhone + iPad
und für
Windows Phone
(Android in Vorbereitung)

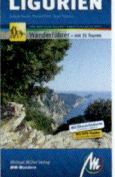

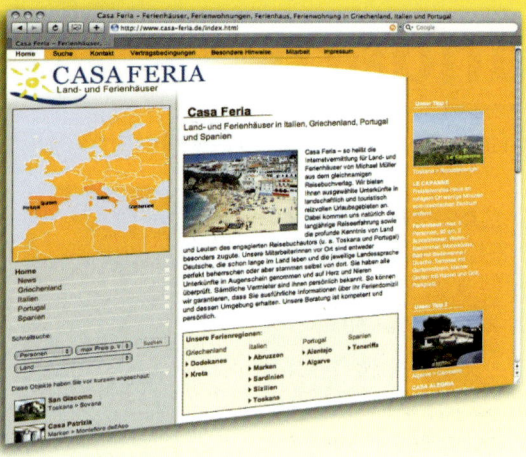

Register

ISBN 978-3-89953-712-3

© Copyright Michael Müller Verlag GmbH, Erlangen 2003-2012. Alle Rechte vorbehalten. Alle Angaben ohne Gewähr. Druck: Wilhelm & Adam, Heusenstamm.

Vielen Dank!   Ein besonderer Dank für die Unterstützung an Drs. Birgit und Niko Lorenz (Grube).

Einen herzlichen Dank auch den vielen Leserinnen und Lesern, die mit Tipps und Beiträgen bei der Aktualisierung dieses Reisehandbuchs geholfen haben:

Waltraud Barron (Forchheim), Karin und Günter Degner (Mörlenbach), Jan Delvendahl (Bad Malente), Rainer Döpke (Hannover), Dagmar Ebler (Gernsbach), Anneliese Farke (Dortmund), Heike Fehrholz (Niederrhein), Hans-Harro Heel (Grube), Henriette Heine (Ruttershausen), Gundolf Hiller (Ellwangen), Alexander Hoch (Freiburg), Martin Hollick (Weimar), Stephan Ch. Karcher (Sierksdorf), Michael Krause (Frankfurt/M), Beate Lemp (Hohenahr), Barbara Meyer-Philippi (Darmstadt), Karl Heinrich Muth (Niddatal), Eduard Oertle (Walddorfhäslach), Veronika und Volker Ott (Bramstedt), Dr. Rolf Schäfer (Bad Malente-Gremsmühlen), Gudrun Scholz-Eberle (Ofterdingen), Dietmar Schostag (Bremen), Achim Witte (Hannover)
sowie an Matthias Kröner (Lübeck) und Diethard Brohl (Paderborn) für das gewissenhafte Korrekturlesen
und an Miriam, Volker, Sebastian, Julius, Mara und Pia Schneekloth (Grömitz).